公路岩土工程勘察设计资料选编

《公路岩土工程勘察设计资料选编》编写组　编

黄河水利出版社
·郑州·

内 容 提 要

本书共包括边坡工程、公路隧道、膨胀土、湿陷性黄土、采空区。各章总结了编者多年来在公路行业勘察、设计和施工中遇到的重点及难点问题，结合公路建设期和运营期遇到的环境地质灾害问题和岩土工程勘察、设计的经验与认识，提出了公路有关岩土问题的分析思路。通过对五个方面公路岩土问题典型工程案例的分析、评价与处置对策探讨，提出了对大厚度自重湿陷性黄土桩长设计基本方法；高地应力软岩隧道大变形、隧道特殊地质（膨胀土、湿陷性黄土、可燃气、岩爆、高压水、高温、岩溶）设计与施工方案；边坡设计应强化绿水青山就是金山银山设计新理念；采空区路基处置原则突破了《采空区公路设计与施工技术细则》（JTG/T D31－03－2011），并提出过渡路面基本结构。

本书可供公路行业工程勘察、设计、施工及环境地质灾害评价和岩土相关行业工程勘察、设计工作者参考，也可供高等院校相关专业师生学习参考。

图书在版编目（CIP）数据

公路岩土工程勘察设计资料选编/《公路岩土工程勘察设计资料选编》编写组编. —郑州：黄河水利出版社，2020.6

ISBN 978－7－5509－2691－2

Ⅰ.①公…　Ⅱ.①公…　Ⅲ.①道路工程－岩土工程－地质勘探－设计　Ⅳ.①U412.22

中国版本图书馆 CIP 数据核字（2020）第 103184 号

出 版 社：黄河水利出版社　　网址：www.yrcp.com

地址：河南省郑州市顺河路黄委会综合楼 14 层　邮政编码：450003

发行单位：黄河水利出版社

发行部电话：0371－66026940、66020550、66028024、66022620（传真）

E-mail：hhslcbs@126.com

承印单位：虎彩印艺股份有限公司

开本：890 mm×1 240 mm　1/16

印张：18.5

字数：427 千字　　印数：1—1 000

版次：2020 年 6 月第 1 版　　印次：2020 年 6 月第 1 次印刷

定价：150.00 元

《公路岩土工程勘察设计资料选编》编委会

主　　编：芦天宝

副 主 编：高　德　郑栋材　张新安　雷东锋
汪源典　刘道祥　孟祥春

编著人员：芦天宝[1]　高　德[1]　郑栋材[2]　张新安[3]
雷东锋[1]　汪源典[4]　刘道祥[5]　孟祥春[6]
赵丽丽[7]　荣富强[2]　马胜利[7]　邢现增[7]
霍　瑞[8]　秦琬玲[1]　王　航[3]　袁好国[3]
赵世杰[3]　张　娟[5]　李汶霖[3]　胡亚伟[3]
姜明峰[3]

(1－河南省交通规划设计研究院股份有限公司;2－河南省地质矿产勘查开发局第二地质环境调查院;3－郑州市交通规划勘察设计研究院;4－河南卓越建设工程有限公司;5－河南省中豫勘察设计有限公司;6－郑州大学综合设计研究院有限公司;7－郑州华路兴公路科技有限公司;8－上海同豪土木工程咨询有限公司)

前　言

岩土工程是以岩土体为工作对象，以工程地质学、岩石力学、土力学和基础工程学为基础，涉及构造地质学、第四纪地质学、水文地质学、地貌学、结构力学、材料力学、数学、测量学、土工测试、工程机械等诸多学科。岩土工程是岩土体利用、整治和改造的一门综合性学科，是土木工程的一个组成部分。岩土工程包括岩土工程勘察、岩土工程设计、岩土工程施工和岩土工程监测，涉及工程建设全过程。

随着我国建设事业的飞速发展，岩土工程技术取得了长足的进步。无论是岩土力学的理论研究、勘察测试技术、不良地质及特殊岩性土勘察及处置、跨海工程地基及高边坡和深基坑勘察设计、地下空间岩土工程、超高复杂建筑地基基础工程、岩土的加固与改良、地震岩土工程等方面的实践，其取得的进步和成就都是空前罕见的，在许多方面已经达到或超过国际先进水平。

河南省地处中原腹地，地貌多样，地质条件地域变化大。近年来，在公路建设快速发展及公路等级提升的形势下，地形地质条件复杂的山区公路项目增多，特别是涉及深挖高填路基、软土深基坑、特殊隧道（海底隧道、高压水隧道、有害气体隧道、高温隧道、极高应力隧道）及大跨径高墩桥、特殊性岩土、大型滑坡、采空区、崩塌、岩堆、岩溶等不良地质现象、强震区及活动断裂等岩土工程问题，其工程难度大，地质条件复杂，给工程勘察设计带来极大的难度和挑战。

多年来公路工程建设的实践表明，岩土工程问题往往是影响投资和制约工期的重要因素，如果勘察工作对岩土工程的论证有误、岩土工程设计参数取值及处置不当等，都将增大工程费用或危及行车安全，甚至带来灾难性后果。

岩土工程是一门实践性很强的应用技术。岩土是一种复杂的材料，无论何种力学模型都难以全面而准确地描述其性状；岩土具有明显的时空差异，在复杂的地质条件下，再细致的测试也难以完全查明岩土性状的时空分布；岩土又有很强的地区性特点，不同地区往往形成各种各样的特殊性岩土。因此，单纯的理论计算和试验分析常常解决不了实际问题，而需要岩土工程师根据工程场地的工程地质条件和工程要求，凭借自己的经验和对关键技术的把握，进行临场处置。从这个意义上讲，岩土工程至今还是不够严谨、不够完善、不够成熟的技术科学，因而其技术难度大、风险程度高，科技发展潜力也大。

由于编者水平有限，书中难免存在着不足甚至错误之处，恳请读者提出批评，并提出宝贵意见，愿通过共同讨论商榷，提升广大从业者处置高难度岩土工程问题的技术水平。

作　者

2020 年 1 月

前言

[illegible]

作者

2020年1月

目 录

前 言
第一章 边坡工程 ………………………………………………………… (1)
第一节 基本认识 ………………………………………………………… (1)
第二节 填土地基路堤稳定性分析及地基处理方案工程实例 ……………… (12)
第三节 边坡典型破坏类型工程实例 ……………………………………… (20)
第二章 公路隧道 ………………………………………………………… (61)
第一节 基本认识 ………………………………………………………… (61)
第二节 公路隧道的调查与勘探 ………………………………………… (65)
第三节 隧道围岩分级 …………………………………………………… (68)
第四节 隧道特殊岩土问题 ……………………………………………… (78)
第五节 工程实例 ………………………………………………………… (102)
附录一 《公路隧道设计规范 第一册 土建工程》(JTG 3370.1—2018)
附录 A 围岩分级有关规定 ……………………………………………… (174)
附录二 《公路隧道设计细则》(JTG/T D70—2010)各级围岩的物理力学参数
参考值表 ………………………………………………………………… (180)
第三章 膨胀土 …………………………………………………………… (183)
第一节 基本认识 ………………………………………………………… (183)
第二节 膨胀土路基的变形与破坏形式 ………………………………… (186)
第三节 膨胀土主要工程性质对路基稳定性的影响 ……………………… (189)
第四节 膨胀土地区路基设计及施工要点 ……………………………… (190)
第五节 膨胀土公路病害实例 …………………………………………… (196)
第四章 湿陷性黄土 ……………………………………………………… (198)
第一节 基本认识 ………………………………………………………… (198)
第二节 地基处置措施与方案 …………………………………………… (206)
第三节 地基处理工程实例 ……………………………………………… (210)
第四节 大厚度自重湿陷性黄土地基桩侧负摩阻计算参考资料 ………… (227)
附录一 《湿陷性黄土地区建筑标准》(GB 50025—2018)预浸水法有关规定
…………………………………………………………………………… (248)
附录二 《湿陷性黄土地区建筑标准》(GB 50025—2018)附录 G 单桩竖向静
载荷浸水试验要点 ……………………………………………………… (249)
第五章 采空区 …………………………………………………………… (250)
第一节 基本认识 ………………………………………………………… (250)
第二节 工程地质勘察方法 ……………………………………………… (253)

第三节 各勘察阶段要求 …………………………………………………… (256)
第四节 采空区场地稳定性评价 ……………………………………………… (258)
第五节 采空区场地地基稳定性评价与场地建设适宜性评价 ………………… (265)
第六节 采空区场地公路工程处置原则与处置设计方案 ……………………… (268)
第七节 采空区处置方法与开采技术方法 …………………………………… (271)
第八节 采空区处置设计方案实例 …………………………………………… (273)
参考文献 ………………………………………………………………………… (287)

第一章　边坡工程

第一节　基本认识

在山岭重丘区的公路项目，常遇到与工程有关的天然边坡、既有不良地质现象边坡（崩塌及滑坡）、工程挖方边坡及工程填方边坡等，这是本书讨论的边坡岩土工程范围。

一、边坡破坏类型

边坡破坏类型主要有滑动破坏类型、崩塌破坏类型和倾倒破坏类型。

（一）滑动破坏类型

1. 岩质边坡滑动破坏类型

1）外倾结构面滑动破坏类型

外倾结构面滑动破坏类型是指层状外倾结构面（主要为沉积岩层理和变质岩片理）、似层状外倾结构面（主要为岩浆岩节理和断层面）岩体，其破坏特征为平面线形滑动。

2）非外倾结构面滑动破坏类型

非外倾结构面滑动破坏类型是指抗剪强度低的块状、碎裂状、散体状结构岩体和断层破碎带岩体，其破坏特征呈弧形滑动。除此之外，当上述非均质岩体和非外倾的层状、似层状结构面的软质岩体，当其设计的抗剪强度和边坡坡率不符合稳定条件（包括正常工况和非正常工况）时，其破坏特征为折线形滑动。均质或非外倾层状强风化岩体边坡，因结构较紧闭，其抗剪强度较高，不属散体碎裂结构，则不存在破裂面滑动破坏，但不排除崩塌破坏。

2. 土质边坡滑动破坏类型

单一均质的土体（碎石土、细粒土、砂土）、全风化土岩体，其滑动破坏类型为弧形破裂面；上述非均质土体及层状和似层状结构岩土体，其滑动破裂面为切层折线形。

（二）崩塌破坏类型

崩塌破坏类型主要是指高陡坚硬性脆岩质坡体的崩塌、落石、掉块现象，其机制是在高陡坡重力及其他外力作用下，节理、风化裂隙、工程爆破裂隙结构面分割的碎裂而非散体岩块，突然发生脱离母体的垮落掉块不良地质现象，而坡体不会整体失稳，这是与滑坡的基本区别。节理及风化裂隙发育岩浆岩（如安山岩、花岗岩）及厚层状砂岩和石英岩多见。

除此之外，具有膨胀性的软质岩，因其风化成土状或岩屑而发生的剥落，也是崩塌的形式之一；垂直节理发育的黄土陡坡，在重力作用下，坡顶前沿垂直节理因重力作用加宽，并产生张裂隙的卸荷作用导致其垮落，即称黄土崩塌（多见黄土柱的地貌景观）；崩塌其他诸多形式还有软硬相间岩体因软岩易风化掏空，上部硬岩悬出而形成拉裂式崩塌，不利产状组合形成的楔形体破坏崩塌、倾倒式崩塌，临坡岩体局部有非贯通的结构面倾向坡面时形成的零星滑塌式崩塌等。

（三）倾倒破坏类型

倾倒破坏是岩质边坡的特殊破坏类型，其倾倒破坏机制通常应具有以下条件：

（1）高陡硬质岩边坡；

（2）贯通性好的反向陡倾或直立的层（板）状结构面。

通常发生倾倒破坏的演变过程如下：当具有上述条件，岩体在自重应力长期作用下，坡体前缘开始向临空面方向弯曲或折裂，张裂缝进一步加宽，导致岩块崩塌（脱落及垮塌）的不良地质现象，或在各块体折断深度连线为一外倾平面，当其具有平面线形滑动破坏基本条件和外因作用时，即可发生平面线形滑动破坏。

二、边坡勘察设计有关认识

（1）一般高填路堤勘察设计。

通常，高填路基是指原地表以上高填路堤，或跨越浅沟洼地高填方路堤，其勘察设计应侧重以下要点：

①查明下伏岩土层结构及压缩层深度的岩土层压缩变形指标参数，计算地基沉降变形量。

②对地面横波陡于1:2.5，应查明下伏基底硬土或基岩面或软弱层产状，判定是否具有外倾滑动基本地质条件，评价路堤稳定性。抗滑稳定系数不得小于《公路路基设计规范》（JTG D30—2015）表3.6.11规定值，其滑动的稳定性分析可采用不平衡推力法[见JTG D30—2015第3.6.10节式（3.6.10－1）、式（3.6.10－2）]。

③对不大于20 m的土质路堤边坡设计坡率，可按《公路路基设计规范》（JTG D30—2015）表3.3.5经验值，应提供填料的抗剪强度及有关物性指标参数，可按Bishop法（弧形破裂面）验算其坡体稳定性。

④沟内及地表以下为软弱土、湿陷性黄土等特殊性土，或工程性质差的天然地基，应酌情采取换填、复合地基或强夯特殊处理，原地表以上路堤，应依据《公路路基设计规范》（JTG D30—2015）有关规定，采用常规分层碾压设计。

⑤提供纵、横工程地质剖面图。

（2）特殊高填路堤勘察设计。

在公路勘察设计中，经常遇到路线跨越天然深沟及人为活动遗留的取土深坑及深矿坑，其内有已回填及无回填不同情况。回填料有尾矿渣或回填时间不同的素土，有的是人为排入的泥浆，可称作特殊高填路基，其上为高度不同的路堤，对其稳定影响大，是公路工程设计难点，应作特殊处理。如国道234郑州境国道310以南段（荥阳乔楼至崔庙段）改建工程，在K28＋720～K28＋900段路基跨越深48 m铝土矿坑，坑无回填物；国道310郑州西南段改建工程在K80＋906.848～K81＋103.190以路基形式跨越长196.342 m铝土矿坑。该矿坑在设计阶段坑底面以上虚土厚仅15 m，而当前现状是挖除15 m虚土后向下采矿，其后倾倒平均厚度45 m虚土，虚土顶比路基设计高程高6 m；G310巩义境南官庄互通冲沟填土高路堤地基。

(3)深挖路基勘察设计。

深挖方路基勘察应酌情考虑以下工程地质条件:

①岩性及地质构造复杂、植被发育、岩土层多覆盖的深挖方边坡是工程地质勘察重点,应按有关规范要求布置勘探工作量,查明其地质结构及其物理力学指标、结构面类型等有关基本地质资料,按独立工点形式,提供专题勘察报告,评价边坡稳定性,并提出支挡加固及防护方案。

②岩体裸露、岩性单一、岩层平缓、无断层构造,其工程地质条件简单的基岩边坡,勘探方法应侧重以地质调绘为主,并酌情辅以工程物探、人工浅探,并实测纵、横工程地质剖面,提供大比例尺的工程地质平面图,以重点查明岩体结构面产状要素及风化程度。勘察报告可以列表形式提供,如《挖方路基工程地质条件评价表》。该表主要内容应包括段号、起至桩号、段长、中心最大挖深、工程地质条件(地层结构及物性力学指标、结构面产状、结构面分析)、边坡破坏类型、稳定性评价、设计方案意见。

(4)对挖、填方路基处于地形复杂的山岭重丘区坡体上,其稳定性评价应注意查明其下部有无临空面,是否处于不稳定的整体坡体上,应对整体坡体的稳定性做出评价。

(5)挖方边坡失稳滑动前兆是坡口上部出现一条或多条呈弧形或雁行式展布裂缝,对破裂面弧形滑动边坡,其裂缝为弧形,对破裂面为平面线形滑动边坡,其裂缝为直线形。应注意调查纵裂缝形式和变形发展趋势。裂缝展布长度可视为发生滑坡的后缘范围。

(6)挖方边坡稳定性评价,应考虑到坡口上部地形条件、植被条件、排水条件、岩土渗透性及地表水体等对坡体稳定性影响。特别应注意坡口上部是否有居民村庄、重要建筑及管线、高压线塔等重要工程,这涉及边坡工程等级。

(7)公路挖方边坡地质结构常遇到密实固结或稍胶结的第四系上、中更新统或新第三系含漂石、砾卵石的洪积碎石土,其粗粒组成分以硬质岩为主。基于其为密实固结或稍胶结状态,则抗剪强度较高,其挖方边坡不存在产生破裂面滑动问题。但因其充填物为砂土和细粒土,且细粒土多为具膨胀性的黏性土,在开挖后坡体裸露,受风化胀缩及雨水冲刷等外界环境影响,坡面出现砂土和细粒土掏蚀,随之卵漂石脱落,这是危及行车安全的不良地质现象(如新安县城郊某市政路)。

基于该类挖方边坡整体稳定,则其处理方案不是放缓边坡或采取支挡措施,而是采取有效的减轻坡面风化及冲刷作用的防护方案。

处理方案:对该类型边坡防护的基本原则是防卵漂石脱落,而通常采用的锚杆挂网喷混凝土、SNS主动柔性网、锚杆框架植草、拱形植草等防护方案均存在卵漂石锚杆成孔难题,而植草成活率低,且起到护坡效果需较长时间。对此,建议采用当地成功的植被防护方案。

该方案即在坡面栽植易成活、耐旱分枝快的槐树或其他灌木(遇大卵漂石掏出,回填素土),并结合栽植紫穗槐,在短期可绿化覆盖坡面,有效减轻坡面胀缩干湿效应的风化影响及坡面冲刷,而树干又起到阻挡卵漂石滚落的作用,且具绿化环境效果,不失为可推广的方案。

(8)土质和软质岩全风化及强风化的散体结构的挖、填方稳定边坡,其传统的防护设计方案采用拱形骨架、锚杆框架、空心六棱块等污工植草防护方案。对上述方案调查认为：不具有对坡体的抗滑支挡加固作用，无助于边坡抗滑稳定性，而仅是对坡面的防护，且污工防护反而增加了坡体重量，施工烦琐，工程费用高，种植草不易成活，绿化设计效果差。

对此，建议采用坡脚设挡墙，坡面作植被防护。植被防护即结合当地自然地理环境，栽植适宜当地生长的紫穗槐、灌木或其他树种，这不仅绿化坡体，又起到防护作用，不失为防护创新理念。

(9)按缓坡设计方案稳定验算判定为稳定的深挖、高填方边坡，其坡体仍有发生滑动失稳的情况，其原因多是未考虑到遇连续强降雨的非正常工况下，岩土体抗剪强度指标锐减、重度增大等边坡稳定性影响因素的异常突变。对此，应酌情调整稳定性验算参数，并建议坡脚酌情设置不同类型的支挡结构。

(10)软质岩全风化及强风化裸露的散体松散结构稳定缓坡，历年来其病害是雨水冲刷挟带大量岩质碎屑堵塞道路，建议设置坡脚挡墙结合采用坡面植被防护方案。

工程实例：王屋山娘娘庙景区道路有较长路段的挖方缓边坡，坡面裸露元古界绢云母片岩及绿泥石片岩等软质全风化及强风化片状小岩块及岩屑，其厚度大于10 m，坡体长期处于稳定状态，但在暴雨过后，因冲刷坡面，冲下的小岩块及岩屑堵塞道路而出现断行。

处理方案：考虑到景区环境特殊要求，坡面采用植被防护，并设置护脚墙方案。

(11)结构面分析是判定岩质边坡破坏类型的重要因素。结构面类型有沉积岩层理、岩浆岩节理(原生节理、构造节理及风化裂隙)、变质岩片理等。从广义而言，黄土垂直节理也属结构面，断层、沉积间断面(不整合面及整合面)及松散覆盖层下伏基岩面是结构面特例。

(12)依《公路路基设计规范》(JTG D30—2015)3.4.2节第1条，对无外倾结构面的岩质边坡，其高度小于30 m时，其边坡坡率可按表1-1确定。

表1-1　岩质路堑边坡坡率(《公路路基设计规范》表3.4.2)

边坡岩体类型	风化程度	边坡坡率	
		$H<15$ m	15 m$\leqslant H\leqslant$30 m
Ⅰ类	未风化、微风化	1:0.1～1:0.3	1:0.1～1:0.3
	弱风化	1:0.1～1:0.3	1:0.3～1:0.5
Ⅱ类	未风化、微风化	1:0.1～1:0.3	1:0.3～1:0.5
	弱风化	1:0.3～1:0.5	1:0.5～1:0.75
Ⅲ类	未风化、微风化	1:0.3～1:0.5	—
	弱风化	1:0.5～1:0.75	—
Ⅳ类	弱风化	1:0.5～1:1	—
	强风化	1:0.75～1:1	—

注：1.有可靠的资料和经验时，可不受本表限制。

2.Ⅳ类强风化包括各类风化程度的极软岩。

依第2条，对有外倾结构面的岩质边坡，其边坡高度超过表1-1的范围，其边坡坡率应按《公路路基设计规范》(JTG D30—2015)3.7节有关规定,并通过稳定性分析确定。凡有外倾结构面岩质边坡,其勘察设计应考虑到外倾结构面对其稳定性影响至关重要。

《公路路基设计规范》(JTG D30—2015)强调岩质边坡外倾结构面,是岩质路基设计应注意的重要因素。地质勘察应查明岩体类型、结构面类型及特点,是否有外倾结构面,判定边坡破坏类型,以作为岩质边坡设计方案及其稳定性分析的基本地质依据。如常见的层理结构面近于水平的软质岩边坡,虽其表面为强风化,而边坡却陡立而稳定,坡面仅因风化出现岩屑或岩粉脱落现象,其边坡设计是对坡面防护。

(13)具有外倾结构面和软弱夹层的层状(或似层状)结构岩体,当坡顶地形平缓,坡面汇水面积大,遇到连续降雨的非正常工况时,地表水聚集渗入软弱夹层导致其处于饱和状态,结构面抗剪强度锐减,从而使抗滑力小于坡体下滑推力,进而发生滑动。

除此之外,应特别注意未胶结断层及不整合面等外倾结构面,其倾角大于其摩擦角而小于坡角时是最危险滑动面,当其抗滑力小于坡体下滑推力时,在坡体受重力或荷载作用时,具有滑动的基本条件。

(14)平面线形滑动破坏类型通常多发生在层状结构沉积岩,但应注意到河南省的桐柏山、大别山及伏牛山花岗岩侵入体,在区域深大断裂构造应力场影响作用下,岩体具有与区域构造应力场走向一致的次级小断裂或贯通性好的构造节理结构面。该结构面特别密集发育,其外观似沉积岩层状结构,也属外倾结构面平面线形滑动破坏类型。除此之外,当倾倒破坏变形的各块体折断深度连线为一外倾面特定条件时,也具有潜在平面线形滑动破坏趋势。

(15)岩质边坡局部见有楔体岩块小范围滑动破坏的现象,而非整体滑动,其机制是由两条或多条结构面对岩体切割而形成楔形岩块崩塌,或沿着这两个结构面交线方向的平面滑动。对此,应注意不可把该类型局部滑动现象,误判为坡体将发生整体滑动的前兆。

(16)正确选择挖方弃土位置至关重要;否则,将发生重大的人为工程事故。

工程事故实例:洛阳至三门峡高速公路吉家河滑坡体东临黄土塬、梁区的深挖路堑,路堑右侧为阶梯状山坡,有两个坡度为65°的陡坡,坡向与道路走向一致,与已完成的吉家河滑坡路基连接。因施工时大量挖方,弃土堆在右侧阶梯状黄土陡坡顶,加大了坡体荷载,并遇多天降雨因素影响,于2001年9月26日晚,导致该弃土陡坡突然滑动,推掉已完成的兰幅吉家河滑坡段路基,并向前推掉已完成的部分路基边坡,其总计长度200余米,平均挂深达3.5 m,最深达5 m,严重制约全线按时贯通。对此,项目部采取水泥管分层搭接填补,并灌注混凝土填补路基,在坡脚填土反压和设置坡脚挡墙等突击抢险措施,确保了按时通车,至今路基稳定。

(17)对于具有不利于坡体稳定外倾结构面的岩质坡体或残坡堆积体较厚的陡倾坡体,因遇到工程施工影响或降水、地震、冻融等极端自然条件时,易发生平面线形滑动及破裂面滑动,特别应注意堆积体沿其下伏外倾基岩面滑动的滑坡,该类型滑坡是山区较常遇到的滑坡类型。

(18)软弱土填方路堤,产生的弧形破裂面并非仅止于坡脚,还可进入地基内。抗滑力矩是弧面上剪阻力产生的,它由地基部分弧段剪阻力抗滑力矩和路堤部分弧段剪阻力抗滑力矩组成。

(19)存在临空面外倾结构面的岩土质边坡,支挡结构基础必须置于坡脚处外倾结构面以下一定深度岩层内和坡脚以下稳定土体内。

(20)均质及非均质土质边坡,当土层夹有抗剪强度较高的胶结层或钙质结核富集层,其边坡稳定性较好,如连霍高速新安段,中更新统棕红色膨胀土夹有多层钙质结核层的挖方边坡。

(21)处于线位或临近线位与工程有关的既有滑坡、崩塌、采空区、泥石流等不良地质现象,应按有关规范、规程进行勘察,在勘察文件中列为“不良地质现象”章节论述,其形式可酌情采用表格或独立工点;对工程挖方及填方路基,应按有关规范、规程进行勘察,在勘察文件列为“工程挖、填方边坡工程地质条件评价”章节论述,其形式可酌情采用表格或独立工点。

(22)横向工程性质差异大的高填方路基、陡坡路基、半填半挖路基及新老路基搭接(特别是搭接侧为深沟,且沟内软弱土层厚),其沉降变形差异大,是导致路面出现多条纵裂缝或弧形裂缝,并进一步发展为滑坡或滑塌工程病害的基本地质条件,勘察设计应予以重视。

(23)坚硬性脆的岩质挖方边坡应特别强调爆破工艺,否则会出现人为爆破导致岩体碎裂的崩塌发生。光面爆破是常用的一种爆破工艺。除此之外,静态爆破具有适用条件广泛、安全、经济,不会出现人为爆破导致岩体碎裂的崩塌问题。

(24)依工程实践经验,锚杆挂网喷混凝土对治理坚硬脆性的岩质崩塌边坡具有如下优点:

①锚杆注浆的浆液充填裂隙,有效加固碎裂结构岩体,极大地消除了发生崩塌的内因条件。

②喷混凝土覆盖了坡面裸露裂隙,防止岩体风化破碎及裂隙进一步发展,且注浆锚杆嵌固在稳定基岩内(锚杆长度应考虑到崩塌岩块尺寸),加固了坡体抗滑作用。

③传统成熟做法效果好,施工方便,费用低。

(25)对坡口以上为陡倒坡地形的挖方路基,建议酌情削掉坡体上部岩土体,以改变挖方深度,这既利于边坡稳定,也可减少支挡和防护工程数量,降低工程费用。

三、判定岩质边坡外倾结构面的基本原则及其发生平面线形滑动破坏的基本条件

(一)判定岩质边坡外倾结构面的基本原则

(1)依工程经验,结构面走向或外倾不同结构面的组合线走向与边坡(路线)走向夹角小于30°。

(2)依《公路隧道设计规范》(JTG 3370.1—2018)附录A表A.0.3-2,“结构面产状及其与洞轴线的组合关系”,可按结构面走向或外倾不同结构面的组合线与边坡(路线)走向夹角小于30°。

(3)结构面倾向(顺向)路基。

(4)结构面走向和外倾不同结构面的组合线走向与边坡(路线)走向夹角小于30°和

结构面倾向(顺向)路基两者缺一不可。

(二)外倾结构面发生平面线形滑动破坏的基本条件

(1)挖方坡率大于外倾结构面倾角。

(2)外倾结构面发生平面线形滑动破坏的临界倾角,可综合酌情参考的经验值如下:

①依《公路路基设计规范》(JTG D30—2015)附录表E.0.2(见表1-2),其滑动倾角对一般地质条件及正常工况条件,可基本按照35°~75°判定。

②依交通部第二公路勘察设计院《公路设计手册》之《路基》第二版:对软岩,特别是极软岩,不利倾斜结构面岩石的路堑设计,黏土岩、黏土页岩、泥质灰岩、泥质板岩等,滑动倾角为9°~12°;砂岩层面或砾岩无泥质充填物的层理结构面,滑动倾角为30°~35°。

表1-2　岩质边坡的岩体分类(《公路路基设计规范》表E.0.2)

边坡岩体类型	判定条件			
	岩体完整程度	结构面结合程度	结构面产状	直立边坡自稳能力
Ⅰ	完整	结构面结合良好或一般	外倾结构面或外倾不同结构面的组合线倾角>75°或<35°	30 m高边坡长期稳定,偶有掉块
Ⅱ	完整	结构面结合良好或一般	外倾结构面或外倾不同结构面的组合线倾角35°~75°	15 m高的边坡稳定,15~30 m高的边坡欠稳定
	完整	结构面结合差	外倾结构面或外倾不同结构面的组合线倾角>75°或<35°	
	较完整	结构面结合良好或一般	外倾结构面或外倾不同结构面的组合线倾角<35°,有内倾结构面	边坡出现局部塌落
Ⅲ	完整	结构面结合差	外倾结构面或外倾不同结构面的组合线倾角35°~75°	8 m高的边坡稳定,15 m高的边坡欠稳定
	较完整	结构面结合良好或一般	外倾结构面或外倾不同结构面的组合线倾角35°~75°	
	较完整	结构面结合差	外倾结构面或外倾不同结构面的组合线倾角>75°或<35°	
	较完整(碎裂镶嵌)	结构面结合良好或一般	结构面无明显规律	
Ⅳ	较完整	结构面结合差或很差	外倾结构面以层面为主,倾角多为35°~75°	8 m高的边坡不稳定

四、公路边坡工程应遵照“绿水青山就是金山银山”的设计理念

山岭重丘区公路项目，岩质或土质路基挖方量大，且深挖路基段居多，对植被发育山坡，特别是景区公路，边坡设计方案应符合基本不挖原山坡，基本不毁原有植被的原则，应充分理解“绿水青山就是金山银山”的设计新理念。

（一）设计方案

基于“绿水青山就是金山银山”新理念，边坡设计应依其破坏类型，以“基本不改变原坡形、基本不削坡”的原则，以达到基本保留原植被绿化的目的。对此，提出以下设计方案。

1. 崩塌破坏类型

崩塌破坏类型是指节理、裂隙发育而无贯通性的硬质岩强风化碎裂非散体结构岩体，发生崩落掉块的不良地质现象边坡。其破坏特点是整体边坡不发生滑动破坏。对此，设计原则是仅在坡脚处做一级陡刷坡，刷坡坡面可酌情作挂网喷射混凝土加固防护，其上维持地表原坡形，基本不削坡，以达到基本保留原植被绿化的目的。

2. 滑动破坏类型

滑动破坏类型为弧形破裂面滑动类型，其边坡岩土体为土质、软岩的全风化层、碎裂散体结构的断裂破碎带；平面线形破裂面滑动类型，其边坡为层状及似层状结构岩体。对这两类滑动破坏类型边坡，其设计应立足于酌情在坡脚采用不同类型的支挡抗滑结构，必要时对坡面辅以锚杆加固等抗滑设计，以达到基本维持原坡形，保留植被的目的。

（二）工程实例：栾川县鸭石村至重渡沟新建公路

1. 概述

该新建公路属重渡沟景区扩建工程，沿线山体风景秀丽，植被茂密。但路基挖方段多，其中有中心挖深大于 20 m 的六段，最大挖深达 32.578 m。

深挖方段地层岩性有太古界花岗片麻岩和震旦系安山岩。花岗片麻岩为全风化及强风化厚度大于 30 m，矿物蚀变强，质软破碎，无片理结构面，其上覆盖厚约 2 m 的残坡积土，天然坡率为 1:0.75 左右的较缓边坡，属均质散体结构的破裂面滑动类型；安山岩为硬质岩，多裸露，表层强风化厚度 5 m 左右，节理及风化裂隙较发育，无贯通性，属碎裂结构，下部为较完整的中风化层。天然坡率为 1:0.50 左右的较陡稳定边坡，基本无崩塌不良地质现象。

2. 设计方案论证

（1）花岗片麻岩边坡：该边坡属破裂面滑动类型。原设计采用多级放缓边坡的削坡方案，即按下部坡率 1:1，上部坡率 1:1.5，并设平台排水沟，其设计坡口可基本近于坡顶，存在大面积削坡而毁掉多年既有植被绿化问题，且竣工后靠自然恢复坡面植被不容易，而人工栽植，增加大量工程费用，且在短期也难以恢复，这是不满足景区环境要求的。对此，按专家审查意见，采用坡脚挡墙抗滑方案，墙体以上维持原坡形。

（2）安山岩边坡：该边坡属崩塌类型。原设计采用多级放缓边坡的削坡方案，即按下部坡率 1:0.75，上部坡率 1:1，并设平台排水沟，其同样存在开挖边坡引起大量损毁植被问题。对此，按专家审查意见，采用一级陡刷坡，并酌情采取坡体加固措施，其上维持原坡

形，基本不削坡，以达到基本保留原植被绿化的目的。

五、关于公路工程边（滑）坡的稳定性分析与验算

滑坡是边坡破坏的形式之一。按其主要物质组成可分为土质滑坡和岩质滑坡。土质滑坡可分为堆积土滑坡、膨胀土滑坡、黄土滑坡、填土滑坡。堆积土滑坡分为黏质土滑坡、沙质土滑坡、碎石土滑坡和风化残积土滑坡；岩质滑坡即岩体各类型滑坡。

（一）滑坡稳定性验算基本要求

（1）正确选择有代表性的分析断面（主滑及次滑），对已滑动的滑坡，应正确划分主滑段及抗滑段。

（2）正确选择抗滑强度指标（内摩擦角和黏聚力），可依测试成果、反分析和当地经验综合确定。

（3）有地下水时，应计入浮托力和水压力。

（4）根据岩性结构和岩体结构，确定滑面（滑带）形态（平面线形、弧形或折线形），选用正确的计算模型。

（5）当有局部滑动可能时，除验算整体稳定外，尚应验算局部稳定。

（6）应考虑到强震区、坡顶的地形条件和水体、坡顶荷载、坡体岩土的渗透性、冲刷、人类活动及可能连续降水等非正常工况等因素对坡体稳定性影响。

（7）均质散体结构土质挖方及填方边坡（含天然边坡），其破裂面为弧形滑动面，推荐采用《建筑边坡工程技术规范》（GB 50330—2013）条分法公式。

（8）对散体非均质土质挖方及填方边坡（含天然边坡），按折线形滑面作稳定性验算。

（9）对平面线型滑动的挖方边坡，其滑动面特点为直线下滑段及其下部的抗滑段，应区别层状地质结构和非均质地质结构的折线形滑动边坡有多个不同角度的下滑段。

（二）滑坡推力计算

滑坡推力计算可评价滑动稳定性和作为抗滑工程设计的定量依据。滑动推力计算应符合下列规定：

（1）挖方坡率大于外倾结构面倾角时，对层状结构岩质边坡，当具有平面线形滑动三个基本条件时，坡脚以上各外倾结构面均存在潜在先、后滑动的可能性，特别是局部层间软弱及有软弱夹层的边坡，会在该软弱部位先期发生滑动，这即是边坡多次发生滑动现象的原因，但坡体最终滑动趋于稳定的结构面位置在坡脚处，是坡体滑动的最大推力。对此，坡体的抗滑支挡及坡面加固设计，应按坡脚处的外倾结构面滑动的最大推力，以确保坡体最终稳定。

（2）选择平面滑动方向的断面不宜少于 3 条，其中 1 条应是主滑断面。

（3）滑坡推力可依《公路路基设计规范》（JTG D30—2015）表 7.2.2（见表 1-3），按传递系数法式（7.2.2－1）计算。

（4）对弧形、折线形及平面线形破裂面滑动，均可按传递系数法计算，其不同之处在于传递条数划分及条数的不同。

表 1-3　滑坡稳定安全系数(《公路路基设计规范》表 7.2.2)

公路等级	滑坡稳定安全系数	
	正常工况	非正常工况 I
高速公路、一级公路	1.20 ~ 1.30	1.10 ~ 1.20
二级公路	1.15 ~ 1.20	1.10 ~ 1.15
三、四级公路	1.10 ~ 1.15	1.05 ~ 1.10

注:1. 滑坡地质条件复杂或危害程度严重时,稳定安全系数可取大值;地质条件简单或危害程度较轻时,稳定安全系数可取小值。

2. 滑坡影响区域内有重要建筑物(桥梁、隧道、高压输电塔、油气管道等)、村庄和学校时,稳定安全系数可取大值。

3. 水库区域公路滑坡防治,周期性库水位升降变化频繁、高水位与低水位间落差大时,稳定安全系数可取大值。

4. 临时工程或抢险应急工程,滑坡防治工程设计按照正常工况考虑,稳定安全系数可取 1.05。

六、公路工程滑坡的危害性评价

评价滑坡危害性时,应根据其规模、稳定状况、周围环境,以及公路通过滑坡区的部位和公路路基及构造物类型等,按《公路滑坡防治设计规范》(JTG/T 3344—2019)表 3.2.2(见表 1-4)确定滑坡危害程度。

表 1-4　滑坡危害程度分级(《公路滑坡防治设计规范》表 3.2.2)

危害对象		危害程度			
		小型滑坡	中型滑坡	大型滑坡	巨型滑坡
公路通过滑坡前部	路堤	○	○	★	★
	路堑	☆	★	▲	▲
	桥梁	★	★	▲	▲
公路通过滑坡中部	路堤	★	★	▲	▲
	路堑	★	★	▲	▲
	桥梁	★	★	▲	▲
公路通过滑坡后部	路堤	☆	★	▲	▲
	路堑	○	○	☆	★
	桥梁	★	★	★	★
滑坡位于隧道洞口		★	★	▲	▲

注:1. 滑坡影响区内有高压输电塔、油气管道等重要建筑物,以及村庄和学校时,滑坡危害程度可定为严重或特严重。

2. 当滑坡处于基本稳定状态时,其危害程度可定为轻。

3. 滑坡危害程度分级符号:○—轻,☆—中等,★—严重,▲—特严重。

七、公路滑坡防治工程设计要点

(1)滑坡防治工程安全等级，应根据滑坡危害程度、公路等级、周围环境及其工程重要性，按《公路滑坡防治设计规范》(JTG/T 3344—2019)表3.2.3(见表1-5)确定。

表1-5 滑坡防治工程安全等级(《公路滑坡防治设计规范》表3.2.3)

滑坡危害程度	安全等级		
	高速公路、一级公路	二级公路	三、四级公路
轻	Ⅰ	Ⅲ	Ⅲ
中等	Ⅰ	Ⅱ	Ⅲ
严重	Ⅰ	Ⅱ	Ⅱ
特严重	Ⅰ	Ⅰ	Ⅱ

注:1.滑坡防治工程安全等级由高到低依次为Ⅰ级、Ⅱ级、Ⅲ级。

2.滑坡影响区有桥梁、隧道、高压输电塔、油气管道等重要建筑物，以及村庄和学校的二、三、四级公路，滑坡防治工程安全等级宜提高一级。

3.区域内唯一通道的二、三、四级公路，滑坡防治工程安全等级宜提高一级。

(2)滑坡稳定性分析应采取工程地质类比法和力学计算相结合的方法。

①滑坡稳定性计算应考虑下列三种工况：

正常工况：边坡处于天然状态下的工况；

非正常工况Ⅰ：边坡处于暴雨或连续降雨状态下的工况；

非正常工况Ⅱ：边坡处于地震等荷载作用状态下的工况。

②滑坡防治工程设计稳定安全系数应符合下列要求：

滑坡防治工程设计稳定安全系数不得小于依《公路滑坡防治设计规范》(JTG/T 3344—2019)表5.2.3所列稳定安全系数值(见表1-6)。

表1-6 滑坡防治工程设计稳定安全系数(《公路滑坡防治设计规范》表5.2.3)

滑坡防治安全等级	稳定安全系数 K_s	
	正常工况	非正常工况Ⅰ
Ⅰ	1.20~1.30	1.10~1.20
Ⅱ	1.15~1.20	1.10~1.15
Ⅲ	1.10~1.15	1.05~1.10

注:1.高速公路、一级公路滑坡防治，地质条件复杂或危害程度严重、特严重时，稳定安全系数可取大值；危害程度较轻时，稳定安全系数可取小值。

2.滑坡影响区域内有桥梁、隧道、高压输电塔、油气管道等重要建筑物，以及村庄和学校时，稳定安全系数可取大值。

3.水库区域公路滑坡防治，周期性库水位升降变化频繁、高水位与低水位间落差大时，稳定安全系数可取大值。

4.临时工程，稳定安全系数可取1.05。

依《公路路基设计规范》(JTG D30—2015)3.7.7条表3.7.7路堑边坡稳定安全系数值(见表1-7)。

表 1-7　路堑边坡稳定安全系数(《公路路基设计规范》表 3.7.7)

分析工况	路堑边坡稳定安全系数	
	高速公路、一级公路	二级及二级以下公路
正常工况	1.20 ~ 1.30	1.15 ~ 1.25
非正常工况 Ⅰ	1.10 ~ 1.20	1.05 ~ 1.15

注:1. 路堑边坡地质条件复杂或破坏后危害严重时,稳定安全系数取大值;地质条件简单或破坏后危害较轻时,稳定安全系数可取小值。

2. 路堑边坡破坏后的影响区域内有重要建筑物(桥梁、隧道、高压输电塔、油气管道等)、村庄和学校时,稳定安全系数取大值。

3. 施工边坡的临时稳定安全系数不应小于 1.05。

对非正常工况 Ⅱ,滑坡稳定安全系数应符合《公路工程抗震规范》(JTG B02—2013)有关规定。

第二节　填土地基路堤稳定性分析及地基处理方案工程实例

一、国道 310 郑州西南段改建工程实例

(一) 概况

国道 234 郑州境(荥阳乔楼至崔庙段)改建工程,在 K28 + 720 ~ K28 + 900段路基跨越深 48 m 铝土矿坑,坑无回填物;国道 310 郑州西南段改建工程在 K80 + 906. 848 ~ K81 + 103. 190以路基形式跨越长 196. 342 m 铝土矿坑。该矿坑在设计阶段坑底面以上虚土厚仅 15 m,而现状是挖除 15 m 虚土后向下采矿,其后倾倒平均厚度 45 m 虚土,虚土顶比路基设计高程高 6 m(见图 1-1 ~ 图 1-3)。

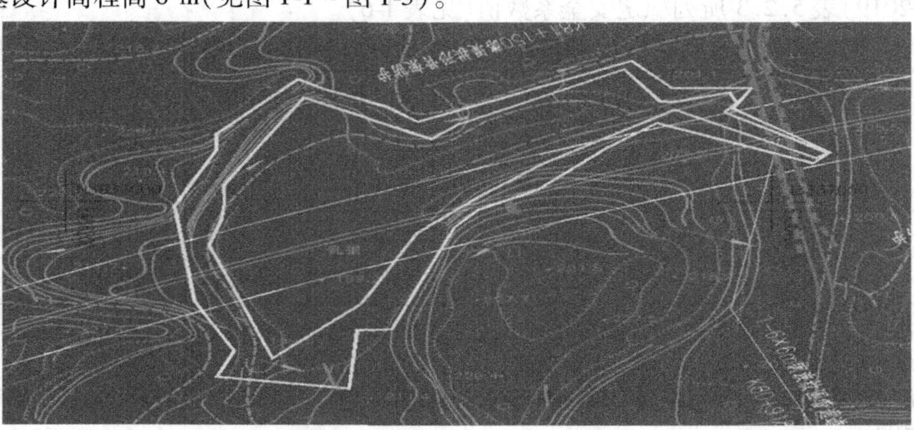

图 1-1　矿坑地形平面图

(二) 路堤稳定性分析

(1) 坑底为基岩地基,可不考虑其沉降变形对路堤边坡稳定性的影响。

(2) 矿坑内整体填满无临空面,具有侧限边界条件,则可不考虑其侧向位移对路堤边

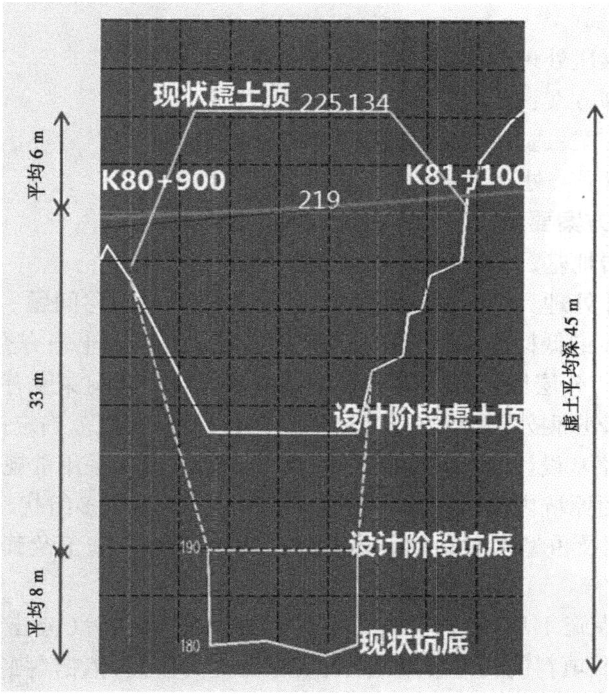

图 1-2　矿坑回填现状

图 1-3　矿坑虚填土现状

坡稳定性影响问题。

(3)虚填土欠固结,路堤填筑后,填土地基压缩变形量大,且因坑底面起伏而填土厚度不均,存在沉降量差异,堤面会出现裂缝、台阶变形形态,不利于路堤坡体稳定。

(三)处理方案比选

(1)复合地基处理方案(水泥搅拌桩、CFG 桩、碎石桩、灰土挤密桩等):基于填土欠固结且厚度大,则桩布置间距应小且桩长过长,以致处理工程量大且施工难度大,而不可采用。

(2)翻挖分层碾压处理方案:处理工程量大而不可采用。

(3)钢管桩处理方案:费用高而不可采用。

(4)强夯处理方案:适宜填土地基处理,工程费用较低。

鉴于上述,推荐强夯处理方案。

(四)强夯处理方案要点

(1)坑底为基岩地基,可不考虑其沉降变形问题。

(2)矿坑作整体处理具有侧限边界条件,可不考虑侧向位移问题。

(3)坑口原地表最低标高以下,在坑底保留一定厚度原虚土强夯夯实,其上依次分层回填原虚土后强夯。分层回填厚度和坑底保留厚度与有效影响深度有关。

应依《强夯地基处理技术规程》(CECS 279—2010)和有关规范确定;坑口原地表最低标高以上,依据《公路路基设计规范》(JTG D30—2015)有关规定,采用常规分层碾压设计。

(4)回填料利用原坑内虚土,设计单位应在强夯施工前取多组扰动土样试验,提供其有关物理指标、级配及重型击实参数等必需资料,以作为强夯施工及其检测密实度指标必需资料。

(5)设计单位待施工单位的夯锤尺寸及其夯击能确定后(夯击能宜不低于 2 000 kN · m),并考虑到回填料的物理力学指标、级配及击实参数,依据《强夯地基处理技术规程》(CECS 279—2010)和有关规范,在设计文件中补充初步确定的主副夯点布置形式、加固深度、主夯点间距、夯击次数、最后两击夯沉量平均值、停夯标准、间隔时间、满夯夯锤搭接规定、夯点施打顺序等设计参数和施工参数及有关规定,提交业主单位组织实施。

(6)正式强夯前,应依设计单位初步确定的强夯设计参数和施工参数作试夯。通过试夯核定初步确定的强夯设计参数和施工参数,及验证对周围环境的影响程度,以作为正式强夯施工依据及制定强夯处理质量检测和验收规定的依据。

(7)施工单位应依《强夯地基处理技术规程》(CECS 279—2010)和有关规范,编制《强夯处理工程施工方案组织设计》,并经上报审批后切实执行。

注意调查周围既有建筑物结构类型及分布。基于在矿坑内强夯,则应考虑到在矿坑下部及上部存在强夯对其影响的不同程度差别。若上部影响大,危及建筑物安全,在该深度的夯击施工可采取减小夯击能或其他措施。

(8)基于强夯分层填料为倾倒的松散虚土,则主夯点的夯坑深度可能过大,影响强夯施工。对此,应增加一遍复夯,复夯能级可取主夯能级之半,或按夯坑深度确定。强夯施工应注意按最优含水量路拌填料分层回填,以确保强夯效果及加快工期。基于分层回填料以粉质黏土为主,则可采用压实度检测,其评定标准可按下路堤规定。

(9)强夯后作沉降观测,以提供是否施工作正式路面的判定依据。在工期短剩余沉降量尚未满足规范规定值时,建议采用过渡路面并设置矿坑沉陷路段标牌。

二、国道 310 巩义境南官庄互通立交工程实例

(一)前言

国道 310 起点位于巩义市北山口镇南官庄村东南焦桐高速东侧(桩号:K120 + 350),

连接了巩义市和偃师市,在上跨焦桐高速后,于上跨 S235 与紫荆路交叉处设置南官庄互通立交。经调查,该立交在 K121 + 400 ~ K121 + 480 主线段范围原为冲沟,于 2013 年被填平(参见历年卫星图片),在 2016 年施工图勘测期间的现状已成为基本农田。其后,施工单位在未对填土处理情况下,在其上分层填筑 3 m 路基(见图 1-4 ~ 图 1-7)。

图 1-4　原沟填平后,施工单位现分层填筑 3 m

图 1-5　2010 年冲沟卫星图片

鉴于沟内为压实度差的倾填素土,其上尚有最高达 17.369 m 的填方路堤,为确保路堤稳定,勘察设计单位进行了补充钻探、静探勘察工作。

勘察资料表明:沟内填土厚 10 ~ 30 m 不等,以粉土为主,夹有塑性指数偏低的粉质黏土,无湿陷性(湿陷系数 0.006 ~ 0.013)。静探锥尖阻力大于 1 MPa。综合分析认为,该填土属正常固结土;下伏为第四系中更新统硬塑状棕红色粉质黏土夹密实粉土,其工程性质好。

(二)路堤稳定性分析

(1)坑底为第四系中更新统硬塑黏性土地基,压缩变形量小,其工程性质好,不属于压缩层,则可不考虑其沉降变形对路堤边坡稳定性的影响。

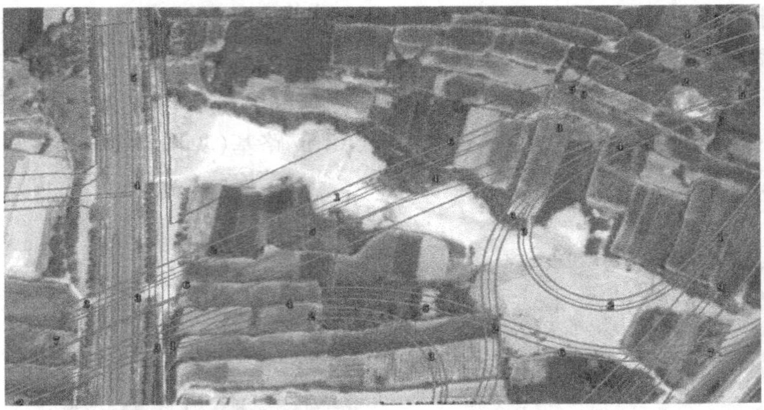

图 1-6　2013 年冲沟卫星图片

图 1-7　2016 年冲沟卫星图片

(2)矿坑内整体填满无临空面,具有侧限边界条件,则可不考虑其侧向位移对路堤边坡稳定性的影响问题。

(3)填土虽为正常固结土,但路堤填筑后,填土地基尚有压缩变形量,且因坑底面起伏而填土厚度不均,存在沉降量差异,堤面会出现裂缝变形,不利于路堤坡体稳定。

(三)处理方案论证

1. 填土地基沉降验算

沟内填土作为其上部路堤地基沉降压缩层,依填土试验资料的压缩模量,按最大填高 17.369 m,压缩层厚按 30 m 最不利工况,其总沉降量为 2.28 m,工后剩余沉降量为 0.396 m,不满足《公路路基设计规范》(JTG D30—2015)规定,则应作处理。

2. 处理方案比选

(1)桥梁方案:工期长,工程费用高。

(2)翻挖回填方案:施工烦琐,工期长,工程费用高。

(3)强夯方案:分层夯填次数多,且每次回填夯前均应增加一次辅夯,则施工程序及检测烦琐,且处理后地基承载力和工后剩余沉降量难以满足设计要求。

(4)管桩方案:公路路基处理不多,且工程费用较高。

(5)水泥搅拌桩方案:处理桩长有限,翻土分层回填碾压工程量大,且处理后地基承载力和工后剩余沉降量难以满足设计要求。

(6)灰土挤密桩方案:处理桩长有限,翻土分层回填碾压工程量大,且处理后地基承载力和工后剩余沉降量难以满足设计要求。

(7)螺旋 CFG 桩方案:处理桩长可达 25 ~ 30 m,可基本无须翻土分层回填碾压,其处理后的 CFG 桩复合地基,验算的地基承载力为 330 kPa,工后剩余沉降量为 0.201 m,均满足上部路堤荷载要求,且该方案工程费用适当,使用广泛,技术成熟。

基于以上各方案基本比较,且填土无湿陷性,则确定采用螺旋 CFG 桩方案。

(四)长螺旋 CFG 复合地基处理要点

(1)具体处理范围:按老沟范围东西两侧 1∶1 放坡开挖表层虚土后,开挖素填土临时堆放在红线范围内,其堆放应按照环保部门要求增加覆盖防尘网等一系列措施。

(2)布桩间距:加固面积约 8 000 m^2,采用正三角形布设,桩间距为 2.0 m,桩径为 0.4 m,长度初步定为 25 m,采用螺旋成孔。

(3)桩顶设置 40 cm 碎石垫层。

(4)上部素土分层回填碾压至路堤设计标高。

①1、2 号钻孔填土下伏基底第四系中更新统土层试验报告(见图 1-8)。

土样编号	取土深度	土的物理性质						界限含水率				压缩性		剪切试验		
		含水率	土粒比重	湿密度	干密度	饱和度	孔隙比	液限	塑限	塑性指数	液性指数	压缩系数	压缩模量	试验方法	凝聚力	摩擦角
No.		W	Gs	ρ	ρd	Sr	e	WL	WP	IP	IL	av.1-.2	Es.1-.2		C	Φ
	m	%		g/cm³		%		%	%			MPa^{-1}	MPa		kPa	°
1-1	34.00-34.20	25.3	2.71	1.85	1.48	82.1	0.835	34.9	21.4	13.5	0.29	0.23	7.1	q	25.7	13.2
1-2	35.00-35.20	26.1	2.71	1.84	1.46	82.5	0.857	36.4	22.3	14.1	0.27	0.21	7.4	q	26.1	12.8
1-3	36.00-36.20	25.9	2.71	1.86	1.48	84.1	0.834	35.5	21.8	13.7	0.30	0.21	7.8	q	26.7	13.8
1-4	37.00-37.20	19.4	2.70	1.91	1.60	76.1	0.688	28.3	19.2	9.1	0.02	0.34	4.7	q	13.3	27.1
1-5	38.00-38.20	19.1	2.70	1.92	1.61	76.4	0.675	27.3	18.7	8.6	0.05	0.18	9.1			
1-6	39.00-39.20	19.9	2.70	1.96	1.63	82.4	0.652	28.1	19.6	8.5	0.04	0.29	5.7	q	14.3	27.8
1-7	40.00-40.20	18.9	2.70	1.90	1.60	74.0	0.690	26.8	18.5	8.3	0.05	0.28	6.2			
1-8	41.00-41.20	19.7	2.70	1.95	1.63	80.9	0.657	28.6	19.4	9.2	0.03	0.22	7.5	q	12.5	26.8
1-9	42.00-42.20	19.3	2.70	1.93	1.62	77.9	0.669	27.9	19.1	8.8	0.02	0.20	8.3	q	13.6	25.9
1-10	43.00-43.20	19.2	2.70	1.96	1.64	80.7	0.642	27.3	18.7	8.6	0.06	0.18	9.1	q	13.2	26.3
1-11	45.00-45.20	19.6	2.70	1.90	1.59	75.6	0.700	28.3	19.3	9.0	0.03	0.23	7.4	q	14.1	27.2
1-12	49.00-49.20	24.8	2.71	1.88	1.51	84.1	0.799	33.4	20.3	13.1	0.34	0.28	5.6	q	26.4	13.5
1-13	51.00-51.20	26.4	2.71	1.85	1.46	84.0	0.852	37.1	22.6	14.5	0.26	0.21	7.5	q	27.1	14.6
1-14	52.80-53.00	25.9	2.71	1.84	1.46	82.2	0.854	34.2	21.3	12.9	0.36	0.28	6.6	q	25.1	13.8

图 1-8 1、2 号钻孔填土下伏基底第四系中更新统土层试验报告

②1 号钻孔钻孔柱状图见图 1-9。

③5 号钻孔素填土土工试验成果表见图 1-10。

孔号	1	坐标		钻孔直径	130mm	稳定水位
孔口标高	255.14m			初见水位		测量日期

地质时代	层号	层底标高(m)	层底深度(m)	分层厚度(m)	柱状图 1:200	地层描述
Q_4^{me}	1	242.64	12.50	12.50		素填土，黄褐色，松散，稍湿，成分以粉土为主，见少量钙质结核，土质不均
Q_4^{me}	2	222.14	33.00	20.50		素填土，黄褐色，稍密，稍湿，成分以粉土为主，见少量钙质结核，土质不均
Q_2^{al+p}	4	218.54	36.60	3.60		粉质黏土，褐红色，硬塑，切面较光滑，见铁锰质斑点，见少量钙质结核
						粉土，褐黄色，稍湿，中密-密室，见钙质结核，粒径1~5cm左右，个别较大

图 1-9　1 号钻孔钻孔柱状图

④JT2 填土静力触探试验成果图见图 1-11。

素 填 土 土 工 试 验 成 果 表

工程名称：国道310巩义境改建工程　　　　报告日期：2019-09-08

土样编号NO.	取土深度	土的物理性质						界限含水率				压缩性		剪切试验			湿陷性试验		工程分类
		含水率	土粒比重	湿密度	干密度	饱和度	孔隙比	液限	塑限	塑性指数	液性指数	压缩系数	压缩模量	试验方法	凝聚力	摩擦角	0.2 MPa压力湿陷	自重湿陷系数	土样分类与定名
—	m	%	—	g/cm³		%	—	%	%	—	—	MPa-1	MPa	—	kPa	°	—	—	国家标准规范
5-5	4.80-5.00	19.6	2.7	1.76	1.47	63.4	0.835	28.4	19.1	9.3	0.05	0.25	7.1	q	13.5	26.8	0.009	0.002	粉土
5-6	5.80-6.00	22.1	2.7	1.89	1.55	80.2	0.744	26.5	18.3	8.2	0.46	0.73	2.8	q	12.5	25.4	0.01	0.004	粉土
5-7	6.80-7.00	19.5	2.7	1.92	1.61	77.4	0.68	27.1	18.5	8.6	0.12	0.24	6.7				0.011		粉土
5-8	7.80-8.00	20.1	2.7	1.84	1.53	71.2	0.762	28.2	19.2	9	0.1	0.22	8				0.013		粉土
5-9	8.80-9.00	19.8	2.7	1.88	1.57	74.2	0.721	26.8	18.3	8.5	0.18	0.19	9.2	q	13.3	25.9	0.008		粉土
5-10	9.80-10.00	18.6	2.7	1.75	1.48	60.5	0.83	26.3	18.1	8.2	0.06	0.33	5.4	q	14.1	27.3	0.007		粉土
5-11	10.80-11.00	19.8	2.7	1.87	1.56	73.3	0.73	27.8	19	8.8	0.09	0.21	8.2	q	12.8	25.5	0.006		粉土

图 1-10　素填土土工试验成果表

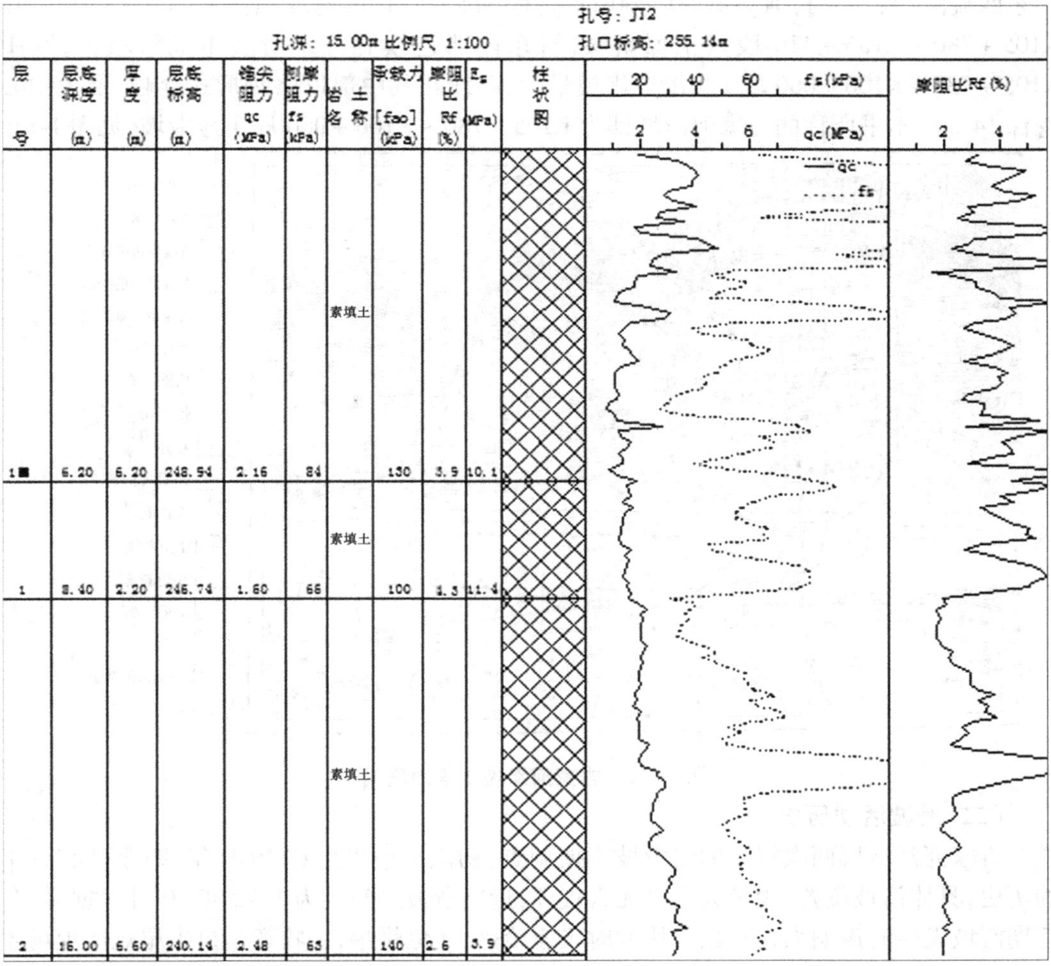

图 1-11　JT2 填土静力触探试验成果图

第三节　边坡典型破坏类型工程实例

依作者在河南省公路项目建设及运营中遇到的不同破坏形式滑坡问题，列举以下典型工程实例，可供业内同行参考。

一、连霍高速公路洛阳至三门峡段吉家河滑坡

（一）地形地貌

吉家河滑坡处于三门峡盆地东端黄土塬区，已被河流切割成近东西向长条形黄土梁，顶宽 30 ~ 60 m，长数千米，梁顶由东向西微倾，高程 636 ~ 690 m，其北坡缓、南坡陡，梁南为东西流向的吉家河，河谷宽 50 ~ 60 m，高程 576 ~ 558 m，与梁顶高差 100 ~ 140 m，在 K105 + 780 ~ K106 + 410 段黄土梁南坡，自东向西连续有三个滑坡组成滑坡群，其中 K105 + 780 ~ K106 + 060 段Ⅰ号滑坡规模最大，路线在其中部以路堑形式穿越，最大中心挖深 14 m。本书所称的吉家河滑坡即为 K105 + 780 ~ K106 + 060 段Ⅰ号滑坡，见图 1-12。

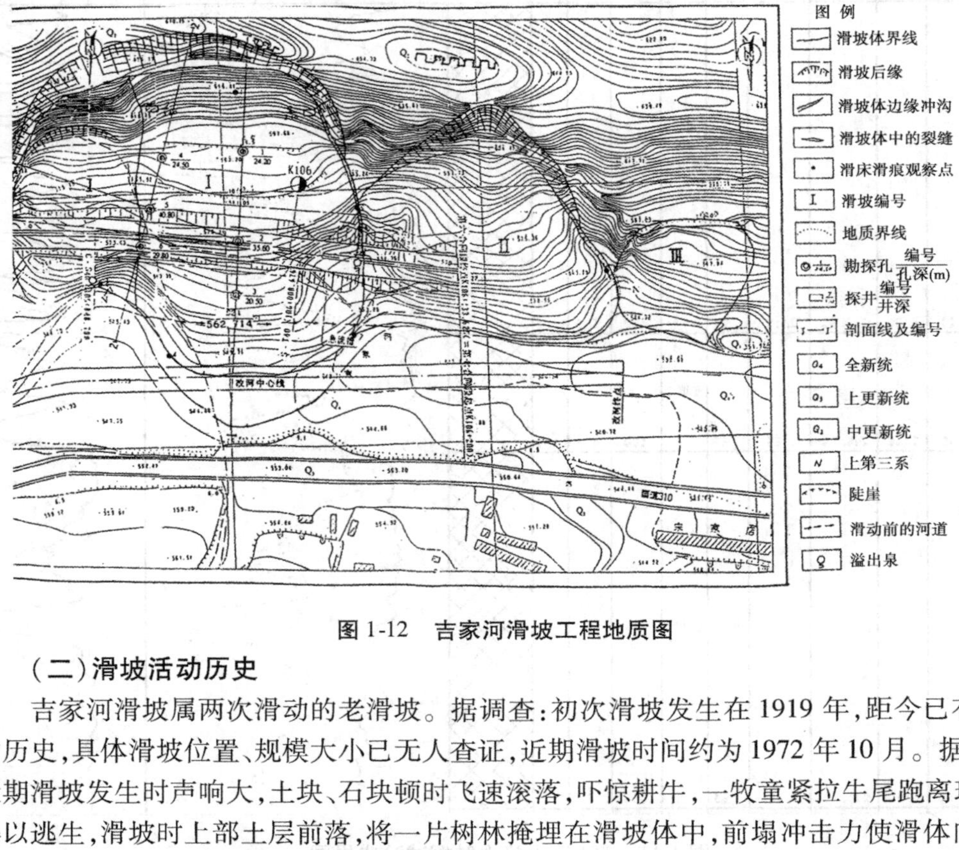

图 1-12　吉家河滑坡工程地质图

（二）滑坡活动历史

吉家河滑坡属两次滑动的老滑坡。据调查：初次滑坡发生在 1919 年，距今已有百年的历史，具体滑坡位置、规模大小已无人查证，近期滑坡时间约为 1972 年 10 月。据调查，近期滑坡发生时声响大，土块、石块顿时飞速滚落，吓惊耕牛，一牧童紧拉牛尾跑离现场才得以逃生，滑坡时上部土层前落，将一片树林掩埋在滑坡体中，前塌冲击力使滑体向北推移了 80 余米，将原吉家河河床掩埋，河水溅落到现 310 国道之上，当时已使河流堵塞形成堰塞湖，后来使用铁路部门的推土机将滑体前缘东段河道推开，西段河流已自然改道在 310 国道陡坎之下。

自 1972 年 10 月滑动后，吉家河又因频发洪水，导致河床向南滚动不断冲刷滑坡舌前缘，滑坡后退，形成陡坡，其陡坡底可见第三系灰绿色黏土岩，其层面上有泉水出露。

（三）滑坡成因

该滑坡成因与多种因素有关，其中主要因素如下：

（1）地形地貌条件：该处原为黄土墚，坡下为吉家河，河谷切割高差 140 m，南侧坡体陡，局部直立，重力作用强，导致黄土墚坡顶前缘节理张性加宽变形。

（2）水文地质条件：上部加宽变形的黄土状土垂直节理，有利于降水渗入砾石层，其下伏灰绿色黏土岩良好的隔水层，砾石层富水性好，灰绿色黏土岩长期被浸泡而软化，形成软弱带。

（3）水文条件：季节性吉家河毗邻黄土墚陡坡下，历史上多遇洪水期河水暴涨，长期不断冲刷其坡脚。

（4）坡体缓坡耕地表层扰动土有利于雨水渗入。

（四）地质构造与地震

依据 1∶100 万《河南省地质构造图》，该高速公路处于秦岭东西向构造带、祁吕贺山字形东翼边缘及太行山新华夏构造系等三大构造体系的交接地带，其构造地质单元为三门峡断陷盆地东端部，中、小地震活动较频繁。

（五）地震动参数

依据《中国地震动参数区划图》（GB 18306—2015），地震动峰值加速度 0.10g，地震基本烈度为 7 度，反应谱特征周期为 0.45 s。

（六）地层岩性

依后缘陡壁地质断面及钻探资料，上部为第四系中更新统黄褐色、浅棕红色黄土状土，液限偏高，底部夹有砾卵石层，下伏为第三系灰绿色黏土岩（见图 1-13）。

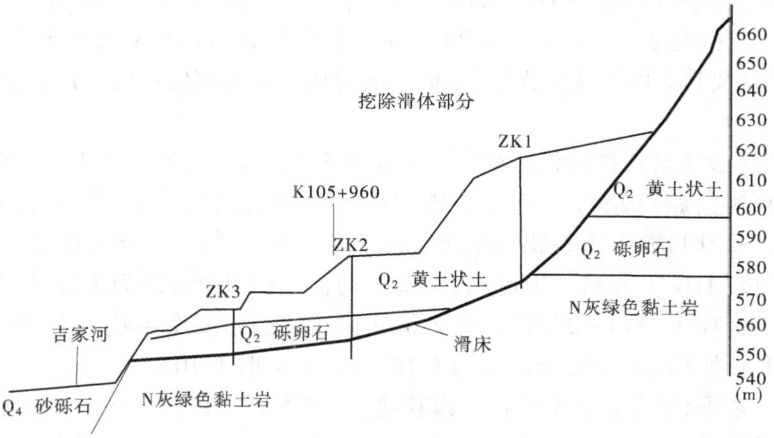

图 1-13　滑坡轴线地质剖面图

（七）水文地质条件

第四系中更新统底部砾卵石层厚度较大，其层位稳定，在冲沟及后缘陡壁，多有下降泉水出露，一般流量大至 1 L/s 左右。

（八）滑坡特征及规模

滑坡现状可见后缘陡壁，多大于 70°，呈圈椅形，弧长 400 m，中部壁高 40 m，向两侧降至 20 ~ 30 m。在平面上呈马蹄形，南北长 230 m，东西宽 280 m，轴向 NE50°。滑体黄土层底面起伏变化大，且岩土松散，钙核和卵砾石等与土混杂，前缘有泉水溢出。滑体上有三条裂缝，走向与滑坡轴垂直，雁列展布，可见最长裂缝 3 m、宽 0.40 m、深 1.70 m。滑坡体上可见倾斜的马刀树林。

据勘察资料，该滑坡滑体最大厚度 32 m，平均厚度 17.2 m，滑体达 100 余万 m^3，其规模属深层大型滑坡。

（九）滑坡类型及滑床和滑带特征

依该滑坡发生时情景调查、滑体形态及钻孔资料，综合分析认为：上部中更新统黄土状土先发生大规模滑塌，为上段滑床；继而下切砾卵石层，为中段滑床；其后，沿黏土层面下滑，为下段滑床，且黏土岩被推压在河床新近洪积的砾卵石之上。基于各断面滑床的岩性差异及下滑推力不同，则其滑动方向和速度各异，则滑舌为不规则形状，主滑轴滑舌前推最远。对此，可判定该滑坡属推移切层折线破裂面滑动破坏。据调查和钻探资料，各段折线破裂面倾角大小不一，变化较大，在西缘冲沟可见滑面倾角∠45° ~ ∠60°，前缘仅∠3°。各段滑带厚度不一，在滑坡顶部及两侧冲沟，滑带厚 5 ~ 10 cm，其上挤压滑动层理清晰，前缘在灰绿色黏土岩层面，滑带厚仅 1 ~ 2 cm，滑床上见有划痕，宽 1 ~ 2 cm、深0.3 ~ 1.0 cm。

（十）老滑坡稳定性验算

1. 稳定安全系数选取

1）依现行《公路路基设计规范》（JTG D30—2015）规定

按《公路路基设计规范》（JTG D30—2015）表 3.7.7，对高速公路正常工况为 1.20 ~ 1.30，非正常工况（地震）为 1.10 ~ 1.20 规定。但应综合考虑计算方法和计算指标的可靠性、滑坡类型及其原因的认识程度、滑坡可能造成的危害程度、试验方法、整治处理措施的性质等。

2）依现行《公路滑坡防治设计规范》（JTG/T 3344—2019）表 5.2.3 选择稳定安全系数

鉴于该高速公路以路堑形式穿越该大型滑坡中部，依《公路滑坡防治设计规范》（JTG/T 3344—2019）表 3.2.2，滑坡危害程度为特严重；按特严重危害程度，依《公路滑坡防治设计规范》（JTG/T 3344—2019）表 3.2.3，防治工程安全等级为Ⅰ级；依《公路滑坡防治设计规范》（JTG/T 3344—2019）表 5.2.3，正常工况稳定安全系数为 1.20 ~ 1.30，可选择为 1.25；非正常工况稳定安全系数为 1.10 ~ 1.20，可取 1.10。

综合上述依据，结合该老滑坡尚无滑移迹象，基本处于极限平衡状态，则确定正常工况稳定安全系数为 1.20 ~ 1.30，可选择为 1.25；非正常工况稳定安全系数为 1.10 ~ 1.20，可取 1.10。

2. 验算的岩土参数选取

为了获取较为准确的计算参数，本滑坡体共做了 6 个探孔，同时做了 65 组土工试验，并参考经验，提出计算参数（见表 1-8）。

表 1-8　计算参数

岩土名称	滑体			滑床		
	C(kPa)	φ(°)	r(kN/m³)	C(kPa)	φ(°)	r(kN/m³)
Q_2黄土状土	20	13	19.5	20	13	19.5
Q_2砾卵石	11	13	20	15	15	20
N 黏土岩				10	10	20
河床砂砾石				5	25	20

3. 稳定验算结果

滑坡体轴向主滑工程地质剖面，按两种模型五种验算方法的计算结果汇总于表 1-9。

表 1-9　计算结果一览表

滑面形状	块体折线形		似圆弧条分法					
计算方法	Sarma 法	Force 法	Fellenius 法		Bishop 法		Janbu 法	
地下水影响	无	有	无	有	无	有	无	有
自然工况	1.02	1.04	0.81	0.80	0.84	0.83	0.86	0.80
0.10g 地震烈度工况	0.89	0.92	0.74	0.73	0.77	0.75	0.86	0.81

4. 验算结果分析

块体滑体稳定系数高于似圆弧模型计算的滑体稳定系数 10% ~20%。似圆弧条分法模型的滑体稳定系数偏低的原因，在于其对滑面按圆弧（剖面）拟合所致，这与吉家河滑坡体滑面形式（呈折线）及滑坡体实际受力状况有关。

Fellenius 法、Bishop 法、Janbu 法的计算结果依次渐高，这与计算假定有关：

Fellenius 法不考虑土条两侧的作用力，计算公式中的 C、φ 为滑动面上的黏聚力和内摩擦角。

Bishop 法忽视土条间的竖向剪切力作用，认为滑动面上的切向力等于滑动面上土所发挥的抗剪强度。

Janbu 法的两个假定条件是：第一个与 Bishop 法的相同，认为滑动面上的切向力等于滑动面上土所发挥的抗剪强度；第二个假定是给出土条两侧法向力的作用点位置。简单假定土条自重 ΔW 和法向应力 ΔN 的作用点是同一点，这是不太合理的，但其影响在推导公式中属于二阶微量，可予忽略。推力线位置的变化主要影响着土条侧向力的分布，对安全系数的影响很小。

由此可见，Fellenius 法、Bishop 法、Janbu 法的假定逐次接近实际情况，这就不难理解三种方法的计算结果渐高了。

Force 法的一个主要的基本假定是不考虑条块两侧的摩擦力，与实际情况不太符合。

Sarma 法考虑了条块底面及侧面的摩擦角和黏聚力，更接近于实际情况。

就同一种模型的不同计算方法所得的计算结果相比较，对滑坡体相同工况条件下所计算的稳定系数的差别并不大，其数值差别均小于15%。

两种模型五种计算方法的计算结果表明，吉家河滑坡体自然状态下，其稳定系数最高仅达到1.04，基本处于极限平衡状态，从工程上考虑，这样的安全储备是不足的；在0.10g地震烈度条件下，其稳定系数最高仅达到0.92，滑坡体处于不稳定状态。

5. 两种模型五种计算方法的适用范围及特点分析

通过对两种模型计算方法的假定、参数以及计算结果的分析比较，不难看出：

Fellenius 法适用于圆弧滑面滑坡，特点为垂直条分滑体，计算简单、稳定系数偏小，只适用于简单均质滑坡。

Bishop 法适用于任意形状的滑面，特点为垂直条分滑体，适用于土质滑坡，须迭代计算。

Janbu 法适用于复合滑坡和非均质滑坡，须迭代计算。

Sarma 法可以任意条分块体，适用于任何形状的滑面，适用于任何类型滑坡。

Force 法与 Sarma 法相比较，未考虑条块两侧的摩擦力，与实际情况不太符合。

总体来说，块体折线形模型更接近于实际情况，适用于任何形状的滑面，适用于任何类型滑坡。因此，应该采取以块体折线形模型为主、以似圆弧模型校核的研究思路，进行滑坡体稳定性计算。

（十一）老滑坡治理方案

1. 治理必要性

基于计算结果表明吉家河滑坡体在自然工况状态，稳定系数最高仅达到1.04，基本处于极限平衡状态；0.10g地震烈度条件下，其稳定系数最高仅达到0.92，滑坡体处于不稳定状态；今后吉家河在洪水期仍存在冲刷滑坡体前缘对滑坡稳定性的影响。对此，应考虑到该滑坡危害程度及防治工程安全等级，执行《公路滑坡防治设计规范》（JTG/T 3344—2019）规定，彻底治理该滑坡是至关重要的。

2. 治理方案比选

鉴于吉家河滑坡体难以避绕，则应对该滑坡采用治理方案。结合吉家河滑坡体类型，提出以下治理方案比选。

1）抗滑挡土墙的“挡”方案

该方案对治理吉家河大型滑坡体，其圬工体积太大，经济上不合理。即使抗滑挡土墙有相应的抗滑能力，但是该滑坡体为土质推移式滑坡，如果巨大的滑坡体再次复活，沿古老的弧形滑面滑动，势必又形成旋转。由于土质滑体的整体性、黏结力差，很可能会在抗滑挡土墙前形成新的滑带造成滑体沿新的滑带越过抗滑挡土墙。

同样，若采用抗滑桩应考虑其滑坡体塑性大、整体性差，滑体前缘加抗滑桩，若其数量少、深度浅时不足以起到阻挡作用，且抗滑桩还存在工程量大、不经济等不足。

2）“锚固”方案

一般适用于浅层滑坡，对吉家河大型深滑坡体采取“锚固”方案，其工程数量大、不经济。

3)“排水”方案

该方案含有排地表水和滑坡内地下水,仅是主要的辅助措施。

4)削荷减重的“挖”方案

吉家河滑坡体是上陡下缓,“头”重“脚”轻的推移式滑坡,存在削荷减重的“挖”方案的有利条件,有效地减少滑体重量及其推力;该方案有利于消除在地震力或其他作用力的作用下,上部较重土体推动滑体再次滑动的作用;有利于大型机械的土方施工,工期短、经济合理。

基于上述各方案比较,可优先采用削荷减重的“挖”方案,待该方案实施后,视其稳定计算结果,酌情采取适宜的治理方案。因此,削荷减重的“挖”方案,为吉家河滑坡体治理的首选方案。

(十二)按开挖方案稳定验算

依《滑坡地形平面图》,高程 585 m 等高线走向与高速公路路线方向基本一致,无陡坎深切,挖过后形成开阔平台。从该高程以上开挖,挖方量为 33 万 m^3,极大地减轻了滑体重量,有利于滑坡稳定。吉家河滑坡开挖示意见图 1-14。按削荷减重的“挖”方案验算稳定性。

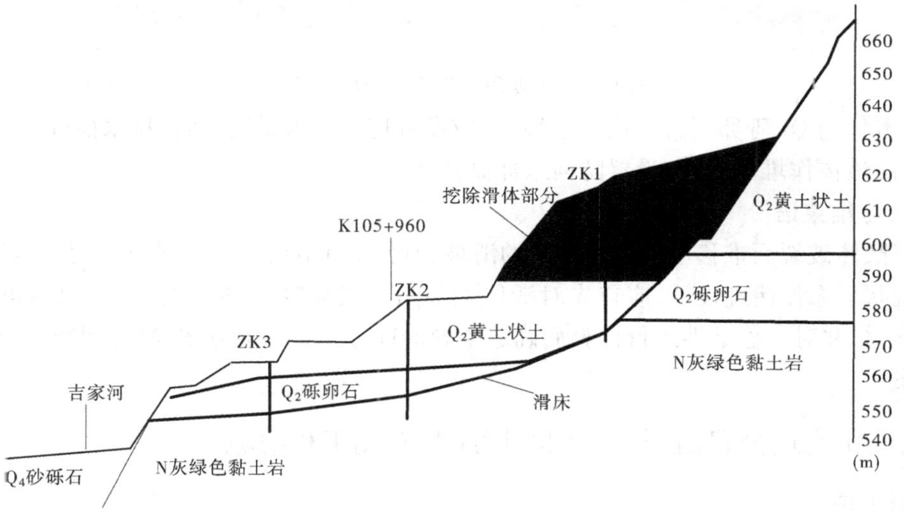

图 1-14　吉家河滑坡开挖示意

计算方法采用前述两种模型五种计算方法,计算结果见表 1-10。

表 1-10　吉家河滑坡Ⅰ—Ⅰ剖面开挖后滑体稳定性计算成果

滑面形状	块体折线形		似圆弧条分法		
计算方法	Sarma 法	Force 法	Fellenius 法	Bishop 法	Janbu 法
自然状况	1.26	1.28	1.24	1.22	1.24
加Ⅶ度地震	1.16	1.15	1.12	1.13	1.13

计算结果表明：滑坡体稳定性较开挖前提高 20% ~50%。滑体在开挖后自然状态下，由块体折线模型计算得出的稳定系数大于 1.25，似圆弧条分法计算得出的稳定系数接近 1.25；0.10g 地震烈度条件下，滑坡体安全系数均大于 1.10。依前述分析，块体折线模型计算得出的结果更符合实际，应该认为已经满足规范的要求。另外，考虑到计算时 C、φ 值的偏安全选取，滑坡体施工后排水设施的排水作用的有利因素，并参考《港口工程技术规范》(1987，第五篇地基）中给出了抗滑稳定安全系数和土的强度指标配合应用的规定（快剪情况下 Fs 取 1.10 ~1.20），可确定从 585 m 高程开挖是治理滑坡的基本方案。

（十三）辅助治理方案

（1）滑体开挖后，在原滑坡后缘又形成了一个新的人工边坡，可按 1∶0.75 坡率设计，并作防排水及绿化防护，路基外侧斜坡坡面作拱架植草防护（见图 1-15）。

图 1-15　治理后的吉家河滑坡外貌

（2）滑体内 Q_2 砾卵石含水层富水性好，应设置盲沟排水系统，强化排水措施。

（3）滑坡体作堆土反压，设置防河水冲刷挡墙。

（十四）结束语

对于散体破裂面推移滑动破坏类型的滑坡，其滑面上陡下缓，上部推力大，不可按滑坡原有现状形态作治理设计，应首先对滑体上部削荷减载“挖”方案为主导，以尽可能减小滑坡推力，并对其稳定性进行计算后确定主导治理方案及辅助方案，以达到经济合理的最优方案。

二、连霍高速公路洛阳至三门峡段路堑右侧工程滑坡

（一）概况

洛阳至三门峡高速公路 K51 +100 ~ K54 +200 段路线走向近东西，其地形处于低山丘岭区，地势北高南低，天然坡度为 50°左右缓坡。路嵌两侧设计边坡坡度均按 65°直线形坡，北侧挖深较大，中心最大挖深 30 余米。该路段在 1999 年施工过程中及挖深达到设计高程后，北侧岩体边坡均发生不断下滑，其下滑面为岩层结构面，最终导致该段北侧边坡坡率与层理结构面∠40°倾角一致，使原挖方坡口后退，而处于最终稳定状态，改变了该段原设计方案。

（二）地质结构

据勘察资料：该段三叠系中薄层砂岩夹页岩广为出露，层理结构面发育，其产状倾向 SW190°，倾角∠40°。

（三）滑动机制分析

基于岩层层理倾向 SW190°，岩层走向与路线走向近于平行，则挖方路堑北侧边坡层理属外倾结构面；岩层倾角∠40°，且设计的挖方坡度 65°，大于层理倾角；在雨期层理面抗剪强度锐减，特别是页岩软弱夹层的层间遇水软化，其下滑力大于抗滑力条件，层理为滑动结构面。

该路堑竣工后现状是北侧原设计较陡坡度因滑动失稳而形成缓坡，且与层理结构面一致，而南侧原设计陡坡率稳定。

（四）边坡破坏类型及治理方案

1. 滑坡类型

依滑坡机制分析，可判定为平面线形推移滑动破坏类型。

2. 治理方案

滑动层理结构面在坡脚位置时，可认为滑体已处于最终稳定状态，可不作专门治理，但不得再开挖坡脚。

滑动层理结构面尚暂时在坡脚以上位置时，滑体处于暂时平衡稳定状态，若遇诱发因素影响，将导致坡体复活滑动，最终滑动层理结构面在坡脚处，应予治理，其方案如下：

（1）滑动层理面尚在坡脚以上较高位置时，因挡墙过高，采用支挡结构条件有限，可采用锚杆加固坡体方案。

（2）滑动层理面在坡脚以上高度不大位置，可采用坡脚支挡，或辅以坡体锚杆加固方案。

应指出：对该类岩质边坡，当其坡率大于层理面倾角时，坡脚以上的各层理结构面均具有潜在滑动可能性，而最大潜在滑动面是处于坡脚底部的层理结构面，治理设计应按坡脚处层理面为滑动面计算最大推力。

（五）结束语

（1）对层状结构面的岩质边坡，应考虑到平面线形滑动破坏特点，设计坡率应与层理结构面倾角一致。

对具有层状结构的岩质边坡，当其坡率大于层理面倾角时，坡脚以上的各层理结构面均具有潜在滑动可能性。而最终规模大的滑动的层理结构在坡脚处，对该滑坡类型治理，应按坡脚处层理面为滑动面计算最大推力。

（2）滑动层理结构面在坡脚位置时，可认为滑体已处于最终稳定状态，可不作专门治理，但不得开挖坡脚。

（3）基于公路为线形工程，平面线形变化大，地质条件较复杂，路线走向与岩层结构面走向夹角及岩层结构面倾角多变，则查明沿线是否存在外倾结构面，是分析评价边坡稳定性的重要地质依据。

三、登封至汝州高速公路告成互通立交 CK 匝道右侧工程滑坡

（一）概况

登封至汝州高速公路近南北走向，告成互通立交 CK 匝道在主线西侧，起止桩号 CK0 + 280 ~ CK0 + 360。该匝道为挖方路堑，设计坡率 65°，其右侧挖深较大，最大中心挖

深20余米。在施工达到设计标高后，遇到了连续降雨，其右侧挖方坡体在CK0+280～CK0+310段突然发生滑动，含土的岩石碎块滑体占压了匝道路基约8 m宽，后缘出现3 m高的土质陡壁，陡壁下缓平台宽2 m，后缘陡壁后2 m处有纵向短小裂缝3条，呈雁行式展现，线塔距裂缝约8 m。滑动后滑体坡面坡度约40°。施工单位在滑坡发生后，立即采取了对全宽匝道堆土反压应急措施，其堆土高约4 m。其后据观测资料，滑动及裂缝变形趋于暂时稳定状态。

（二）地质结构

告成互通立交处于低山丘岭地形，天然坡度5°左右，三叠系薄层砂质页岩夹泥质粉砂岩广为出露，强风化层厚5～8 m，呈碎片状。层理结构面倾向SW210°，倾角∠45°，其上部覆盖2 m厚的黄土状土。

（三）边坡破坏类型分析

1.主线段边坡

基于主线段走向近南北约SW185°，岩层层理结构面倾向SE210°，其走向SE120°，主线段路线走向与岩层层理结构面走向夹角∠65°，则主线挖方段基岩层理结构面不属外倾结构面，其两侧边坡不具有发生平面线形滑动破坏的基本地质条件。

2. CK0+280～CK0+310段右侧挖方边坡

分析认为：该段右侧挖方边坡具有平面线形滑动破坏的如下基本地质条件：

（1）匝道在主线右侧（西侧），基于CK0+280～CK0+310段线形向北西弯曲，则其路线形走向基本与岩层走向一致，岩层层理结构面倾角∠45°，且倾向匝道路基，属外倾结构面。可判定该滑坡属推移型平面线形滑动破坏，岩层层理属外倾结构面。

（2）设计挖方坡度65°，大于层理倾角∠45°。

（3）砂质页岩层面抗剪强度差，特别又遇连续强降雨的诱发因素。

基于上述内容，该滑坡应判定为推移型平面线形滑动破坏，滑床为岩层层理结构面。

（四）治理设计基本依据

（1）据现场调查分析认为，按后缘陡壁下缓平台的层理结构面∠45°倾角及滑坡面坡度40°，可估计处于暂时稳定状态的滑体厚度为3 m，且其滑床在坡脚以上3 m。滑坡暂时处于稳定，这与滑坡发生后及时采取堆土反压的支挡抗滑措施有关。

（2）滑坡治理设计的滑体厚度估算：基于处于暂时稳定状态的滑体厚度为3 m，且其滑动层理结构面（滑床）在坡脚以上3 m，而最终的滑动层理结构面滑床在坡脚。为确保滑坡最终稳定，特别是确保20万kV高压线塔安全，治理设计的最大推力应按坡脚处的结构面（滑床），其滑体厚度按不小于6 m计算推力。

（五）治理设计与施工意见

（1）稳定安全系数应依据有关规范确定，特别应考虑到坡顶20万kV高压线塔重要生命线工程重要性。

（2）基于坡顶平缓，坡体砂质页岩泥质含量高，其风化较强，表层呈碎片碎裂状散体结构，则排水条件差，利于降水渗入，推力计算宜采用饱和剪切或重复慢剪试验的强度指标。

（3）为确保边坡最终稳定，彻底治理滑坡，应按坡脚处的层理结构面为滑床，滑体厚度应不小于6 m。

(4)推力计算应参考堆土反压的抗滑力。

(5)基于滑坡处于暂时稳定状态与堆土反压的支挡有关,则治理方案实施过程,不可先挖除反压抗滑堆土。

(六)抗滑设计方案

(1)考虑到滑体较厚,坡体较高,其推力较大,且重力式挡墙施工存在挖坡脚,会导致滑坡复活而发生更大规模滑动,则抗滑设计方案可考虑采用坡脚抗滑桩与坡体预应力锚杆方案比选确定。若采用坡脚抗滑桩方案,应考虑到坡面岩质松散,存在降雨对坡面的冲刷问题,建议采用锚杆挂网喷射混凝土护坡与植被护坡方案比选确定。

(2)考虑到坡顶20万kV高压线塔工程重要性,在滑坡治理前于线塔临滑坡一侧做一排维护性基桩。

(七)结束语

(1)滑坡发生后,及时采取堆土反压的支挡抗滑措施是必要的,这对坡顶有重要工程或有村庄是必要的。

(2)对发生平面线形滑动破坏类型,应判定滑床所处位置是否处于暂时稳定状态。为确保边坡最终稳定,彻底治理滑坡,其设计最大推力应按坡脚处的层理结构面为滑床计算。

(3)基于公路为线形工程,平面线形变化大,地质条件较复杂,路线走向与岩层结构面走向夹角及岩层结构面倾角多变,则查明沿线是否存在外倾结构面,对分析评价边坡稳定性至关重要。

(4)对已滑动滑坡,严禁采用先清除坡脚滑体作重力式挡墙方案。

四、洛阳至栾川快速通道合峪镇石村段路堑西侧工程滑坡

(一)概况

该快速通道合峪镇石村段路线堑走向近南北,为长150 m路堑,西侧坡高30余米,坡口上部平缓;东侧坡体毗邻明白河,坡高6 m。两侧设计坡度均为65°。通车两年后的8月,值班养路工发现西侧坡面出现尘土飞扬异常,依经验敏感察觉是山坡发生滑塌灾害预兆,立即高喊呼叫禁行,在数分钟后,即发生了滑塌,其延续时间约为10 min,岩块堆在路堑内,其厚度与东侧坡高6 m持平。

(二)地质结构

该路堑为燕山期中粒花岗岩体,有一组贯通性好的节理结构面特别发育,纵观似沉积岩层理,产状倾向SE100°,倾角∠45°。

(三)滑坡机制

该路堑西侧边坡,具有平面线形滑动破坏的以下条件:

(1)节理结构面倾向SE100°,走向SW190°,倾角∠45°,与路堑走向夹角10°,该组节理结构面属外倾结构面。

(2)设计坡度65°,大于节理结构面倾角∠45°。

(3)遇连续强降雨,致使节理结构面抗剪强度降低,其抗滑力锐减。

（四）滑坡类型及稳定性分析

基于上述内容，可判定该滑坡属推移型平面线形滑动破坏。滑坡发生后，坡面坡度与节理结构面倾角∠45°基本一致，滑床即节理结构面。因滑落岩块堆在路堑内具有支挡抗滑作用，致使滑坡处于暂时稳定状态，其暂时稳定的节理结构面（滑床）在路堑底以上6 m，即为东侧坡高6 m。若清除路堑内滑落岩块，坡体因失去其支挡抗滑力而复活滑动。

（五）治理方案

基于上述稳定性分析，则不可先清除路堑内滑落岩块。对此，提出治理方案如下：

（1）放坡方案：该方案即放缓边坡，即按坡脚处节理倾角∠45°由上而下放坡。其刷坡量较大，且基本毁掉坡面树林，二次刷坡施工条件困难，则不作为推荐方案。

（2）预应力锚杆加固坡体方案：该方案可直接对坡体实施预应力锚杆加固，待加固后清除路堑内滑落岩块，以防止滑坡复活。锚杆锚固长度进入路堑底部节理结构面深度应满足抗滑设计，以确保坡体最终稳定。

（3）坡脚支挡方案：基于不可先清除路堑内滑落岩块，则该方案不作为推荐方案。

鉴于上述内容，推荐预应力锚杆加固坡体方案。

（六）结束语

（1）通常认为平面线形滑动破坏类型的地质条件是层状结构的沉积岩，岩浆岩为块状构造，其坡体破坏类型为崩塌。但应指出，河南省伏牛山及鸡公山花岗深层侵入岩体，其原生节理及次级断裂密集，与区域构造走向一致，贯通性好，纵观呈似层状，具有平面线形滑动破坏的基本地质条件，本案例是岩浆岩体平面线形滑动破坏类型特例。

（2）最终稳定状态的滑动节理结构面在路堑坡脚位置，应作为计算滑坡的最大推力。

五、叶县至舞钢高速公路路堑北侧工程滑坡

（一）概况

叶县至舞钢高速公路K32 +350 ~ K32 +720段为近东西向挖方路堑，北侧地势高，中心最大挖深38 m。设计方案采用多级放坡，最高处为七级，坡率1∶2，平台宽度2 m，土工格室植草防护。坡口外为梯田缓平台，舞钢市杨庄乡五座窑村的平岭自然村坐落在该缓平台上。2009年3月前按设计要求，完成了北侧挖方及坡面防护设计施工。其后在4月20日，坡体局部表层发生小规模浅层滑移，几次降雨后观察地面出现裂缝，并有增多加宽趋势，但未形成大范围整体滑坡。为此，设计单位考虑到该段属膨胀土特殊深挖路基，拟定对全段北侧在坡脚增加桩承台式挡墙支挡设计。

2010年7 ~8月，该段遇连续多日强降雨，降水量达100 mm，在桩承台式挡墙的支挡设计尚未实施，于2009年8月9日晚11时，北侧边坡突然发生滑动。以下是经调查平岭村村民计宝臣诉说当晚突发时情景：当晚，在平房屋顶睡觉的村民计宝臣被闹着喝水的小女儿惊醒，迷迷糊糊走下楼梯，当走下最后一个台阶时，睡意顿然全无，台阶下沉了30 cm，并听到噼噼啪啪声，地面裂缝了，他大声呼喊妻子，带着女儿跑出家门，并疯狂拍打左邻右舍大门，敲着铁脸盆呼喊撤离，在其呼喊10 min后，村民全部撤离到北山安全地带，随即在村庄下的边坡发生大规模下滑。

据后调查，村民无伤亡发生，仅因地面裂缝导致村民48间房屋倒塌或严重受损，直接

损失约100余万元。据估算,滑坡体积达100余万 m^3,滑床埋深17 m左右,属巨型中层工程滑坡(见图1-16)。

图1-16　滑坡立面照片

(二)地形地貌

K32+350~K32+720路堑毗邻舞钢市,处于近东西向狭长山间盆地中,地势低洼较平坦,农田广布,两侧山体坡度较缓,属剥蚀堆积地貌成因类型。特别应当指出;该路堑北侧山势较高,且在盆地上部与山体交界处为较大面积的平坦台地,有十多户居民,并有水塘一处。

(三)气象

据舞钢市气象资料,年平均降水量701.9 mm,年最大降水量1 006.32 mm,年最小降水量499 mm。雨量集中在7~9月,占全年的50%~60%,并多为暴雨。

(四)地质结构

依地质调绘和钻孔资料,狭长盆地两侧山顶有零星震旦系石英砂岩出露,斜坡下盆地为缓坡地形,第四系中更新统冲洪积广为覆盖,下伏为上第三系地层(见图1-17),简述如下。

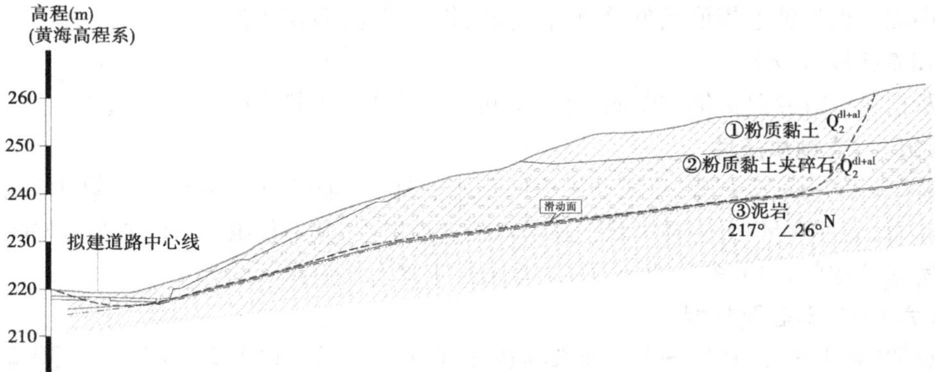

图1-17　滑坡工程地质横断面图

1. 粉质黏土(Q_2^{dl+el})

褐黄色,硬塑,含灰白色、灰绿色的蒙脱石强膨胀矿物及小砾石,层厚 11 m。主要物理力学指标:$Es-16$ MPa,$c-30\sim50$ kPa,$\phi-\angle26°$,$Fs-27\%\sim48\%$(具膨胀性)。

2. 粉质黏土(Q_2^{dl+el})

棕黄色及浅红褐色,含有灰白色及灰绿色蒙脱石强膨胀矿物,局部呈透镜体,碎石和角砾(见图 1-18)分布不均,局部含量大于 50%,偶见巨型块石和漂石,层厚 15 m。该层粉质黏土 $Es-25$ MPa,$c-450\sim60$ kPa,$\phi-\angle20.9°\sim33.3°$,$Fs-35\%\sim55\%$,具膨胀性,视电阻率 10 ~ 25 Ω/m(见图 1-19),瑞雷波波速 150 ~ 250 m/s。

图 1-18　K32 + 493 右 75 m 处粉质黏土夹碎石

3. 泥岩 (N)

灰绿色,裂隙发育,裂隙面呈锈黄色状,手捏易碎,遇水极易崩解软化,产状 125°∠32°、131∠20°;$Rc-0.4\sim0.94$ MPa;$Fs-35\%\sim48\%$,其视电阻率值一般大于 30 Ω/m,瑞雷波波速大于 250 m/s,属弱膨胀极软岩。该层最大揭示厚度 6 m(见图 1-20)。探槽中泥岩面波波速等值线色谱图揭示全风化泥岩层(见图 1-21)。

4. 石英砂岩(Z)

灰白色、浅肉红色,细粒变晶结构,坚硬,中厚层状,块状构造。

(五)水文地质条件

K32 + 350 ~ K32 + 720 路段处于山间汇水洼地。第四系中更新统粉质黏土下部含有较多碎石,局部含量高,为透镜状孔隙潜水或上层滞水,其下伏第三系泥岩为良好隔水层,在路堑未开挖前,边坡多处冲沟内多见季节性下降泉水出露。

(六)滑坡形态及类型

据 2009 年 8 月 10 日察看滑坡现场状况:在原挖方坡口以上 20 m 处,出现高 2 ~ 5 m 的滑坡后缘土质陡壁(原为农田),其呈"簸箕"形。后缘陡壁上部缓平台上出现长 9 ~ 12.5 m 的拉裂裂缝,呈纵向雁行式展布,其错台变形严重;滑坡前缘滑舌部位出现隆起,并有诸多小裂缝。滑坡体有三个明显台阶区,各台阶高 1.5 ~ 2.8 m。一号台阶区为滑坡

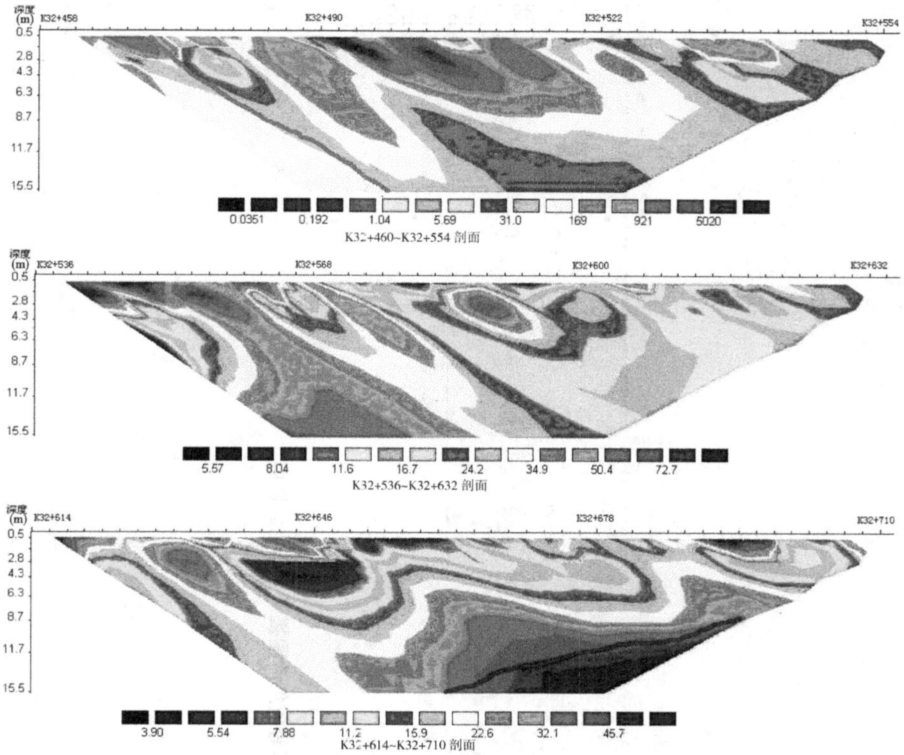

图 1-19 电法纵剖面揭示含碎石粉质黏土

图 1-20 探槽中全风化泥岩

前缘，坡度 20°～25°，依次向上为二号台阶区和三号台阶区，其坡度分别为 5°～18°和 5°～10°。滑体前缘宽度约 231 m，主滑轴长 158 m，其滑舌超越原挖方坡脚，前推 9～29.0 m，主滑轴滑舌接近路嵌对面坡脚。后缘高程为 260.0 m，前缘高程为 221.0 m，高差约 39.0 m。对坡面所做的土工格室防护和排水沟拉裂错位，面目全非。

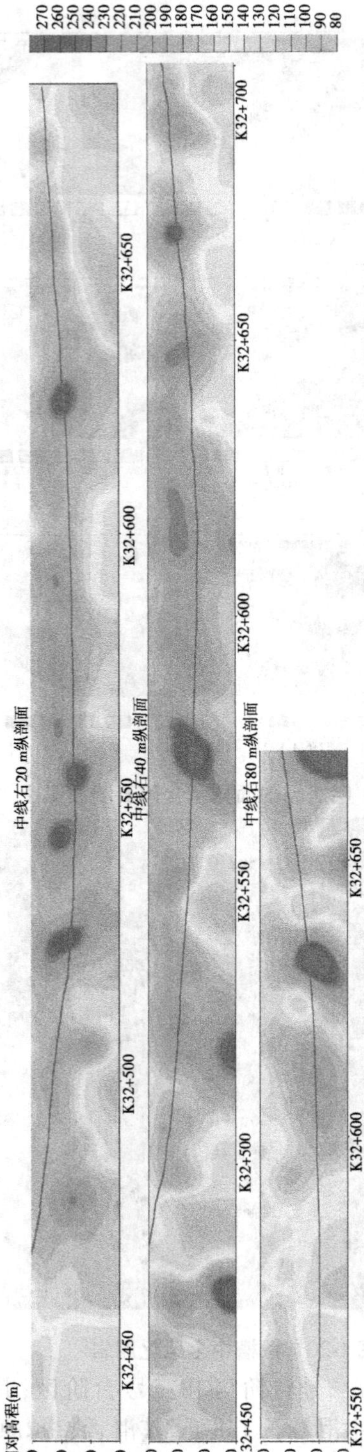

图1-21　面波波速等值色谱图揭示全风化泥岩层

依滑坡发生时情景及其形态综合分析认为:可推演上部3号区褐黄色粉质黏土先发生大规模下滑,为上段滑床;继而切入下伏含碎石和角砾的棕黄色及浅红褐色粉质黏土,为中段滑床;其后,沿灰绿色泥岩层面下滑,为下段滑床。基于各断面滑床的岩性差异及下滑推力不同,则其滑动方向和速度各异,则滑舌为不规则形状(见图1-22),主滑轴滑舌前推最远。对此,可判定该滑坡属推移切层折线破裂面滑动破坏。

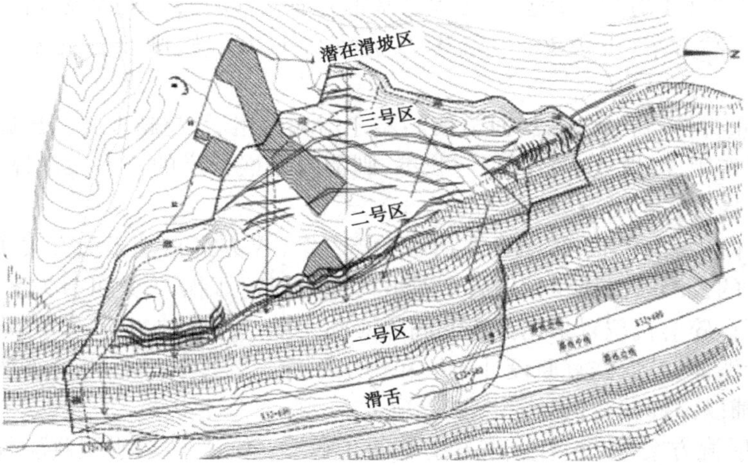

图1-22 滑坡形态图

(七)滑坡机制分析

综合分析认为,该滑坡形成机制与以下因素有关:

(1)该段为深挖路堑,设计中心最大挖深38 m,且地质结构主要为膨胀土特殊性土。依《公路路基设计规范》(JTG D30—2015)规定,明显缺少与隧道方案比选;按挖方路基形式,缺少“固坡脚”强化支挡抗滑的重要设计环节。

(2)膨胀土挖方边坡开挖后长期暴露,受大气变化胀缩作用影响,其浅表层强风化土体松散,不仅导致应力变化再分布,也利于降水入渗,其抗剪强度锐减。

(3)第四系中更新统粉质黏土含有灰白色及灰绿色蒙脱石强膨胀矿物,局部呈透镜体,下部含有较多碎石,局部含量高,为透镜状孔隙潜水或上层滞水,其下伏第三系泥岩为良好隔水层,其层面处于长期浸泡环境,其抗剪强度低。

(4)连续强降雨非正常工况,雨水下渗加速软化粉质黏土和泥岩。

(5)边坡上部有村庄及水塘,且地势平坦开阔,汇水面积大,有利于地表水聚集和渗入,不利于排泄。

(6)该挖方边坡按1∶2缓坡率设计是符合规范规定的,其发生巨型中层工程滑坡与上述综合因素有关,勘察设计应总结经验,吸取教训,重视强化坡脚支挡是重要关键环节。

(八)治理方案

1.治理方案应考虑的因素

(1)滑动后,滑体超越坡脚,对前推占压路堑长度的部分滑体应为抗滑段,致使滑体处于暂时稳定状态,治理方案的推力计算应参考该抗滑段的抗力。

(2)滑体推力计算按推移切层折线破裂面滑动破坏模型,并考虑到各滑床岩性差异及下滑推力差异。

(3)基于抗滑段的抗滑力,滑坡体处于暂时稳定状态。则在实施任何一种治理方案时,严禁先挖除超越坡脚占压路堑长度的抗滑段滑体,而应作强坡脚的支挡,并以滑体稳定为前提,方可清除超越坡脚的抗滑段滑体。

2. 治理方案比选

(1)改线方案(Ⅰ方案):因全线工程已基本完成,若改线,其改线段过长,则不可行。

(2)削坡减载方案(Ⅱ方案):基于已实施完成1∶2缓坡,则该方案无削坡减载地形条件。

(3)坡脚重力抗滑挡墙方案(Ⅲ方案):鉴于滑坡发生后,超越坡脚占压路嵌长度的滑体的支挡抗滑作用,滑坡处于暂时稳定状态,则清除路嵌长度的抗滑段滑体,并挖坡脚的重力式挡墙支挡方案不可行。

(4)坡脚采用抗滑桩板、桩承台式挡墙支挡方案(Ⅳ方案):基于该方案实施不存在先清除路嵌长度的抗滑段滑体及挖坡脚危及坡体稳定问题,则认为是可行方案。

该方案可在碎落台位置采用分段并间隔实施人工挖孔成桩,在其强度满足规定后,方可清除抗滑段滑体,其后恢复原设计防护和排水系统。若坡脚支挡设计不能满足抗滑推力,可在坡体辅以锚杆抗滑设计。

(5)抗滑明洞方案(Ⅴ方案):该方案有两步程序:第一步,在明洞侧墙外作强抗滑桩支挡结构,以确保明洞侧墙的抗滑设计要求;第二步,清除超越坡脚占压路堑的部分的抗滑体,并实施明洞的整体工程。

(6)比较结果:基于Ⅳ、Ⅴ两方案的共同点均应先作强坡脚抗滑桩支挡,以确保已滑动的滑体稳定而不发生更大复活,作为重要的关键环节。则认为两方案均可行,但应从经济、施工难易程度、工期、环保等方面比选后确定。

(九)结束语

(1)本案例是公路工程深挖路堑失稳造成的次生工程滑坡问题,应切实按照《公路工程地质勘察规范》(JTG C20—2011)和《公路路基设计规范》(JTG D30—2015)强制性条款,作好工程地质勘察及动态设计至关重要。

(2)初步工程地质勘察阶段应基本查明深挖路段工程地质条件,评价其稳定性。对该段中心最大挖深达 38 m 的膨胀土特殊路基,应按《公路路基设计规范》(JTG D30—2015)7.9.7 条规定,与隧道方案比选。

(3)该挖方边坡按1∶2缓坡率设计是符合规范规定的,其发生巨型中层工程滑坡与上述综合因素有关,同时设计及施工中坡脚支挡重视不足也是重要因素之一,勘察设计应总结经验,吸取教训。

(4)该滑坡属推移切层折线破裂面滑动破坏,而对 4 月 20 日坡体局部表层发生的小规模浅层滑移及出现的裂缝,应属表层膨胀土因胀缩风化作用形成的风化软弱层,所发生的浅层平面线形滑动破坏。

(5)该路堑为中心最大挖深达38 m 的非均质层状结构膨胀土特殊路基,仅采用放缓边坡和格室植草防护设计方案,缺少必要的"固坡脚"支挡抗滑的重要环节。

(6)全方位加强在施工全过程对深挖方路基边坡的监测,及时发现坡体不稳定现象,及时分析问题,采取针对应急措施至关重要。

(7)切实执行膨胀土深挖方边坡工程施工程序有关规定,并及时防护。

(8)边坡设计应考虑到:

①粉质黏土层含有灰白色及灰绿色蒙脱石强膨胀矿物,局部呈透镜体。

②坡顶地形排水条件,是否有村庄及水塘,特别是重要构筑物。

③坡体岩土的透水性。

④连续强降雨的非正常工况。

(十)附件

抗滑明洞设计方案如下:

1. 滑坡临时支护措施

明洞结构施工期间,为确保施工安全,在做好边坡防排水的同时,在北侧深挖高边坡,距明洞侧壁4 m处设置一排抗滑桩对滑坡进行临时支护(见图1-23、图1-24)。

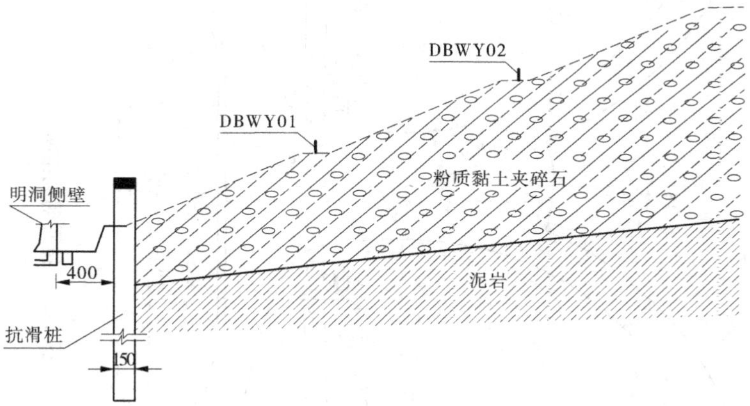

图1-23　滑坡临时处治措施

2. 抗滑明洞结构设计

1)明洞结构

依据滑坡治理所需反压岩土层的厚度要求、上部是否行车综合确定。衬砌采用模筑C35钢筋混凝土结构,厚度为80 cm;采用整体式曲中墙,中墙厚2.4 m;混凝土为防水混凝土,防水等级为P8;考虑地震作用,按抗震烈度7度进行设防。

2)明洞结构配筋及裂缝验算

抗滑明洞为两车道上下行连拱结构,内轮廓净宽12.10 m、净高9.35 m,右洞当量断面面积76.97 m^2,左洞当量断面面积73.26 m^2。依据滑坡所需反压岩土层的厚度要求、上部是否行车综合确定明洞参数。采用荷载—结构法进行有限元数值计算,并进行结构配筋及裂缝验算。

(1)计算方法。

计算采用有限元软件ANSYS,基于荷载—结构对明洞进行强度验算。

(2)计算参数见表1-11。

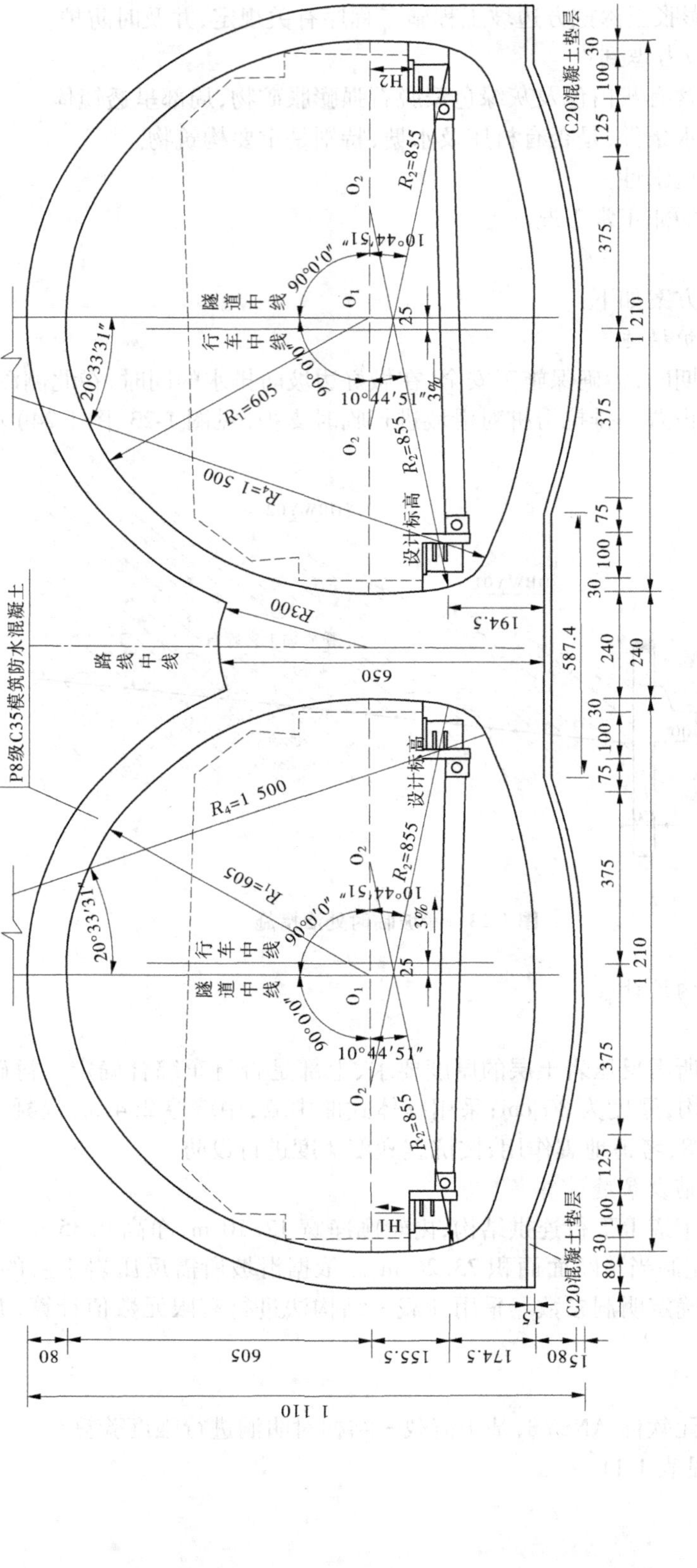
复合式防水层
P8级C35模筑防水混凝土
C20混凝土垫层
路线中线
隧道中线
行车中线
设计标高
R_1=605
R_2=855
R_4=1 500
R300
O_1
O_2
90°0'0"
10°44'51"
20°33'31"
3%
H1
H2
650
587.4
194.5
1 210
1 110
605
155.5
174.5
375
240
125
100
80
75
30
25
15

图 1-24　抗滑明洞结构

表 1-11　明洞结构主要计算参数

项目	材料		
	衬砌结构	中隔墙	弹性地基
重度(kN/m³)	25	25	
弹性模量(MPa)	32 250	32 250	
泊松比	0.2	0.2	
黏聚力(kPa)			
摩擦角			
弹性抗力系数(MPa/m)			150
单元类型	梁单元	面单元	弹簧单元

3. 结构强度验算

明洞结构不承担水平向推力,计算力学模型只考虑侧向土压力、拱顶回填荷载。

由图 1-25 ~ 图 1-28 可以看出,明洞的拱脚、中隔墙一侧拱肩处弯矩较大,最大弯矩为

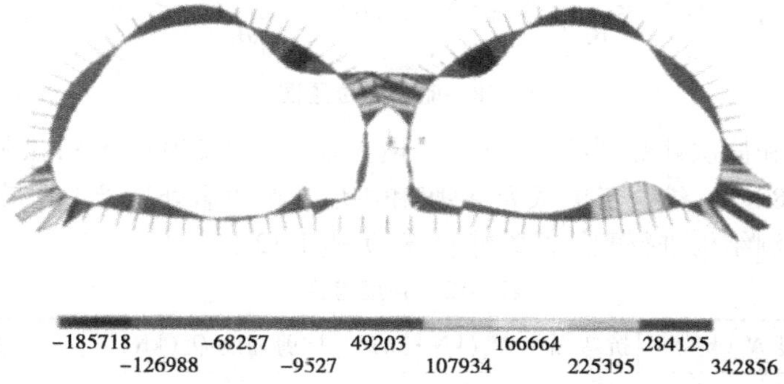

图 1-25　明洞弯矩图

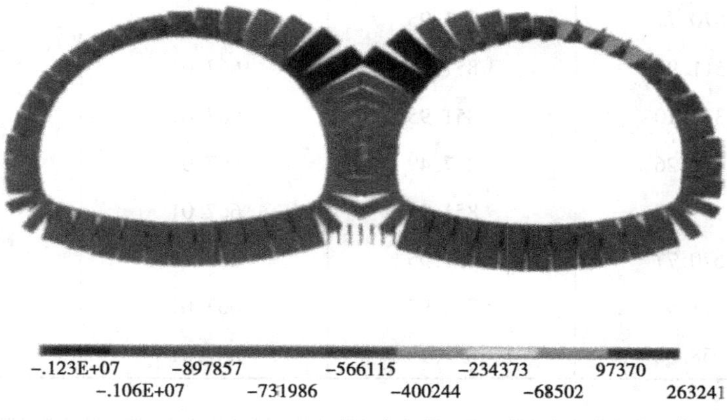

图 1-26　明洞轴力图

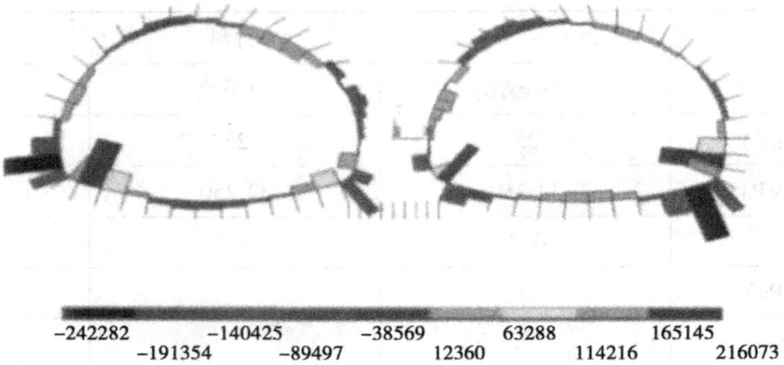

图 1-27　明洞剪力图

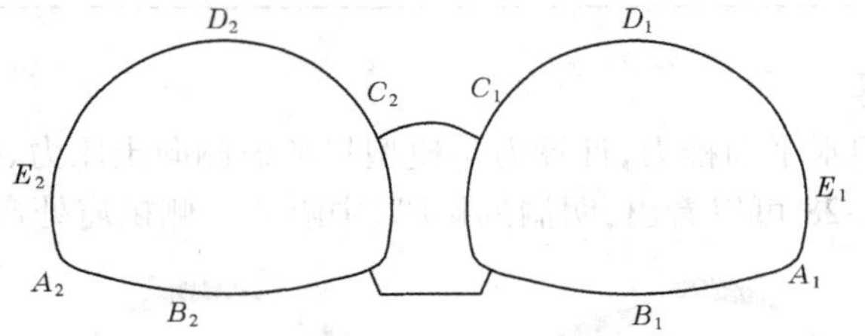

图 1-28　验算点位置图

342 856 Nm;扶肩和仰拱处受到的轴力较大,最大轴力为 1 230 000 N;拱脚处剪力较大,最大剪力为 242 282 N。综合考虑认为,拱脚和中墙一侧拱肩处的受力是最不利部位。根据计算结果,对明洞结构进行配筋及裂缝验算,见表 1-12。

表 1-12　强度验算

位置	抗压强度 N_u(kN)	抗弯强度 M_u(kN · m)	抗剪强度 Q_u(kN)	裂缝(mm)
A_1	3 172.47	2 378.48	667.01	0.200
B_1	7 919.09	3 851.95	667.01	0.106
C_1	8 670.77	3 851.95	667.01	0.128
D_1	7 511.91	3 851.95	667.01	0.061
E_1	9 337.10	3 851.95	667.01	0.096
A_2	2 968.26	2 267.49	667.01	0.196
B_2	7 561.85	3 851.95	667.01	0.096
C_2	8 670.77	3 851.95	667.01	0.128
D_2	7 511.91	3 851.95	667.01	0.061
E_2	8 058.68	3 851.95	667.01	0.072

4. 滑坡治理施工过程有限元模拟

考虑临时支护、抗滑明洞及回填土层等治理措施基于 Drucker-Prager 屈服准则,对滑坡进行施工过程有限元模拟分析。

1)参数选取

基于勘察资料并结合《公路隧道设计细则》(JTG/TD 70—2010)关于Ⅴ、Ⅵ级围岩力学参数的规定,综合确定计算参数,见表1-13。

表1-13　施工模拟主要计算参数

项目	材料		
	碎石土回填	C30混凝土	膨胀性土
重度(kN/m^3)	20	25	20.3
变形模量(MPa)	15	32 250	8
泊松比	0.36	0.2	0.45
黏聚力(kPa)	8		18
摩擦角	32		12

2)有限元模拟

以单元的激活、钝化模拟滑坡治理施工过程。分别计算明洞结构施工期间及回填完成后边坡系统的变形稳定情况,见图1-29、图1-30。

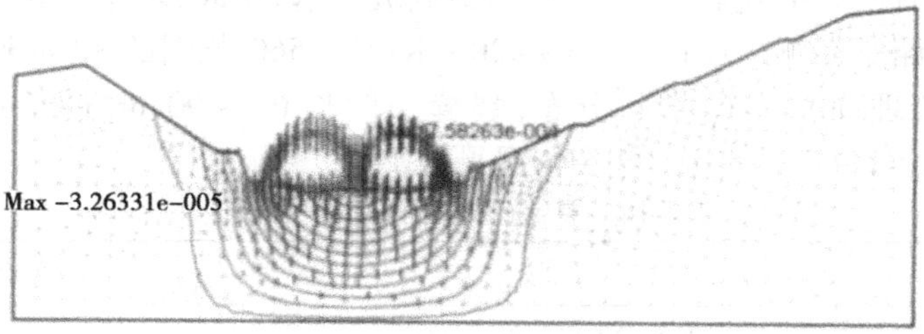

图1-29　明洞施工后滑坡位移矢量分布图

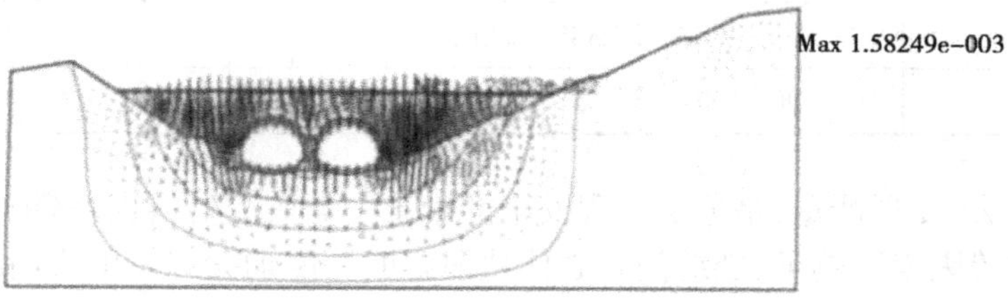

图1-30　回填完成后滑坡位移矢量分布图

5.滑坡稳定性分析

基于在明洞结构施工前,依验算的滑坡推力,在坡脚对滑坡体实施抗滑桩临时支挡措施,则确保了明洞结构施工期间滑体处于稳定状态,明洞具有抗滑功能。由于卸荷回弹及浅层下滑力的作用,明洞结构产生了与重力反方向的位移,但其值较小,不影响结构施工安全。在较高边坡一侧洞顶回填位置,回填土层在重力作用下的沉降变形最大值约3.2

cm,可不考虑其影响问题。

滑坡治理完成后效果图见图 1-31。

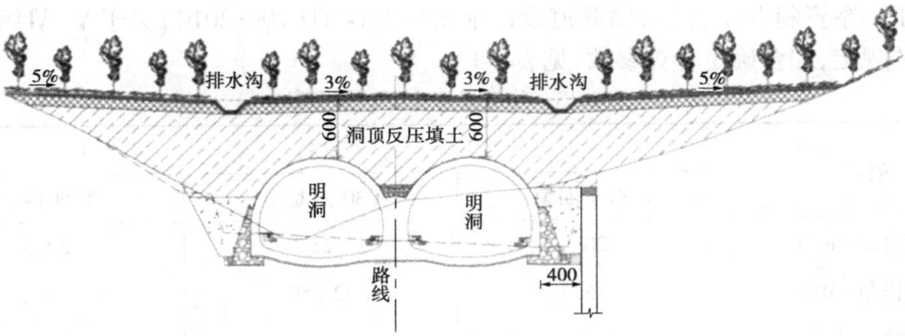

图 1-31　滑坡治理完成后效果图

六、倾倒模型在京珠高速公路信阳至九里关段深挖方倾倒边坡治理中的应用

(一)工程概况

京珠高速公路信阳至九里关段路线走向近南北,K123 + 200 ~ K123 + 700 段以路堑形式穿越歪头山西坡,坡体基岩裸露。

路堑西侧坡高仅 10 m 左右,而东侧按两级刷坡高达 80 m ,坡率 1∶0.5。基于受高陡刷坡临空面影响,路堑东侧边坡在 K123 + 420 ~ K123 + 560 范围的 80 m 刷坡上部发现 5 条张性宽裂缝(节理面),呈阶梯状分布,裂缝一般长 60 ~ 90 m,最长达 130 m,缝宽 0.25 ~ 1.0 m,水平间距 7 ~ 15 m。开裂情况见表 1-14。

表 1-14　裂缝(节理面)开裂情况

编号	产状	宽度(cm)
0#	倾向 NE35°、倾角 60°	25
1#	倾向 NE33°、倾角 80°	90
2#	倾向 NE30° ~ 35°、倾角 55° ~ 60°	10 ~ 25
3#	倾向 NE38°、倾角 55°	100
4#	倾向 NE53° ~ 55°、倾角 66° ~ 70°	40

高边坡开裂、变形严重,是危及工程安全的隐患。据监测资料,裂缝仍在加宽变形,预测在受强降水等因素影响下,裂缝间各岩体块段折断深度加大有发生垮塌趋势,也不排除各分割块折断深度趋于平面线形时,将导致该段山体发生大规模滑动破坏。

(二)地质结构

该路堑处于鸡公山燕山期花岗岩侵入体,其岩性为中粒黑云母花岗岩,岩体裸露,坚硬较完整,块状构造,弱风化。在区域上,岩体有一组背向路堑的反倾节理结构面特别发育(倾向 NE50°左右,倾角∠65°左右),且受区域构造影响,节理面平直,贯通性好。

(三)倾倒破坏机制分析

发生倾倒破坏机制主要有以下三个条件:其一是具有反向结构面,且倾角较陡,贯通性好；其二为硬质岩；其三具有高陡临空面。

基于本工点地形条件、岩性、路堑设计方案、结构面产状及裂缝出现特点，采用倾倒模型进行稳定性验算，其依据主要是以下3点：

（1）刷坡以上不同高程位置上的裂缝（节理面），具有开裂深度逐渐加深趋势，依次将各条裂缝开裂最深位置连线，6条线段几乎形成一直线，称之为潜在折断破坏面（见图1-32中虚线），符合倾倒破坏机制。

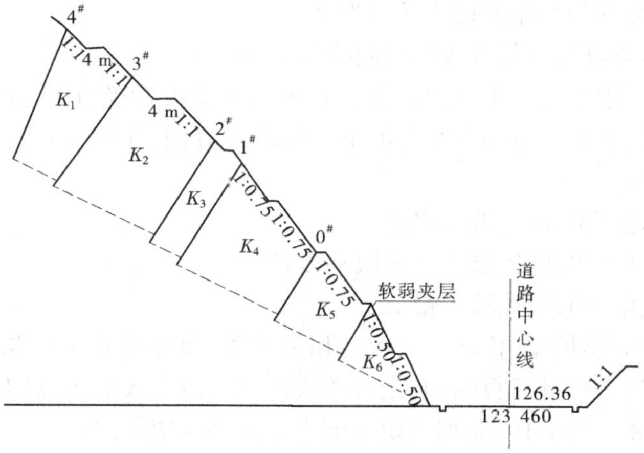

图1-32　边坡条块倾倒分析

（2）边坡上的5条裂缝（节理面）倾向NE40°～NE55°、倾角∠55°～80°，与软质的基性岩脉（煌斑岩），将边坡自然地分割成近平行的6个条块，便于采用单元体分析。

（3）依现场调查裂缝部位坡体平均坡度及裂缝倾角，裂缝与坡面交角近于垂直。这样条块间的推力可按条块底部一边靠下的O为支点，产生的倾倒力矩最大，对条块稳定性影响也最大，则采用这种条块倾倒力矩平衡模式是比较恰当的。

（四）稳定性分析及检算

陡倾块状岩体沿台阶状节理面倾倒破坏的稳定性分析，采用极限平衡法进行。极限平衡法原理是：典型条块受力在极限平衡状态下，按不平衡力传递法计算模式，从上到下，逐一计算条块间推力，取最大值，连续试算岩体条块倾倒时的合理安全系数（本工程评价中摩擦力矩的安全系数取0），直至达到力的平衡状态。

本工程的裂缝将该段山体分割成6大条块，条块受自身重力、摩擦力以及相互挤压力的作用，受地形、降水、地震等因素影响到一定程度时，山体即会失去平衡，发生大范围的滑塌破坏。最先破坏的是坡脚条块，即K6。故K6块是否处于力的平衡状态，是判定边坡整体性稳定的依据。块体倾倒的力矩平衡方程按下式：

上侧推力矩 ± 重力矩 − 摩擦力矩 − 下侧反推力矩 = 0

得：

$$P_nM_n + (W_n\sin\alpha \cdot y_n/2 - W_n\cos\alpha \cdot \Delta x/2) - P_nf \cdot \Delta x - P_{n-1} \cdot L_n = 0$$

即：

$$P_{n-1} = [P_n(M_n - \Delta xf) + W_n/2(y_n\sin\alpha - \Delta x\cos\alpha)]/L_n$$

式中 P_n——条块之间的相互作用力,kN;

M_n——上侧条块与当前条块接触面的长度,m;

Δx——条块上平行于坡面的边长,m;

f——岩石摩擦系数;

W_n——条块重力,kN;

y_n——条块高度,m;

α——条块底面与水平面的夹角,(°);

L_n——下侧条块与当前条块接触面的长度,m。

在实际计算中,重力的两个分力对支点 O 的力矩差可直接用重力对支点 O 的合力矩替代。需注意的是,当重力方向在支点的下方时取正值,上方则取负值。边坡稳定性的判别如下:

(1)若最终值小于0,则边坡稳定;

(2)若最终值等于0,则边坡处于极限平衡状态;

(3)若最终值大于0,则边坡失稳。

采用上述倾倒力学模型,代入该工程各相关参数,即可评价该山体边坡的稳定性。以K123 + 460 断面作为标准计算断面,把各条块的相应值代入上式,对 K1 到 K6 条块逐次分析计算,推力计算见表 1-15,典型条块倾倒力学模型见图 1-33。

表 1-15 推力计算

序号	分块重力 W_n(kN)	重力臂 (m)	摩擦力 $P_n \times f$(kN)	摩擦力臂 Δx(m)	P_{n-1}对 W_n 的力臂 L_n(m)	P_n 对 W_n 的力臂 M_n(m)	块间相互作用力 P_n(kN)
K1	17 024	5			32		2 660
K2	18 228	0.321	186.2	21	30	40	3 350
K3	7 622	5.5	234.61	7	35	37	4 740
K4	17 563.1	3	331.87	21	23	31	4 100
K5	6 300	3	286.94	15	14	17	3 630
K6	3 640	10	253.93	15		11	
K6 条块最终倾倒力矩			3 530 kN · m				

对于 K6 条块,因为不存在下侧反推力,故该条块的极限平衡方程式为:

$3\ 630 \times 11 - 3\ 640 \times 10 - 253.93 \times 15 \times 0 = 3\ 530(\mathrm{kN \cdot m})$

计算结果,其数值远大于0,即边坡处于不稳定状态,必须采取加固措施。在锚索设计中,即以此力作为边坡下滑力 。

(4)治理方案比选。

边坡治理工程先后召开了 5 次专家论证会,就边坡治理措施反复讨论,集中为以下

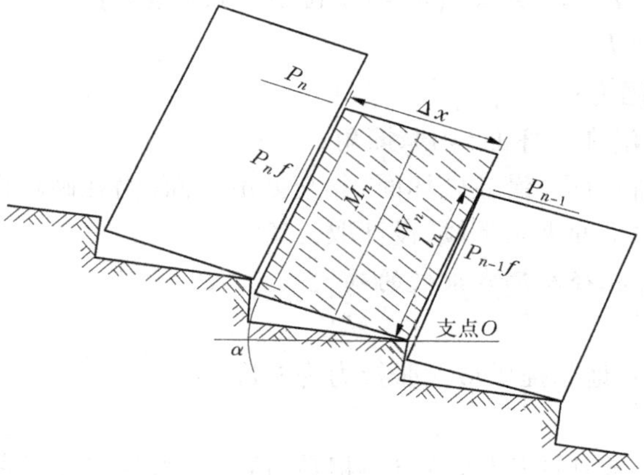

图 1-33　典型条块倾倒力学模型

三种治理方案。

①回填裂缝(第一方案):该方案强调地表做好防排水措施,增设截水沟,然后用砂浆回填封闭裂缝。

②明洞(第二方案):在线路上增设 1 个 200 m 长的明洞,但该方案应先对坡体,特别是对第二级边坡以上有裂缝坡体(刷坡以上坡体),采用锚索或锚杆等措施加固坡体,以确保坡体稳定,方可实施明洞方案。

③锚索加固(第三方案):采用预应力锚索对 K123 + 145 ~ K123 + 560 开裂山体段边坡进行锚固 ,以确保坡体稳定,并辅以挂网喷混凝土防护、防排水及回填裂缝等综合措施。

比选认为:回填裂缝方案不能根除隐患;明洞复加坡体加固方案,工期长,投资过大,且其施工阻断交通,方案无可行性;锚索并辅以综合措施(第三方案)可根除隐患。因此,推荐采用锚索并辅以综合措施第三方案 。

(五)锚索治理方案设计

1. 设计机制

锚索受力是边坡由于土压力、水压力作用产生变形时发生作用,随着裂缝变形增大,锚索受力逐渐增大。就锚索本身而言,锚索的受力通过自由段传入锚固段,并逐渐向下传递,减弱为零,原则上锚头不受力。

锚索设计的预应力张拉荷载是建立在锚索承载力、锚索同砂浆之间的握裹力、砂浆同孔壁岩土之间的摩阻力及锚固段岩体验算的基础上的。在设计中,特别注意锚索孔底附近是否存在贯通的节理或裂隙,如存在贯通的节理或裂隙,应采取措施。例如,把锚索长度设计为深浅不等,不使所有孔底落在节理或裂隙同一侧。

2. 锚固力计算

通过边坡稳定性分析、验算,计算边坡下滑力,进而计算锚索锚固力。计算公式如下:

$$P_t = F/[\sin(\alpha+\beta)\tan\varphi + \cos(\alpha+\beta)]$$

式中　F——边坡下滑力；

P_t——设计锚固力；

φ——滑动面(潜在破坏面)内摩擦角；

α——锚索与滑动面（潜在破坏面)相交处滑动面(潜在破坏面)倾角；

β——锚索与水平面夹角下倾，设计取∠20°。

3. 锚索间距、锚索孔径及锚索束数的确定

(1)锚索间距。

以设计锚固力能对地基提供最大张拉力为标准。

(2)锚索孔径。

根据设计锚固力、地基性状、张拉材料根数、造孔能力等有关因素确定，综合考虑设计为0.13 m。

(3)锚索束数计算。

锚索束数计算公式为

$$n = \frac{F_{s1}P_t}{P_u}$$

式中　F_{s1}——安全系数；

P_u——锚固钢材极限张拉荷载。

4. 锚索总长度的确定

锚索总长度由锚固段长度、自由段长度及张拉段长度组成。

锚固段长度确定：

(1)依水泥砂浆与锚索张拉钢材黏结强度，按下式：

$$L_{sa} = \frac{F_{s2}P_t}{\pi d\tau_u n}$$

(2)依锚固体与孔壁的抗剪强度，按下式：

$$L_a = \frac{F_{s2}P_t}{\pi d_h\tau}$$

式中　F_{s2}——安全系数；

d——单根张拉钢材直径，m；

d_h——锚固体(钻孔)直径，m；

τ_u——水泥砂浆与锚索张拉钢材的极限黏结力，按砂浆标准抗压强度的10%取值，kPa；

τ——锚孔壁对砂浆的极限剪应力，kPa。

采用L_{sa}、L_a中的大值为锚固段长度。

自由段长度设计为伸入潜在滑动面1 m。张拉段长度即锚索外露长度，由张拉机具决定，设计为1.5 m。

(六)锚索设计计算结果

经过反复计算及调整，最后确定锚索锚固段长度为10 m。

最后，锚索采用 Φ15.24 mm，标准强度 1 860 MPa 的低松弛预应力钢绞线。锚索设计为 8 束，倾角为 20°（下倾），锚固段长度 10 m、间距 4.5 m，矩形布置，长度 16 ~ 55 m，共计 190 根，锚索总长 8 400 m。锚索设计荷载 1 000 kN，锁定荷载 800 kN，锚索张拉分五级进行，分别为设计荷载的 0.25、0.5、0.75、1.0、1.2 倍。

（七）结束语

（1）对发育陡反倾结构面的坚硬岩质高陡边坡，存在倾倒破坏机制因素，可建立倾倒破坏模型进行破坏分析及力学验算。对裂缝条数多，且折断深，条块推力大的倾倒破坏，宜采用预应力锚索进行锚固，以确保边坡稳定 。

（2）通常具有反倾结构面边坡是稳定的，而发生边坡倾倒破坏是边坡破坏的少见特例。倾倒破坏边坡通常发生的三个基本条件是：岩体坚硬性脆、具有发育的陡反倾结构面和高陡临空面，且缺一不可，对工程的危害性大。此外，也不排除具有发育的陡反倾结构面和高陡临空面的软质岩边坡发生倾倒破坏，但通常其折断面浅，对工程的危害性较小。

深挖方边坡勘察设计，应考虑到挖方高度、坡度、岩体结构面产状、贯通性、闭合程度等因素，判定边坡破坏类型。对具有发育陡反倾结构面的高陡边坡，应注意倾倒破坏特殊类型发生，特别是对工程危害性大的岩体坚硬性脆、具有发育陡反倾结构面和高陡临空面基本条件发生的倾倒破坏边坡。

（3）岩体坚硬性脆、具有发育的陡反倾结构面和高陡临空面基本条件发生的倾倒破坏边坡，其条块折断深度大，且各条块折断深度连线趋于平面线形，具有平面线形滑动的基本地质条件，不排除该坡体存在大规模滑动的趋势，对工程危害性大，而非局部崩塌破坏，勘察设计应给予重视。

七、洛阳至栾川快速通道胡岭隧道北洞口边坡崩塌

（一）概况

2013 年 4 月 21 日 4 时，洛栾快速通道在胡岭隧道北口前方 20 m 处 30 m 高陡的老岩壁上，突然发生岩块崩落。据现场目睹：大的岩块约 50 块，最大者约 1 m，堵塞了隧道洞口及道路（见图 1-34），致使该通道断行两天，不得不绕行伊卢线（老洛栾公路）。据统计，该快速通道自嵩县旧县至德亭镇酒店村段，每年在夏秋雨期发生崩塌落石 20 余起，大小事故不断。

（二）地质结构及崩塌机制

洛栾快速通道进入嵩县旧县后较长路段沿伊河展布，毗邻山体一侧为既有的安山岩高陡边坡，其坡高多达近百米，坡度 70°左右，节理发育，且因坡体暴露，长期的风化作用，致使风化裂隙发育，原节理张开明显，岩体呈碎裂结构，崩塌地质灾害严重，特别是在暴雨及雨期季节更易诱发，是地质灾害多发区。

洛栾快速通道是原有老路加宽改建，加宽设计多处需切方刷坡，设计刷坡高度达 70 m 左右，坡度近于直立。基于加宽设计未对崩塌坡体进行加固治理，则是胡岭隧道北口发生崩塌的地质原因。

（三）治理方案比选

崩塌破坏是碎裂结构硬质岩高陡坡体常遇到的不良地质现象，其表现形式是坡面岩

图 1-34　崩塌岩块堵塞了隧道洞口及道路

块崩落，而坡体不发生整体滑动破坏，这是与滑动破坏的区别。对此，其治理方案是防落石，通常采用有锚杆框架、SNS 主动柔性防护、锚杆挂网喷射混凝土等。工程实践认为，锚杆挂网喷射混凝土方案具有以下优点：

(1)锚杆注浆的浆液充填裂隙，有效加固碎裂结构岩体，极大地消除了发生崩塌机制的内因条件。

(2)喷混凝土覆盖了坡面裸露岩体裂隙，防止其风化破碎及裂隙发展。

(3)注浆锚杆嵌固在稳定基岩内，加固了坡体。

(4)传统成熟做法，效果好，施工较方便，费用低。

(四)结束语

(1)洛栾快速通道安山岩崩塌边坡路段长，按设计所进行的锚杆挂网喷混凝土处置的崩塌边坡至今坡体稳定。

(2)基于岩性及结构面类型不同、结构面发育程度及风化程度差异,崩塌岩块大小差别较大,则设计的锚杆长度应嵌入稳定岩体足够深度,锚杆间距应视崩塌岩块大小确定。

(3)对桥隧相连,仰坡为高陡崩塌岩壁的隧道洞口,治理施工难度及治理工程量大,可采用桥台设置在洞内,并在桥上隧道出口段设置遮挡的方案。对洞口外为路基,仰坡为高陡崩塌岩壁的隧道洞口,可在洞口设置明洞或棚洞的遮挡方案。

(4)路基紧临高陡崩塌岩壁,切方工程量大,且崩塌落石危及施工安全,可考虑采用半边洞遮挡方案。

八、连霍高速公路洛阳至三门峡段断层破碎带工程滑坡

(一)概况

洛阳至三门峡高速公路 K97 +900 ~ K98 +500 段路线走向近南北,处于低山区,为深挖方路堑,其西侧挖深大,最大挖深 40 余米,按四级 1∶0.5 坡率设计,坡口顶为缓坡。该段路堑在施工完成 15 天后,西侧高边坡发生滑坡。

据调查,后缘陡壁高 3 m,其后在 20 ~ 30 m 缓坡范围内出现三条纵向弧形牵引裂缝,最大裂缝宽 30 cm。滑坡轴线长大于 40 m,宽 40 m 左右,滑体前推占压路堑 6 ~ 9 m。据估计,滑体体积达 20 万 m^3,滑床埋深 15 m 左右,属中型中层滑坡。鉴于后缘陡壁后缓坡范围内有裂缝出现,则预示该滑坡具有潜在更大规模滑动趋势,及时治理至关重要。

(二)地质结构

该滑坡段为安山岩体内的断层破碎带。依 1∶100 万《河南省地质构造图》,该断层属区域断裂构造的次级断层,其产状:倾向 SW190°、倾角∠65°,无胶结,呈碎块状散体结构,基本与路线正交,出露宽大于 40 m;安山岩为硬质中性喷发岩,节理较发育,块状构造,碎裂结构。

(三)滑坡机制及类型

该断层破碎带虽不属外倾结构面,但基于其特点是无胶结,呈碎块散体结构,其抗剪强度差,类似碎石土散体结构地质体,则具有弧形破裂面滑动基本地质条件,在遇连续降雨的诱发外因条件下,该深挖边坡具有发生滑动破坏的地质条件,应属弧形破裂面推移滑动破坏类型。

(四)滑坡治理方案比选

(1)削坡减载方案:基于该滑坡体表面坡度基本一致,则不具有削坡减载地形条件。

(2)坡脚重力式挡墙支挡方案:基于滑坡发生后有反压支挡滑体段,坡体处于暂时稳定状态,则采用坡脚重力式挡墙支挡方案应挖除超越坡脚占压路嵌长度的抗滑段滑体,且又需开挖坡脚,则不推荐该支挡方案。

(3)酌情在坡脚采用抗滑桩板、柱承台式挡墙支挡方案:基于该方案实施不挖除超越坡脚占压路嵌长度的抗滑段滑体,且不挖坡脚,对已有滑坡体稳定无影响,则该方案可行。

该方案可在碎落台位置采用分段并间隔采用挖孔成桩,在其强度满足规定后,方可清除抗滑段滑体,并恢复原设计坡面防护和排水系统。若坡脚支挡设计不能满足推力,可在坡面辅以锚杆抗滑设计。

(4)锚杆挂网喷射混凝土方案:该方案仅具有加固碎块状滑体及防坡面冲刷作用,并

对滑床注浆，提高其抗剪强度，有阻止坡体破裂面发生作用，作为辅助方案是必要的。

（五）结束语

断层是常见的结构面类型之一，对公路挖方边坡稳定性的影响评价，应具体分析结构面和岩性特征：

（1）断层破碎带岩性特征为胶结程度高，如已成角砾岩，呈完整块状，其工程性质好，对断层结构面是否外倾，其边坡是稳定的，不存在坡体破坏问题，可按硬质岩常规设计。

（2）断层破碎带无胶结，为类似砂土、细粒土和碎石土的碎块散体岩性特征，其断层结构面是否外倾，均有弧形破裂面滑动破坏发生基本地质条件。但也不排除断层为外倾结构面，会发生平面线形滑动破坏，这与开挖后保留的断层厚度大小有关，通常厚度小者多有发生，其滑床为断层下盘正常基岩面。

（3）本实例为非外倾断层结构面，断层破碎带为碎块状散体结构，是岩浆岩断层破碎带弧形破裂面滑动破坏典型特例。对此，应注意判别在硬质岩浆岩、厚层砂岩和石英岩等岩体内的断层破碎带，注意判定其是否存在弧形破裂面滑动破坏类型。

九、洛阳至栾川高速公路挖方路堑工程滑坡

（一）概况

洛阳至栾川高速公路 K40 + 065 ~ K40 + 600 段处于丘陵地形，路基为挖方路堑，左侧最大挖深 30 m，按 1∶0.75 ~ 1∶1 三级边坡设计，每级边坡高度为 8 m，平台宽 2 m。在 K40 + 240处距坡口线约 10 m 外有一处高压线塔。实际开挖 4 ~ 10 m 后，路堑顶即出现多条弧形纵裂缝，具有滑动前兆趋势。

对此，确定立即采取回填素土反压。同时，必须对 K40 + 240 处的高压线塔进行移位拆除。次年夏季，在边坡未经进一步开挖、依然在反压的状况下，因受降雨的影响，在 K40 + 328路堑坡口以上原坡面上发现张拉裂缝，后缘出现多级台坎，发生小规模浅层滑坡。

反压一年后恢复大规模正式开挖，路堑顶部自然边坡面上发现张拉裂缝，最远的裂缝距开挖边界 60 ~ 70 m；同时，在开挖的三级边坡表面发现剪出口，剪出口距开口线的垂直高度为 5 ~ 7 m。半个月后，发现张拉裂隙向坡体后缘扩展，最远的裂隙距离开挖边界达到 110 m 左右，在拟开挖的二级坡面高程上发现第二级剪出口，剪出口距开口线的垂直高度为 15 ~ 18 m。据此判定该路堑坡体具有深层滑动趋势。

（二）地质结构

路堑处于伊河新生代断陷盆地丘陵地貌，沟谷发育。依勘察资料，挖方边坡地质结构属第四系中更新统黄褐色及棕红色粉质黏土洪积层。按其含砾卵石量不同，可划分为①粉质黏土、②含砾卵石粉质黏土、③粉质黏土、④含砾卵石粉质黏土、⑤粉质黏土共五层（见图 1-35 ~ 图 1-38、表 1-16）。粉质黏土均为弱膨胀性土，含砾卵石粉质黏土层的砾卵石含量较多，磨圆度差，局部含量大于 50%，属非均质层状结构膨胀土边坡。

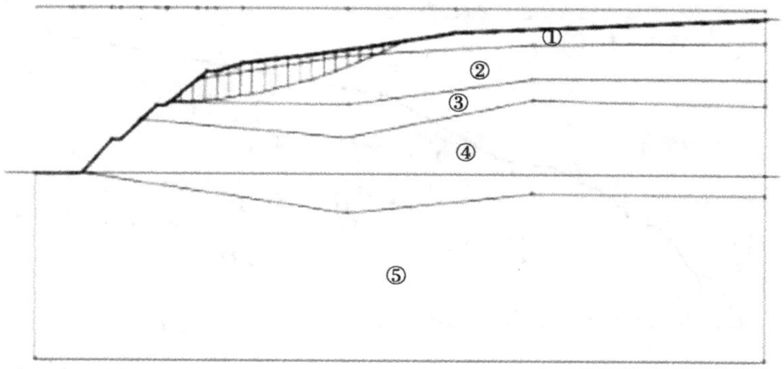

图 1-35 K40 - 230 剖面(浅层滑动)计算简图

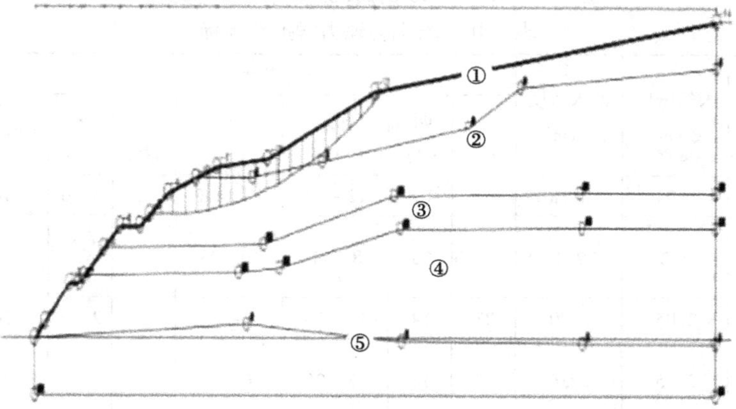

图 1-36 K40 + 328 剖面(浅层滑动)计算简图

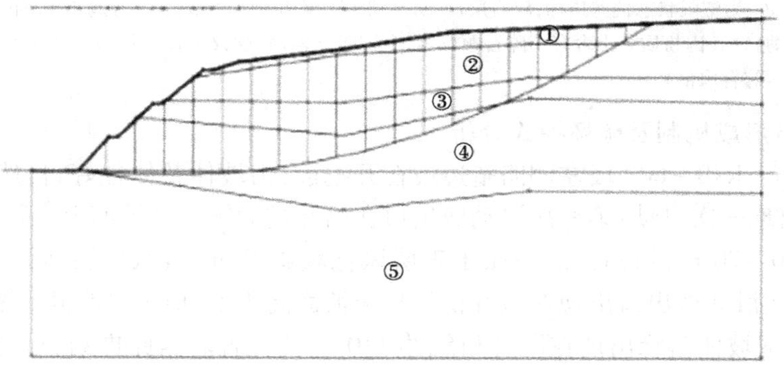

图 1-37 K40 + 230 剖面(深层滑动)计算简图

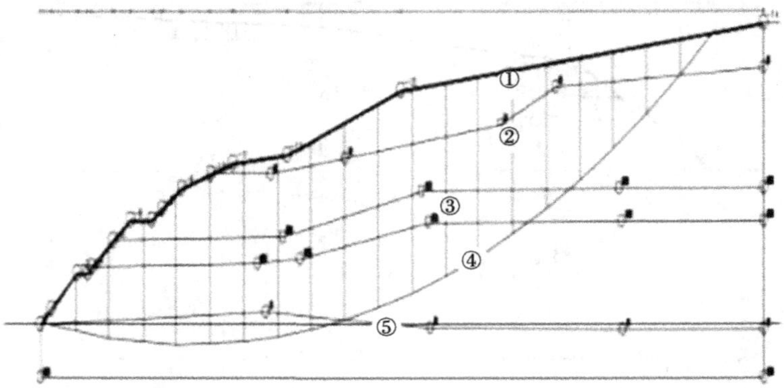

图 1-38 K40 + 328 剖面(深层滑动)计算简图

表 1-16 岩土物理力学推荐指标

岩土编号	土层名称	天然密度(g/cm³)	饱水密度(g/cm³)	抗剪强度						承载力建议值(kPa)	不良地质
				c_1(kPa)	ϕ_1(°)	c_2(kPa)	ϕ_2(°)	c_3(kPa)	ϕ_3(°)		
①	粉质黏土	1.94	2.15	33	4.3	12 ~ 27	5 ~ 14.2	12	3 ~ 6	140	弱膨胀土
②	粉质黏土含砾卵石	2.2	2.4	20	23	8 ~ 11	10 ~ 23			260	含膨胀土
③	粉质黏土	2.05	2.20	23	14	12 ~ 25	5 ~ 12	8	2 ~ 5	200	弱膨胀土
④	粉质黏土含砾卵石	2.15	2.36	35	18	13 ~ 25	7 ~ 18			210	含膨胀土
⑤	粉质黏土	2.02	2.18			8 ~ 20	5.6 ~ 15	14	3 ~ 6	240	弱膨胀土

注:粉质黏土 c_1、ϕ_1 为塑限状态抗剪指标,碎石层 c_1、ϕ_1 为干燥状态抗剪指标;c_2、ϕ_2 为饱和状态抗剪指标;c_3、ϕ_3 为残余强度抗剪指标(因粉质黏土含有小碎石颗粒等,个别指标偏高,建议设计人员考虑最不利工况并结合反算所得参数进行综合取值)。

(三)滑坡形成机制及破坏模式分析

K40 + 065 ~ K40 + 600 段左侧路堑边坡在开挖前,山坡体整体性好,自然坡度约 23°。开挖后已经出现两次滑动:第一次滑动剪出口在已开挖的第三级坡面上,滑坡体后缘出现在距开口线 60 ~ 70 m 的位置,属膨胀土表层风化软弱界面(微风化层面)浅层似平面牵引滑动;第二次滑动剪出口出现在拟开挖的二级坡面高程上,剪出口距开口线的垂直高度为 15 ~ 18 m,滑坡体后缘出现在距开口线约 110 m 的位置。据此推断,再进一步开挖到设计路面高程,将会出现第三次滑动,据地形地貌和地层情况判断,第三级滑动的剪出口极有可能出现在一级坡面的坡脚附近,滑动体的后缘极有可能出现在距开口线约 150 m 的位置。据此分析认为,该边坡不仅存在表层膨胀土风化软弱层的平面线形牵引滑动破坏,也存在推移切层折线破裂面大规模深层滑动破坏,及时治理至关重要。

(四)剩余下滑力计算

剩余下滑力按削坡减载和加宽平台后的坡体计算。选取 K40 + 230 剖面和 K40 + 328 剖面,分别对第一次浅层风化软弱界面(微风化层面)牵引滑动和预测整体边坡的第三次深层破裂面推移滑动进行剩余下滑推力计算，以作为确定治理方案的依据。

1. 计算参数

抗剪强度参数的选取关系到滑坡稳定性预测和滑坡推力计算的可靠度，是滑坡防治工程中最重要的参数依据。据勘察资料：岩土体物理力学参数见表1-16。

2. 荷载组合及安全性系数确定

根据《建筑边坡工程技术规范》（GB 50330—2012）、《公路滑坡防治设计规范》（JTG/T 3334—2018）和《公路路基设计规范》（JTG D30—2015），确定边坡工程安全等级为Ⅰ级。按正常、暴雨或连续降雨非正常工况Ⅰ及地震（按0.10g）等荷载作用非正常工况Ⅱ确定安全系数（见表1-17）。边坡稳定性验算时，其稳定安全系数应满足表1-17。以非正常工况Ⅰ为设计工况，非正常工况Ⅱ为校核工况。

表1-17　荷载组合及安全系数

公路等级	路堑边坡稳定安全系数		
	正常工况	非正常工况Ⅰ	非正常工况Ⅱ
高速公路、一级公路	1.2～1.3	1.1～1.2	1.05～1.10

3. 剩余下滑力计算

K40+230剖面：边坡在削坡后和非正常工况Ⅰ下，确定稳定性系数为1.12。计算结果：浅层滑动剩余下滑力为102.697 kN/m；中、深层滑动剩余下滑力为2 349.454 kN/m（第17块）。

K40+328剖面：边坡在削坡后和非正常工况Ⅰ下，其浅层滑动剩余下滑力为105.636 kN/m；中、深层滑动剩余下滑力为2 344.221 kN/m（第17块）。

（五）治理方案与工程布置

根据坡体形态，认为可将削坡减载和加宽平台作为治理该路堑边坡滑动的必要措施，剩余下滑力按削坡减载和加宽平台的坡体计算，并作为治理该路堑边坡滑动的方案依据，其方案如下。

1. 削坡方案

削坡后坡比为：一级边坡坡比1∶1.25；二级边坡坡比1∶1.5；三级边坡坡比1∶1.75。一级和三级平台宽度3 m；二级平台宽度6 m。

2. 截排水措施

一是坡面排水，每级平台上设置排水沟；二是坡体内部排水，在二级平台上设置支撑渗沟。

3. 支挡抗滑方案

（1）在二级平台支撑渗沟后设置4 m高的挡土墙，和支撑渗沟一起抵抗滑坡的浅层滑动。

（2）在二级平台上设置一排抗滑桩，支挡滑坡的中、深层滑坡。桩截面2.4 m×3.6 m，桩长24 m，桩间距6.4 m。

（六）结束语

（1）加强开挖施工过程监测，发现滑动迹象应立即分析原因，做到及时治理，防止整体边坡大规模滑动发生。

(2)边坡开挖应加快工期,严格执行有关施工规范规定。

(3)本工点第一次滑动为表层膨胀土风化软弱界面(微风化层面)浅层滑动,具有均质膨胀土浅层平面线形牵引滑动破坏特点;发现有深层滑动趋势主要与坡体坡率、各层土质抗剪强度有关,应属推移切层折线破裂面深层滑动破坏,其推力大,是治理侧重点,强化固坡脚支挡结构是重要环节。

十、省道 S322 洛阳嵩县段膨胀土挖方工程滑坡

(一)概况

洛阳 S322 嵩县段有多处膨胀土挖方边坡,一般挖深 12 m 左右,采用直线坡形,坡率 1∶1.75 缓坡,坡面裸露无防护。通车一年后,边坡普遍发生两次滑塌,坡口后移 5 m 左右,后缘陡高约 2 m,其后出现多条弧形裂缝,存在继续滑动趋势。

(二)地质结构

挖方段处于伊河新生代断陷盆地黄土丘陵区。依勘察资料,坡体为均质第四系中更新统棕红色粉质黏土洪积层,具弱膨胀性。

(三)机制分析及滑坡类型判定

分析认为:该均质膨胀土缓边坡坡率设计符合规范规定,其开挖后坡体在短时不会发生破裂面滑动破坏,但基于其处于临空暴露环境,在受大气急剧变化的风化影响下,边坡和路面浅层膨胀性土将出现卸荷膨胀,土体超固结应力释放,导致应力重新分布变化,强度及联结力降低,形成浅层风化软弱界面(微风化层面)。坡体风化软弱界面倾向外倾,且与坡面一致,并常在坡脚形成应力集中区和较大的塑性区,这是发生类似层状结构平面线形破坏的基本内因地质条件,而降雨是诱发的外因。滑动特点是前缘挤压,反坡向翘起,叠瓦式牵引形态。滑体推力大小主要与坡体坡度及坡高有关。鉴于风化层软弱面深度一般小于 4 m,具浅层特点,则对浅挖边坡,其推力不大。

某工程模拟如图 1-39 及图 1-40 所示。图 1-39 为考虑风化层影响的边坡变形图。初期阶段:见图 1-39(a),边坡的最大位移出现在边坡坡脚至坡腰一带;后期阶段:见图 1-39(b),最大位移从坡脚转移到坡体中部,并贯穿到坡顶,形成了一个浅层的潜在滑体滑面,近似圆弧。

图 1-40 为剪应变率分布变化图,初期的最大剪应变率出现在坡脚和坡腰;随后,最大剪应变率在增大,最大值出现在坡体中部,且位于边坡的浅层部位,潜在滑面应经过此位置,这与图 1-39 中潜在的浅层滑面相吻合。

上述分析表明,将膨胀土边坡分成风化(强与弱风化)层和非风化(微风化)层能较好地解释膨胀土边坡滑坡的浅层特性,这种分层是合理的。

(四)治理方案

对均质膨胀土开挖后稳定坡体,分析其临空面暴露发生滑动机制,是基于膨胀土的胀缩风化作用,形成风化软弱界面的基本地质内因。则其治理设计,应符合《公路路基设计规范》(JTG D30—2015)7.9.7 条,即边坡设计应遵循“缓坡率、宽平台、固坡脚”的原则。基于本工点挖深小,推力不大,其治理方案分析如下:

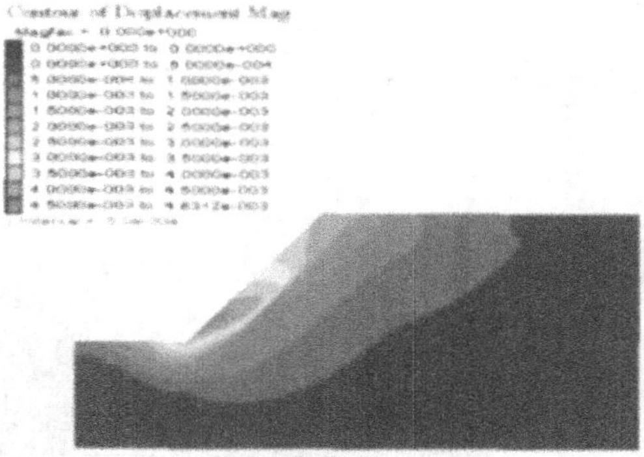

(a) 初期

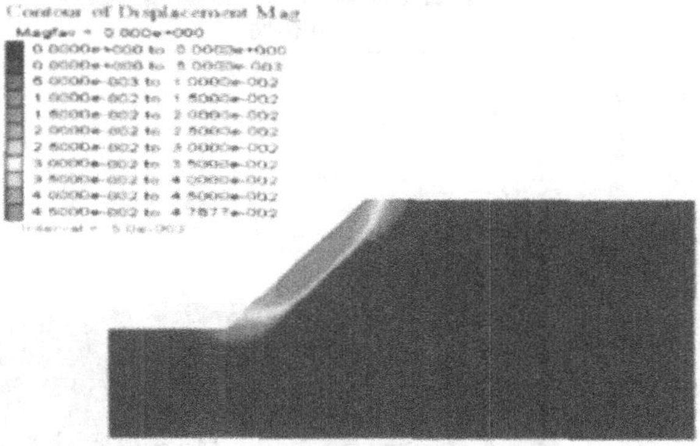

(b) 后期

图 1-39 风化层对边坡破坏的影响

方案Ⅰ:削坡减载。不具有削坡减载坡形。

方案Ⅱ:坡脚重力式挡墙支挡。鉴于已发生滑坡,不可挖坡脚及清除反压段滑体,则该方案不可行。

方案Ⅲ:坡脚桩墙一体结构。推荐采用人工已挖桩孔成桩,与墙一体灌注。

方案Ⅳ:坡面防护。坡面栽植紫穗槐及灌木防护。

经综合分析,推荐采用方案Ⅲ并辅以方案Ⅳ的综合处置措施。

(五)结束语

(1)判定膨胀土边坡破坏类型是复杂的岩土工程问题,提出如下判定:

①均质膨胀土缓边坡平面线形滑动破坏:设计的缓坡率符合规范规定,开挖后坡体短时不会发生弧形破裂面滑动破坏,但因其处于临空暴露环境下,土体会发生胀缩作用,表层最初形成浅层风化软弱界面(微风化层面),坡体发生滑动后坡口后移,出现新的临空面,继而风化又产生软弱结构层面滑动,如此循环,具有多次牵引滑动不止的特点。对此,对均质膨胀土深挖边坡勘察设计,务必在开挖后做到一次彻底抗滑支挡,确保边坡稳定,不发生多次牵引滑动不止。

②均质膨胀土边坡弧形破裂面滑动破坏:膨胀土属细粒土,当其坡率设计较陡时,抗剪强度指标将不满足坡体稳定要求,在未出现浅层风化软弱界面即会发生弧形破裂面滑动破坏。该类型破裂面较深,滑动规模大,强化坡脚支挡是主要控制措施。但也可能存在

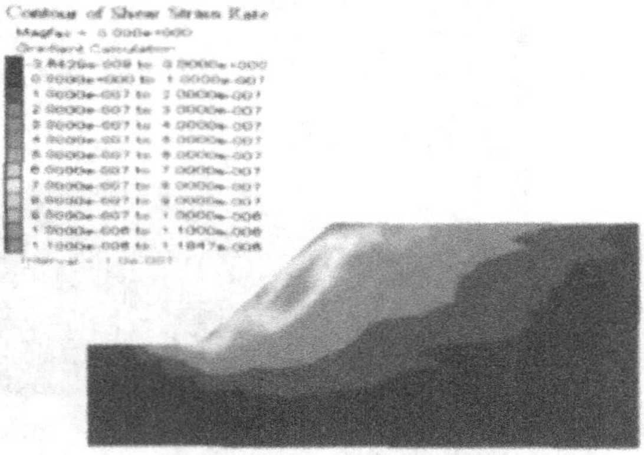

(a) 初期

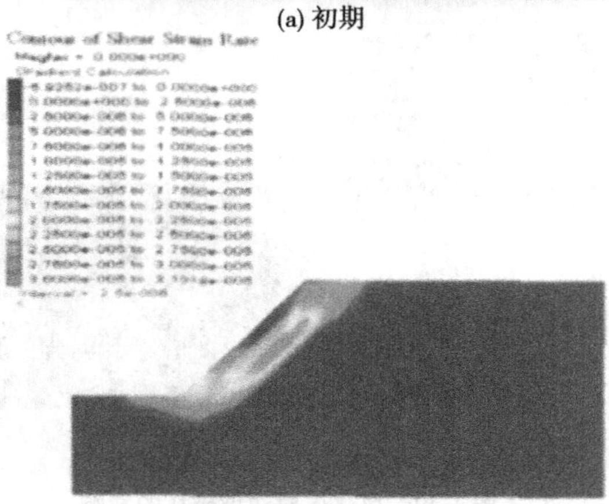

(b) 后期

图 1-40　剪应变率分布变化

表层因风化胀缩作用有规模小的平面线形浅层滑动破坏和规模较大的深层弧形破裂面滑动破坏两类形式同时存在的情况,可一并考虑,综合治理。

③据调查:非均值或层状膨胀土边坡,即使是缓边坡,也会发生推移切层折线破裂面深层滑动破坏,这与其地质条件复杂有关,如局部为灰白或灰绿色的蒙脱石强膨胀性土,特别是有软弱夹层;坡顶平坦开阔,汇水面积大,有积水体,排水条件差;遇连续强降水等非正常工况因素,而发生折线形破裂面深层滑动,其推力一般较大,特别是深挖边坡下滑推力更大。如叶县至舞钢高速公路 K32 + 350 ~ K32 + 720 路堑北侧工程滑坡,滑坡勘察设计应予以重视,强化坡脚支挡是重要关键环节。

(2)鉴于风化层软弱面深度一般小于 4 m,则具有浅层性。滑坡推力大小主要与坡体坡度及坡高有关。鉴于其风化层软弱面深度一般小于 4 m,则对浅挖方边坡,其推力不大。

(3)基于临空面受胀缩风化作用影响条件一致,其坡面风化软弱结构层面深度基本相同,则边坡破坏类型具平面线形特点。

(4)均质膨胀土滑坡(特别是深挖方),当挖方临空坡面滑动后坡口后移,出现新的临空面,继而风化又产生软弱结构层面滑动,如此循环,具有多次牵引滑动不止的特点。对此，对均质膨胀土深挖边坡勘察设计，务必在开挖后及时做到一次彻底抗滑支挡，确保边坡稳定。

(5)均质膨胀土边坡破坏类型特点。

①开挖后临空面土体因胀缩作用形成浅层风化软弱界面（微风化层面）。基于临空面受胀缩风化作用影响条件一致，其坡面风化软弱结构层面深度基本相同，则边坡破坏类型具有平面线形滑动的特点。

②坡体发生滑动后坡口后移，出现新的临空面，继而风化又产生软弱结构层面滑动，如此循环，具有多次牵引滑动不止的特点。因此，对均质膨胀土深挖边坡进行勘察设计，务必在开挖后做到一次彻底抗滑支挡，确保边坡稳定，不发生多次牵引滑动不止，类似层状结构平面线形浅层滑动破坏（如本工点实例）。

③膨胀土属细粒土，当其坡率设计较陡时，抗剪强度指标将不满足坡体稳定要求，即在坡体内可能发生弧形破裂面深层滑动破坏，其破裂面较深，滑动规模及推力大，强化坡脚支挡是主要控制措施。

④上述两类滑动破坏类型可能同时存在，但应侧重深层滑动，可一并考虑，综合治理。

(6)非均值或层状膨胀土边坡破坏类型特点。

①该地质结构在坡体内发生推移切层折线破裂面深层滑动破坏的可能大，这与其地质条件复杂有关，如局部为灰白或灰绿色的蒙脱石强膨胀性土，特别是有软弱夹层；坡顶平坦开阔，汇水面积大，有积水体，排水条件差；遇连续强降水等非正常工况因素，其推力一般较大，特别是深挖边坡。如叶县至舞钢高速公路 K32 + 350 ~ K32 + 720 路堑北侧工程滑坡。

②基于表层膨胀土受胀缩风化作用影响条件一致，则风化软弱界面（微风化层面）深度一致，且通常小于 4 m，而具有浅层平面线形滑动的特点，具有多次牵引滑动不止的特点。对浅挖方边坡，其推力不大。

③上述两滑动破坏类型可能同时存在，但应侧重深层滑动，可一并考虑，综合治理。

十一、栾川至卢氏高速公路碾盘隧道进口仰坡及桥台稳定性分析与评价

（一）工程概述

碾盘隧道为分离式双向四车道特长隧道，其左线起讫里程为 ZK62 + 560 ~ ZK67 + 011，全长 4 451 m；右线起讫里程为 YK62 + 536 ~ YK66 + 990，全长 4 454 m，地面标高 890.5 ~ 1255.0 m，最大埋深 462 ~ 470 m。左、右线间距 20 ~ 35 m，进口均设长度为 5 m 明洞，明暗连接桩号分别为 ZK62 + 565 和 YK62 + 541。碾盘大桥与该隧道明洞口紧接，左、右线桥头桩号分别为 ZK62 + 557、YK62 + 533。

（二）地形及地质概况

1. 地形地貌

隧道处于构造侵蚀类型的豫西伏牛山中山地貌，地形起伏较大，山势险峻，高差多大于 100 m，坡度多达 60°左右，沟谷深切密度大，植被茂盛。

基于山体坡度大，且其坡脚为一高 22 ~ 30 m 的天然陡壁，考虑到桥、隧紧接，为确保桥头基桩位置处于洞口外稳定岩体上，并利于桥、隧施工，施工单位在洞口处开挖一临时

便道(2019 年 9 月底完成),平台宽 7 ~ 8 m,刷坡高 10 m 左右,在便道施工过程中,在 ZK62 + 560 左洞口西侧小沟处发生一小型坍塌,其中心距该洞口约 31 m,轴向长约 25 m,上口宽度约 15 m,下口宽度约 35 m。除此之外,在明洞的暗明交接桩号刷坡高约 13 m,其上坡长约 110 m,坡高约 77 m。仰坡坡度大于 50°(隧道进口见图 1-41)。

图 1-41　隧道进口

2. 地质概况

坍塌体处为一小冲沟微地形的区域性陶湾断裂的次级小断层。该断层宽约 10 m,产状为 NE30° ∠40°,破碎带为棕褐色及灰黑色湿软无片理散体结构的片岩碎片碎屑混杂黏土(见图 1-42)。

图 1-42　小冲沟微地形处断层小构造

小断层以东岩性为灰白色黑条纹钙质石英片岩,局部夹有中、薄层灰白色黑条纹硅质大理岩,其片理产状为 SW220° ∠60°(见图 1-43);小断层以西岩性为薄层钙质灰色黑云母石英片岩夹灰白色钙质石英片岩,片理产状为 NE30° ∠40°(见图 1-44)。

(三)坍塌体成因及其对桥台和隧道进口仰坡稳定性影响分析

1. 坍塌体成因分析

综合分析认为:该坍塌体处于断层构造,其破碎带为抗剪强度低的混含黏土的棕褐色及灰黑色湿软无片理散体结构的片岩碎片,这是发生浅层弧形破裂面滑塌破坏的基本内因地质因素;处于小沟地形有降雨汇水条件及开挖施工便道刷坡是主要外因诱发条件。

2. 坍塌体对隧道仰坡及桥台稳定性影响评价

基于该坍塌体成因,且为一小型孤立浅层坍塌体,距桥台及隧道仰坡有一定距离,因此认为可不考虑其对隧道仰坡及桥台稳定性的影响。为确保便道施工条件,建议锚杆挂

图 1-43 隧道进口仰坡面灰白色黑条纹钙质石英片岩(片理产状 SW220°∠60°)

图 1-44 断层破碎带(下盘片理产状为 NE30°∠40°)

网喷射混凝土防护上部坍塌体后清除占压便道的部分坍塌体。

(四)隧道仰坡及桥台稳定性分析与评价

1. 按结构面岩体分析评价

基于上述内容,小断层以东主要为薄层灰白色黑条纹钙质石英片岩,局部夹有中、薄层灰白色黑条纹硅质大理岩为隧道进口上、下部整坡体岩性,且片理产状为 SW220°∠60°,则应考虑到隧道轴线走向,按层状结构判定片理结构面是否属外倾结构面,以评价整坡体稳定性。

依片理产状为 SW220°∠60°,隧道轴线走向为 335°,则岩层走向与隧道走向夹角为 25°。对此,按照层状结构基岩坡体发生平面线形滑动破坏的外倾结构面基本条件,可判定整坡体不属于发生平面线形滑动破坏的外倾结构面,隧道仰坡处于其稳定的整坡体之上,桥台基桩不仅处于其稳定的整坡体之上,且距平台边 10 m 内,其稳定性好。

2. 按强风化岩体分析评价

依物探和钻探资料,仰坡为强风化灰白色黑条纹钙质石英片岩,局部夹有中、薄层灰白色黑条纹硅质大理岩强风化层厚度 10 m 左右。对此，按强风化岩体判定是否存在散体强风化层破裂面弧形滑动破坏类型或崩塌破坏类型如下。

1）强风化层破裂面弧形滑动破坏类型

依现场调查，岩体虽风化碎裂较强，但片理层间较紧闭，抗剪强度较高，结合面结合良好，且岩体强度较高，其原岩结构尚未全部破坏，即还保留有母岩结构的痕迹，属较完整层状结构岩体类型，而不属散体碎裂结构岩体类型，则强风化层发生破裂面弧形滑动破坏的概率小。

但应指出：依现场调查，岩体除主要贯通性的片理结构面外，尚有两组非贯通性的裂隙结构面（NW330°∠41°、SE95°∠55°），根据赤平投影成果分析，判定片理面与裂隙结构面交线的倾向与坡面倾向相同，则该不利产状组合形成的楔形体存在局部发生小规模崩塌或滑塌破坏。

2）强风化层崩塌破坏类型

依现场调查，该片岩主要为中薄层非坚硬岩，属较完整层状结构岩体类型，则强风化层发生破裂面弧形滑动破坏的概率小，但不排除局部夹有中、薄层灰白色黑条纹硅质大理岩存在局部表层轻微崩塌破坏。

（五）结束语

（1）片理产状为 SW220°∠60°，隧道轴线走向为 335°，则岩层走向与隧道走向夹角为∠25°，对此，按照层状结构基岩坡体发生平面线形滑动破坏的外倾结构面基本条件，可判定整坡体不属于发生平面线形滑动破坏的外倾结构面，隧道仰坡处于其稳定的整坡体之上，桥台基桩不仅处于其稳定的整坡体之上，且距平台边 10 m 内，其稳定性好。

（2）强风化层发生破裂面弧形滑动破坏的概率小，但不排除非贯通裂隙产状交线外倾，其组合形成的楔形体存在局部发生小型滑塌破坏和中、薄层灰白色黑条纹硅质大理岩夹层表面存在局部轻微崩塌破坏。

（3）非外倾平面线型滑动结构面强风化岩体边坡，仅是浅表层风化裂隙发育，其片理、节理或层理面较紧闭，原岩结构尚未全部破坏，即还保留有母岩结构的痕迹，有较高的抗剪强度，应属块状碎裂结构岩体及层状碎裂结构岩体两种亚类，但它们的共同点是切割岩体的结构面是有规律的，即主要为原生结构面及构造结构面，而不属散体碎裂结构岩体类型。散体结构的岩体类型是在断层破碎带、全强风化带岩体具有散体结构特征，其岩体已破碎呈碎块状、碎屑状、颗粒状、鳞片状的散体结构的岩体类型。对此认为：非外倾平面线型滑动结构面强风化非散体结构岩体边坡，发生弧形破裂面滑动破坏的概率小，而强风化岩体边坡发生崩塌破坏的基本地质条件是高陡边坡硬质岩，而散体结构的岩体类型边坡破坏类型是破裂面弧形滑动破坏。

（4）基于上述稳定性分析评价，建议对仰坡采用锚杆挂网喷射混凝土防护；隧道明暗连接的刷坡面及洞口下陡壁采用锚杆挡墙支挡加固。

第二章　公路隧道

第一节　基本认识

公路隧道勘察设计中围岩稳定性是最主要的岩土问题，也是公路隧道勘察设计阶段研究和评价的重点。围岩的稳定性问题在勘察设计阶段，往往通过科学的调查与勘探获取围岩岩土体定性和定量分析要素，然后根据规范的相应指标建立分级体系，对隧道围岩基本质量进行科学分级。由于各个隧道地质条件的差异性和复杂性，往往存在特殊及异常的围岩岩土体，针对此类情况，需要进行必要的施工动态设计，做好超前预报，提供地质动态变化资料，因地制宜解决隧道有关的岩土问题。

一、公路隧道的分类

（1）公路隧道按其长度可划分为特长隧道、长隧道、中隧道、短隧道四类（见表2-1）。

表2-1　公路隧道按长度分类

分类	特长隧道	长隧道	中隧道	短隧道
长度（m）	$L>3\ 000$	$3\ 000\geq L>1\ 000$	$1\ 000\geq L>500$	$L\leq 500$

（2）按隧道所在的地质条件可划分为土质隧道、石质隧道。

（3）按隧道横断面面积可划分为极小断面隧道（2～3 m^2）；小断面隧道（3～10 m^2）；中等断面隧道（10～50 m^2）；大断面隧道（50～100 m^2）；特大断面隧道（>100 m^2）。

（4）按隧道的埋置深度可划分为浅埋隧道、深埋隧道（浅埋隧道根据荷载等效高度，并结合地质条件、施工方法等因素综合确定，根据作者经验，对于13 m宽的单洞隧道可按表2-2进行初判）。

表2-2　不同围岩等级浅埋隧道初判

围岩分级	浅埋隧道（至路面埋深）	深埋隧道（至路面埋深）
Ⅰ	一般小于10 m	一般大于10 m
Ⅱ	一般小于12 m	一般大于12 m
Ⅲ	一般小于15 m	一般大于15 m
Ⅳ	一般小于25 m	一般大于25 m
Ⅴ	一般小于40 m	一般大于40 m

二、公路隧道勘察设计有关认识

(1)对于深埋隧道或处于构造应力集中、挤压强烈区域的隧道,应调查项目区内既有隧道围岩是否有岩爆或大变形的发生。对于该类型隧道,应做地应力测试,其方法一般采用水压致裂法,其他方法可作为补充。由于岩体内部应力状态不尽相同,则宜采用应力试验并结合构造分析和岩组分析方法来确定主应力方向。

(2)对浅埋、岩性单一、岩体裸露、地质构造简单的短隧道,可通过地质调绘,并针对不同的工程地质岩组或岩性段,选择有代表性的露头或开挖壁面,采取有代表性的岩石试件作单轴抗压试验,获得岩体的抗压强度指标,并进行节理(结构面)统计,获得岩体体积节理数,作为围岩的完整性系数指标,以作为评价隧道围岩分级的基本依据。

(3)构造节理发育的岩浆岩(如花岗岩、安山岩及玄武岩等硬质岩浆岩)及裂隙较发育的硬质脆性的石英岩和砂岩,因节理或裂隙较发育,或未采用金刚石钻头钻进,则很难确保岩芯完整而多呈柱状。对此,判定其风化程度或完整性,不能以 RQD 指标为标准,而应考虑碎块岩芯的新鲜程度和坚硬程度。对岩芯坚硬,敲击声脆,新鲜且无明显蚀变,且钻探进尺速度极为缓慢等,其岩芯即使多呈碎块状,也宜判为中风化。如二广高速岭南段的花岗岩和沪陕高速信阳至南阳段的闪长岩,地勘报告判定的强风化厚度达 10 余米,其依据仅是岩芯多呈碎块状,基桩施工采用冲抓施工工艺,在桩孔深度 3 ~5 m 时,每班进尺仅 0.2 m 左右,施工难度大,严重制约工期。经现场调查分析认为,存在强风化层判定过厚问题。

(4)花岗岩的长石矿物有高岭土化蚀变强烈现象,其强度低,风化系数及波速比均小,而岩芯柱长,其风化程度不能以 *RQD* 指标为标准。

(5)泥岩和半成岩者,可不进行风化程度划分,其状态可按极软描述。

(6)应调查项目区既有深埋隧道高温情况,对深埋隧道进行高温原因分析。预测通常按地热梯度判断。地温梯度又称地热梯度或地热增温率,是指地球不受大气温度影响的地层温度随深度增加的增长率,是表示地球内部温度不均匀分布程度的参数。一般埋深越深,所处的温度值越高,以每百米垂直深度上增加的温度数表示。不同地点地温梯度值不同,通常为(1 ~3) ℃/100 m,火山活动区较高。在实际工作中,通常用埋深每增加 100 m 或 1 000 m 的温度增加值来表示地热梯度;在地热异常区,也常用埋深每增加 10 m 或 1 m 的温度增加值来表示地热梯度。地壳的近似平均地热梯度是每 25 ℃/km,大于这个数字就叫作地热梯度异常。近地表处的地热梯度则因地而异,其大小与所在地区的大地热流量成正比,与热流所经岩体的热导率成反比。

(7)调查既有深埋隧道断层构造脉状承压水、沉积岩向斜和单斜构造承压水涌水情况,并预测深埋隧道涌水状态和涌水量,评价其对隧道稳定性的影响。如河南省栾川庙子至西峡二郎坪公路老界岭越岭长隧道,埋深 80 m,洞身围岩为伏牛山花岗岩,因其 NW310°走向的构造节理和次级小断裂发育而出现高压涌水,对施工造成不利影响。

(8)隧道与碎裂散体结构的断层破碎带、层状结构软弱夹层、构造节理等陡倾角结构面交叉,在受连续降水非正常工况影响时,易发生塌方。如郑尧高速具茨山隧道左洞和尧栾西高速公路白云山等隧道塌方实例。

(9)注意调查临近既有隧道是否发现有害气体及其发生过爆炸或燃烧对工程的

影响。

(10)隧道通过岩堆时,若经查明其为密实稳定的老岩堆,经稳定性验算满足有关要求,则其对工程影响不大。但应避免洞身置于岩堆与基岩接触面处。如属不稳定的新岩堆,隧道应内置于基岩中,并保留有足够的安全厚度。

(11)对洞口仰坡为不良地质现象发育的高陡崩塌岩壁,且洞口外为路基,因其治理难度大,工程费用高,宜采用延伸洞口的明洞方案。明洞长度宜延伸到崩塌影响的范围以外3~5 m;若桥隧相连,桥台在洞内,其外应设置一定长度的防护结构,如新乡至晋城高速石英砂岩区隧道。

(12)洞口应尽量避开崩塌、岩堆及顺层滑动等不良地质地段,在地形、地质条件不利时宜早进洞、晚出洞、不留后患。但在隧道洞口地质条件较好,洞口外边坡、仰坡稳定性好时,隧道中心开挖深度可大些(一般不宜大于20 m),以缩短隧道长度,即宜晚进洞、早出洞,这既利于洞体施工安全,也可降低工程费用。

(13)围岩为石灰岩的越岭隧道,是处于地下水补给区,其地下水位埋深大,通常情况下,钻孔揭示不到地下水位。但不排除石灰岩层局部夹有页岩、泥灰岩隔水层透镜体,在个别钻孔中有动态变化大的上层滞水,不可误判为石灰岩地下水位,如林州至长治高速公路。

(14)基于考虑到隧道进、出口抗地震规定,且其岩石裸露,风化作用较强,则可对原判定为Ⅱ~Ⅳ的围岩,宜按降低一级设计。降级段长依洞口段地形而定,即按陡者短、缓者长的基本原则。支护参数进行必要调整,实行动态设计和信息化施工。

(15)隧道应避开不稳定的采空区,或以路堑形式通过。

(16)隧址选位遇到以下地质条件时,其洞轴线宜向山体一侧内移避开。

①临沟或傍山部位,其坡体高陡,岩体结构面发育,且倾角较陡,坡体稳定性差。如沪陕高速公路刘家湾塌方隧道工点。应当指出,当有软岩夹层或采用大断面不规范开挖时,往往更易触发隧道塌方冒顶。

②岩体卸荷开裂破碎、风化严重、残坡积层厚及崩塌、岩堆发育的不良地质体。

(17)隧道施工过程中,根据其监控量测和超前地质预报的相关信息,对隧道开挖方法及支护参数进行必要调整,实行动态设计和信息化施工。

(18)地应力指地壳在各种运动过程中和自重作用下,岩体在天然条件下产生的内部应力。地应力是存在于地壳中的未受工程扰动的天然应力,也称岩体初始应力、绝对应力或原岩应力,广义上也指地球体内的应力。它包括由地热、重力、地球自转速度变化及其他因素产生的应力。与地质构造运动有关的地应力场,称为构造应力场,通常指导致构造运动的地应力场。岩体初始应力主要为自重应力和地质构造应力。地质构造应力主要有水平地应力和垂直地应力,而实际中人们往往理解为水平地应力大于垂直地应力为高地应力,当区域最大水平主应力与隧道轴线呈大角度相交时,地应力最大,影响岩体初始应力的地形、地震力、地热力、水压力等因素是次要的,只在特殊条件时考虑。

(19)高地应力作用对隧道工程造成的最典型灾害为:对硬脆性岩体而言为岩爆,对软岩则为洞室大变形的饼化现象,这区别于非地应力软岩洞室变形,而水的软化作用是相同的。

(20)岩爆是岩石工程中围岩体的突然破坏,并伴随着岩体中应变能的突然释放,是一种岩石破裂过程失稳现象。岩爆是深埋地下工程在施工过程中常见的动力破坏现象,当岩体中聚积的高弹性应变能大于岩石破坏所消耗的能量时,破坏了岩体结构的平衡,多余的能量导致岩石爆裂,使岩石碎片从岩体中剥离、崩出。

(21)岩爆往往造成开挖工作面的严重破坏、设备损坏和人员伤亡,已成为岩石地下工程和岩石力学领域的世界性难题。轻微的岩爆仅剥落岩片,无弹射现象。严重的可测到4.6级的震级,一般持续几天或几个月。发生岩爆的原因是岩体中有较高的地应力,并且超过了岩石本身的强度,同时岩石具有较高的脆性度和弹性。这时一旦地下工程破坏了岩体的平衡,强大的能量把岩石破坏,并将破碎岩石抛出,危及施工安全。

(22)预防岩爆的方法是应力解除法、注水软化法和使用锚栓 – 钢丝网 – 混凝土支护。

(23)岩爆发生的基本条件:

①近代构造活动山体内地应力较高,特别是在褶皱构造的坚硬岩石中;高地应力的最大水平主应力与隧道轴线夹角大,岩体内储存着较大的应变能,当该部分能量超过了硬岩石自身的强度时;

②硬质脆性完整围岩;

③埋深较大,且远离沟谷切割的卸荷裂隙带;

④地下水较少,岩体干燥;

⑤开挖断面形状不规则,大型洞室群岔洞较多的地下工程,或断面变化造成局部应力集中的地带。

(24)水的弱化作用不可忽视。地下水与软弱围岩发生水 – 岩作用,降低围岩的力学性能,为围岩发生塑性变形和膨胀变形提供了外部条件,一定程度上加剧了高地应力对大变形的影响。非高地应力作用下软岩大变形,仅是膨胀软岩遇水弱化作用变形。

(25)测定天然状态下岩体内部应力的技术。地球在各种动力运动作用下,在地壳中产生各种应力场,使地壳物质处于其综合作用之下,产生了内应力效应,这种应力即地应力。从岩石工程来说,岩体地应力主要来源于地质构造运动和岩体自重。它对正确认识岩体的力学性质,研究围岩的破坏机制,掌握地应力对岩石工程(如坝基、地下建筑物、岩石边坡等)的影响,充分发挥围岩的自承能力,都是极为重要的。地应力测试方法有应力解除法、应力恢复法和水压致裂法3种分类。

①应力解除法。

地应力测试的地球物理法(包括声发射率法、声波法、地震波法)和电阻率法也在研究中。应力解除法分为孔壁应力解除法和孔底应力解除法两种。

孔壁应力解除法。从岩石表面向岩体内先钻一测量孔,孔深超过表面松动范围和应力集中区,然后在孔内安设测量元件,如钻孔变形计、压磁应力计或孔壁应变计等。前者按径向以45°间隔布置,后两者以120°间隔布置。在测记初始值后,在测量孔外用同心套钻钻取岩芯,使岩芯与围岩脱离。在套钻过程中,同时测记各测量元件的读数,直到作用在岩芯上的应力被解除而产生弹性恢复,各测量元件读数不变时停止套钻。根据应力解除前后测得的变形或应变差值,计算出地应力的大小和方向。用孔壁应变计可实现单孔全应力测量,但对应变计的粘贴防潮技术要求高。

孔底应力解除法。将测量元件(以门塞式应变计为代表)安装在磨平的钻孔底部岩石面上,并继续钻进,测量钻孔端部岩芯应力解除前后的应变变化量,据此计算地应力。与孔壁应力解除法相比较,要求解除的岩芯短且费用较低。

②应力恢复法。

应力恢复法先在岩石表面安设测微计(如钢弦式应变计、电阻片式应变计、千分表等),测记初始值后进行垂直于岩面的切割,以解除岩体中的应力,同时测记测微计读数变化,而后将液压枕插入切槽中,并灌注水泥砂浆填实。待水泥砂浆凝固后,利用液压枕向岩体加压,直到测微计恢复到初始值,此时的压力即为岩体中的地应力值。这种测试方法简便,但只能在岩体表面,且主应力方向为已知时,测量地应力的大小。但应指出该值为应力调整后之应力。

③水压致裂法。

水压致裂法是目前测量地壳深部地应力的唯一方法。其前提是:岩石为线弹性各向同性。岩石是非渗透性的。岩石中有一主应力分量与钻孔轴线平行。试验时,先钻一深孔达所需部位,用可膨胀的橡皮封隔器封隔一段钻孔,泵入液体对这段钻孔加压,同时记录液压随时间的变化。当增压到孔壁岩体破裂时,压力随之下降,经稳压一段时间后停止加压,待压力降到某一定值后结束试验。根据测试结果,绘制压力与时间关系曲线,按弹性力学理论计算出地应力值。如在试验段用印模橡胶套筒向孔壁加压,可在其上印出破裂印痕。印痕方向也可用井下定向仪、钻孔电视或超声波钻孔电视测定。

(26)河南省黄土较为广布,有多座公路和铁路隧道围岩为第四系上更新统新黄土(Q_3)及第四系中更新统棕红色粉质黏土夹黏土(Q_2)。上更新统新黄土(Q_3),属结构松散强度低的粉性土,具有非自重及自重湿陷性,大孔隙和垂直节理特点,黄土陷穴、溶洞不良地质现象发育,有利于降水和地表水渗入;第四系中更新统棕红色粉质黏土夹黏土(Q_2)属超固结土老黏性土,具有弱膨胀性。

依《公路隧道设计细则》(JTG/T D70—2010)和《公路隧道设计规范》(JTG 3370. 1—2018)围岩分级表,中更新统新黄土(Q_2)围岩级别为Ⅳ级。工程实践经验认为:在陷穴、溶洞不良地质现象发育,有利于降水及地表水渗入的浸湿条件时,该黏性土围岩发生塌方,初衬结构破坏等问题,不同于高地应力软岩大变形。建议其支护参数及施工工序符合Ⅴ级围岩规定。依国道310洛三界至豫陕界南段新建工程地坑院隧道发生涌水塌方变形原因,应与弱膨胀黏性土围岩遇水有关,其支护参数及施工工序按Ⅴ级围岩是符合实际的。

(27)岩溶不良地质现象对隧道的危害主要有:洞穴堆积物因松散软弱易塌陷下沉,改变洞穴周边的应力分布形态,造成隧道结构不稳定,影响隧道的稳定;严重的突水、突泥、塌方冒顶,会影响施工进度,危及施工人员生命。对此,切实作好对岩溶隧道的勘察设计和信息化施工至关重要。

第二节　公路隧道的调查与勘探

公路隧道应根据隧道不同设计阶段的任务、目的和要求,针对公路等级、隧道特点和规模,确定收集调查资料的内容和范围,进行收集、调查、测绘、勘探和试验。

一、公路隧道调查

(1)公路隧道调查资料应齐全、准确,满足设计要求。

(2)调查应分施工前调查(地质调绘)和施工中调查两个阶段。施工前调查的内容、范围、精度等应符合相应设计阶段的要求;施工中调查应及时进行,核实和预测施工中遇到的地质问题,为修改设计、调整施工提供依据。

(3)各阶段调查的目标、内容及范围见表2-3。

表2-3　各阶段调查的目标、内容及范围

阶段		目标	内容	范围
施工前	踏勘	为布置路线走向可选方案提供基本资料	收集、分析沿线地形、区域地质、气象等既有资料,核查沿线环境、地质灾害、既有建筑、道路交通及建设规划资料	大于路线可能方案的范围
	初勘	为初步设计方案比选、概算编制及下阶段调查提供基础资料	收集、分析上阶段获取的资料;对可比选方案沿线进行初步调查及地形测绘;进行必要的地质物探、钻探和测试	大于比选方案的范围
	详勘	获取技术设计、施工设计、施工计划、预算编制等所需资料	详细地形测绘、工点地形测绘;详细地质、环境等调查:按要求进行钻探、物探、测试等	隧道路线两侧及周围地段,特长、长隧道和岩溶隧道范围适当扩大
施工中		预报和确认施工中出现的工程地质、水文地质问题	地形、地质、环境补充调查;洞内观测、监测、超前探测预报	隧道内及地面受施工影响的范围

(4)隧道工程地质调绘应沿拟定的隧道轴线及其两侧各不小于200 m的带状区域进行,调绘比例尺1∶2 000或更大;初设阶段相应线位有两个及两个以上特长隧道、长隧道方案进行比选时,应进行隧址区域较大范围工程地质调绘,调绘比例尺为1∶10 000～1∶50 000。

(5)隧道工程地质调绘主要内容为:

①地形地貌、地层、岩性、软弱夹层、岩石风化程度、岩体完整程度及地质构造变动的性质、类型和规模。

②断层及节理类型和产状、软弱结构面特征及其与隧道的组合关系,判定围岩岩性及分级和地质构造的基本概况。

③地下水类型及地下水位,含水层分布范围及其富水性和补给关系。

④崩塌、错落、岩堆、滑坡、岩溶、采空区、地应力、地温、有害气体等特殊地质和不良地质现象,及其发生、发展的原因、类型、规模和发展趋势,分析其对隧道洞口和洞身稳定性

影响程度。

⑤隧道所处地区的地震动参数。

二、公路隧道的勘探方法

工程地质勘探方法以工程地质钻探为主,结合必要的工程物探与测试、挖探等手段进行综合勘探,并应符合下列规定。

(一)工程地质钻探

钻孔宜沿隧道中心线,并在洞壁外侧不小于 5 m 的下列位置布置,且应符合下列规定:

(1)洞口钻孔位置和深度确定原则。

①洞口钻孔位置依地形条件而异,对缓坡地形,钻孔应距洞口远些,陡地形则近些,并宜揭露到洞顶以上地层 20~30 m 岩土层。

②洞口钻孔的位置可考虑与洞口高架桥或深路堑钻探相结合。

(2)洞身钻孔一般布置于洞身低凹部位,以探明构造破碎带、岩溶等不良地质,同时辅以其他勘探手段以综合探明地质条件,钻孔数量以查明并控制地层岩性、地质构造及不良地质为原则;钻孔深度应至设计高程以下不小于 5 m。遇采空区、岩溶、地下暗河等不良地质时,勘探深度应至稳定底板以下不小于 8 m。

(3)岩质隧道部位钻孔应采用不小于 75 mm 的双层岩芯管钻进,应确保围岩部位 *RQD* 值的真实性,孔径能满足声波测试及其他测试要求。岩芯直径、长度应满足各项试验要求。

(4)洞身段钻孔,在设计高程以上相当于 3~5 倍的洞径范围内应采取岩、土试样,同一地层中,岩、土试样的数量不宜少于 6 组。

(5)遇有地下水时,应进行观测和记录,量测初见水位和稳定水位;对承压水,测定水压高度,判明含水层位置、厚度和地下水类型,必要时测定其流量。

(6)钻探过程观察记录钻进速度变化、掉钻、漏水等异常现象;遇到有害气体时,应记录位置,采集试样进行分析。

(7)深埋隧道应注意观察软质岩的岩芯是否有饼化现象,坚硬岩的岩芯是否有碎裂和崩裂现象,以作为评价岩爆的参考资料。

(8)*RQD* 和标准贯入试验击数(N)是判定岩石风化程度的参考指标,应结合标准贯入试验击数(N),按《公路隧道设计规范》(JTG 3370.1—2018)附录 A 表 A.0.5-2“岩石的风化程度分级”综合判定风化程度。

(9)采用标贯击数(N)判定花岗岩风化程度。强风化:$N \geqslant 50$;全风化:$50 > N \geqslant 30$;残积土:$N < 30$。

(二)工程物探

(1)地震勘探:沿隧道轴线至少布置一条地震测线,测点间距以 10~20 m 为宜,若发现有地质断层构造,局部应加密。两洞口应布置横测线,测点间距为 5 m;若洞口或洞身发现有溶洞或其他破碎带,应适当加作横测线和加密测点。以地震弹性纵波波速大小划分岩土层界面、岩体风化程度，判定断层破碎带和溶洞不良地质体。

岩体风化程度按地震弹性纵波波速值（ν_{pm}）分级如下：

残积土：$\nu_{pm} < 500$ m/s；全风化：500 m/s $< \nu_{pm} \leqslant$ 1 000 m/s；强风化：1 000 m/s $< \nu_{pm} \leqslant$ 2 000 m/s；中风化：2 000 m/s $< \nu_{pm} \leqslant$ 4 000 m/s；微风化：4 000 m/s $< \nu_{pm} \leqslant$ 5 000 m/s；未风化：$\nu_{pm} >$ 5 000 m/s。

（2）电法勘探：对地表可疑断层破碎带及地震勘探的局部低速区，可采用该勘探方法以电阻率大小，判定是否为断层破碎带和溶洞不良地质体。

（3）孔内波速测试（声波测试）：孔内岩体的弹性纵波波速（ν_{pm}）测点间距依岩性复杂程度及断层可能位置而定，并同时测定岩体弹性剪切横波波速（ν_{pr}），以求得岩体弹性特征指标值及风化程度系数。除测定岩体的弹性纵波波速外，还应测定相应深度的岩芯试件的弹性纵波波速，以求得岩体的完整性系数，作为判定围岩的破碎程度（完整性系数）参数。

（三）挖探

在地表覆盖、岩石露头少，地层岩性界线和地质构造需验证时，采用剥土、坑探、槽探和井探等是必要的辅助勘探方法。

第三节　隧道围岩分级

一、《公路隧道设计规范》（JTG 3370.1—2018）有关围岩分级的规定

（1）《公路隧道设计规范》（JTG 3370.1—2018）隧道围岩级别的综合评判采用两步分级：

第一步，根据岩石的坚硬程度和岩体完整程度两个基本因素的定性特征和定量的岩体基本质量指标进行初步分级。

第二步，在岩体基本质量分级基础上，考虑修正因素的影响，修正岩体基本质量指标值，得出基本质量指标修正值，再结合具体的定性特征进行综合评判，确定围岩的详细分级。

（2）围岩基本质量指标 BQ 值的确定。

围岩基本质量指标 BQ 值根据分级因素的定量指标 R_c 值和 K_v 值按下式计算：

$$BQ = 100 + 3R_c + 250K_v$$

BQ 值计算遵守下列限制条件；

①当 $R_c > 90K_v + 30$ 时，应以 $R_c = 90K_v + 30$ 和 K_v 代入计算 BQ 值；

②当 $K_v > 0.04R_c + 0.4$ 时，应以 $K_v = 0.04R_c + 0.4$ 和 R_c 代入计算 BQ 值。

R_c、K_v 值可分别按 JTG 3370.1—2018 附录 A 第 A.0.1 条和 A.0.2 条确定。

（3）围岩详细定级时，再根据地下水、主要软弱结构面、初始应力状态的影响程度，对岩体基本质量指标 BQ 进行修正：

$$[BQ] = BQ - 100(K_1 + K_2 + K_3)$$

式中　[BQ]——围岩基本质量指标修正值；

K_1——地下水影响修正系数；

K_2——主要软弱结构面产状影响修正系数；

K_3——初始应力状态影响修正系数。

K_1、K_2、K_3值可分别按 JTG 3370.1—2018 附录 A 中表 A.0.3－1、表 A.0.3－2、表 A.0.3－3确定。

（4）围岩级别划分可根据地质调绘、勘探、试验等资料，隧道岩质围岩定性特征、岩体基本质量指标 BQ 或岩体修正质量指标[BQ]、土质围岩中的土体类型、密实状态等定性特征，按 JTG 3370.1—2018 表 3.6.4（见表 2-4）确定围岩级别，并应符合下列规定：

表 2-4　公路隧道围岩级别划分（JTG 3370.1—2018 表 3.6.4）

围岩级别	围岩岩体或土体主要定性特征	岩体基本质量指标 BQ 或岩体修正指标[BQ]
Ⅰ	坚硬岩，岩体完整	＞550
Ⅱ	坚硬岩，岩体较完整； 较坚硬岩，岩体完整	550～451
Ⅲ	坚硬岩，岩体较破碎； 较坚硬岩，岩体较完整； 较软层，岩体完整，整体状或巨厚层状结构	450～351
Ⅳ	坚硬岩，岩体破碎； 较坚硬岩，岩体较破碎～破碎； 较软岩，岩体较完整～较破碎； 软岩，岩体完整～较完整	350～251
	土体：1. 压密或成岩作用的黏性土及砂性土； 2. 黄土（Q_1、Q_2）； 3. 一般钙质、铁质胶结的碎石土、卵石土、大块石土	
Ⅴ	较软岩，岩体破碎； 软岩，岩体较破碎～破碎； 全部极软岩和全部极破碎岩	≤250
	一般第四系的半干硬至硬塑的黏性土及稍湿至潮湿的碎石土，卵石土、圆砾、角砾土及黄土（Q_3、Q_4）非黏性土呈松散结构，黏性土及黄土呈松软结构	
Ⅵ	软塑状黏性土及潮湿、饱和粉细砂层、软土等	

注：本表不适用于特殊条件的围岩分级，如膨胀性围岩、多年冻土等。

①围岩分级中岩石坚硬程度、岩体完整程度两个基本因素的定性划分，可按 JTG 3370.1—2018 第 A.0.5 条和第 A.0.6 条确定。

②围岩岩体主要特征定性划分与根据 BQ 或[BQ]值确定的围岩级别不一致时，应重新审查定性特征和定量指标计算参数的可靠性，并对它们重新观察、测试。

③在工程可行性研究和初勘阶段，可采用定性或工程类比方法进行围岩级别划分。

(5)各级岩质围岩的物理力学参数，宜通过室内或现场试验获取，无试验数据和初步分级时，可按 JTG 3370.1—2018 附录 A 中表 A.0.7－1 选用。岩体结构面抗剪断峰值强度参数，可按 JTG 3370.1—2018 附录 A 中表 A.0.7－2 选用。无实测数据时，各级土质围岩的物理力学参数可按 JTG 3370.1—2018 附录 A 中表 A.0.7－3 采用。

(6)各级围岩的自稳能力，可根据围岩变形测量和理论计算分析评定，或按 JTG 3370.1—2018 表 3.6.6(见表 2-5)判定。

表 2-5　隧道各级围岩自稳能力判断(JTG 3370.1—2018 表 3.6.6)

围岩级别	自稳能力
Ⅰ	跨度≤20 m，可长期稳定，偶有掉块，无塌方
Ⅱ	跨度 10～20 m，可基本稳定，局部可发生掉块或小塌方； 跨度＜10 m，可长期稳定，偶有掉块
Ⅲ	跨度 10～20 m，稳定数日至 1 月，可发生小～中塌方； 跨度 5～10 m，可稳定数月，可发生局部块体位移及小～中塌方； 跨度＜5 m，可基本稳定
Ⅳ	跨度＞5 m，一般无自稳能力，数日至数月内可发生松动变形、小塌方，进而发展为中～大塌方；埋深小时，以拱部松动破坏为主；埋深大时，有明显塑性流动变形和挤压破坏； 跨度≤5 m，可稳定数日至 1 月
Ⅴ	无自稳能力，跨度 5 m 或更小时，可稳定数日
Ⅵ	无自稳能力

注：小塌方，塌方高度＜3 m，或塌方体积＜30 m^3。
中塌方，塌方高度 3～6 m，或塌方体积 30～100 m^3。
大塌方，塌方高度＞6 m，或塌方体积＞100 m^3。

二、《公路隧道设计细则》(JTG/T D70—2010)有关围岩分级的规定

(一)围岩分级原则

《公路隧道设计细则》(JTG/T D70—2010)(简称《隧道细则》)发布时间较早，其围岩级别划分的步骤与原则基本与 JTG 3370.1—2018 一致，但其在一般规定中要求围岩分级可分为Ⅰ～Ⅵ六个基本级别，在定测及施工阶段再对Ⅲ、Ⅳ、Ⅴ基本级别进行亚级划分。公路隧道围岩分级如表 2-6 所示。

表 2-6　公路隧道围岩分级(《细则》表 6.1.1)

围岩分级													
岩质围岩级别									土质围岩级别				
Ⅰ	Ⅱ	Ⅲ		Ⅳ			Ⅴ		Ⅳ	Ⅴ		Ⅵ	
Ⅰ	Ⅱ	$Ⅲ_1$	$Ⅲ_2$	$Ⅳ_1$	$Ⅳ_2$	$Ⅳ_3$	$Ⅴ_1$	$Ⅴ_2$	$Ⅳ_3$	$Ⅴ_1$	$Ⅴ_2$	Ⅵ	

《隧道细则》对隧道围岩按地质特性和工程特性分为岩质围岩和土质围岩两类。在进行围岩分级过程中，对岩质围岩和土质围岩分别采用不同的指标体系进行评定。

(1)围岩分级指标体系由基本质量指标和修正质量指标组成。

(2)岩质围岩基本指标为岩石坚硬程度和岩体完整程度，修正指标为地下水状态、主要软弱结构面产状及初始地应力状态。

(3)土质围岩分级指标体系根据土性差异由 1 ~ 2 个指标组成：

①黏质土围岩基本指标为潮湿程度。

②砂质土围岩基本指标为密实程度，修正指标为潮湿程度。

③碎石土围岩基本指标为密实程度。

④对于膨胀性土、多年冻土等特殊情况的土质围岩，应专门进行研究。

(4)围岩分级指标体系中的各指标可用定性值表述，也可用定量值表述。

(5)围岩基本分级的分段长度不宜小于 20 m，亚级的分段长度不宜小于 10 m。

(二)围岩分级指标及有关规定

(1)岩质围岩的分级指标值的获取方法如表 2-7 所示。

表 2-7　岩质围岩的分级指标值获取方法

公路隧道围岩的分级指标			指标值的获取方法
岩石坚硬程度	定性指标	岩性	初勘阶段主要采用调查和地质调绘，配合物探及少量钻探获取；详勘阶段主要采用钻探，结合地质调绘及物探等获取
		风化程度	
	定量指标	单轴饱和抗压强度 R_c	单轴抗压强度试验
		点荷载强度指数 $I_{s(50)}$	点荷载强度试验
		风化系数 K_t	单轴抗压强度试验
岩体完整程度	定性指标	结构面发育程度	初勘阶段主要采用调查和地质调绘，配合物探及少量钻探获取；详勘阶段主要采用钻探，结合地质调绘及物探等获取
		主要结构面结合程度	
		主要结构面类型	
		岩体结构类型	
	定量指标	岩体完整性指数 K_v	围岩弹性纵波速度、岩石弹性纵波速度
		岩体体积节理数 J_v	初勘阶段一般不进行测试，必要时配合钻探进行；详勘阶段以钻探为主
		结构面组数 J_a	
		结构面平均间距 d_p	
		结构面张开度	
主要软弱结构面产状	定量指标	走向与洞轴线夹角	初勘阶段主要采用调查和地质测绘，配合物探及少量钻探获取；详勘阶段主要采用钻探，结合地质调绘及物探等获取
		结构面倾角	
		结构面走向	

续表 2-7

公路隧道围岩的分级指标			指标值的获取方法
地下水状态	定性指标	出水状态	初勘阶段主要采用调查和地质调绘，配合物探及少量钻探获取；详勘阶段主要采用钻探，结合地质调绘及物探等获取
	定量指标	水压力(MPa)	初勘阶段主要以收集的定性资料进行预测计算；详勘阶段在钻孔中进行提水、注水、压水或抽水等试验预测
		单位涌水量[L/(min · m)]	
岩体初始应力场	定性指标	初始应力状态	调查并结合少量钻探获取
	定量指标	强度应力比 R_c/σ_{min}	地应力测试

岩石坚硬程度的定量划分采用岩石单轴饱和抗压强度 R_c 表示，其对应关系与规范3相同。不同的是，规范4给出了点荷载强度指数 $I_{s(50)}$ 与岩石坚硬程度定性值的对应关系，具体规定见表 2-8。

表 2-8　$I_{s(50)}$ 与岩石坚硬程度定性值的对应关系

$I_{s(50)}$ (MPa)	>3.63	3.63～1.44	1.44～0.57	0.57～0.13	<0.13
定性值	坚硬岩	较坚硬岩	较软岩	软岩	极软岩

(2)土质围岩分级指标值及其获取方法可按表 2-9 规定确定。

表 2-9　土质围岩分级指标值及其获取方法

围岩类型	分级指标			指标值获取方法
黏质土围岩	潮湿程度	定性描述	坚硬、硬塑、可塑、软塑、流塑	野外观察、镐锹钻考察
		定量指标	液性指数 I_L	天然含水率试验与液塑限试验
砂质土围岩	密实程度	定性描述	松散、稍密、中密、密实	野外观察、镐锹钻考察
		定量指标	标准贯入锤击数 N	标准贯入试验
	潮湿程度	定性描述	稍湿、潮湿、饱和	野外观察、镐锹钻考察
		定量指标	饱和度 S_r	土的含水率试验
碎石土围岩	密实程度	定性描述	松散、稍密、中密、密实	野外观察、镐锹钻考察
		定量指标	动力触探锤击数 $N_{63.5}$ 或 N_{120}	标准贯入试验

(3)黏质土围岩潮湿程度定量值与定性值的对应关系可按表 2-10 确定。

表 2-10　黏质土围岩潮湿程度定量值与定性值的对应关系

定性值	坚硬	硬塑	可塑	软塑	流塑
定量值(液性指数 I_L)	≤0	0～0.25	0.25～0.75	0.75～1	>1
野外鉴定	扰动后能用手捏成饼，边上多裂口	扰动后两手相压土成饼状，粘于手掌，揭掉后，掌中有湿痕			扰动后手捏有明显湿痕，并有土粘于手上

(4)砂质土围岩潮湿程度定量值与定性值的对应关系可按表 2-11 确定。

表 2-11 砂质土围岩潮湿程度定量值与定性值对应关系

定量值(饱和度 S_r)	$S_r \leqslant 0.5$	$0.5 < S_r \leqslant 0.8$	$S_r > 0.8$
定性值	稍湿	潮湿	饱和
野外鉴定	呈松散状,手摸时感到潮	可以勉强捏成团	空隙中的水可以自由渗出

(5)砂质土围岩和碎石土围岩密实程度定量值与定性值的对应关系可按表 2-12 确定。

表 2-12 砂质土围岩和碎石土围岩密实程度定量值与定性值的对应关系

定性值		松散	稍密	中密	密实
砂质土围岩定量值(标准贯入锤击数 N)		$\leqslant 10$	10 ~ 15	15 ~ 30	> 30
碎石土围岩定量值	重型动力触探锤击数 $N_{63.5}$	$\leqslant 5$	5 ~ 10	10 ~ 20	> 20
	超重型动力触探锤击数 N_{120}	$\leqslant 3$	3 ~ 6	6 ~ 11	> 11
野外鉴定	骨架和充填物	多数骨架颗粒不接触,而被充填物包裹	骨架颗粒疏密不均,部分不连续,孔隙填满		骨架颗粒交错紧贴,孔隙填满
	天然坡和开挖情况	天然坡不能形成陡坎,接近于粗颗粒的安息角。锹可以挖掘,从坑壁取出大颗粒后,砂类土即塌落	天然坡不易陡立,或陡坎下堆积物较多,但大于粗颗粒的安息角。镐可挖出,坑壁有掉块现象,从坑壁取出大颗粒处,砂类土不易保持凹面形状		天然陡坡较稳定,坎下堆积物较少。镐挖掘困难,用撬棍方能松动,坑壁稳定,从坑壁取出大颗粒处能保持凹面形状
	钻探情况	钻进较容易,冲击钻探时,钻杆稍有跳动,孔壁易坍塌	钻进较难,冲击钻探时,钻杆、吊锤跳动不剧烈,孔壁有坍塌现象		钻进困难,冲击钻探时,钻杆、吊锤跳动剧烈,孔壁较稳定

(三)围岩分级

(1)《隧道细则》围岩分级按围岩基本质量按表 2-13 划分。

表 2-13　公路隧道岩质围岩的基本质量分级

围岩基本质量分级		围岩的定性特征	围岩基本质量指标 BQ
基本级别	亚级		
Ⅰ	—	坚硬岩,岩体完整,整体状或巨厚层状结构	>551
Ⅱ	—	坚硬岩,岩体较完整,块状或厚层状结构; 较坚硬岩,岩体完整,块状结构或整体状结构	550~451
Ⅲ	$Ⅲ_1$	坚硬岩,较破碎(K_v=0.4~0.55),结构面较发育、结合差,裂隙块状或厚层状结构; 较坚硬岩,较破碎(R_c=45~60 MPa),岩体较完整,结构面较发育、结合好,块状结构; 较坚硬岩(R_c=30~45 MPa),岩体完整,整体状或巨厚层状结构	450~401
	$Ⅲ_2$	坚硬岩,较破碎(K_v=0.35~0.4),结构面发育、结合好,镶嵌碎裂结构或裂隙块状结构; 较坚硬岩(R_c=45~60 MPa),岩体较破碎,结构面较发育、结合好,块状结构; 较坚硬岩,岩体完整(R_c=30~45 MPa),整体状或巨厚层状结构; 较软岩,岩体完整,结构面不发育、结合好或一般,整体状或巨厚层状结构	400~351
Ⅳ	$Ⅳ_1$	坚硬岩,岩体破碎(K_v=0.28~0.35),结构面极发育、结合一般或差,碎裂状结构; 较坚硬岩,岩体破碎-较破碎(R_c=45~60 MPa),结构面发育、结合一般,碎裂状结构; 较坚硬岩,较破碎(R_c=30~45 MPa),结构面发育、结合好,镶嵌碎裂结构; 较软岩,岩体较完整(R_c=20~30 MPa),结构面较发育、结合好或一般,块状结构; 较软岩,岩体完整(R_c=15~20 MPa),结构面不发育、结合好或一般,整体状或巨厚层状结构; 软岩,岩体完整(R_c=10~15 MPa),结构面不发育、结合好或一般,整体状或巨厚层状结构	350~316

续表 2-13

围岩基本质量分级		围岩的定性特征	围岩基本质量指标 BQ
基本级别	亚级		
Ⅳ	$Ⅳ_2$	坚硬岩，岩体破碎（$K_v=0.2\sim0.28$），结构面极发育、结合一般或差，碎裂状结构； 较坚硬岩，岩体破碎（$R_c=45\sim60$ MPa），结构面发育、结合一般，碎裂状结构； 较坚硬岩，较破碎（$R_c=30\sim45$ MPa），结构面发育、结合好，镶嵌碎裂结构； 较软岩，岩体较完整（$R_c=20\sim30$ MPa），结构面较发育、结合好或一般，块状结构； 较软岩或以软岩为主的软硬岩互层，较破碎，结构面发育、结合一般，中厚层状结构； 软岩，岩体完整（$R_c=7.5\sim10$ MPa），结构面不发育、结合好或一般，整体状或巨厚层状结构	315～285
	$Ⅳ_3$	坚硬岩，岩体破碎（$K_v=0.15\sim0.2$），结构面极发育、结合一般或差，碎裂状结构； 较坚硬岩，岩体破碎，结构面发育、结合一般，碎裂状结构； 较软岩，岩体较破碎，结构面较发育、结合好或一般，块状结构； 软岩，岩体完整（$R_c=5\sim7.5$ MPa），结构面不发育、结合好或一般，整体状或巨厚层状结构	284～251
Ⅴ	$Ⅴ_1$	坚硬岩及较坚硬岩，岩体极破碎（$K_v=0.06\sim0.15$）； 较软岩，破碎（$R_c=20\sim30$ MPa），结构面发育或极发育； 较软岩，较破碎（$R_c=15\sim20$ MPa），结构面发育、结合一般或破碎； 软岩，较破碎，结构面发育、结合一般，碎裂状结构； 极软岩（$R_c=2\sim5$ MPa），较完整～完整，结构面不发育或结构面较发育但结合较好	250～211
	$Ⅴ_2$	坚硬岩及较坚硬岩，岩体极破碎（$K_v=0\sim0.06$）； 较软岩，岩体极破碎，碎裂状结构或散体状结构； 软岩，岩体破碎，结构面极发育、结合一般或差，碎裂状结构； 极软岩（$R_c<2$ MPa），较破碎－完整	210～150

（2）黏质土围岩的分级依表 2-14 规定确定。

表 2-14　黏质土围岩基本指标定性分级方法

围岩级别		分级指标 潮湿程度		围岩状态定性描述
基本级别	亚级	定性描述	定量指标（液性指数 I_L）	
Ⅳ	$Ⅳ_3$	坚硬	≤0	压密的坚硬黏质土、黄土（Q_1、Q_2）
Ⅴ	$Ⅴ_1$	坚硬－硬塑	≤0.25	一般坚硬黏质土、较大天然密度硬塑状黏质土、一般硬塑状黏质土、黄土（Q_4）
	$Ⅴ_2$	硬塑－可塑	0～0.75	一般硬塑状黏质土、可塑状黏质土、黄土（Q_4）
Ⅵ	—	软塑－流塑	≥0.75	软塑－流塑状黏质土、近软塑状及低天然密度可塑状黏质土

注：不适用于膨胀土、多年冻土等特殊土。

（3）砂质土围岩分级可根据表 2-15 规定确定。

表 2-15　砂质土围岩基本指标定性分级方法

围岩级别		分级指标 密实程度		围岩状态定性描述
基本级别	亚级	定性描述	定量指标（标准贯入锤击数 N）	
Ⅳ	$Ⅳ_3$	密实	>30	压密或成岩作用的砂质土
Ⅴ	$Ⅴ_1$	密实－中密	>15	压密状态稍湿至潮湿或胶结程度较好的砂质土
	$Ⅴ_2$	中密－稍密	10～30	密实以下但胶结程度较好的砂质土
Ⅵ	—	松散	<10	松散潮湿、呈饱和状态的粉细砂等砂质土

（4）碎石土围岩分级方法可根据表 2-16 规定确定。

表 2-16　碎石土围岩基本指标定性分级方法

围岩级别		分级指标 密实程度		围岩状态定性描述
基本级别	亚级	定性描述	定量指标（动力触探锤击数）	
Ⅳ	$Ⅳ_3$	密实	$N_{63.5}>20$ 或 $N_{120}>11$	一般钙质、铁质胶结的碎石土、卵石土、大块石土
Ⅴ	$Ⅴ_1$	密实－中密	$N_{63.5}>10$ 或 $N_{120}>6$	稍湿至潮湿的碎石土、卵石土、圆砾、角砾土
	$Ⅴ_2$	中密－稍密	$5<N_{63.5}\leq 20$ 或 $3<N_{120}\leq 11$	稍湿至潮湿且较松散的碎石土、卵石土、圆砾、角砾土

(四)围岩自稳能力判断

各级围岩的自稳能力可根据围岩变形量测和理论计算予以评定,也可按表 2-17 加以判断。

表 2-17　围岩自稳能力判断(《隧道细则》表 6.3.8)

围岩级别		自稳性
基本级别	亚级	
Ⅰ	—	跨度 20 m,可长期稳定,偶有掉块,无塌方
Ⅱ	—	跨度 10～20 m,可基本稳定,局部可发生掉块或小塌方; 跨度 10 m,可长期稳定,偶有掉块
Ⅲ	Ⅲ$_1$	跨度 >18 m,可发生中－大塌方; 跨度 10～18 m,可暂时稳定,可发生小－中塌方; 跨度 10 m,基本稳定
	Ⅲ$_2$	跨度 >14 m,发生中－大塌方; 跨度 7～14 m,可暂时稳定,可发生小－中塌方: 跨度 7 m,基本稳定
Ⅳ	Ⅳ$_1$	跨度 >9 m,可发生中－大塌方; 跨度 7～9 m,暂时稳定,可发生小塌方; 跨度 <7 m,可基本稳定
	Ⅳ$_2$	跨度 >7 m,可发生中－大塌方; 跨度 6～7 m,暂时稳定,可发生小塌方; 跨度 <6 m,可稳定
	Ⅳ$_3$	跨度 >5 m,可暂时稳定－不稳定,可直接发生中－大塌方; 跨度≤5 m,可基本稳定
Ⅴ	Ⅴ$_1$	跨度 >6 m,完全无自稳性; 跨度 4～6 m,可暂时稳定,可发生中－大塌方; 跨度 <4 m,可基本稳定
	Ⅴ$_2$	跨度 >4 m,完全无自稳性; 跨度 3～4 m,可暂时稳定,可发生中－大塌方; 跨度 <3 m,可基本稳定
Ⅵ	—	无自稳性

注:①小塌方:塌方高度 <3 m,或塌方体积 <30 m^3。

②中塌方:塌方高度 3～6 m,或塌方体积 30～100 m^3。

③大塌方:塌方高度 >6 m,或塌方体积 >100 m^3。

(五)围岩物理力学参数

(1)各类岩体及土体的物理力学参数,可根据地质勘察、原位测试、类似工程对比分析以及经验公式或理论公式计算等方法分析确定。

(2)当无实测数据时,各级岩质围岩的物理力学参数可按本章附录二选用。

第四节　隧道特殊岩土问题

一、隧道高地应力

高地应力是地质学的概念,指岩石抗压强度与地应力的比值大小。不同国家对高地应力的定义较为悬殊。高地应力对隧道工程造成的灾害最典型为:对硬脆性岩体而言为岩爆,对软岩则为洞室大变形。

高地应力问题是危及工程岩体安全的主导因素,国内外许多重要岩石工程均曾经或正在不同程度地受到高地应力的困扰,因此高地应力问题已引起国内外岩石力学与工程学界的极大关注。但对于如何界定高地应力和低地应力,还没有一个统一的标准。目前,常用的有 3 种定量判别方法:

(1)以地应力的绝对大小划分,认为最大主应力达到 20 ~ 30 MPa 时,就可以认为岩体处在高地应力状态。

(2)利用岩石单轴抗压强度(R_b)和最大主应力(σ_1)的比值 R_b/σ_1(岩石强度应力比)来划分地应力的级别。但不同国家对地应力的高低界定值却有很大的差别,部分外国分级方案见表 2-18,我国《工程岩体分级标准》(GB/T 50218—2014)规定按表 2-19 判别。

表 2-18　部分国家地应力分级方案

国家	低地应力	中地应力	高地应力
法国隧协	>4	2 ~ 4	<2
日本应用地质协会	>4	2 ~ 4	<2
苏联顿巴斯矿区	>4	2.2 ~ 4	<2.2

表 2-19　我国高地应力判别准则

应力情况	主要现象	R_b/σ_{max}
极高应力区	(1)硬质岩:开挖过程时有岩爆发生,有块体弹出,洞壁岩体发生剥离,新生裂缝多,成洞性差,基坑有剥离现象,成形性差	<4
	(2)软质岩:岩芯有饼化现象,开挖过程中洞壁岩体有剥离,位移极为显著,甚至发生大位移,持续时间长,不易成洞,基坑发生显著隆起或剥离,不易成形	

续表 2-19

应力情况	主要现象	R_b/σ_{max}
高应力区	(1)硬质岩:开挖过程可能出现岩爆,洞壁岩体有剥离和掉块现象,新生裂缝较多,成洞性较差,基坑有剥离现象,成形性一般较好	4~7
	(2)软质岩:岩芯时有饼化现象,开挖过程中洞壁岩体位移显著,持续时间较长,成洞性差,基坑有隆起现象,成形性较差	

(3)根据地应力量级与自重应力量级的对比:初始应力状态,特别是它们的水平应力分量大大超过上覆岩层的岩体重量时,就认为岩体处于高地应力状态,如表 2-20 所示。

表 2-20　地应力分级方案

地应力级别	一般地应力	较高地应力	高地应力
$N = I_1/I_2$	1~1.5	1.5~2	>2
说明	$N=1$ 时,为纯自重应力场	在应力场中,有 30%~50% 是构造应力产生的,其余为重力场应力	50% 以上的地应力值是由构造应力产生的

注:I_1 为实测主应力第一不变量,I_2 为自重主应力第一不变量。

有专家认为该分级评价方法没有考虑岩体的变形和稳定条件,因而在工程实践中没有实际应用价值。实际上,高地应力或低地应力都是相对概念。因此,对地应力的评价,应该考虑地应力对不同岩体的影响,反映出岩体承受地应力的相对能力。所以,这里认为采用岩石强度应力比来评价地应力是比较符合客观实际的。

高地应力还与岩体所受的应力历史和岩石弹性模量等诸多因素有关。孙广忠(1993)就曾指出:强烈构造作用地区,地应力大小与岩体强度有关;轻微构造作用地区,岩体内存储的地应力大小与岩石弹性模量直接相关,即弹性模量大的岩体内地应力高、弹性模量小的岩石内地应力低。同时,孙广忠还提出了高地应力地区和低地应力地区的一些地质标志(见表 2-21),可大致区分地应力的高低水平。

表 2-21　高、低地应力区的地质标志

编号	高地应力地区的地质标志	低地应力地区的地质标志
1	围岩产生岩爆、剥离	围岩松动、塌方、掉块
2	收敛变形大	围岩渗水严重
3	软弱围岩挤出	节理面内夹泥
4	饼状岩芯	岩脉内岩块松动,强风化
5	风钻孔沿软弱面有错动现象	断层或大节理面内有次生矿物晶簇或孔洞
6	水下开挖无渗水	
7	岩体挤压紧密,断口呈贝壳状、穹隆状	

二、隧道岩爆

岩爆是在高地应力条件下地下洞室开挖过程中，围岩因开挖卸荷导致洞壁产生应力分异作用，储存于岩体中的弹性应变能突然释放，因而产生爆裂松脱、剥落（离）、弹射甚至抛掷现象的一种动力失稳地质灾害。它已成为世界性的地下工程难题之一。

岩爆是岩体中聚集的高弹性应变能，因开挖而产生的一种具有代表性的应力释放现象。岩爆是突发性的，岩体急剧破坏，岩片由岩体表面上突发性地飞出，而且大都发生在隧道掌子面附近及侧壁上，与塌顶和坍方有明显区别。随着我国铁路、公路、水电建设的不断发展，隧道已经向长大、深埋方向发展。近几年来，长度超过 10 km 以上的隧道工程不断涌现，例如 18.4 km 的秦岭西康线铁路隧道，12 km 的长梁山铁路隧道，10 km 左右的太平驿水工隧洞等，这些隧道的埋置深度大多在 800 ~ 1 000 m 以上，有些甚至超过 2 000 m。此外，由于地质活动的影响，隧道可能穿过高地应力区等，在隧道施工过程中发生岩爆的可能性大为增加。为减小岩爆造成的损失，安全而经济地施工，研究岩爆发生的基本条件是很有必要的。

岩爆一般具有以下基本特点：

（1）岩爆在发生前，并无明显的预兆，虽然经过仔细找顶，并无空响声，一般认为不会掉落石块的地方，也会突然发生岩石爆裂声响，石块有时应声而下，有时暂不坠下。在没有支护的情况下，对施工安全威胁极大。

（2）岩爆时，石块由母岩弹出，呈现中间厚、周边薄、不规则的片状。

（3）岩爆发生的地点，多在新开挖工作面及其附近，个别距开挖工作面较远；岩爆发生的时间，多在爆破后 2 ~ 3 h 内，有的部位还可产生二次岩爆，一般在爆破后 10 ~ 12 h 内。

（一）从工程实例看岩爆的发生

表 2-22 列出国内外曾经发生岩爆的一些隧道工程的概况，从中可以找出一些可供参考的规律。表 2-22 中，参数 σ_c 为岩石单轴抗压强度；I_s 为点荷载强度；σ_{min}、σ_{max} 分别为地应力的最小值和最大值。

表 2-22　国内外隧道工程发生岩爆的统计

隧道名称	埋深（m）	断面面积（m^2）	地质条件	σ_c（MPa）	I_s（MPa）	σ_{min}（MPa）	σ_{max}（MPa）
挪威赫古拉公路隧道	最大 700	38.6	前寒武纪片麻岩	100 ~ 250	4.5 ~ 11	18.9	25.0
挪威兰峡湾公路隧道	200 ~ 1 500	50.0	片麻岩、花岗片麻岩、片麻闪长岩	60 ~ 200	2.7 ~ 9.0	9.0	34.0
挪威西玛水电站地下厂房	700	800	花岗岩、花岗片麻岩	180	8.3	19.5	48.8
瑞典维泰斯引水隧洞	250	—	粉砂岩、石英岩	80	3.6	6.8	50.0 ~ 70.0
瑞典 Headrace 隧道	300	67	石英岩	200	8.8	2.0 ~ 8.0	28.0

续表 2-22

隧道名称	埋深(m)	断面面积(m^2)	地质条件	σ_c(MPa)	I_s(MPa)	σ_{min}(MPa)	σ_{max}(MPa)
南非金矿	1 437 ~ 2 404	—	石英岩	198 ~ 230	9.0	37.0 ~ 60.0	65.0
美国 Galena 金矿	1 200	—	石英岩	175	7.7	52.0	52.0
南非 Hoist 地下洞室	1 450	130	石英岩	198 ~ 230	9.0	39.0	44.3
挪威 Eikesdal 公路隧道	800	36	片麻岩(坚硬)	200	8.8	21.2	30.6
日本关越公路隧道	750 ~ 1 050	85	石英闪长岩、页岩	236	10.7	16.2	89.0
瑞典捷克坦水工隧洞	400	—	花岗岩	180	8.3	50.0	125.0
挪威 Sewage 隧道	130	7	花岗岩	180	8.3	3.5	35.0
日本新清水隧道	1 000	—	石英闪长岩	183	8.0	27.0	89.0
中国关村坝铁路隧道	1 000	—	硅质灰岩	120	5.5	26.0	35.0
中国渔子溪引水隧洞地下厂房	200 ~ 650	—	中粒和中细粒花岗闪长岩	70	7.7	11.5	30.0 ~ 45.0
			花岗岩	160	7.0	11.5	30.0 ~ 45.0
中国天生桥引水隧洞	400	72 ~ 92	灰岩、白云岩、砂岩	115	5.74	15.1	31.2
中国锦屏水电地质探洞	559 ~ 575	8 ~ 9	中粗晶大理岩、花斑状大理岩	105 ~ 160	4.6 ~ 7.0	15.1	25.6
中国二滩工程	770	—	正长岩、玄武岩	160 ~ 170	7.0 ~ 7.45	20.8	30.0 ~ 35.0
中国太平峰水工隧洞	>300	72 ~ 92	花岗岩、花岗闪长岩、闪长岩	190 ~ 200	8.5	10.2	30.7
苏联 X 矿山	1 740	—	磷霞岩	180	7.9	37.0 ~ 57.0	50.5
苏联基洛夫矿	>700	—	花岗岩	200	8.8	19.0	50.5
美国 CAD A 矿	2 400	—	石英岩	190	8.3	66.0	64.4
美国 CAD B 矿	1 900	—	石英岩	190	8.3	52.0	53.8
美国 CAD C 矿	1 200	—	石英岩	189	8.3	31.6	39.1
美国加利纳矿	1 700	—	石英岩	180	7.9	45.7	49.6

通过对已发生岩爆的地下工程的施工调查,可初步归纳出以下几点:

(1)从开挖的坑壁,岩块迅速飞出。严重时,整个掌子面瞬间压坏。

(2)在世界各地的深矿山中经常发生。

(3)在非常深的矿山中,也有衬砌瞬间发生破坏的情况。此时,多是附近的矿山开挖所致。

(4)在 700 m 以上埋深的情况发生得居多,200 m 左右也有发生的实例。

(5)视岩质情况发生的方式不同。例如,日本清水岭下的 4 座隧道,关越隧道在页岩中就没有发生,而在石英闪长岩中则发生多次。

(6)有涌水时不发生。

(7)与地层的方向、节理、夹层等强烈相关,如在顺层情况下发生较多。

(8)爆落块的大小各式各样,但多是扁平的。

(9)掌子面的岩爆多。掌子面打锚杆后,可防止发生岩爆。

(10)在同等地质条件下,采用掘进机(TBM)施工的隧道发生少,而采用矿山法施工的发生多。

(二)从一些国家的规定和研究成果看岩爆的发生

在隧道勘测、设计阶段,根据揭示的地质条件,应该对岩爆的发生与否有一个基本判断。因此,一些国家对此曾提出相应的基准,一些研究成果也提出若干建议。这些规定和建议可以作为判定岩爆发生的大致基准。

瑞士在《SIA198 号岩体分级标准》中规定第 1 类岩体有岩爆,其基本条件是:单轴抗压强度 $\sigma_c > 100$ MPa,内摩擦角 $\varphi > 40°$,黏结力 $C > 2.0$ MPa。

挪威学者 Bardon 提出如下判据:

轻微岩爆: $\sigma_c/\sigma_{max} = 5 \sim 2.5\sigma_t/\sigma_{max} = 0.33 \sim 0.16$

强烈岩爆: $\sigma_c/\sigma_{max} < 2.5\sigma_t/\sigma_{max} = 0.16$

其中,σ_{max} 为最大地应力;σ_t 为切向应力。

我国《工程岩体分级标准》(GB/T 50218—2014)中规定:在极高应力和高应力条件下,可发生岩爆的极高应力条件是 $\sigma_c/\sigma_{max} < 4$;高应力条件是 $\sigma_c/\sigma_{max} = 4 \sim 7$。

Russenes 建议根据著名的 Kirch 方程 $\sigma_t = 3\sigma_1 - \sigma_3$ 和点荷载强度 I_s 进行岩爆强度的分级,如图 2-1 所示。

(三)岩爆的类型划分

岩爆分类是岩爆预测和防治的基本依据之一。目前,学术界对岩爆分类还未达成一致意见。例如:汪泽斌(1988)根据国内外 34 个地下工程岩爆特征,将岩爆划分为破裂松脱性、爆炸弹射性、爆炸抛突性、冲击地压型、远围岩地震性和断裂地震性六大类;武警水电指挥部天生桥二级水电站岩爆课题组(1991)对岩爆分类有两种标准:一是按破裂程度将岩爆分为破裂松弛型和爆脱型两大类,二是按规模将岩爆划分为零星岩爆(长 0.5 ~ 10 m)、成片岩爆(长 10 ~ 20 m)和连续岩爆(长 >20 m)三大型;张倬元、王土天等(1994)按岩爆发生部位及所释放的能量大小,将岩爆分为三大类型,即洞室围岩表部岩石突然破裂引起的岩爆、矿柱或大范围围岩突然破坏引起的岩爆、断层错动引起的岩爆;王兰生等(1998)将岩爆类型划分为爆裂松脱型、爆裂剥落型、爆裂弹射型和抛掷型四大类;郭志

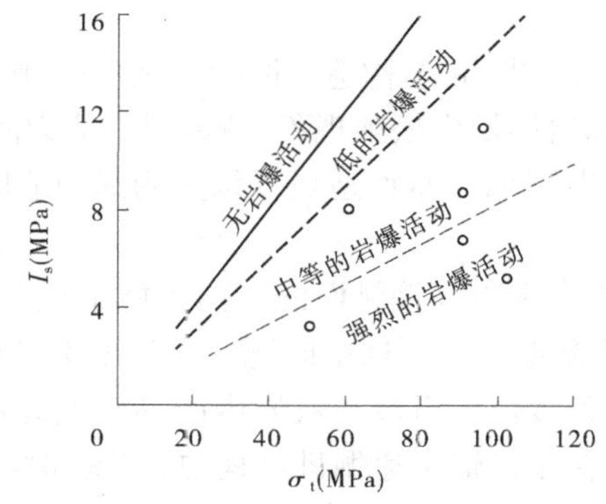

图 2-1　岩爆为隧道中最大切向应力 σ_t 和岩石点荷载强度 I_s 的函数

(1996)也根据岩爆岩体破坏方式,将岩爆划分为爆裂弹射型、片状剥落型和洞壁垮塌型三大类。上述划分方案主要是依据岩爆特征进行的。谭以安(1988)和左文智、张齐桂(1995)等则从形成岩爆的应力作用方式出发,将岩爆类型划分为水平应力型、垂直应力型、混合应力型三大类和若干亚类。

基于上述岩爆类型划分,认为高地应力是岩爆产生的能量来源。因此,对岩爆类型划分,应首先根据岩爆岩体高地应力的成因,将岩爆类型划分为自重应力型、构造应力型、变异应力型和综合应力型四大类;然后依据具体应力条件,并结合岩爆特征等内容,再将岩爆划分为以下 8 个亚类。

1. 自重应力型(Ⅰ)

与谭以安划分的垂直应力型基本相同。该类岩爆主要发生在地壳中水平构造作用轻微,以重力作用为主,积累了大量弹性应变能的地区。因此,这类岩瀑主要受自重应力控制,多发生在一定埋深条件下,岩爆强度、发生次数等一般随埋深增大而增加。根据具体应力条件又可以分为以下两个亚类:

(1)Ⅰ-1:垂直应力 $\sigma_V = rh$(r 为岩石容重,h 为埋深),σ_H/σ_V一般小于 0.5(σ_H为水平应力)。

(2)Ⅰ-2:$\sigma_V \neq rh$,是 $\sigma_V > rh$,它是由于地壳急剧抬升,并经快速侵蚀夷平作用,使得原处于地下深处的岩层埋深变浅,而由于地层黏弹效应,原岩应力来不及释放而残余下来,因此造成异常高的垂直应力。

2. 构造应力型(Ⅱ)

这类岩爆主要受构造应力控制,可以分为以下三个亚类:

(1)Ⅱ-1:岩爆主要发生在最大主应力近于水平的高地应力区和地壳中构造应力较为集中的部位(如褶皱翼部等),在水平构造应力长期作用下,岩体内储存了足以导致岩爆的弹性应变能;一般 $\sigma_H/\sigma_V > 1.2$,σ_H与水平面夹角多小于 20°,重力和地形对该亚类岩爆影响不明显,因此无统一的岩爆临界深度。

(2)Ⅱ-2(断层错动引起的岩爆):当开挖靠近断层,特别是从断层底下通过时,工程开挖使作用于断层面上的正应力减小,从而使沿断层面的摩擦阻力降低,引起断层局部突然重新活动,形成岩爆,并常造成地震。该亚类岩爆一般多发生在构造活动区埋深较大的地下工程中,破坏性大。

(3)Ⅱ-3:岩爆主要发生在距断裂构造(带)一定距离范围的局部构造应力增高区,它是断裂构造活动导致局部岩体发生松弛现象,造成局部应力降低带,其应力则向断裂构造(带)两侧一定范围的围岩中转移,从而造成了该类局部构造应力增高区。

3. 变异应力型(Ⅲ)

后期岩浆侵入体对围岩在垂直其接触面的方向上能造成很大的压应力,从而可以形成高变异应力区。图2-2清楚地说明了这个问题。它是云南冬瓜林金矿山一条运输坑道内发生岩爆的实际情况;一条侵位于石炭系灰岩内的喜山期煌斑岩脉(H)在其接触面附近形成局部高变异应力区,在该运输坑道掘进过程中,在紧邻煌斑岩脉的洞壁上边发生了岩爆活动。

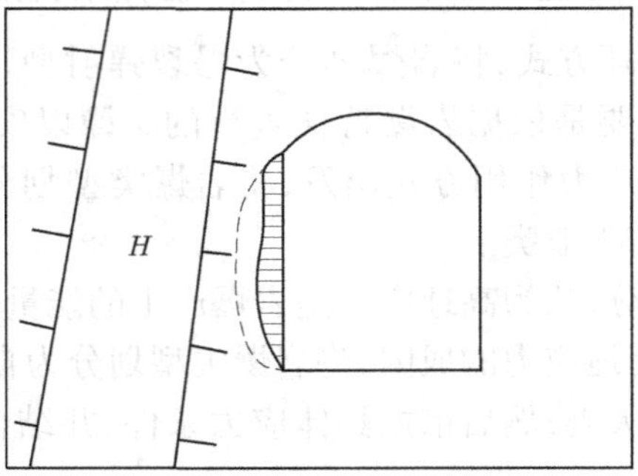

图2-2　云南冬瓜林金矿煌斑岩脉(H)旁一运输坑道内由高变异应力导致的岩爆示意图(1:300)

4. 综合应力型(Ⅳ)

综合应力型系自重应力、构造应力和残余应力等联合作用的结果,彼此难以分清主次。这类岩爆总体上可以归纳为以下两个亚类:

(1)Ⅳ-1:主要发生在深山区、峡谷两岸及谷底等形成的高地应力区,最大主应力与水平面夹角多为20°~70°;由于上述应力的作用方式、大小及其组合关系较为复杂,故该亚类岩爆破坏形式多种多样,岩爆强烈程度差异悬殊,产生岩爆的深度也相差甚大。

(2)Ⅳ-2:主要发生在综合应力作用条件下由岩性软硬条件所造成的局部应力集中区,当开挖至岩性软硬变化部位时,该亚类岩爆多发生在硬脆性夹层侧,究其成因是邻近软岩的这些硬脆性夹层由前者应力调整而出现局部应力增高现象所致。上述岩爆类型划分方案见表2-23。

(四)岩爆发生的基本条件

根据表2-22中的基本数据和各国的工程实践,可以归纳岩爆发生的基本条件如下:

(1)岩石单轴抗压强度:$\sigma_c > 80$ MPa(至少 > 60 MPa)。

表2-22实例中的岩石单轴抗压强度至少在60~80 MPa以上,多数超过100 MPa,这说明在岩石单轴抗压强度小于60~80 MPa的岩石中发生岩爆的可能性是不大的;也就是说,岩爆基本上是在坚硬的硬岩岩体中发生的。

表 2-23　岩爆类型划分方案

岩爆类型	岩爆亚类	应力条件	岩爆特征	实例
自重应力型（Ⅰ）	Ⅰ-1	主要发生在以重力为主、积累了大量弹性应变能的地区。最大主应力与铅垂线夹角一般小于20°，σ_H/σ_V一般小于0.5，$\sigma_V=\gamma h$	水平洞室、巷道中，岩爆多发生在洞壁两侧。岩爆产生有一定的临界深度（H_{cr}）：$H_{cr}=\dfrac{0.318R_b(1-\mu)}{(3-4\mu)\gamma}$，岩爆强度、发生次数均随埋深加大而增加	南非西部金矿区、波兰煤矿
	Ⅰ-2	主要发生在水平构造作用轻微，以重力作用为主，积累了大量弹性应变能的地区。最大主应力近于铅直方向，$\sigma_V\neq\gamma h$，而是$\sigma_V>\gamma h$；它是由于急剧抬升，并经快速侵蚀夷平作用，使得原来处于地下深处的岩层埋深变浅，而由于岩层的黏弹效应，原岩应力来不及释放而残余下来，造成异常高的垂直应力	水平洞室、巷道中，岩爆通常发生在洞壁两侧。由于地质条件的差异，岩爆临界深度变化较大	苏联某 Cu－Pb－Zn 多金属矿山
构造应力型（Ⅱ）	Ⅱ-1	主要发生在构造作用较为强烈的最大主应力近于水平的高地应力区和地壳中构造应力较为集中的部位（如褶皱翼部部位等）。一般$\sigma_H/\sigma_V>1.2$，σ_H与水平面夹角多小于20°	重力地形对岩爆影响不明显，因而无统一的岩爆临界深度。当最大主应力与洞室轴线夹角较大时，岩爆主要发生在洞顶、底，而在二者近于平行时，若岩体非常完整、节理裂隙很少，岩爆主要发生在掌子面或洞室端墙部位；若岩体中的主要节理组也与上二者平行，在洞室周边均可能产生岩爆	苏联科拉半岛的拉斯、基洛夫矿山，武姆绰尔矿山、德国鲁尔矿山、四川绵竹天池煤矿和贵昆铁路梅花山隧道
	Ⅱ-2	当开挖靠近断层，特别是从断层底下通过时，工程开挖使作用于断层面上的正应力减小，从而使沿断层面的摩擦阻力降低，引起断层局部突然再活动，形成岩爆，并常造成地震	岩爆时，可产生鼓底、气喷、突煤、矿柱和长壁面垮塌等现象，其破坏性大、影响范围较广	英国 Stafford 州煤田及南 Wales 的 Anthracite 矿，南非 Klerksdrop 金矿田的 Vaal 矿山，印度 olar 金矿田的 Nuudy droog 矿山

续表 2-23

岩爆类型	岩爆亚类	应力条件	岩爆特征	实例
构造应力型（Ⅱ）	Ⅱ-3	主要发生在断裂构造（带）附近由断裂活动所形成的局部应力增高区	岩爆多发生在距断裂构造（带）一定距离范围的洞室周边围岩中	二郎山公路隧道主洞东段部分岩爆段
变异应力型（Ⅲ）	Ⅲ-1	主要发生在岩墙或岩脉附近的局部高变异应力区	平行岩墙或岩脉的水平洞室、巷道中，岩爆多发生在紧邻岩墙或岩脉的洞壁上，而当远离岩墙或岩脉或在岩墙之内时则无岩爆发生	云南冬瓜林金矿山
综合应力型（Ⅳ）	Ⅳ-1	主要发生在构造应力、自重应力和残余应力等共同作用的深山区、峡谷两岸及谷底高地应力区	岩爆破坏形式多种多样，强烈程度较为悬殊，在开挖傍山隧道、地下厂房等时，岩爆主要发生在洞室靠山体外侧的拱肩处，有时也对称地发生在另一侧端墙处，两爆裂面中连线与最大主应力（近于）垂直；岩爆受地形、埋深影响。河谷底部坝基开挖时，也会有岩爆发生，或使坝基层层剥离，岩体完整性遭到破坏	挪威赫古拉公路隧道，中国天生桥二级水电站、二滩水电站、太平驿水电站、渔子溪水电站和二郎山公路隧道部分岩爆地段
	Ⅳ-2	主要发生在综合应力作用下，由岩性条件所造成的局部应力集中区	当开挖至岩性软硬变化部位时，岩爆多发生在软质岩层内的硬脆性夹层侧	二郎山公路隧道局部岩爆段

注：①μ 为岩石泊松比，R_b 为岩石单轴抗压强度；②岩爆临界深度（H_{cr}）计算公式引自侯发亮论文。

（2）岩质和岩性：坚硬，脆性。

在列举的工程实例中，岩爆多数发生在石英岩、花岗岩、正长岩、闪长岩、花岗闪长岩、大理岩、花斑状大理岩、片麻岩等岩体中。这些岩体的共同力学特性是脆性的，即达到峰值强度后，岩石急剧断裂，这可用岩石的脆性度表示。岩石的脆性指数是岩石峰值强度前的总变形与永久变形之比，并且比值越大，脆性越高。表 2-24 是按岩石脆性指数划分的岩爆发生强度的基准。

表 2-24　岩石脆性指数与岩爆强度的关系

岩石脆性指数	0～4.0	3.5～5.5	5.0～7.8	>7
岩爆发生强度	无	弱	中等	严重

（3）岩体结构：完整或基本完整。

在列举的工程实例中，岩体结构大都是完整的和比较完整的。因为完整的和比较完整的岩体，积聚有很大的弹性应变能量。这是发生岩爆的必要条件之一。

(4)地应力场的应力值：σ_{max}和σ_{min}。

地应力值是表示岩体内积聚的弹性应变能的具体指标。一般来说，地应力在岩体中是以三维形式存在的。但为简单计，在一般情况下可用地应力中的最大值表示，即最大地应力值越大，积聚的弹性应变能越大，当岩石峰值强度前的弹性应变能的积聚量达到岩石岩爆临界弹性能时，就将发生岩爆。因此，可用下述指标判定岩爆发生的强度。

$\sigma_{max} > 0.25\sigma_c$ 严重岩爆

$\sigma_{max} = 0.15 \sim 0.25\sigma_c$ 中等岩爆

$\sigma_{max} < 0.15\sigma_c$ 轻微或不发生岩爆

工程实例中的σ_{max}/σ_c比值，大多数为0.15～0.4，发生岩爆频率达到21次，占整体发生率的80.8%。在0.15以下发生岩爆频率只有1次，仅仅占整体发生率的3.8%；在0.2～0.3出现的频率最高，达到12次，占整体发生率的46.2%。由此可见，确定发生岩爆的最小临界值$\sigma_{max}/\sigma_c=0.15$是比较恰当的。上述工程实例的统计结果见图2-3。

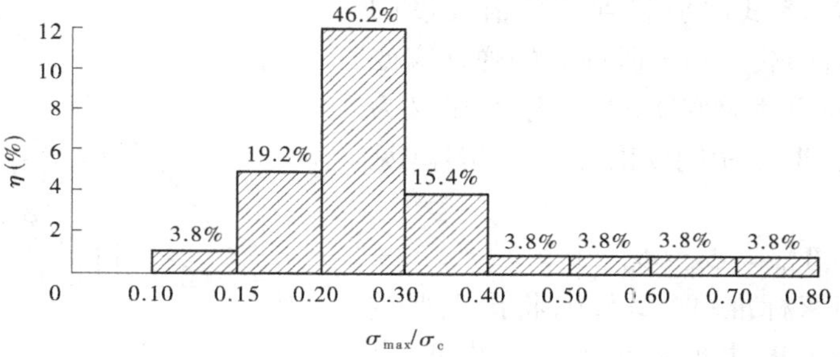

图2-3 发生岩爆工程实例中σ_{max}/σ_c比值出现的频率分布

岩爆的发生与$\sigma_{max}/\sigma_{min}$的比值有关，从工程实例看，多数是发生在比值大于1.35的情况下，发生频率达到19次，占整体发生频率的近70%。因此也可以将$\sigma_{max}/\sigma_{min}>1.35$作为岩爆发生的一个判据。

(5)岩爆的发生与坑道轮廓的平整度有关。

在上述地质条件下，采用掘进机施工的隧道，就可能不发生岩爆，而采用钻爆法施工的隧道就可能会发生岩爆。这是由钻爆法在坑道轮廓上造成的超欠挖所致，而超欠挖会造成围岩局部高度应力集中，并导致岩爆发生。

隧道内表面的凹凸不平，对岩爆的发生也具有一定的影响。因此，控制超欠挖也是控制岩爆发生的重要措施。

（五）岩爆预测方法

岩爆预测预报问题极为复杂，目前国内外还没有一整套成熟的理论和方法。现有的几种方法综述如下：

(1)根据特殊的地质现象进行宏观预测。

这些特殊的地质现象有钻孔岩芯饼裂现象；现场大剪试验或表面应力解除时，岩体四周被解除后，底部会自动断裂，甚至会被弹起，并伴有断裂声等；应力—应变全过程曲线异常等。这些现象多预示着该区岩体具有较高的地应力，可以帮助判断岩爆是否会发生。日本京都大学斋滕教授等也曾在一个隧道导洞中分别从岩爆发生与不发生地段取样，在单轴压缩、环向应变控制试验条件下进行的应力—应变全过程试验结果表明，发生岩爆地段的岩石峰值后变形阶段往往出现非稳定破裂传播型破坏（Ⅱ型破坏），不发生岩爆地段的岩石峰值后变形阶段则往往出现稳定破裂传播型破坏（Ⅰ型破坏）。由此认为，岩石的破坏类型可以为岩爆预测提供依据。

（2）岩石力学室内试验与分析预测。

下列3种方法具有代表性：

①σ_0/R_b判据法：国内外学者多将切向应力σ_0和岩石单轴抗压强度R_b比值作为岩爆的判据。拉森斯1974年就应用有限元计算法和Kirsch方程$\sigma_{0max}=3\sigma_1-\sigma_3$，计算洞壁最大切向应力$\sigma_{0max}$，利用$\sigma_{0max}$及其岩样上点荷载强度$I_s$值，绘制出岩爆烈度与隧道洞壁$\sigma_{0max}$和$I_s$的关系图，用于预测岩爆和判定岩爆等级。

②岩爆倾向性指数（W_{et}）判据法：由波兰A. Q. Kidybinski提出，其测定方法是：应用岩石单轴抗压强度试验，将试件加载到其峰值强度的70%～80%，然后卸载。卸载所释放的弹性应变能（ϕ_{sp}）和耗损的弹性应变能（ϕ_{st}）比值，定义为岩爆倾向性指数（W_{et}），用于判断和预测岩爆（见图2-4）：

$$W_{et}=\phi_{sp}/\phi_{st}$$

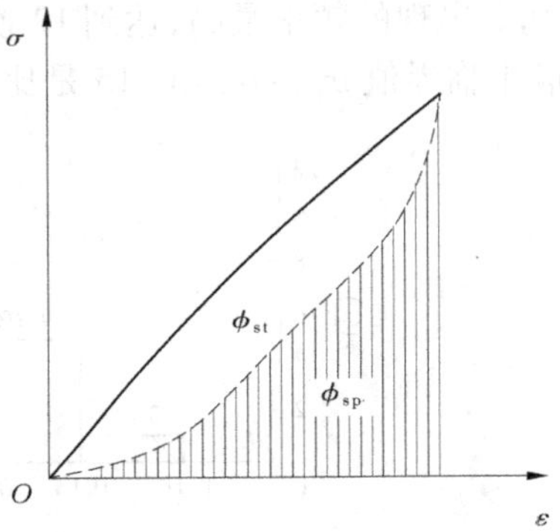

图2-4 W_{et}试验曲线

根据波兰国家标准：$W_{et}\geqslant 5.0$，将出现严重岩爆；$W_{et}=2.0\sim4.9$，出现中低烈度岩爆；$W_{et}<2.0$，则不产生岩爆。

③岩爆能量冲击性指标（A_{cf}）判据法：国内外学者根据岩石在刚性压力机上得到的应力—应变全过程曲线，求取岩爆能量冲击性指标A_{cf}：

$$A_{cf}=A_1/A_2$$

式中 A_1——应力—应变峰值前的曲线所包围的面积；

A_2——应力—应变峰值后的曲线所包围的面积。

（3）现场测试预测预报。

①声发射现场监测预报。根据李强（1994）和Langstaff（1977）资料，无论是室内试验，还是现场初步监测，其结果都表明：声发射信号急剧增加都超前岩体（石）的变形破坏，根据这一特点，可以将岩体声发射技术推广应用到岩爆监测预报中去。目前，该方法尚处于试验阶段。

②煤（岩）体电磁辐射监测预报。这一方法是依据完整煤（岩石）压缩变形破坏过程中，弹性范围内不产生电磁辐射，峰值强度附近时电磁辐射最强烈，软化后又无电磁辐射的原理，采用特制的仪器，现场监测煤（岩）体变形破裂过程中发出的电磁辐射“脉冲”信号，通过数据处理和分析研究，来预报煤（岩）爆。这一方法首先由俄罗斯学者提出，我国王来贵等也在开展具体应用研究工作，目前该方法主要应用在煤爆监测预报领域。

（4）多因素综合评判预测。

①岩爆临界深度预测。侯发亮认为（1981），岩爆虽然多发生在水平构造应力较大的

地区，但如果洞室埋深较大，即使没有构造应力，由于上覆岩体效应，洞室也可能会发生岩爆。根据弹性力学求解，侯发亮推导出仅考虑上覆岩体自重情况下岩爆发生最小埋深 H_{cr}（岩爆临界深度）的计算公式：

$$H_{cr} = 0.318R_b(1-\mu)/(3-4\mu)r$$

式中 μ——岩石泊松比；

r——岩石容重。

②模糊数学综合评判预测。谭以安（1998）、王元汉等（1998）认为，岩爆是受多种因素制约的模糊问题，其内在联系很难用一个精确的数学公式加以表达。因此，可以采用模糊数学综合评判方法，选取影响岩爆的一些因素（如地应力大小、岩石抗压和抗拉强度、岩石弹性能量指数、岩体结构与水文地质特征等），对岩爆的发生与否及其烈度级别进行预测。

（六）隧道岩爆防置及处理措施

1. 隧道岩爆处理的基本原则

基本原则是先防后治。一般情况下，对隧道岩爆应采用行之有效的预防措施，降低岩爆的发生概率，减小岩爆强度。对于岩爆较严重的部位，要先处理后施工，确保施工安全。

2. 岩爆的预防措施

（1）切实提高光面爆破效果，保证洞室轮廓规则圆顺，避免应力集中；严格控制装药量，以尽可能减少爆破对围岩的影响。

（2）爆破后立即对围岩喷洒高压水，软化岩石，减弱岩爆强度。

（3）加强机械找顶和人工来回找顶。

（4）选用预先释放部分能量的办法，如松动爆破法、超前钻孔预爆法、超前小导坑掘进法、打应力释放孔等方法，将岩石原始应力释放。

3. 岩爆的处理措施

（1）对岩爆部位加强找顶工作，只有当找顶彻底后，方能进行下一步的测量画弧和钻眼作业。

（2）加强对岩爆部位的支护，必须先打安全锚杆（必要时再挂网），并根据实际情况进行喷浆封闭，再进行开挖作业，这样才能使锚杆在爆破前有充分的凝固时间和防止石块掉落。在锚杆安装好后再在锚杆之间钻适量的空眼，以减小岩爆二次发生的概率和强度。

（3）岩爆严重时，台车上的人员要及时撤离到安全地点，然后由有经验的人在有人陪同下对岩爆部位进行找顶处理。找顶从上至下，上层找好铺完架子后再进行下层找顶。一定要等找顶工作彻底完成后，所有人员才能进入掌子面进行作业。同时，各作业人员要注意做好自我防护，提高自我保护意识，切忌盲目作业。

（4）对于岩爆特别严重的部位，在最短的时间内要对围岩进行锚喷网支护，防止作业时落石伤人，待二次岩爆过后，采用钢格栅支护，用Φ 22 mm 螺纹钢与锚杆焊接成网状，然后及时进行二次喷浆支护；钻眼前，先打超前锚杆。

岩爆处理流程如图 2-5、表 2-25 所示。

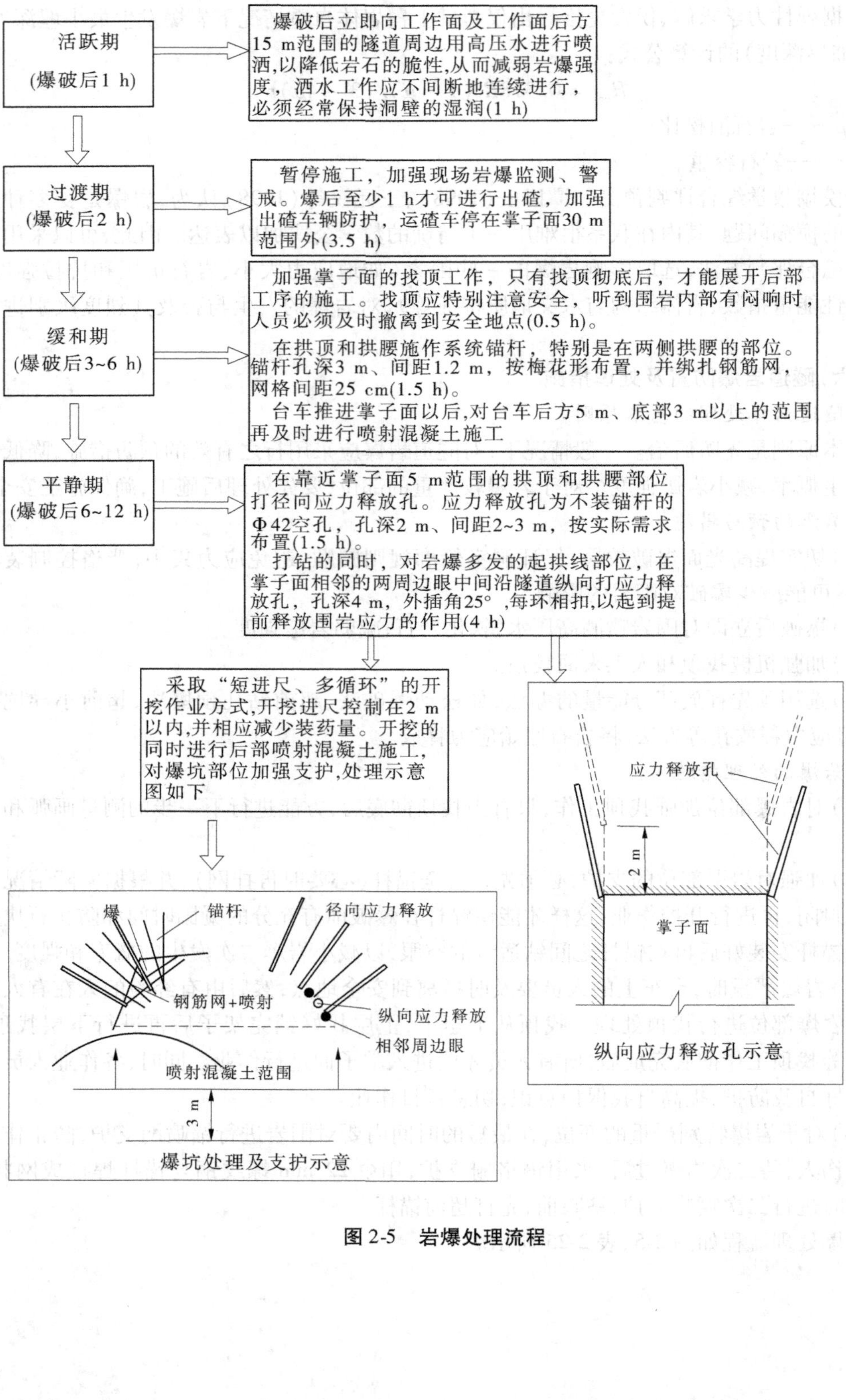
活跃期
(爆破后1 h)
爆破后立即向工作面及工作面后方15 m范围的隧道周边用高压水进行喷洒,以降低岩石的脆性,从而减弱岩爆强度，洒水工作应不间断地连续进行，必须经常保持洞壁的湿润(1 h)
过渡期
(爆破后2 h)
暂停施工，加强现场岩爆监测、警戒。爆后至少1 h才可进行出碴，加强出碴车辆防护，运碴车停在掌子面30 m范围外(3.5 h)
缓和期
(爆破后3~6 h)
加强掌子面的找顶工作，只有找顶彻底后，才能展开后部工序的施工。找顶应特别注意安全，听到围岩内部有闷响时，人员必须及时撤离到安全地点(0.5 h)。
在拱顶和拱腰施作系统锚杆，特别是在两侧拱腰的部位。锚杆孔深3 m、间距1.2 m，按梅花形布置，并绑扎钢筋网，网格间距25 cm(1.5 h)。
台车推进掌子面以后,对台车后方5 m、底部3 m以上的范围再及时进行喷射混凝土施工
平静期
(爆破后6~12 h)
在靠近掌子面5 m范围的拱顶和拱腰部位打径向应力释放孔。应力释放孔为不装锚杆的Φ42空孔，孔深2 m、间距2~3 m，按实际需求布置(1.5 h)。
打钻的同时，对岩爆多发的起拱线部位，在掌子面相邻的两周边眼中间沿隧道纵向打应力释放孔，孔深4 m，外插角25°,每环相扣,以起到提前释放围岩应力的作用(4 h)
采取“短进尺、多循环”的开挖作业方式,开挖进尺控制在2 m以内,并相应减少装药量。开挖的同时进行后部喷射混凝土施工,对爆坑部位加强支护,处理示意图如下
爆
锚杆
径向应力释放
钢筋网+喷射
纵向应力释放
相邻周边眼
喷射混凝土范围
3 m
爆坑处理及支护示意
应力释放孔
2 m
掌子面
纵向应力释放孔示意

图 2-5　岩爆处理流程

表 2-25　岩爆处理流程

序号	岩爆发生阶段	施工注意事项	施工技术措施	施工时间(h)
1	活跃期（爆破后 1 h）	暂停施工，加强现场岩爆监测、警戒	爆破后立即向工作面及工作面后方 15 m 范围的隧道周边用高压水进行喷洒，以降低岩石的脆性，从而减弱岩爆强度，洒水工作应不间断地连续进行，必须经常保持洞壁的湿润	1
2	过渡期（爆破后 2 h）	暂停施工，加强现场岩爆监测、警戒。爆后至少 1 h 才可进行出碴，加强出碴车辆防护，运碴车应停在掌子面 30 m 范围外	出碴时，继续喷洒高压水	3.5
3	缓和期（爆破后 3 ~ 6 h）	加强掌子面的找顶工作，只有找顶彻底后，才能展开后部工序的施工。找顶应特别注意安全，听到围岩内部有闷响时，人员必须及时撤离到安全地点	在拱顶和拱腰施作系统锚杆，特别是在两侧拱腰的部位。锚杆孔深 3 m、间距 1.2 m，按梅花形布置，并绑扎钢筋网，网格间距 25 cm。(1.5 h) 台车推进掌子面以后，对台车后方 5 m、底部 3 m 以上的范围再及时进行喷射混凝土施工	2
4	平静期（爆破后 6 ~ 12 h）	采取“短进尺、多循环”的开挖作业方式，开挖进尺控制在 2 m 以内，并相应减少装药量。开挖的同时进行后部喷射混凝土施工，对爆坑部位加强支护	在靠近掌子面 5 m 范围的拱顶和拱腰部位打径向应力释放孔。应力释放孔为不装锚杆的 $\Phi 42$ 空孔，孔深 2 m、间距 2 ~ 3 m，按实际需求布置	1.5
			打钻的同时，对岩爆多发的起拱线部位，在掌子面相邻的两周边眼中间沿隧道纵向打应力释放孔，孔深 4 m，外插角 25°，每环相扣，以起到提前释放围岩应力的作用	4

三、构造高压水隧道

（一）高压水地质构造的提出

地下水类型按水动力分类，有埋藏在第一个稳定隔水层之上的潜水和埋藏在上下两个稳定隔水层之间的承压水。典型的承压含水层可分为补给区、承压区及排泄区三部分，其地质构造条件为沉积岩向斜构造或盆地，称为自流盆地；另一为单斜沉积岩构造、含水断层构造，称为自流斜地。

依工程实践，岩浆岩类、花岗片麻岩、砂岩、石英岩等硬质岩体为隔水层，仅因表层强风化，其裂隙发育，形成风化裂隙水，其下伏为完整性好的弱风化和微风化隔水岩体，隧道围岩不低于Ⅲ级，稳定性好。但应指出，岩浆岩类岩体在成岩期的构造节理及裂隙发育，不排除存在贯通性好的构造节理及裂隙脉状承压含水构造；受区域深大主构造断裂影响，其次级构造断层发育，为断层脉状承压含水构造。河南省栾川庙子至西峡二郎坪公路老界岭隧道属典型实例。

山区深埋隧道在施工中遇高压水较为多见，一般埋深越大，其水头压力越高。未采取预防措施的高压水往往会影响隧道施工进度及施工安全。

(二)高压水地质构造的施工期超前预报方法

1. 实施超前地质预报的目的

对于高压水的隧道，应采用地质调查、物探和钻探等方法对掌子面前方的不良地质条件进行地质勘察及综合地质预报，为动态设计提供必要的地质参数，以便及早准备应付措施，以减少由于揭露高压含水构造产生大量涌水而危及施工安全和工程进度。

2. 施工期地质超前预报实施方案

对于高压水的隧道，施工期超前地质预报可分为两个方面：一方面，是对掌子面前方易于汇水的地质体的预报（如断层及断层破碎带、向斜含水层、贯通性的构造节理裂隙、岩溶洞穴等）；另一方面，是对掌子面前方岩体是否含水的预报。对于前一种情况可根据地质评价法提供的资料，组合式地选择 TSP203 地震法、地质雷达法、超前地质钻孔法进行探测；对于后一种情况，目前采用红外探水法及超前地质钻孔法，效果比较明显。

根据设计的工程地质及水文地质资料，以工程地质法进行超前宏观预报为前提，以 TSP203 超前地质预报为长距离探测，地质雷达法、红外探水、超前水平地质钻探为中距离探测，钻孔台车加长钻孔为短距离探测等综合预报手段进行综合判断后作出预报。也可以针对不同地质条件下的地段实施不同的预报方法组合方案。

3. 超前地质预报步距设计

TSP203 超前预报系统按 150 m 和 200 m 两种步距探测，地质雷达、红外探水均按 20 m 测量 1 次；30 m 长超前地质钻孔用台车打孔，按 20 m 的步距为一个循环，搭接 5 m；50 m 长超前地质钻孔采用管棚钻机钻孔，按 45 m 步距为一个测量循环，搭接 5 m；80 m 长超前地质钻孔利用 MK－5 型钻机取芯钻孔，每 80 m 钻一孔。

(三)隧道高压水的处理

1. 高压地下水处理的原则

隧道高压地下水的处理必须坚持提前预报、预先处理的原则；大堵小排的原则；预案在先、规避风险的原则；尽量在静水条件下处理的原则。

2. 工作方案决策流程

隧道地下水处理的工作方案流程见图 2-6。

(四)富含高压水段隧道洞身的预注浆处理

根椐类比分析，隧道施工期洞壁围岩出水形式主要有渗滴水、线状渗水和高压集中涌水三种形式。对于前两种情况，施工中进行一般性处理即可，而对于高压集中涌水则力争

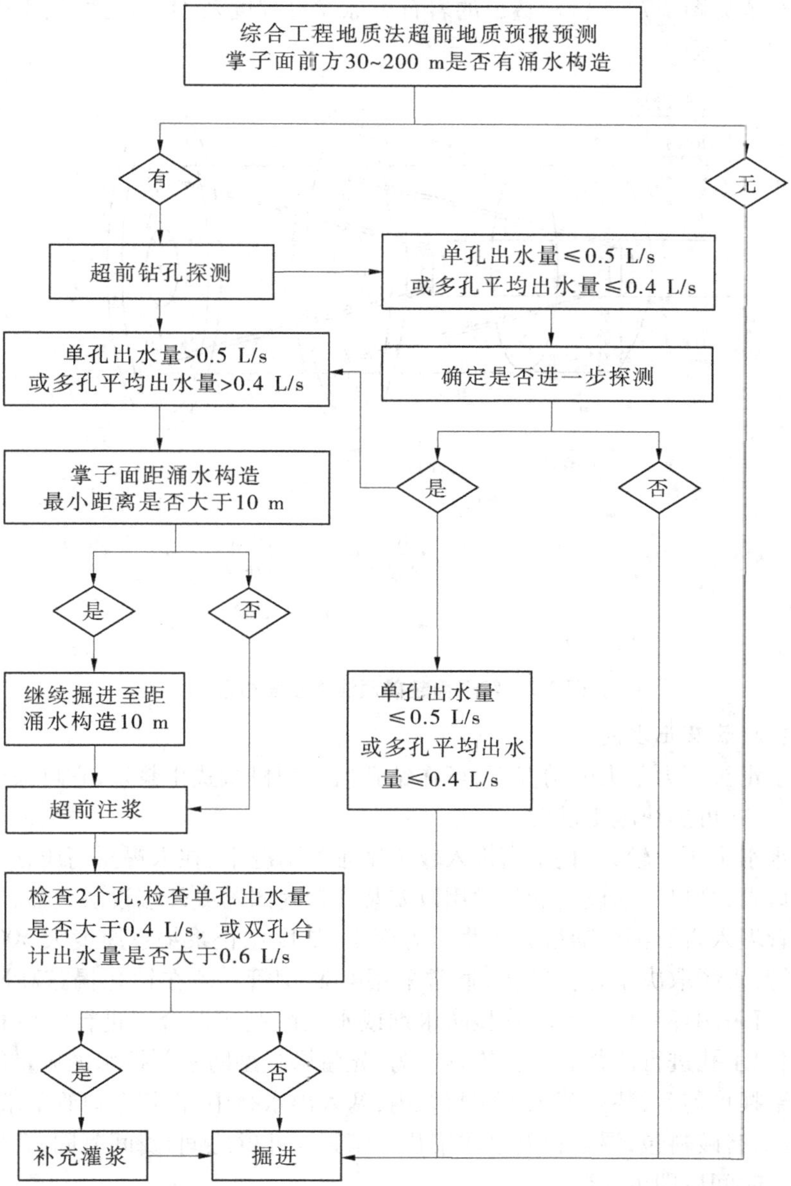

图 2-6　隧道地下水处理的工作方案流程

在涌水点未揭露前进行注浆封堵。即采用超前预注浆的施工措施,在静水条件下将其封堵。对未预报到的突发性涌水,根据涌水量大小采取合适的施工方案,将动水变成静水后再实施注浆封堵效果较好。以下着重探讨静水条件下的预注浆施工要点。

1. 预注浆孔的孔位布置

注浆孔底距毛洞边缘距离宜为毛洞高度(直径)的0.5~1倍,通常为3~10 m。具体实施时,需要综合分析隧道岩层裂隙状态、地下水情况、设备能力、浆液有效扩散半径、钻孔偏斜率等因素来确定此参数(如华蓥山隧道沿洞轴线呈伞状布设9~12个注浆孔,预注浆钻孔的布置见图 2-7)。针对隧道的岩石裂隙发育程度及不均匀性,施工中可实时调整,以免出现"死"区。

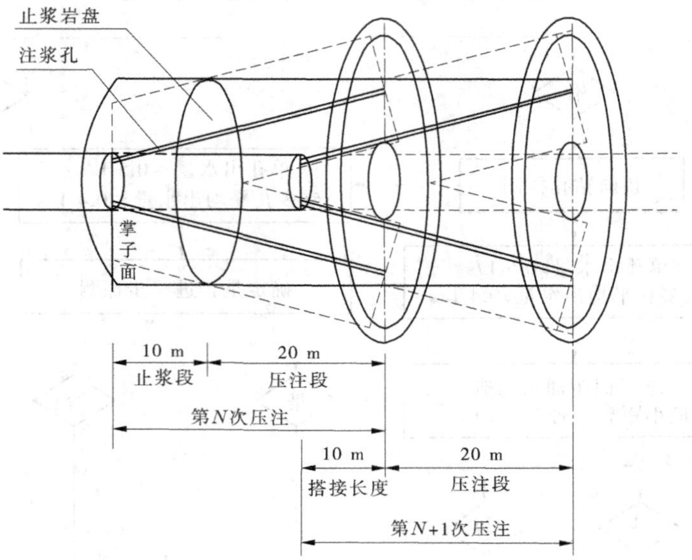

图 2-7 掌子面超前预注浆立面布置

2. 安设孔口管及止水阀

当地下水水头压力不大的情况下,可在钻孔后采用机械式止浆塞,它可减少孔口管埋设的麻烦,同时亦可加快施工进度。

当地下水水头压力较大、止浆塞推入较为困难的情况下,在未揭露高压含水体前必须预先安设孔口管,管口上端设套管母丝用以安装孔口封闭器或外端设法兰盘,以便安装闸板阀。孔口管埋入岩石深度随最大注浆压力而定,长度比止浆垫总厚度大 500 mm,孔口管为无缝钢管,直径取决于开孔钻头,通常采用ϕ 89 钢管。若在钻孔揭露高压含水体后安装孔口管,可采用环氧树脂等增强型防水剂或水泥配制成混合料进行注浆孔口管的固定,然后利用出水孔进行注浆。其实施程序为:先将增强型防水剂按水泥质量的一定比例掺入水泥中干拌均匀后,装入若干个塑料袋内,塞入出水孔中,再将孔口管前端扎实,推入出水孔内,管头挤破料包,混合料遇水成浆状反窜管与孔壁之间,瞬间凝固,孔口管在压力水中固定一定时间后即可注浆。

在地下水水头压力较大的情况下可在孔口管上安装止水阀(见图 2-8),管口伸出部分应能与双液注浆泵联接的,以便遇高压水时及时封堵并实施注浆。

3. 钻孔

选择钻孔设备时,应根据钻进地层岩性、注浆深度及注浆孔径以及工作环境来确定钻机型号,并尽量结合隧道开挖选择钻孔效率高的设备。

(五)超前预注浆技术方案

1. 注浆泵的选择

注浆泵是注浆施工中最重要的设备之一,选型除考虑工作环境条件的限制外,注浆泵

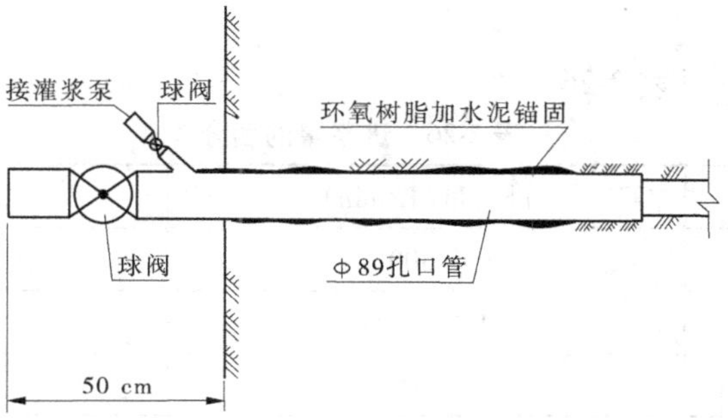

图 2-8 超前探孔孔口装置

要有足够的排浆量，泵压为最大设计压力（最大设计压力即岩石地层预注浆的压力，根据 GBJ 1010—87 规定比静水压力大 2 ~ 4 MPa）的 1.5 倍，以保证注浆工作的顺利进行。根据设计的注浆终压及注浆泵量选型，尽量选用压力、流量可调节的专用注浆泵。

2 注浆材料的选择

（1）对于灌注裂隙型的注浆材料在静水条件下采用单液水泥浆即可，而在动水条件下可采用水泥 - 水玻璃双浆液效果较好。

为调整水泥浆液的性能，以达到注浆材料的要求，必须添加一些附加剂。如速凝剂、分散剂或悬浮剂、速凝早强剂、抗渗防水剂。

（2）对于灌注大裂隙、溶蚀裂隙管道型的注浆材料在静水和动水条件下均可选用水泥 - 水玻璃双浆液或超细水泥浆。为提高水泥 - 水玻璃浆液凝胶体的耐久性，需掺耐久性外渗剂，同时可考虑向浆液注入惰性材料，骨料加单液水泥浆、骨料加水泥 - 水玻璃浆。在大孔隙、耗浆量大及注浆易失控的情况下还可考虑采用塑性屈服强度大的膏状浆液，如水泥、粉煤灰、黏土、赤泥和减水剂组成的浆液。

3. 注浆施工方法及工艺

1）注浆方式

根据钻孔涌水量和节理裂隙的发育程度不同，采用不同的注浆方式。可采用将钻孔一次钻完，由孔底向外分段注浆；也可以采用钻进一段注浆一段，由外向里依次推进。

2）注浆前的准备工作

注浆开始前应进行试泵，下注浆器及进行压水试验等准备工作，以测试注浆泵运转情况及测定岩石裂隙的吸水率。

3）选择注浆参数

（1）根据压水试验的进水量，初步选择凝胶时间。一般地，如进浆量大，泵的压力长时间不升高，则选择较短的凝胶时间；反之，则选择较长的凝胶时间。如进浆量大于 300 L/min，泵压力长时间不升高，凝胶时间可选用 1 ~ 2 min；如进浆量在 100 ~ 300 L/min，泵压力稳定上升，凝胶时间可选用 3 ~ 4 min；如进浆量小于 100 L/min，泵压力升高较快，凝胶时间可选用 5 ~ 6 min，凝胶时间可通过外加剂调节。

（2）根据地下水处水压力、节理发育情况、注浆量、注浆材料的黏度、凝固时间、注浆泵性能以及注浆要求综合确定注浆压力，可参照静水压力来确定，即 $P = P_{静水压力} + (2 \sim$

4)MPa。

(3)进浆量的划分见表2-26。

表2-26　进浆量的划分

浆量	进浆量(L/min)	注浆泵反应
大进浆量	>300	压力长时间不升高
正常进浆量	100~300	压力稳定上升
小进浆量	<100	压力上升较快

(4)根据压水试验和选定的注浆参数来配制浆液。在注浆中,一般由稀到浓使用浆液,按照大、中、小进浆量,及时调整凝胶时间、浆液浓度和混合浆的体积比。

4.灌注浆液

双液注浆时,先开水泥浆泵,后开水玻璃浆泵,注浆时严格控制进浆的比例。随着注浆压力缓慢升高,进浆量相应减小。当进浆量小于10 L/min时,可停止注浆。随后压入一定量清水,把浆液冲出管路,最后提拔、拆卸注浆器,冲洗保养注浆机具。

5.注浆结束标准

进浆量小于10 L/min,并达到设计压力后稳定10 min,检查孔的吸水量小于设计量。

6.超前预注浆的注意事项

(1)超前钻孔一旦钻到地下水,应当立即停钻,并实施灌浆,按照注一段钻一段的前进式注浆方式实施,直至钻到设计深度,将超前钻孔与超前预注浆纳入同一个工序来实施。

(2)前后两次超前探孔必须保证有最小5 m的搭接长度,并且后一次钻孔至少前5 m在前一次的注浆岩盘内。

(3)在水压、水量较大的情况下,坚持采用分层泄水减压,分层注浆的方式,即下层管注浆、中层管放水和中层管注浆、上层管放水。逐层抬水把水排挤到拱顶以上规定的止水固结圈以外。

(4)做好注浆效果的检查工作,按规定设置检查孔,做到先检查再开挖。

四、岩溶隧道

(一)岩溶的定义及发育条件

岩溶亦称喀斯特(karst),是水对可溶性岩石(碳酸盐岩、石膏、岩盐等)进行以化学溶蚀作用为主,流水的冲蚀、潜蚀和崩塌等机械作用为辅的地质作用,以及由这些作用所产生的现象的总称。由喀斯特作用所造成的地貌,称岩溶地貌。

通常情况下,岩溶发育的条件有以下三个:

(1)岩石的可溶性与岩石裂隙,可溶性岩石主要包括石灰岩、白云岩、岩盐等;

(2)水的侵蚀作用;

(3)水的流通条件。

(二)岩溶的发育阶段

对于岩溶,一般认为有以下三个发育阶段:

(1)形成阶段:只要满足前述洞穴发育的三个基本条件,即可开始形成洞穴。在这个洞穴形成的初期阶段,洞穴空间规模一般较小,多呈孔隙裂隙状,主要表现为溶蚀现象。

(2)发展阶段:随着参与洞穴发育的水流流量流速的增加,洞穴空间逐渐扩大,发展成为具有一定规模的通道系统,主要表现为溶洞和地下暗河。

(3)衰亡阶段:由于地壳抬升,洞穴逐渐脱离地下水位进入包气带,失去了进一步发展的动力条件,崩塌现象显著,钟乳石类次生化学沉积大量发育,洞穴空间逐步壅塞减小。

(三)岩溶对隧道的影响

岩溶的存在会使隧道周边围岩有较大变形,隧道开挖扰动时围岩有位移释放率,如果未实施有效的支护措施容易出现坍塌冒顶危险。另外,岩溶突(涌)水、突泥也是岩溶地区隧道施工过程中常见的灾害类型,据有关资料,在有水岩溶地区隧道施工中80%曾遭遇水害,因水文及地质问题引起的施工地质灾害并造成停工的时间,约占施工总工期的30%。

岩溶对隧道工程的影响主要体现在以下几个方面:

(1)洞穴的存在使结构物全部或部分悬空,将极大降低隧道的稳定性和可靠度。

(2)岩溶揭穿引起的隧道中地下水流失,使隧道顶部地面岩溶塌陷,导致环境地质被破坏,造成隧道结构不稳定。

(3)岩溶洞穴堆积物因松散软弱易塌陷下沉,改变洞穴周边的应力分布形态,影响隧道的稳定。

(4)容易引发严重的突水、突泥、塌方冒顶等,会影响施工进度,甚至危及施工人员生命。

(四)岩溶隧道的超前地质预报方法

隧道勘察设计阶段由于受技术条件限制,难于取得全面指导施工的地质资料,因此岩溶地区隧道的施工期勘测变得尤为重要,当前采用的主要技术手段为施工期的超前地质预报。超前地质预报可以对掌子面前的地质情况进行探测,确定掌子面前岩溶的形状、规模以及填充物情况,从而对施工方案的调整起到指导作用,减小岩溶对隧道的影响。

超前地质预报,目前采用的方法主要有地质调查及分析预测法、工程物探类方法及水平钻探法(或超前导洞法)。

1. 地质调查及分析预测法

地质调查及分析预测法包括利用地面地质工作的全部资料以及隧道施工中的掌子面描述资料的分析,掌握隧道穿过段岩体的地质格局,概略地预报地质界线、大型断层、主要涌水段、破碎岩体、围岩级别等。包括运用断层参数预测法和经验类比法等。

2. 工程物探类方法

工程物探类方法主要包括以下几种:

(1)地质雷达法;

(2)TSP 地震反射波法;

(3)陆地声纳法;

(4)瞬变电磁探测技术;

(5)超前探测技术;

(6)红外辐射测温法。

其中,瞬变电磁探测技术和 Beam 超前探测技术是新近引入隧道的对水体较为敏感的两种超前预报方法,有着很好的发展前景。

3. 水平钻探法

水平钻探法是超前地质预报最直接的一种方法,水平钻探法准确率高,在超前地质预报中占有很重要的位置。通过钻探对掌子面前方获取的地层岩性进行鉴别,确定其埋藏距离与厚度、溶洞及充填的性质,能查明钻探深度内地下水的赋存条件。

上述几种物探方法对隧道区溶洞、岩溶水的预报都有着各自独特的效果,但同时也有其自身的不足。只有将其综合地运用到隧道超前地质预报中,才可以准确且及时地预报出溶洞的存在位置、大小,以及掌子面前方是否会出现严重的涌(突)水或突泥、突砂等地质灾害。同时,结合超前水平钻孔进行验证,可以正确地指导施工,在很大程度上提高了施工进度,确保了施工人员的生命安全,防患于未然。

(五)隧道岩溶的处理技术

隧道工程中的溶洞处理主要采用以下技术。

1. 水处理

溶洞水处理应遵循采取"以疏为主、堵排结合、因地制宜、综合治理"的原则。水处理措施基本可以分为以下三种。

1)泄水洞排水

当预测到隧道区域的岩溶水量大、水压大,而隧道确实无法避开时,需考虑专门设置排水隧洞,达到排除岩溶水,降低地下水位,保持隧道干燥和施工安全的目的。

泄水洞应位于地下水来向的一侧,为防止岩溶水突然袭击,施工中预备足够的抽水设备。泄水洞的设置可能对生态环境有不利影响,是否采用应从施工、环保、安全等多方面进行评价,以保证方案考虑周全,成本最低。

2)涵洞、倒虹管吸过水

隧道断面与岩溶水相交时,为保证岩溶水畅通,在隧道底部设钢筋混凝土圆涵或倒虹管,同时涵洞出入口周边至隧道边墙外缘采用浆砌片石回填密实。

3)注浆止水

施工中遇到岩溶裂隙出水,采用"围截注浆法"止水,先在出水点周围适当的范围内布孔注浆,以形成封闭式止水帷幕,浆液填充与大裂隙连通的小裂隙,由远至近,由外到里层层缩小包围圈,在注浆深度范围内使岩溶裂隙水成为管道型涌水,最后在集中出水口逆流注浆,这样浆液扩散更有方向性,沿大裂隙逆流而上到达更深远的部位,把水堵到更深层。同时,隧道内的大股涌水多随降雨量变化,通过试验确定地表水和洞内水存在的水力联系,除在隧道内施以必要的工程措施外,在地表应拦截,引排地表水,并封堵地表水的下渗通路,从而减小地表水对洞内的影响。

2. 小型溶洞处理

对溶洞规模较小,岩壁较为稳定,不发育、无水的溶洞,可采用浆砌(干砌)片石封闭、回填,护拱防护、加强衬砌、抛石吹沙注浆、隧道底板设梁通过等方案。对于无水和地下水小、充填较密实的小型溶洞,可采用小导管注单液水泥浆加固地层;对于有流水、充填情况不密实的小型溶洞,可采用小导管注水泥—水玻璃双液浆加固地层。

对于隧道底部已填充的小型溶洞,可用加设底板梁加强衬砌的方式通过。将隧道底板或仰拱设计为平板式,底板及边墙下部加布钢筋,灌注钢筋混凝土,使边墙和仰拱(或底板)共同形成钢筋混凝土梁,增强和改善受力性能(见图 2-9)。

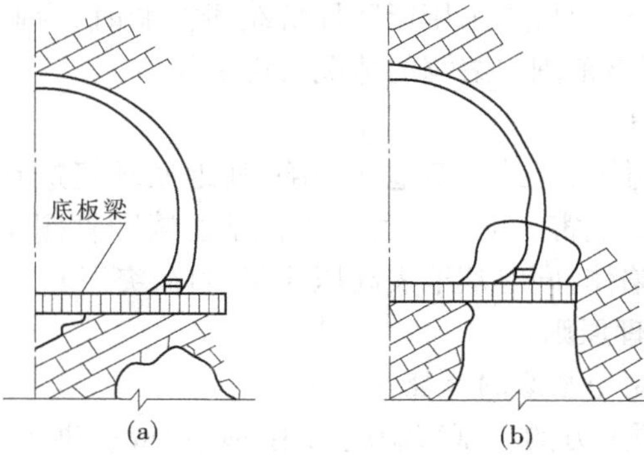

图 2-9 底板处理方法

3. 大型溶洞处理

1)采用支撑结构通过溶洞方案

(1)支承墙加固。若溶洞内填充物松散、厚度较小,清除填充物,用浆砌片石墙支顶加固溶洞顶板;水流通过该处设置涵洞,以利排水(见图 2-10)。

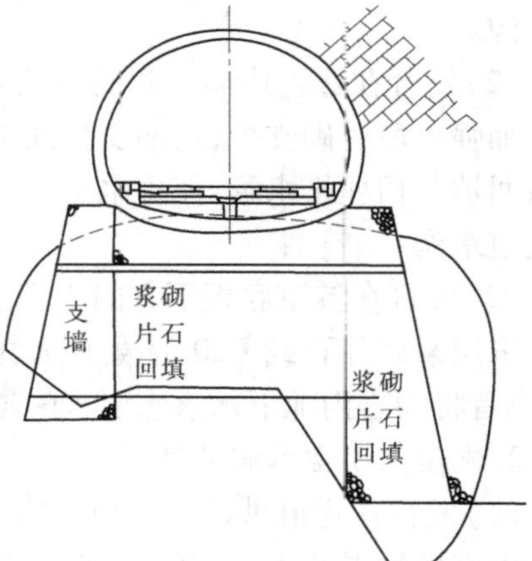

图 2-10 支承墙加固示意

(2)拱桥支顶加固。若溶洞内填充物松散、厚度较大,可选用钢筋混凝土拱支顶加固。

(3)挖孔桩支顶加固。对于深度较大的溶洞,可采用桩基础加固,通过人工挖孔,实现成桩,桩底面嵌入基岩内,桩顶钢筋伸入钢筋混凝土底板内,与底板联成一体,形成稳定的受力体。

(4)支承柱嵌补加固。根据溶洞形态不同,采用支承柱嵌补加固溶洞顶板,回填空隙并注浆加固溶洞基底。

2)采用跨越式通过溶洞方案

如果溶洞较大,采用封堵、加固、支承等方式处理,费用较高;溶洞较小时,又不宜回填堵塞,工作面小,不易操作;溶洞填充松软时,不易建造基础,可采用布设结构物直接跨越通过溶洞的办法处理。

(1)边墙梁及行车梁跨越。施工方法采用先拱后墙法,使边墙梁在拱圈保护下安全施工。道床行车部位采用钢筋混凝土预应力梁。

(2)支墩、悬臂梁承托纵梁跨越。采用钢筋混凝土板梁做底板,承托边墙,托梁分别支承于支墩和悬臂横梁上,悬臂横梁采用锚杆锚固于基岩内。

(3)边墙拱跨越。将边墙拱脚设在边墙底部,拱顶定位在衬砌拱圈的拱脚下,通过配置钢筋加强衬砌形成边墙拱跨越溶洞。

3)采用绕避方案

在施工中遇到一时难以处理的溶洞,为不使工程陷于停顿,采用迂回导坑绕避溶洞,然后进行处理。必须强调的是,当采用迂回导坑绕避溶洞时,为避免再次遇到溶洞,选择迂回导坑位置前,应探明该范围内溶洞的情况后再决策。

4. 岩溶地面塌陷处理

隧道中地下水渗流排泄,导致岩溶地面塌陷,使地质环境遭到破坏,造成隧道开挖时塌方、涌水、涌砂及突泥等危害。施工中可采用化学注浆和管棚支撑开挖,在地面采用钢筋混凝土锚固桩稳固塌陷体,同时从地表高压注浆,阻截突泥。

(六)隧道岩溶的处理原则

1. 无充填或半充填型小型溶洞处理

(1)发育在隧道拱顶上方的小型溶洞应采用回填法或护拱法。

加强该段衬砌支护,采用 C20 混凝土回填封堵拱顶溶洞或采用模筑 C20 混凝土形成护拱。预埋排水管,使排水系统与围岩中原过水通道相连,或者将围岩内地下渗水引入隧道水沟。

(2)发育在隧道边墙一侧的小型溶洞应采用"护墙防护法"。

加强该段衬砌支护,初期支护外 2 m 范围内采用模筑 C20 混凝土,2 m 以外采用干砌片石回填。预埋排水管,使排水系统与围岩中原过水通道相连,或者将围岩内地下渗水引入隧道水沟。

(3)发育在隧道底板下方的小型溶洞应采用回填法。

采用浆砌片石或 C20 混凝土回填,预埋排水管,使排水系统与围岩中原过水通道相连,或者将围岩内地下水渗水引入隧道水沟。

2. 充填型小型溶洞处理

(1)发育在隧道拱顶上方和边墙一侧的小型溶洞应采取回填法或钢筋喷锚网法。若溶洞内充填物滑落入隧道内,应在清除填充物之后,采用 C20 混凝土或水泥砂浆回填;若洞内充填物未发生滑落,应在溶洞位置采取喷锚网防护。

(2)发育在隧道底板下方的小型溶洞应采用回填法,在清除洞内的充填物之后,采用混凝土回填密实。

3. 大型无充填溶洞处理

发育于隧道拱顶上方和边墙一侧的大型无充填溶洞,主要采取"回填法"进行处理;发育于隧道底板下方大型无填溶洞,应根据溶洞发育特征及现场施工条件,制定针对性的处理方案。

4. 隧道拱顶处溶洞处理

对于发育在隧道拱顶上方的溶洞,若发育范围较广、高度较高,但围岩完整性较好,稳定性较好,不易发生大型坍塌落石,宜采用拱罩防护的处理技术:

首先应加强该段衬砌支护,拱顶处采取 C20 混凝土回填,确保初期支护外援厚度至少为 2 m;若溶洞拱顶以上发育较高,超过 10 m,在 C20 混凝土顶部施作细砂缓冲层,以防拱顶溶洞掉落石块，击穿初期支护。在缓冲层内，施作竖向暗沟、盲沟、预埋排水管，使排水系统与围岩中原过水通道相连，将围岩内地下渗水引入隧道水沟。

5. 隧道边墙处溶洞处理

对于发育在隧道边墙处的大型溶洞，可以直接采用回填法加固边墙通过，而对于侵入隧道底板范围较大或横穿隧道底板的溶洞，需要加强该侧的边拱基础，采用护墙支顶法。具体措施为：加强该段衬砌支护，模筑 C20 混凝土加固，采用干砌片石回填至初支 2 m 以外。采用工字钢托梁或钢筋混凝土盖板通过隧道边墙悬空处。施作竖向暗沟、盲沟，或预埋排水管与围岩内过水通道相连，或将其引入隧道水沟。

6. 隧道底板处溶洞处理

发育在隧道底板处的溶洞需要根据溶洞自身发育特点及现场施工条件的不同，采取有针对性的治理措施。若纵向跨度不大于 3 m，但深度大于 5 m，宜采用“钢筋混凝土盖板跨越”治理方案。即在隧道底板下方的溶洞采取隧道弃渣回填，待洞渣沉降稳定后，施作钢筋混凝土盖板加固措施。

7. 大型充填溶洞处理

对于大型充填溶洞，应根据充填物的性质，采用不同的处置技术。

8. 充填淤泥型溶洞处理

在隧道施工中，若通过综合超前地质预报手段预测掌子面前方存在大型充填软弱淤泥型溶洞，应立即停止施工，设置风险警示牌，封闭掌子面。然后采用注浆方案加固淤泥层，待掌子面围岩稳定后，采用上下台阶留核心土或单侧壁导坑法开挖。开挖后，及时施作加强型初期支护和二次衬砌。

9. 充填粉质黏性土型溶洞处理

由于粉质黏土层有一定的自稳能力，首先采用超前小导管注浆加固拱部和边墙位置，必要时在隧道拱部设置大管棚超前支护。采用分部开挖法，开挖后及时进行径向注浆加固。

10. 充填细砂型溶洞处理

应立即停止施工，封闭掌子面。采用超前小导管注浆加固粉细砂层，并设置超前大管棚支护。采用台阶法或单侧壁导坑法开挖。开挖后，立即进行径向补充注浆，及时施作二次衬砌。

11. 充填块石型溶洞处理

应立即停止施工，封闭掌子面。采用超前预注浆加固至隧道断面轮廓线外 2 m，并设置超前大管棚支护。采用台阶法进行开挖，并用钢拱架进行初期支护，必要时使用 C30 钢筋混凝土施作二次衬砌。开挖完成后及时注浆，进一步加固溶洞内的堆积物。

（七）监控量测

隧道通过岩溶区后，应对重点洞段进行监控量测。及时的监控量测，可以直接为设计和施工决策服务。监测项目有钢架受力及应变、喷射混凝土受力、二次衬砌受力、锚杆的受力情况以及拱顶下沉和洞周边收敛等。

（八）施工中的注意事项

（1）在打眼时，应注意前方地质变化，如发现空洞或突然岩层变软情况应停止爆破，通知设计人员，拿出安全措施方案后，方可爆破开挖。

(2)开挖方法宜采用台阶法。在Ⅱ级～Ⅳ级围岩条件下，且溶洞仅穿过隧道底部一小部分断面时，可采用全断面一次开挖。

(3)当隧道只有一侧遇到溶洞时，应先开挖该侧，待支护完成后再开挖另一侧。

(4)对于含水岩溶地区，应按富水隧道施工要求组织施工。

五、有害气体隧道

有害气体隧道在工程中常见，其成因有以下两种类型：

(1)有机成因：当隧道通过含煤地层及含油、含气构造时，或断裂构造与其构造沟通时，会遇到该类型的有害气体，其气源于地壳沉积岩中生物及植物有机质，在地球演变过程中的生存和死亡的埋藏环境。

(2)无机成因：气源空间较广阔，从地球深部的地幔(乃至核幔边界)到浅部地壳、大气(乃至地外星际)，均为大量无机成因天然气的气源库。气体种类有 CO_2、CO、CH_4、H_2、N_2、He、Ar、C_2H_6等。但有工业开发利用价值的无机成因天然气，主要来源于上地幔的岩浆流体中，其次是来源于地壳沉积岩的岩石、矿物或流体中。目前对无机成因气的研究和开发利用较多的气体是 CO_2，其次是 CH_4。这些气体主要来自岩浆活动频繁、变质作用，经历多次构造运动的地质特殊条件。如尧栾西高速公路二郎坪隧道掌子面爆破后的局部渣堆有燃烧现象发生。

第五节　工程实例

一、尧栾西高速公路二郎坪隧道可燃气成因分析及预防措施

(一)可燃气体发现过程

隧道右线于 2018 年 5 月，从进口端(桩号 K106 + 378)掘进施工至 K106 + 491、K106 + 497、K106 + 500 掌子面时(掌子面距地表深度约 33 m)，在其放炮爆破后的局部渣堆中，约 15 min 内先后发生四次呈散点状，各约 1 min 短时间燃烧现象，火焰呈橙色，无异常刺鼻气味，经检测 CO 含量 0.8 ppm。其后再未发生过该燃烧现象。

(二)区域地质构造特征

依 1∶100 万《河南省地质构造图》，该隧道处于北秦岭褶皱带二级构造单元二郎坪—刘山岩地向斜褶皱束三级构造单元。按其岩浆侵入岩带划分，该隧道处于北秦岭构造侵入岩带的二郎坪—马畈构造侵入岩亚带，其地质年代为中生代至新生代。该侵入岩带岩浆活动频繁，具有多期性，经历多次构造运动特点。区域 NNW 向深大断裂发育，沿断裂主要为酸性花岗岩侵入。该隧道围岩属中生代晚侏罗纪—早白垩纪中粗粒坚硬花岗岩，构造节理及次级断层较发育，围岩分级为Ⅲ级。

(三)成因分析

(1)岩层可燃气成因分类。

据国内外研究资料，有机成因：可燃气均来源于地壳沉积岩中的有机质，这是由地壳

长期演变过程中生物有机体的生存和死亡埋藏环境决定的。

无机成因可燃气的科学发现和研究成果主要基于以下研究：其一，东太平洋隆、加勒比海深大断裂带附近有大量以甲烷为主，但含有乙烷、丙烷等外逸气体的可燃气；其二，在火成岩矿物气态包裹体中检测出 CH_4、H_2、CO、CO_2 等气体存在；其三，在许多含油、含气盆地已经发现或识别出无机成因天然气矿藏；其四，深源无机可燃气的向上运移与深大断裂带及岩浆活动有关等。

（2）隧道内可燃气体检测资料。

该隧道 CO 含量 0.8 ppm，反映了岩石对 CO 具有较强的吸附能力的同时，也说明了 CO 是可燃气的重要组分或“杂质”组分。这也正是无机成因可燃气（包括岩浆活动、变质作用、无机矿物热分解作用等成因的天然气）与有机成因可燃气的重要区别之一。

（3）隧道围岩为花岗岩深层侵入体。

该隧道处于大范围的花岗岩深层侵入体内，岩浆是幔源无机成因可燃气的源库体和载体，岩浆活动即是无机成因 CO_2 等气体的释放期。研究资料表明，岩浆岩包体中富含大量挥发成分（如 CO_2、CH_4、H_2O、CO、H_2 等），在岩浆上升过程中，由于气温降低，CO_2、CH_4 等挥发成分可以从岩浆岩中析出，并向周围扩散，在有利的构造部位聚集储藏。岩浆侵入和喷发的过程中，由于高温岩浆烘烤作用，还会使碳酸盐类岩石发生变质，形成化学成因的 CO、CO_2。

（4）线路通过区域无有机可燃气赋存条件。

该隧道围岩为侵入元古界变质岩系的花岗岩，线路通过地段及区域范围无含煤或含有机质沉积岩系存在，无含油、含气地质构造，不具备有机成因可燃气的烃源条件。对此认为：该隧道的可燃气体属于无机成因气，即称隧道爆破引燃的气体为可燃气而不称为瓦斯的缘故，因为后者通常是指由古代植物在成煤过程或者在化石能源（煤、石油等）形成过程中生成的以甲烷为主的有机成因可燃气。

（四）赋存条件与补给状况

1. 储集空间

如前所述，隧道处于二郎坪—刘山岩地向斜褶皱束三级构造单元，区域 NNW 向深大断裂发育，其次级小规模断层及构造节理发育，且与隧道近于正交。对此认为：上述地质构造体系构成隧道区与地下深处联系的有利地质条件，也是深源无机天然气上移的通道，而岩浆岩发育，也是深源无机气形成、向上运移来源条件。

据现场调查，围岩爆破时导致气体燃烧现象的范围 K106 +491 ~ K106 +500 段，与区域次级断层及或构造节理密集带构成的破碎带吻合。破碎带的空隙是可燃气体的储集空间，且岩石对可燃气体具有吸附作用.在爆破条件下，储集空间内的游离态可燃气体和岩石吸附的可燃气体涌出并迅速燃烧。

2. 封盖因素

据现场调查，次级断层和构造节理外侧岩石较完整，且隧道在进口端 K106 +378 ~ K106 +500 段地形平缓，表层残坡积黏性土层厚度较大，具有封盖因素存在的条件，使深源无机天然气在隧道穿越区岩石破碎带的局部部位得到聚积。

3. 补给状况

虽然每当初遇破碎带几乎都出现爆破后气体燃烧现象，但破碎带被揭露后燃烧现象没有再次发生，也未检测到可燃气从揭露的断裂带继续涌出。这一事实说明了可燃气没有补给源或补给量甚微。

(五)预防措施

虽然已发生的燃烧事件因可燃气聚积量不大、补给量甚微而没有造成地质灾害，但由于地质条件及可燃气聚积在空间上具有不均匀性，在未施工地段存在着可燃气大量聚积而导致可燃气喷出，不排除燃烧爆炸发生地质灾害的安全隐患。为此，建议实施以下防灾措施。

1. 跟踪检测，加强通风

在掘进过程中，对可燃气进行跟踪检测，应重视爆破前后的检测，但绝不能因此忽视了对整个爆破间隔阶段的检测。要随时注意可燃气浓度的变化，并相应调整通风量，防止可燃气的聚积。

2. 加强对破碎带的预测

鉴于次级断层及节理密集带构成的破碎影响带为可燃气的聚积空间，则建议对破碎影响带发育规律进行深入研究，并借助超前钻及工程物探等手段预测预报破碎影响带状况，以便提前采取其他强化措施。

3. 深孔探放

深孔探放，即在前方发现破碎影响带时，在掘进面打深钻孔，对可能存在的可燃气实施提前探放。

(六)结论

(1)次级断层及节理密集带构成的破碎影响带为可燃气的聚积空间，其外的较完整岩石及表层残坡积黏性土构成了可燃气聚积的封盖条件。

(2)由于未施工地段有可燃气大量聚积的可能性，因此存在着发生地质灾害的安全隐患，防灾措施至关必要。

(3)可燃气具有无机成因的属性。

(4)应坚持对可燃气进行跟踪检测，加强通风等安全措施，并对未施工地段超前预测预报破碎影响带状况，同时实施深孔提前探放等防灾措施。

二、郑州至尧山高速公路具茨山隧道塌方原因分析及处理措施

(一)工程概况

具茨山隧道位于郑州至尧山高速公路禹州具茨山处，路线走向近南北，按分离式双洞六车道设计。左线长 1 665 m，右线长 1 616 m，建筑限界宽 11.5 m，最大开挖宽度 14.3 m，高 5.5 m。2006 年 10 月 26 日，施工至 YK37 +671 处(埋深约 91 m)突变为含黏土和泥沙的碎石断层破碎带而瞬间发生塌方，掌子面前 7 m(YK37 +671 ~ YK37 +678)范围内初期支护严重破坏，施工单位立即对该段增补中空锚杆和双层小导管加固前方塌方段。2006 年 11 月 4 日 0 时 40 分，作业人员发现掌子面初期支护有开裂和掉块现象，并立即撤离，1 min 后再次发生塌方，两次塌方体均为含黏土和泥沙的碎石，第二次塌方将第一次

塌方体全部掩埋，YK37 +671 ~ YK37 +678 初期支护彻底破坏，幸运的是未有人员伤亡。据估计，塌方体长度约 15 m，其总塌方量达 2 600 m^3。第二次塌方后，发现 YK37 +671 ~ YK37 +678 上面地面出现沉陷凹坑，坑边外有环形开裂下沉变形。沉陷坑深 5 m，地表标高与设计线相差 89 m，偏离洞轴线东侧 7 m，沉陷坑面积达 200 m^2，环形开裂沉陷面积达 300 m^2。

（二）地形地貌特征

具茨山隧道处于浅山丘岭，山体走向近东西，高程 180 ~ 390 m，最大高差 190 m，地形起伏较大。沟谷较发育，呈北西—南东向，沟里常年无水。最大高差约 80 m，隧道与山体近于正交，最大高差约 80 m。

（三）地质概况

1　地质构造

依 1∶100 万《河南地质构造图》，隧道区属嵩箕台隆三级构造单元。隧道位于河南省中部箕山地区，北面和西面是华北坳陷，西边及南面与熊台边缘坳陷相连。区域构造线属 NWW 纬向构造，隧道区远离区域性纬向构造大断裂带，但其次级断层（倾向 120°、倾角 65°）近于正交隧道轴线。

2　地层岩性

依据河南省 1∶50 万《河南省地质图》及勘察资料：隧道区地层为下元古界嵩山群，其岩性简述如下：

下部为浅灰色薄至中厚层白云岩，夹少量绢云母石英片岩及泥灰质白云岩，可见鲕状泥质灰岩薄层，局部呈条带状构造；中部为深灰色中厚层白云岩，夹少量绢云母绿泥石片岩；上部为灰色、浅灰色中薄层白云岩，局部为条带状白云岩夹绢云母绿泥石片岩及紫红色薄层白云岩。

隧道围岩主要为一套碳酸盐岩，以白云岩为主，夹少量泥灰岩质白云岩及绢云母石英片岩，绢云母绿泥片岩。溶蚀明显，多见充填黏性土溶洞。

（四）塌方原因分析

（1）断层破碎带是塌方的基本内因条件。

原地质勘探资料：YK37 +671 ~ YK37 +678 段围岩为白云岩，裂隙不发育，围岩完整性较好，判定为Ⅲ级围岩，但当开挖到该段围岩断面时，在其掌子面左侧拱顶处发现断层破碎带。

断层破碎带证据：其一，施工 YK37 +671 ~ YK37 +678 段围岩为含水量高的泥砂质散体；其二，依区域资料，横跨隧道的 NWW 向次级断层较发育；其三是，YK37 +671 ~ YK37 +678 地面出现沉陷凹坑，深达 5 m，坑边外有环形错台开裂裂缝，变形范围与地表断层位置基本一致。

（2）塌方前 15 天遇连续降雨非正常工况，破碎带软化是加速塌方的诱发外因。

（3）YK37 +671 ~ YK37 +678 按Ⅲ级围岩作初期支护，参数为：Φ 22 砂浆锚杆，$L=4$ m，间距为 100 cm × 100 cm；Φ 8 钢筋网 20 cm × 20 cm；C25 喷射混凝土 12 cm，无钢拱架支护，此支护强度不足。加之施工单位未采用“弱爆破、短进尺、强支护、快封闭、勤测量”的施工原则，模筑二次衬砌未能紧跟，距离开挖面过远。

(4)监理和施工单位在开挖围岩突变与勘察资料不符情况下，未能及时通知有关单位，立即停止施工，等待变更设计，而施工单位为了赶进度仍采用全断面开挖，且开挖面积和爆破强度过大。

(五)塌方处理措施

1. 地表塌陷处理

(1)修筑环向截水沟。

地表塌陷处在东西向由低至高的山坡上，周边2 m左右处仍有裂缝出现，上下错位最大约80 cm。在裂缝外2～3 m处修筑环向截水沟，深60 cm、宽1 m，将上坡流下的雨水引出塌陷范围。

(2)裂缝封闭回填。

在塌陷处附近环向分布的裂缝中填入碎石片，夯实并注水泥浆，达到封闭效果。

(3)塌陷坑回填压实。

先将隧道内塌方体进行注浆、挂网，并在拱顶塌方口注浆稳固后，对地表塌陷坑进行回填片石，夯实并注浆封闭表面，防止地表水渗入。

(4)地表沉降观测。

在地表塌陷范围内选3个观测点，进行地表下沉的监控量测，观测频率为1次/d。

2. 隧道内塌方体处理

(1)注浆加固塌方体。

采用挖掘机将塌方体表面压实，挂钢筋网，网格间距20 cm×20 cm，喷20 cm C25混凝土封闭塌方体，并插入小导管，梅花形分布，以提高塌方体的自稳能力，保证在二次开挖过程中不坍塌；同时，可提高上部二次开挖时拱架处塌方体支撑力，以控制其变形。

(2)超前管棚配合超前小导管改良前方岩体：先施作Φ 108管棚(外插角10°)，管棚长度为30 m，且伸入硬岩内的长度不小于5 m，环向间距50 cm，在拱顶两侧120°的范围内均匀布设。由于掌子面施工作业空间不足，因此在掌子面后方YK37+678～YK37+679段拱顶安装吊环、导向管，利用跟管钻机进行管棚成孔、跟管作业，每完成一根管棚后及时进行注浆，在管棚的支护下再进行开挖作业。

(3)开挖过程中，采用双排超前小导管注浆加固(外插角分别为30°和5°)，小导管长5 m，环向间距30 cm，纵向间距2 m。

(4)开挖通过后，及时采用中空注浆锚杆注浆加固，管长4.5 m，间距50 cm×50 cm。

3. 侵限段处理

由于管棚施工操作空间不足，YK37+678～YK37+682.5段管棚及初期支护拱部侵入到隧道二衬范围内，因此模筑二衬前需要进行换拱处理。待YK37+678～YK37+682.5段仰拱及两端衬砌均已施工后，再进行YK37+678～YK37+682.5侵限段换拱施工，施工方案如图2-11所示。

(1)用圆木搭设支架，将初期支护荷载通过支架传递至地面，其受力作用点集中于钢拱架上。

(2)YK37+678～YK37+682.5侵限段换拱施工自YK37+682.5向YK37+678方向进行；先依次进行1,3,5,…,13换拱，再进行2,4,…,14换拱。

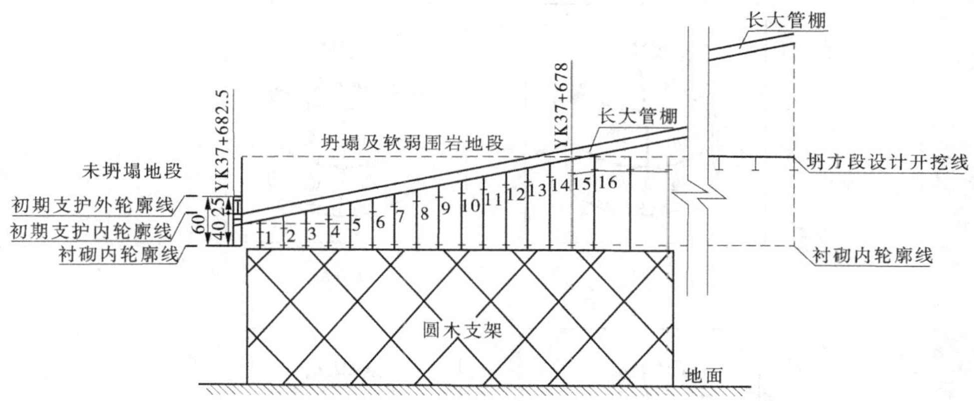

图 2-11 换拱施工方案

(3)用手持风镐将原侵限拱架的初期支护按照拱架分节长度与拱架进行剥离,将拱架和管棚切割后开槽至设计开挖线,然后安装 I22a 拱架,并及时喷射混凝土。

(4)I22a 拱架分段安装,从左到右逐节进行安装,每节拱架安装后立即用圆木支撑,在上一榀换拱没有结束前不得进行下一榀换拱施工,依此类推,直至该段换拱结束。

(5)换拱完成后,人工手持风镐将拱架间渣土从左到右按照拱架分节逐节进行安装清除,随后立即进行钢筋网、连接筋安装喷射混凝土。

(6)待初期支护强度形成后,拆除圆木,立即进行二次衬砌钢筋混凝土施工。

4. CRD 工法开挖工序(见图 2-12)

(1)右侧拱部超前小导管顶注浆加固地层,洞室开挖,施作拱部初期支护,打锁脚锚杆。

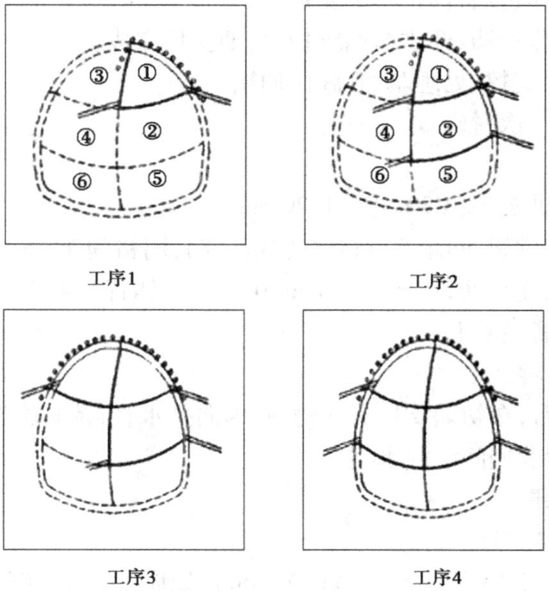

图 2-12 CRD 工法开挖工序

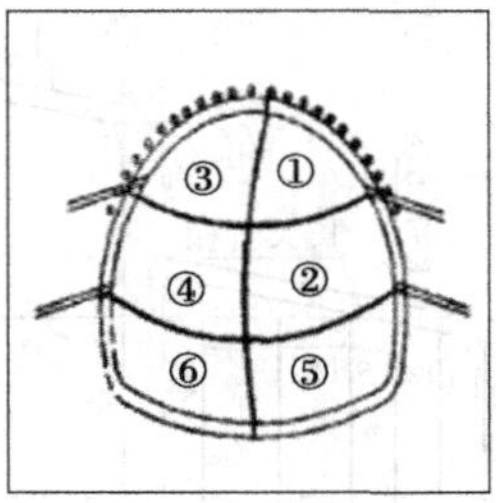

工序5

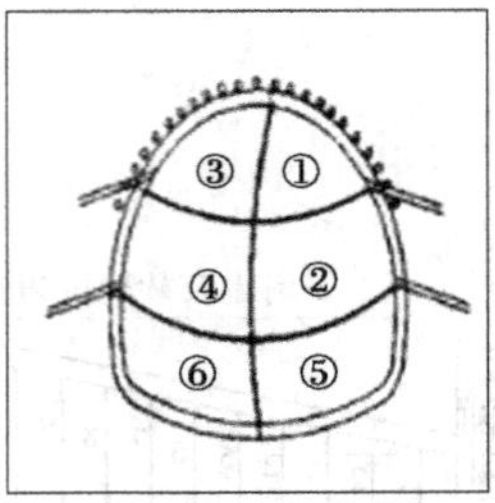

工序6

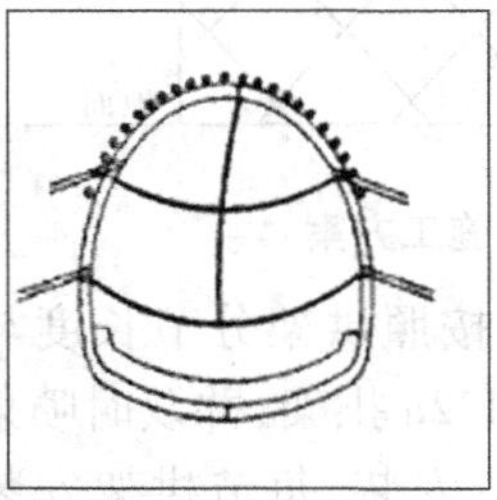

工序7

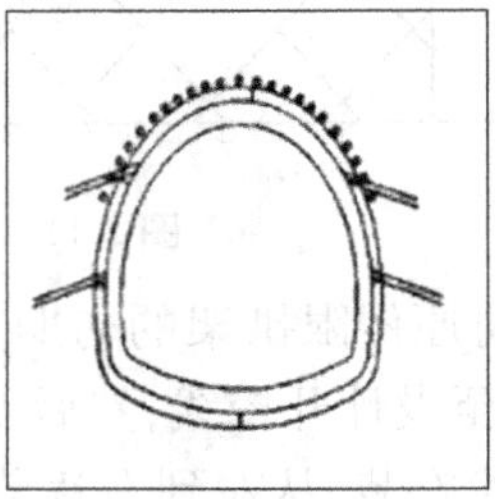

工序8

续图 2-12

(2)回洞室开挖,施作边墙初期支护,打锁脚锚杆。

(3)左侧拱部超前小导管预注浆加固地层,洞室开挖,施作拱部初期支护,打锁脚锚杆。

(4)洞室开挖,施作边墙初期支护,打锁脚锚杆。

(5)洞室开挖,施作边墙、仰拱初期支护。

(6)洞室开挖,施作边墙、仰拱初期支护,初期支护完成。

(7)分段拆除临时支撑,处理基面,施作仰拱。

(8)施作防水板,二次衬砌。

5. 支护参数

临时支护:I16 钢拱架,喷 C20 混凝土 20 cm。

永久支护:I22a 钢拱架,间距 50 cm,双层钢筋网,网格间距 15 cm × 15 cm,喷 C25 混凝土 30 cm,Φ 22 横向连接筋,环向间距 1 m,中空注浆锚杆长 4.5 m,间距 50 cm × 50 cm,二次衬砌采用模筑钢筋混凝土。

6. 加强衬砌及防、排水

塌方段安全通过后,在初期支护后加密横、纵向排水管,及时施作二次衬砌,工作缝设置橡胶止水带,防止运营期间渗漏水。

(六)塌方处理效果

1. 塌方处理后现场描述

塌方处理完以后,自 YK37 + 671 ~ YK37 + 668 段围岩中沿裂缝可以看见固结的水泥块,呈不规则状分布,致使围岩的稳定性及连续性持续增强,有效地增强了围岩的自承能力,为二次开挖提供了安全保证。

2. 塌方段监控量测结果

塌方措施处理完成后，在该塌方段 YK37 + 680、YK37 + 672、YK37 + 664、YK37 + 650 处设置了 4 个监控量测断面，对拱顶沉降、隧道结构受力与变形进行了长期的监控量测工作。

图 2-13 为塌方前 9 m 处设置测点所采集累计的拱顶下沉量测数据。经过 108 次测量后累计下沉值为 27 mm，变化最大的是 11 月 15 日第 39 次测量时，下沉 20 mm。自第 84 次测量后，下沉测量变化值一直在 1 mm，由此可认为拱顶下沉已基本趋于稳定。

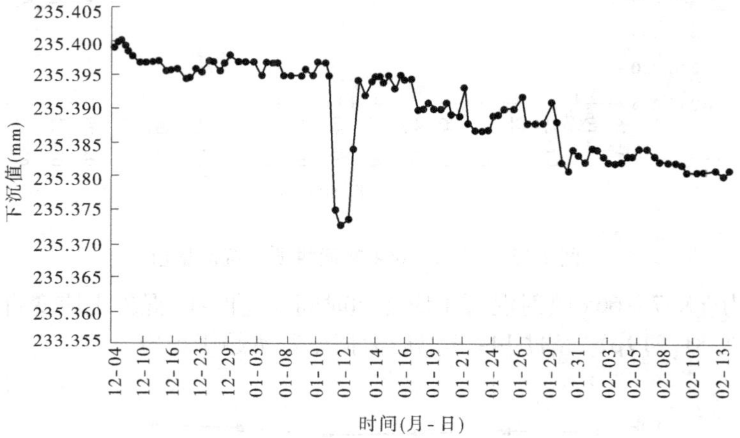

图 2-13　YK37 + 680 断面拱顶下沉测量值

图 2-14 为塌方处设置测点所采集的拱顶下沉量测数据。经过 72 次测量后累计下沉值为 31 mm，变化最大的是 11 月 15 日第 4 次测量时，下沉 14 mm。自第 56 次测量后，下沉测量变化值一直在 1 mm，由此可认为拱顶下沉已基本趋于稳定。

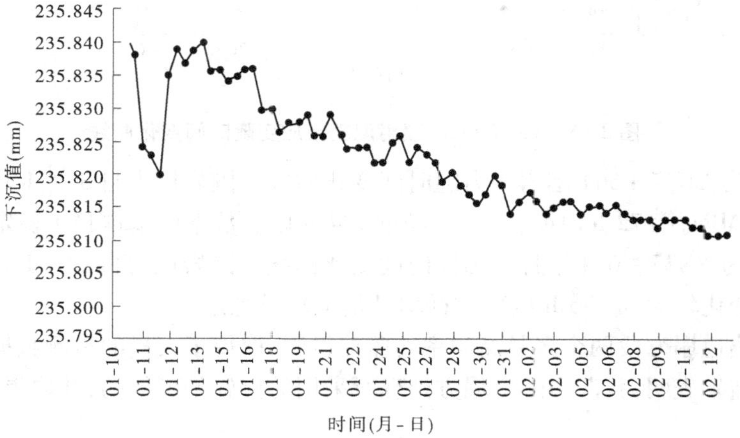

图 2-14　YK37 + 372 断面拱顶下沉测量值

图 2-15 为塌方处后 4 m 处设置测点所采集的拱顶下沉量测数据。经过 54 次测量后累计下沉值为 23 mm，变化最大的是 1 月 22 日第 9 次测量时，下沉 6 mm。自第 45 次测

量后,下沉测量变化值一直在 1 mm,由此可认为拱顶下沉已基本趋于稳定。

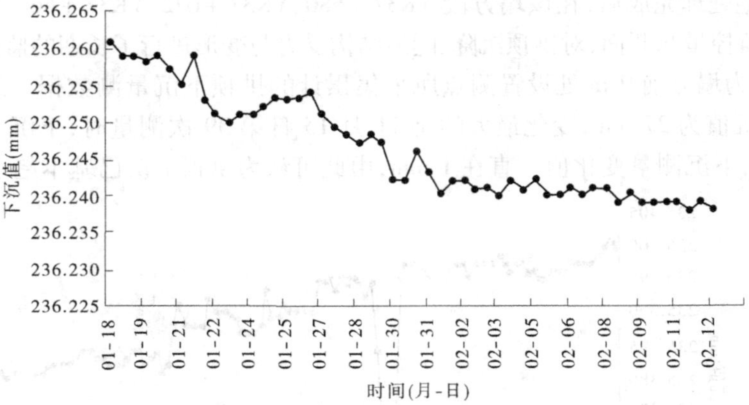

图 2-15　YK37 + 664 断面拱顶下沉测量值

图 2-16 为 YK37 + 664 喷射混凝土应变随时间变化曲线,混凝土应变自 3 月 1 日测量以来,最大值为 81.219με,经过 144 h 以后数据已基本趋于稳定。

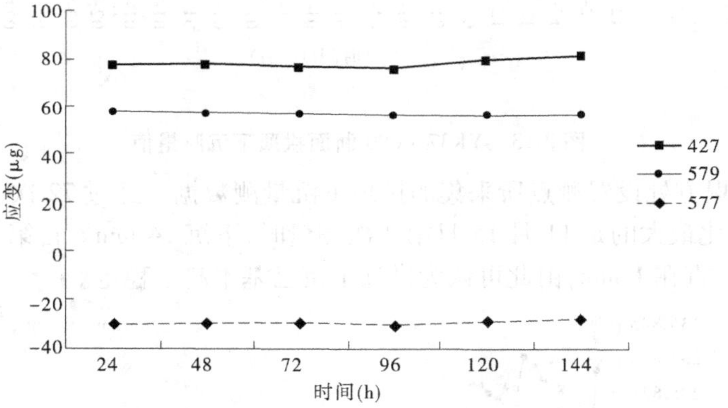

图 2-16　YK37 + 664 喷射混凝土应变随时间变化曲线

图 2-17 为 YK37 + 664 围岩压力随时间变化曲线。围岩压力自 3 月 1 日测量以来,最大值为 0.16 MPa,第 72 h 时变化较大,经过 144 h 以后数据已基本趋于稳定。

图 2-18 为 YK37 + 664 锚杆轴力随时间变化曲线。围岩压力自 3 月 1 日测量以来,57 号测点数据变化较大,第 96 h 以后数据均已基本趋于稳定。

通过对隧道塌方段两个多月高频率的监控量测,取得了大量的量测数据,并对此进行分析。分析结果表明,具茨山隧道塌方处理所采用的措施是可行的,并取得了良好的处理效果。

(七)结束语

通过本次隧道塌方处理,以及对监控量测数据的分析,得出了一些评价及经验和教训:

(1)具有倾角陡,横穿隧道,且为富水土夹石软弱散体结构的断裂破碎带,是该隧道塌方变形的基本内因地质条件,降水渗入该软弱土体是重要的外因条件。查明断层产状、

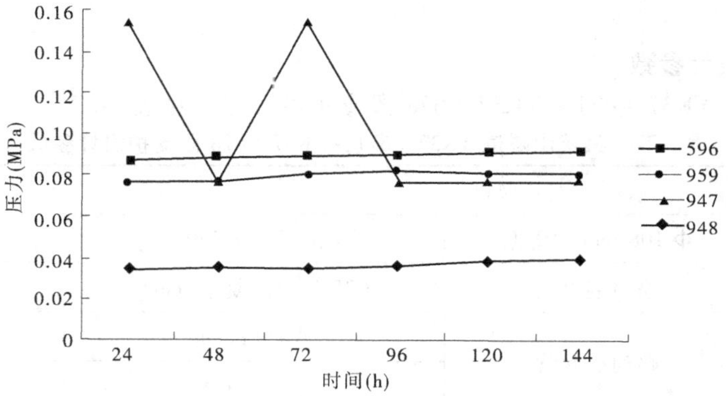

图 2-17 YK37 + 664 围岩压力随时间变化曲线

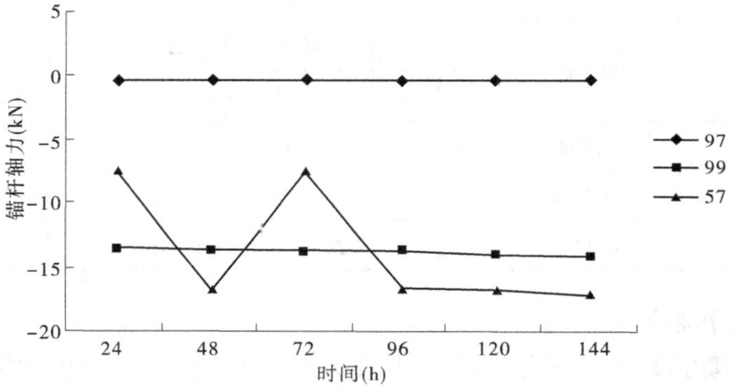

图 2-18 YK37 + 664 锚杆轴力随时间变化曲线

岩性特点、富水状况、结构类型,分析评价对隧道稳定性影响至关重要。

(2)在处理塌方措施中,使用超前管棚配合超前小导管与小半径钢拱架支撑,对改良前方岩体和增强隧道断面支护强度有着很好的效果。

(3)通过对塌方段的监控量测结果看,量测数据的变化首先由较大变化演变到稳定状态的小变化范围内。此结果可表明,具茨山隧道塌方处理所采用的措施是可行的、有效的。

(4)在处理塌方措施中,使用超前管棚配合超前小导管与采用小半径钢拱架支撑的支护手段,虽然能安全可靠地通过塌方段并缩短隧道贯通的时间,但是在后期此断面侵限段处理施工时,操作比较烦琐、危险。

(5)塌方处理过程中的关键在于注浆加固和开挖支护。注浆过程中要严格控制注浆速率和注浆压力,使之达到预期效果;开挖支护应遵循"弱爆破、短进定、强支护、快封闭、勤量测"的原则,开挖时应尽量采用人工开挖或弱爆破,以降低因隧道开挖造成的围岩松动,开挖后应及时支护,防止再次塌方。

三、具茨山隧道塌方处理方案数值模拟分析

本工程案例主要是针对具茨山隧道的塌方,采用有限单元数值模拟法,通过对调整后的初次衬砌和二次衬砌的结构进行受力分析,来检验目前所建议的处理方案中结构的可

靠性。

(一)支护设计参数

具茨山隧道 YK37 +671 ~ YK37 +678 段支护设计参数见表 2-27。

表 2-27　具茨山隧道 YK37 +671 ~ YK37 +678 段支护设计参数

项目			数值
超前支护	Φ 108 mm 大管棚	间距 30 cm(根)	—
初级支护	喷射混凝土	C25 喷射混凝土(cm)	28
	超前小导管	直径(mm)	50
		长度(cm)	600
	锚杆	直径(mm)	25
		长度(cm)	450
	钢拱架	工字钢架(型号 I22a)	—
		间距(cm)	50
	钢筋网	Φ 8(mm)	15 × 15
二次模筑衬砌	二次衬砌	C25 钢筋混凝土(cm)	60
	仰拱	C25 钢筋混凝土(cm)	60

1. 有限元计算模型

根据具茨山隧道塌方的实际情况,采用平面应变模型,数值分析方法为有限单元法,分析程序为 ANSYS 有限元通用数值分析软件。取有限元计算模型距隧道左右两边各 3 倍洞径,距隧道拱顶 80 m,拱底 3 倍洞径;模型宽度为 103.86 m,高度为 121.11 m,如图 2-19所示。在有限元网格剖分中,隧道和衬砌结构采用平面单元。模型的计算边界条件为水平方向受约束,底边为完全固定约束。计算模型的单元划分,共划分平面单元 7 371个,如图 2-20、图 2-21 所示。计算荷载为围岩的自重。

2. 计算参数

表 2-28 给出了隧道围岩和隧道支护结构的计算参数,其中管棚混凝土弹性模量基于管棚模量和混凝土模量予以适当的提高,其余锚杆、钢筋网、钢筋混凝土中的钢筋均作为对原来围岩开挖后围岩模量损失的补偿。

表 2-28　结构计算参数

支护结构	重度 (kN/m^3)	弹性模量 (GPa)	泊松 系数	轴心抗压 (MPa)	弯曲抗压 (MPa)	抗拉 (MPa)
初期支护	25	29.5	0.20	17	18.5	2.2
二次衬砌	25	29.5	0.20	17	18.5	2.2
仰拱	25	29.5	0.17	17	18.5	2.2
V级围岩	20	1.0	0.40	—	—	—
管棚混凝土	25	50	0.18	—	—	—

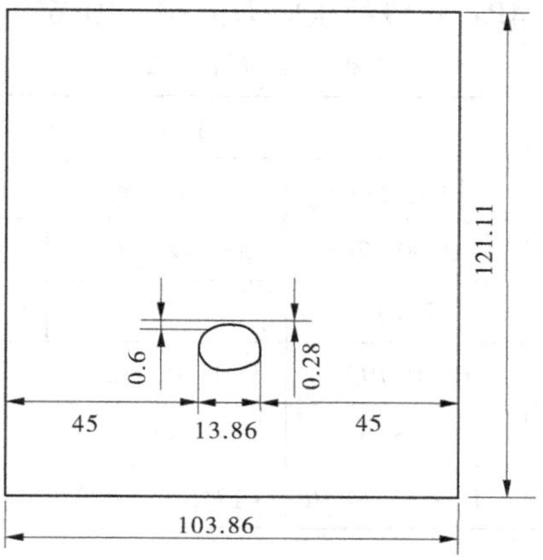

图 2-19 结构计算几何模型 （单位:m）

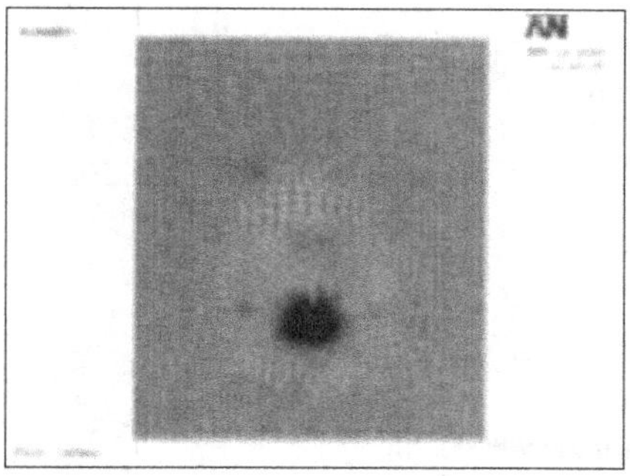

图 2-20 有限元计算整体网络剖分图

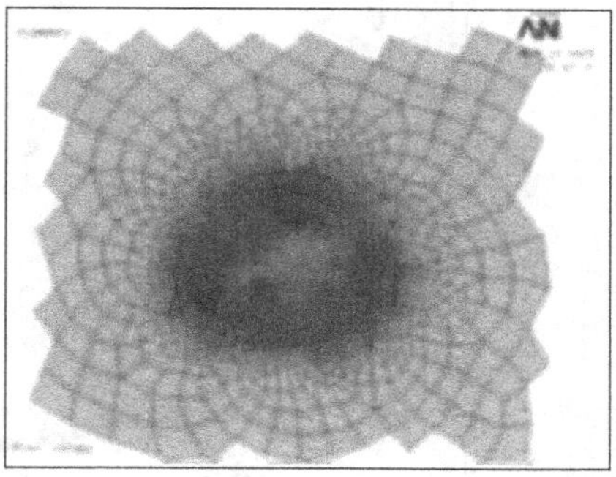

图 2-21 有限元计算局部网格剖分图

3. 有限元计算方案

结构数值模拟分析评价的计算方案分为以下两种工况。

工况一:为了考虑大管棚和注浆的作用,将大管棚作用范围内的材料参数提高到75%,考虑到围岩黏聚力的存在,将隧道上覆围岩的重力乘以85%,荷载由隧道的初次衬砌和二次衬砌共同承受。

工况二:为了考虑大管棚和注浆的作用,将大管棚作用范围内的材料参数提高到75%,考虑到围岩黏聚力的存在,将隧道上覆围岩的重力乘以85%,为了模拟施工过程,荷载由隧道的初次衬砌全部承受。

(二)数值模拟计算结果

数值模拟的计算结果见表2-29。

1. 工况一

1)初次衬砌的位移和应力

图2-22～图2-24给出了初次衬砌位移云图和第一、第三主应力云图。从图中可以看到,初次衬砌的拱顶位移为-0.001 264 m。初次衬砌的最大主应力出现在拱脚外侧,面层最大拉应力极限值达7.13 MPa,大部分拉应力值在0～0.792 MPa。压应力最大值出现

在拱腰，极限值达到 -15.0 MPa，一般的压应力值在 -10.6 ~ -1.96 MPa。

表 2-29　结构计算结果

项目		工况一			工况二
		初次衬砌	二次衬砌	管棚混凝土	初次衬砌
位移(m)	拱顶	-0.001 264	-0.001 579	-0.000 867	-0.005 321
应力值(MPa)	σ_1	7.13	8.21	2.47	2.21
		0 ~ 0.792	0 ~ 0.912	0 ~ 0.274	0 ~ 0.245
	σ_3	-15.0	-39.3	-19.1	-51.6
		-10.6 ~ -1.96	-17.5 ~ -4.37	-15.0 ~ -4.88	-34.7 ~ -6.54

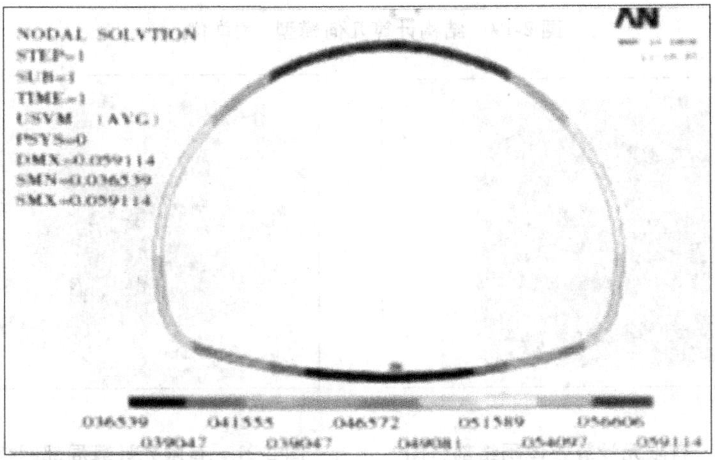

图 2-22　初次衬砌位移云图

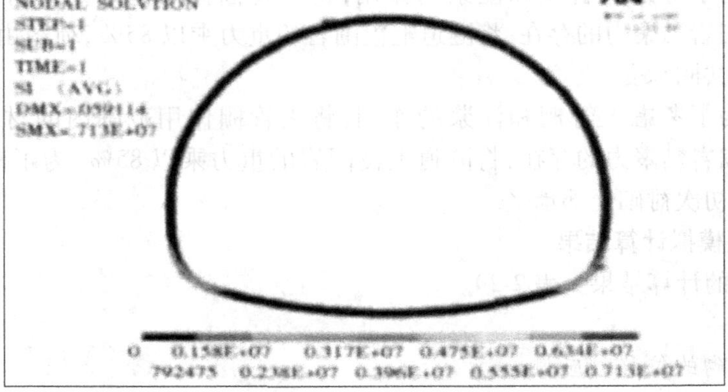

图 2-23　初次衬砌最大主应力云图

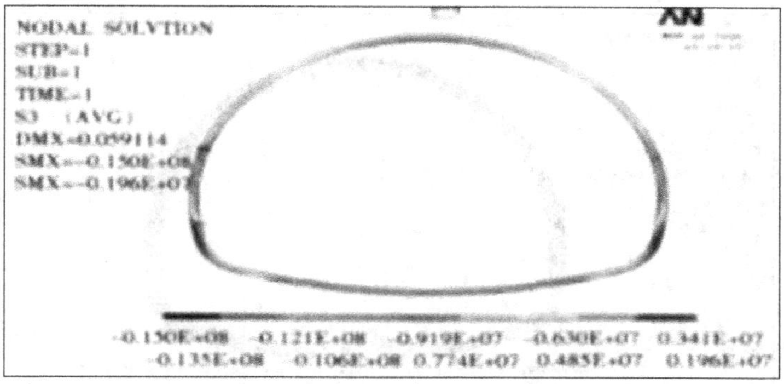

图 2-24　初次衬砌最小主应力云图

2)二次衬砌的位移和应力

图 2-25～图 2-27 给出了二次衬砌位移云图和第一、第三主应力云图。从图中可以看到,二次衬砌的拱顶位移为－0.001 579 m。二次衬砌的最大主应力出现在仰拱圈内侧,面层最大拉应力值达到 8.21 MPa,大部分拉应力值在 0～0.912 MPa,拱顶内侧为 1.82 MPa。压应力最大值出现在拱脚内侧,达到－39.3 MPa,一般的压应力值在－17.5～－4.37 MPa。两个拱腰为－21.8 MPa,拱顶和仰拱为－4.37 MPa。

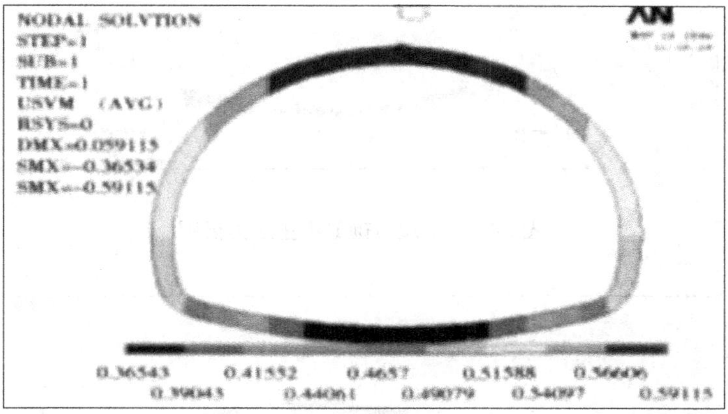

图 2-25　二次衬砌位移云图

3)管棚混凝土处的位移和应力

图 2-28～图 2-30 给出了管棚处的位移和第一、第三主应力云图。从图中可以看到,管棚处的拱顶位移为－0.000 867 m,管棚处的最大主应力出现在管棚拱圈端头外侧,面层最大拉应力值达 2.47 MPa,大部分拉应力值在 0～0.274 MPa。最小值出现在管棚拱圈端头内侧,达到了－19.1 MPa,一般的压应力值在－15.0～－4.88 MPa。

2. 工况二(考虑管棚作用后初次衬砌承担 85% 的荷载)

图 2-31～图 2-33 给出了初次衬砌位移和第一、第三主应力云图。从图中可以看到,初次衬砌的拱顶位移为－0.005 321 m。初次衬砌的最大主应力出现在初次衬砌两个拱

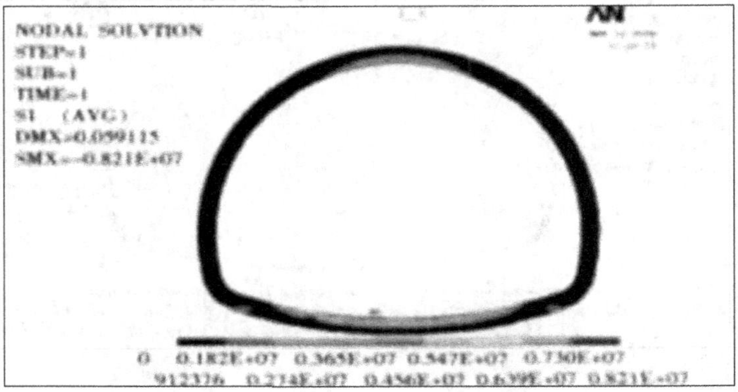

图 2-26　二次衬砌最大主应力云图

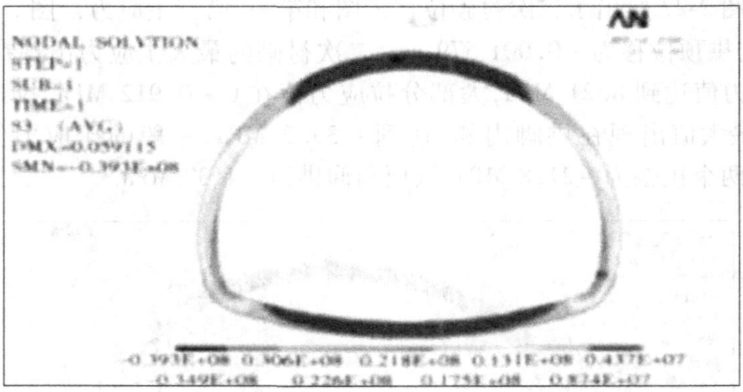

图 2-27　二次衬砌最小主应力云图

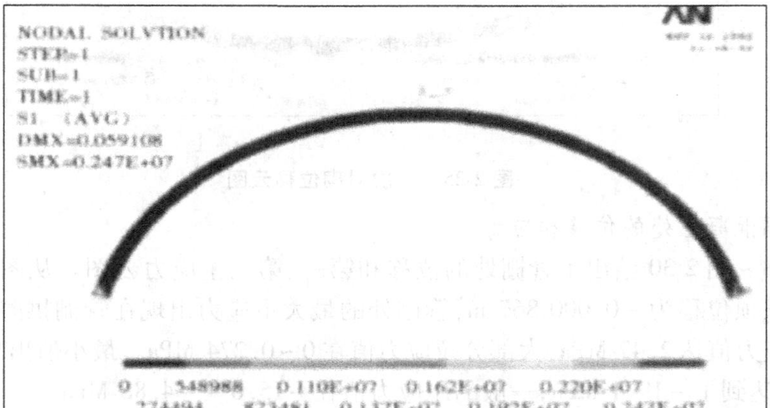

图 2-28　管棚位移云图

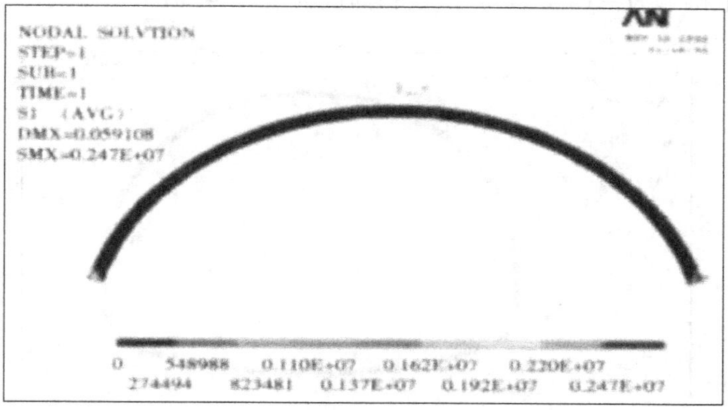

图 2-29　管棚最大主应力云图

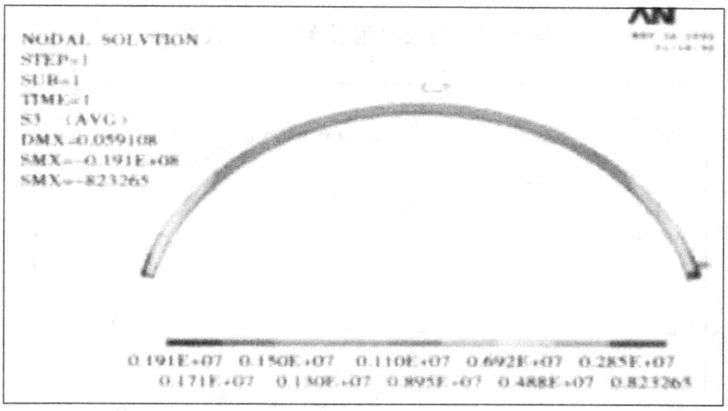

图 2-30　管棚最小主应力云图

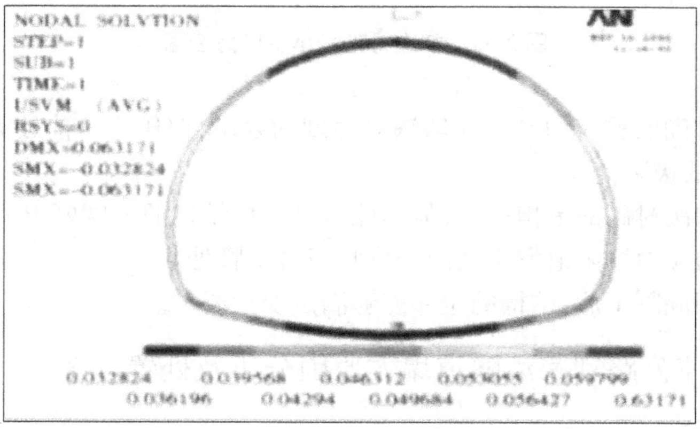

图 2-31　初次衬砌位移云图

腰，面层最大拉应力值达到 2.21 MPa，大部分拉应力值在 0 ~ 0.245 MPa。压应力最大值出现在拱脚内侧，达到 -51.6 MPa，一般的压应力值在 -34.7 ~ -6.54 MPa。两个拱腰为

-40.3 MPa,上拱脚为 -12.2 MPa,拱顶和仰拱为 -6.54 MPa。

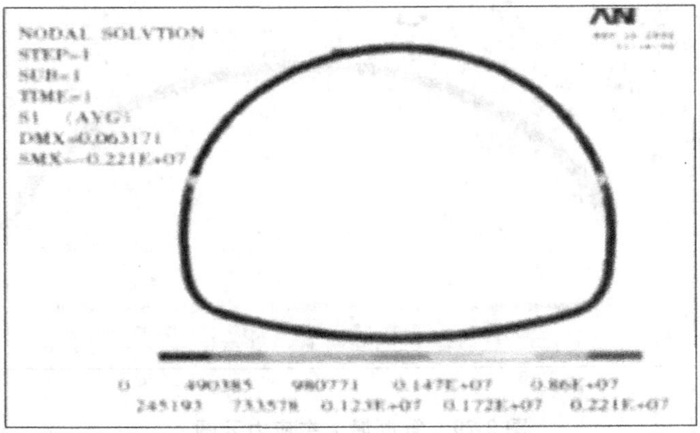

图 2-32 初次衬砌最大主应力云图

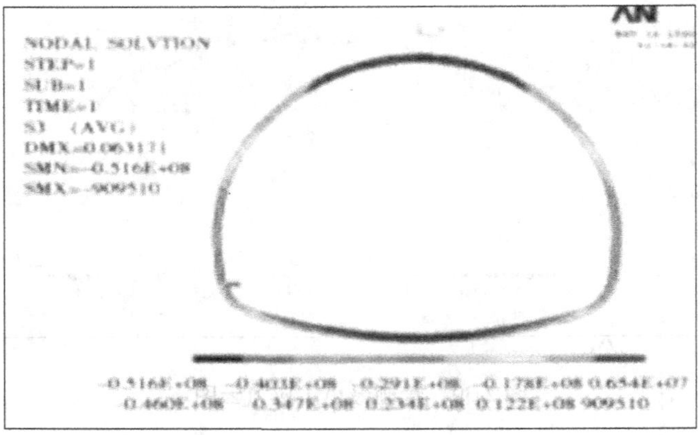

图 2-33 初次衬砌最小主应力云图

(三)结束语

(1)混凝土衬砌的拉应力基本能够满足强度的要求,但压应力值较大,有许多地方超出了 C25 混凝土的极限值。

(2)仅考虑初次衬砌的承担荷载,但不能满足支护结构的强度要求。

(3)大部分的应力极限值发生在两个拱脚或者拱腰处。

(4)采用管棚混凝土后,结构的位移能够满足变形要求。

四、沪陕高速公路刘家湾隧道塌方原因分析及处置方案

(一)工程概况

刘家湾隧道处于河南省南阳市西峡县黑漆河村刘家湾东侧,进口桩号 K77 + 005,出口桩号 K77 + 225,隧道长 220 m。隧道原设计 K77 + 005 ~ K77 + 025 段为明洞结构,K77 + 025 ~ K77 + 222 段为暗洞结构,K77 + 222 ~ K77 + 225 段为明洞结构。隧道按双洞

单向行车双跨连拱断面设计,净宽14.0 m。

(二)地形地貌

隧道处为西峡地区中低山区地形,基岩多裸露,植被较发育,山坡坡度45°~60°,地面标高在396.62~496 m,相对高差99.38 m,地形起伏大。

路线在K77+005~K77+225段为临沟靠山体内侧,山坡坡度55°,相对高差约58 m,考虑到按路堑方案挖深较大,且内侧山坡陡高,存在坡体稳定问题,则采取隧道方案通过。覆盖层厚度小于30 m,属浅埋傍山隧道。

(三)地层岩性

隧址区主要为下元古界石英片岩夹绿泥石片岩,上部灰黄色~青灰色,粒状变晶结构,片状构造,片理裂隙极发育,岩体破碎,呈层状散体结构,为强风化;下部弱风化岩体,片理较发育,岩体较破碎,呈层状碎裂结构。隧道围岩在洞口段为强风化岩体,按Ⅴ级围岩,洞身为中风化岩体,按Ⅳ级围岩。

(四)地质构造

依1:100万《河南省地质构造图》,隧址区处于南秦岭褶皱带二级构造单元,师岗地向斜褶皱束三级构造单元。区域NWW纬向断裂为构造主框架,其次级断裂及片理发育。片理结构面产状为NE23°、∠63°,洞轴线与岩层走向夹角14°~20°,片理结构面外倾,对拱顶及侧壁是潜在不稳定的地质条件。

(五)塌方情况

刘家湾隧道塌方前,左洞开挖至K77+040、右洞开挖至K77+028;仰拱右洞施工至K77+060、左洞施工至K77+087;二衬混凝土右洞施工至K77+072、左洞施工至K77+108,在塌方前10天于11月8日发现初期支护在左洞K77+065和K77+069等处、右洞K77+060处出现开裂现象。基于安全考虑,项目部于9日责令停止隧道的掘进及仰拱爆破施工。

11月12日06:00,项目部在例行的工地巡查时,发现左右洞初期支护有明显的垮落混凝土渣,同时山体有响声,隧道进口右侧导洞上方出现小面积塌方。项目部马上组织施工人员撤离现场,隧道内材料、设备不准施工队抢运,在隧道出口划定警戒线,项目部、施工队安全员维持现场秩序,不准工人及围观群众跨越警戒线;派专人远距离观察隧道进口的山体动向。06:50,项目部技术人员仔细观察发现二衬没有出现裂缝;07:50进洞进行观察发现,右洞二衬K77+084~K77+090段曲墙侧出现明显裂纹,并且裂纹两侧高低错开1~2 cm;同时,山体有20~25cm的裂缝,裂缝新鲜。09:50发现,右洞二衬裂缝有明显发展,并且K77+084~IK77+090段左侧中隔墙顶位置有明显开裂。13:00开始塌方,首先是进口仰坡开始大体积塌方,并将淇河大桥25号墩4号、5号、6号墩柱推倒。紧接着左、右洞内开始大面积塌方。山体大塌方持续到17:30,小塌方持续到11月13日凌晨,最终导致主洞施工进行至K77+222处时发生山体滑塌,导致隧道进口段左洞自K77+005~K77+120段、右洞自K77+005~K77+132段塌陷、破坏,并冒顶至地面,出现长方形凹槽形态(见图2-34)。

此次塌方造成了以下已完工程毁坏:左侧导洞K77+005~K77+040段35 m,右侧导洞K77+005~K77+028段23 m;初期支护左洞K77+040~K77+120段84 m,右洞

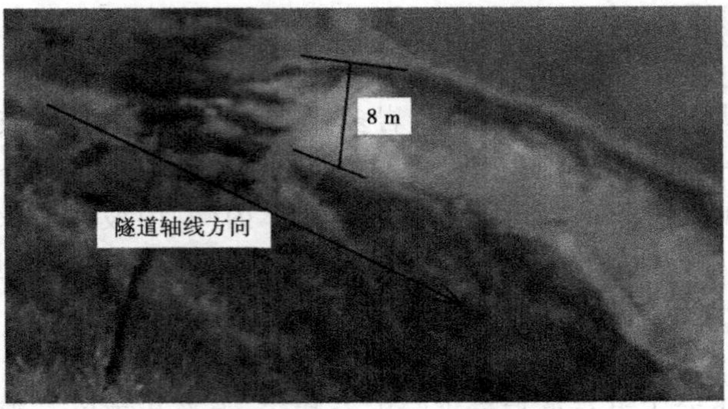

图 2-34　刘家湾隧道塌方后山体地貌

K77 + 028 ~ K77 + 132 段 100 m；二次衬砌左洞 K77 + 108 ~ K77 + 120 段 12 m，右洞 K77 + 072 ~ K77 + 108 段 36 m；防水板左洞 K77 + 096 ~ K77 + 108 段 12 m，右洞 K77 + 066 ~ K77 + 072 及 K77 + 108 ~ K77 + 132 段 30 m；二衬钢筋左洞K77 + 102 ~ K77 + 108 段 6 m，右洞 K77 + 066 ~ K77 + 072 及 K77 + 120 ~ K77 + 132 段 18 m。

（六）塌方原因分析

1. 地质条件是塌方主要内因

（1）区域 NWW 纬向断裂为构造主框架，其次级断裂及片理发育，片理结构面产状为倾向 NE23°、倾角 63°，洞轴线与岩层走向夹角 14° ~ 20°，且隧道傍山，其内侧山坡高陡，片理结构面属外倾结构面（倾向山体坡脚），具有平面线形滑动破坏的基本地质条件，坡体稳定性差。

（2）石英片岩夹有绿泥石片岩软弱层。

2. 外因条件

（1）隧道为傍山偏压、双跨连拱净宽 14.0 m 大断面，且围岩为Ⅳ级，认为对复合衬砌设计参数安全度不足。

（2）塌方前十多天遇连续降雨非正常工况，有利于软化外倾的片理结构面，特别是绿泥石片岩软弱夹层，而傍山偏压的双跨连拱净宽 14.0 m 大断面空间，在复合衬砌工序尚未紧跟情况下，致使上部岩体悬空，有助于坡体侧滑。

（七）处置方案

1. 设计方案

针对刘家湾隧道上部山体的滑塌情况，经各方专家讨论，建议出口段没有发生塌方的段落利用，进口坍塌段采用明洞施工。进口段左线 K77 + 005 ~ K77 + 126 段、右线 K77 + 005 ~ K77 + 138 段进行开挖，重新修筑明洞并进行回填，对于隧道出口段继续利用该段暗洞上方山体进行刷坡与新修明洞填土顺接，具体设计如下。

（1）进口段（K77 + 005 ~ K77 + 126）边坡开挖一、二级边坡坡率采用 1∶0.5，三至五级边坡坡率采用 1∶0.75，最高一级边坡坡率视地形情况进行调整。分阶高度为 10 m，台阶宽度为 2 m。坡面防护采用锚杆挂网喷射混凝土工艺对边坡进行临时加固，以保证明洞施工期间安全。喷射混凝土厚度 15 cm，采用直径为Φ 8 mm 的钢筋挂网，网格间距 20 cm × 20 cm，直径为Φ 22 mm 的砂浆锚杆间距 1.5 m × 1.5 m，梅花形布置，长度 2.5 ~

10 m。

(2)加强明洞结构设计,其上回填土段,高度按 6 m 控制。

(3)利用暗洞左线 K77 +126 ~ K77 +132 段、右线 K77 +138 ~ K77 +144 段进行临时钢拱架支撑,确保施工期间暗洞洞口安全。

(4)暗洞上方山体高达 80 m,对仰坡进行刷坡,坡率采用 1:1,分阶高度为 10 m,台阶宽度 2 m。坡面防护采用锚杆挂网喷射混凝土工艺对边坡进行临时加固,以保证明洞施工期间安全,喷射混凝土厚度 15 cm,采用直径为Φ 8 mm 的钢筋网,网格间距 20 cm ×20 cm,直径为Φ 22 mm 的砂浆锚杆间距 1.5 m ×1.5 m,梅花形布置,长度 2.5 ~8 m。

(5)进口段边坡开挖以每段 30 ~40 m 控制,共分 3 段。开挖一段后进行该段的明洞修复及回填工作,然后进行下一段边坡开挖及明洞施作。

(6)明洞施作及回填完成后,洞顶种植高大乔木,以美化景观。

2. 施工方案

采用挖掘机上山,对山顶进行削平处理,形成挖运工作面,修筑便道上山,采用自卸车运输土石方至选定的弃渣场;在山体全部开挖至设计底面后,分段进行明洞施工;在明洞施工完成后,部分渣土回运回填,完成明洞两侧及上方的洞顶回填;施工过程中边坡随开挖随刷坡、施作喷锚防护,开挖一段成型一段,边坡防护必须及时跟上,及时封闭加固边坡坡面,保证边坡的稳定与安全。

1)道路施工

拟在隧道的出口方向左侧开辟一条上山便道,保证土石方外运和施工设备所用油料、喷锚作业所需设备材料,以及回填土石运输等,长度约为 1 300 m。进口处因山高坡陡,设备无法上山,需要建一条依山而行的出渣道路,以运输在隧道进口方向倒运下来的渣土,便道长度约为 600 m,宽度为 8 m。

便道的施工方法及结构:出口侧的便道施工方法为挖掘机按设计路线开挖山体,运输车随后运输,将开挖土方运至弃渣场及用于就地道路的加宽。开挖宽度为 8 m,路面采用自然石渣碾压密实、平整,保证道路结构坚实、稳固。为保证车辆通行安全,道路外侧设防护桩,内侧(靠山一侧)修筑排水沟,高 30 cm,深度 30 cm,浆砌结构,厚度 15 cm,保证路面排水要求,道路修建时设置多段落的横向排水管沟以保证水流向自然坡排放,路面不积水。入口侧道路采用入口方向所抛掷的石渣用挖掘机挖出,推土机推运到设计道路处,自隧道入口向主便道方向修筑,填筑高度达到设计洪水位以上,保证在雨季也不受河水上涨的影响。道路的宽度与路面结构同出口侧便道。

根据现场的实际情况,选择了 3 处场地进行弃渣存放,需修两条道路(不含上山及沿河所修道路),以满足弃渣运输要求。

2)山体开挖

在隧道出口左侧开辟施工便道,挖掘机上至山顶,进行山体挖除作业,挖除土石向隧道入口右侧山下倒运、抛掷,施工时防止大块石块等直接对淇河桥方向抛掷,而向其右侧弃渣,施工注意防止发生设备失稳以及弃渣对淇河桥造成危害。留滞在坡上的土石方在下步挖除的时候需进行几次倒运后到达山下。抛至山下土石在入口侧由挖掘机装车,自卸车运输运至弃渣场地。挖除的土石自山顶至设计平面,弃渣需在每下降 5 m 的高度进行一次土石倒运作业。

施工前期，隧道出口方向尚不能形成安全运输道路，同样采取土石抛掷下山的方法进行作业，山顶弃渣由隧道右侧直接抛掷至山下，然后在山下布置装载机进行倒运作业，将抛掷山下的弃渣倒运至选定的弃渣场。在形成运输道路后，由自卸车直接运输至弃渣场。

山体开挖到明洞基础标高后，需对损坏的隧道二次衬砌、中墙和仰拱进行清理拆除作业，并且需要将封堵在隧道内的两部台车清理出场。在进行到削坡卸载区以下，需开挖台阶时，开挖线两侧缩进 5 ~ 6 m，由机械设备先开挖中心部分，然后两侧部分进行二次开挖，并配合边坡防护作业进行，以加快施工进度。

3）弃渣场利用

根据设计文件及现场实际工程数量的复核，全部挖方数量约为 102 万 m^3，回填数量为 4 万 m^3。依据现场情况，选择 3 处弃渣场，分别是：K77 + 800 处线路右侧上游冲沟、K78 + 300 处线路右侧上游冲沟和西坪镇规划的工业园区场地，可基本满足弃渣要求。

按环保要求，在弃渣场形成后，对弃渣周围采取防护措施，设置挡土墙进行围护，以防止水土流失。3 处挡土墙计 16 380 m^3，并对弃渣场顶面填土进行绿化。

4）明洞洞身施工

在隧道上部土方开挖达到明洞的设计基底后，进行测量放线。先施工仰拱、后做中墙及主拱部分，在施工中注意预埋仰拱与中墙、边墙及中墙与主拱间的预埋钢筋。

施工顺序为：测量放样—仰拱定位—钢筋绑扎—模板支立与加固、校正—仰拱混凝土施工—绑扎明洞衬砌钢筋、衬砌台车定位并浇筑混凝土—混凝土养护到设计强度—台车模板前行顺序施工各段直至全部完成。

明洞防水选用合格材料，选择晴朗干燥的天气施工。防水层外部应做 2 ~ 3 cm 水泥砂浆保护层，后进行回填土施工。当明洞结构基础一侧在基岩上，另一侧在土层上时，为防止不均匀沉降，土层地段的明洞基础挖至基岩面，当坡比大于 1∶5时，基岩面应挖成台阶形，方可做明洞衬砌。

5）明洞回填

在明洞混凝土全部完成，洞体养护试件强度达到设计强度后，按顺序进行明洞回填作业。回填前坡脚铺设防水板，然后夯填碎石土，洞顶碎石土回填每层厚度控制在 0.3 ~ 0.5 m（据压头机具及效果而定），总厚度控制在拱顶以上 5.5 m。回填碎石土顶部施作 50 cm 厚黏土隔水层，顶面植树绿化。回填质量符合验收标准的要求。按设计文件和施工规范、验收标准的有关规定分层填筑，分层夯填压实，填筑至设计要求的高度。

6）明洞与隧道衔接

明洞路堑分层开挖的过程中，注意做好已完成暗洞清理准备工作。明洞路堑开挖至暗洞拱顶，在暗洞内部与路堑开挖作业面处同时进行开挖及土石外运。采用液压破碎锤破掉已受压变形开裂及有变形的混凝土拱圈，并清理完毕。对未发生破坏的拱圈进行检查，经表面质量、实体强度及测量定位检查确认符合要求后，报请监理、业主及设计单位，全部认可、确认合格后施做明洞衬砌，明洞与暗洞紧密贴合，中间留好施工接缝，并做防水处理。

（八）明洞开挖段路堑坡体加固

采用中空注浆锚杆的加固方案。该方案能通过高压注浆将浆液压入较大范围，形成以锚杆为中心的影响区，有效加固强风化层，形成完整结构体，且锚杆穿过滑动的外倾片理结构面，以确保坡体稳定。

（九）结束语

（1）该隧道侧滑塌方与傍山偏压、片理结构面外倾、软弱夹层等基本内因地质条件有关，且对Ⅳ级围岩的双跨连拱净宽 14.0 m 大断面复合衬砌设计参数安全度不足；该隧道地质条件复杂，对Ⅳ级围岩，不宜采用双跨连拱大断面隧道设计方案。

（2）查明岩体结构面及软弱夹层，分析评价对隧道稳定性影响至关重要。

（3）沿河傍山地段的隧道，应调查分析斜坡地质结构特征及其稳定性、水流冲刷对山体及洞身稳定的影响。

（4）隧道稳定性评价，应考虑到连续降雨非正常工况条件。

五、尧栾西高速公路白云山隧道坍塌原因分析及处理措施

（一）工程概况

尧栾西高速公路处于豫西中山区，相对高差大于 100 m，地形起伏大。该高速公路按 100 km/h 双向四车道设计。白云山隧道轴线走向近南北，为左、右洞分离式，左洞起止桩号 ZK65 +534 ~ ZK69 +900，全长 4 366 m；右洞起止桩号 K65 +622 ~ K69 +900，全长4 278 m。

（二）地层岩性

依 1:50 万《河南省地质图》和勘察资料，K65 +622 ~ K68 +050 段围岩为下元古界变质岩系，其岩性主要为中薄层坚硬石英片岩，夹有软质绢云母片岩和绿泥石片岩，局部以绢云母片岩和绿泥石片岩为主，岩性变化较大；K68 +050 ~ K69 +900 段为中生代中、粗粒花岗岩深层侵入体，块状构造，坚硬完整。依隧道工点专项勘察报告：进口段变质岩划为Ⅳ级，洞身段划为Ⅲ级；出口段花岗岩划为Ⅳ级，洞身段划为Ⅲ级。

（三）地质构造

依 1:100 万《河南省地质构造图》，该隧道处于北秦岭褶皱带二级构造单元二郎坪—刘山岩地向斜褶皱束三级构造单元。区域 NW310°纬向断裂为构造主框架，其次级断裂及片岩片理和花岗岩构造节理发育，其产状为倾向 SE220°、倾角 70°，与隧道轴线夹角 50°左右。

（四）坍塌情况

2018 年 6 月 3 日 19 时 30 分，钻爆组作业时发现右洞已初期支护段（K66 +400 ~ K66 +463）出现局部裂缝，6 月 4 日 6 时，发现裂缝数量增加，宽度变大，局部达 2 cm。施工单位紧急撤出人员和设备，并加强变形观测。观测数据表明：距掌子面 36 m 范围变形量趋于发展，后于 6 月 5 日，在距掌子面 15 m 长度范围内（K66 +448 ~ K66 +463）发生拱顶坍塌。

2018 年 6 月 7 日凌晨 1 时，钻爆组作业人员在左洞掌子面（ZK66 +373）发生掉块，施工单位撤出了人员和设备，并加强变形观测。6 月 7 日 5 时，左洞 ZK66 +363 ~ ZK66 +373 段发生拱顶坍塌，坍塌量达 100 万 m^3，拱顶坍塌高度 4 ~ 5 m。2018 年 6 月 14 日 ZK66 +315 ~ ZK66 +363 段也出现不同程度的裂缝，监控量测数据显示 ZK66 +335 最大

沉降速率达 2.58 mm/d。

坍塌后，施工单位及时对塌方段进行渣石回填，以防止坍塌进一步发展。现场察看时发现，在拱顶和侧壁有多处流水点，绢云母片岩和绿泥石片岩软化，岩体局部破碎。

（五）坍塌原因分析

（1）依勘察资料：坍塌段为较完整硬质石英片岩，原判定为Ⅲ级围岩，但施工变化为绢云母片岩和绿泥石片岩，应判定为Ⅳ级围岩。

（2）片理结构面产状为倾向 SE220°、倾角 70°，与隧道轴线夹角 50°左右，不利于洞顶稳定。

（3）利于降水渗入的以下条件：岩体片理结构面发育，且倾角达∠70°；山体植被发育；坡度较缓；表层岩体为全～强风化。

（4）据统计：2018 年 5 月雨天达 20 天，塌方前有 10 天连续下雨，致使绢云母片岩和绿泥石片岩软化，抗剪强度锐减。

（六）处理措施

（1）填实拱顶塌方并注浆加固。

（2）加固塌方体：

①插入小套管，以提高塌方体的自稳能力，保证在二次开挖过程中不坍塌；同时，可提高上部二次开挖时拱架处塌方体支撑力，以控制其变形。

②施作Φ 108 管棚，伸入稳定硬岩内的长度不小于 5 m，环向间距 50 cm，在拱顶两侧 120°的范围内均匀布置，每完成一根管棚后及时进行注浆，在管棚的支护下再进行开挖作业。

③开挖过程中采用双排超前小导管注浆加固。

④开挖通过后，及时采用中空注浆锚杆注浆加固。

（3）按 CRD 工法工序开挖洞体。

（七）结束语

（1）洞顶坍塌主要与绢云母片岩和绿泥石片岩与水软化，且其片理结构面产状为 SE220°、∠70°，与隧道轴线夹角较大的内因地质条件有关，连续降雨是外因诱发因素。

（2）切实做好工程地质勘察，注意查明结构面产状及软弱岩层分布，正确划分围岩等级，并考虑连续降雨非正常工况，是评价隧道稳定性的基本方面。

（3）应针对塌方情况，制定完善的措施细则，并做到连续监控量测。

六、国道 310 洛三界至三门峡西段南移新建工程地坑院隧道出口段施工发生涌水塌方等问题原因分析及施工建议

（一）工程概况

地坑院隧道位于国道 310 洛三界至三门峡西段南移新建工程三门峡市陕州区境内。隧道起讫里程 ZK89 + 660 ~ ZK93 + 116（YK89 + 681 ~ YK93 + 121），全长 3 456 m，为双线四车道分离式隧道，设计车速 80 km/h。隧道标准开挖断面面积 103.58 m^2，加宽段开挖断面面积 150.46 m^2。出口段左洞埋深在 20 ~ 72 m（高程 557 ~ 615 m），右洞埋深在 23 ~ 94 m（高程 561 ~ 638 m）。

该隧道出口段围岩主要为黄土状粉土夹粉质黏土，局部有半成岩黏性土，其围岩均判

为V级。

(二)地层岩性

依《湿陷性黄土地区建筑标准》(GB 50025—2018),地坑院隧道处于Ⅲ区关中黄土的东端部,其地形处于三门峡盆地。据勘察资料:上部为第四系上更新统黄土状粉土夹黄土状粉质黏土,下伏为第四系中更新统棕红色粉质黏土夹黏土,概述如下:

(1)第四系上更新统黄土状粉土夹黄土状粉质黏土(Q_3):浅黄色及褐黄色,属Ⅱ级自重湿陷场地,底部有钙质结核层和砂层透镜体,层位不稳定。

(2)第四系中更新统粉质黏土夹黏土(Q_2):棕红色,黏粒含量高,多为弱胶结半成岩黏性土,局部夹弱胶结泥质砂砾岩及泥岩透镜体薄层。据试验资料:该老黏性土天然抗压强度最小值0.27 MPa,一般值0.4 MPa左右,泥质砂砾岩达4.52 MPa;无侧限抗压强度100 kPa左右;自由膨胀率34% ~58%,具弱膨胀潜势;超固结比($OCR>1$),属超固结土,具超固结特性。

该老黏性土(Q_2)与上覆黄土状粉土夹黄土状粉质黏土(Q_3)为不整合接触,其顶面呈波状。

(三)不良地质现象

依《隧道出口段工程地质平面图》,在ZK92 +600为一黄土墚,其东、西两侧为环形斜坡,汇水面积较大,隧道处于较低洼易积水地形。鉴于地表为第四系上更新统浅黄色及褐黄色黄土状粉土夹黄土状粉质黏土,垂直节理发育,属Ⅱ级自重湿陷场地,具有较强潜蚀和湿陷变形特性,则斜坡地形条件有利于降雨时坡面水的冲蚀及湿陷,而产生潜蚀裂隙、落水洞、陷坑及黄土溶洞等不良地质现象。据调查:出口段两侧落水洞及裂隙不良地质现象较发育,其概况如下。

1. 落水洞

落水洞14处,一般直径1 m左右,最大的落水洞长5.8 m,宽3.3 m,落水洞分布见图2-35,落水洞照片见图2-36。

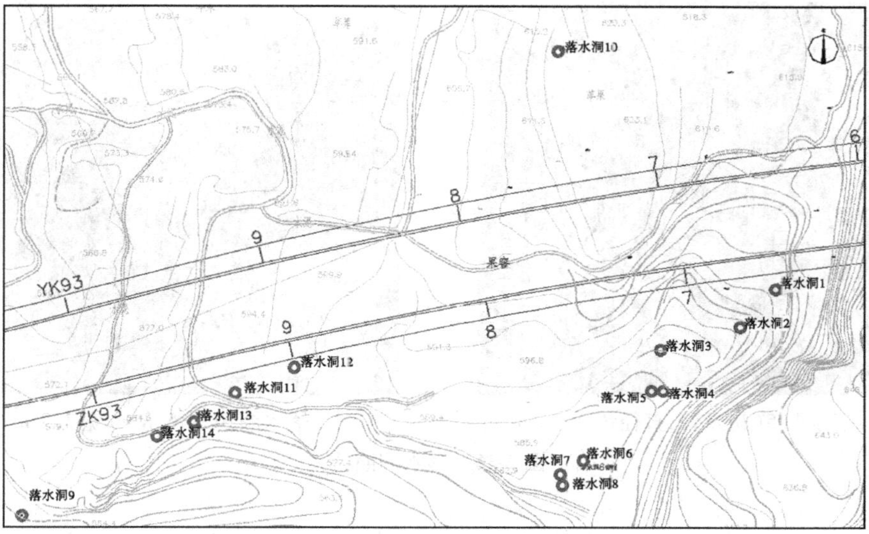

图2-35 落水洞分布

(a)落水洞 1(最长 2 m,最宽 1.7 m)

(b)落水洞 2(直径约 1 m)

(c)落水洞 3(最长 2.1 m,最宽 1.2 m)

(d)落水洞 4(长 2.5 m,宽 1.6 m)

(e)落水洞 5(初发育,直径约 0.8 m)

(f)落水洞 6(长 5.8 m,宽 3.3 m)

图 2-36　落水洞照片

(g)落水洞7(最长3 m,最宽1.8 m,形状不规则)

(h)落水洞8(长1.4 m,宽1.1 m)

(i)落水洞9(直径约0.8 m)

(j)落水洞10(直径约0.9 m)

(k)落水洞11(直径约0.7 m)

(l)落水洞12(直径约1 m)

续图2-36

(m)落水洞 13(直径约 2.5 m,
处于陡坎边缘)

(n)落水洞 14(直径约 3 m,
处于陡坎边缘)

续图 2-36

2. 地表裂缝

据调查:地表发现较大裂缝 6 处,小裂缝 2 处,主要分布在 K92 + 600 ~ K92 + 800,且主要分布于隧道右侧,处于较高坡面。地表裂缝分布见图 2-37,裂缝典型照片见图 2-38。

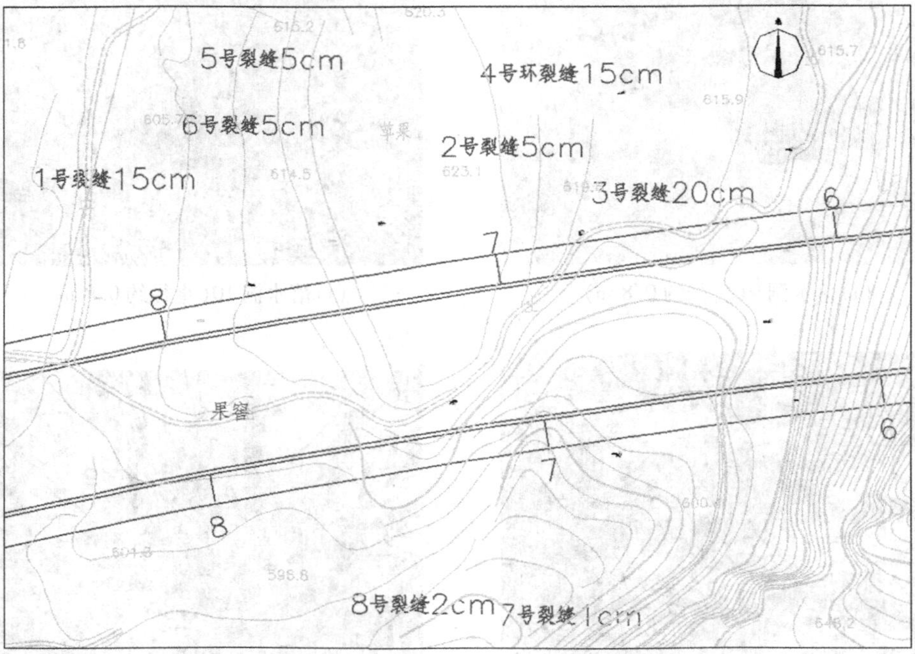

图 2-37　地表裂缝分布

(a)1 号裂缝

(b)3 号裂缝

(c)3 号裂缝

(d)3 号裂缝

(e)4 号裂缝

(f)5 号裂缝

图 2-38　裂缝典型照片

应补充说明的是:在隧道施工过程中对右洞北侧坡体的水平位进行观测,发现局部有水平位移,其方向为右洞,位移最值达 25 cm,且地表有弧形裂缝,这说明是洞室开挖后其北侧壁临空未及时初衬所致。

(四)水文地质条件

基于上部第四系上更新统自重湿陷性黄土多为粉土，且垂直节理发育，其透水性好，底部有砂层透镜体，下伏第四系中更新统半成岩黏性土隔水性好，则砂层透镜体为含水层。鉴于上部为透水性好的湿陷性黄土，且潜蚀裂缝、落水洞、陷坑发育，是降水补给砂层地下水的有利条件。

(五)出口段施工过程涌水塌方等问题及处理概况

出口自2017年10月进洞至2019年12月，左线进尺673 m(ZK93 +116 ~ ZK92 +443)，右线进尺501 m(YK93 +121 ~ YK92 +620)，进尺异常缓慢，其施工过程中塌方等问题及处理概况如下：

(1)2018年4月11日20时30分开挖里程为ZK92 +994.7掌子面时出现了涌水。涌水量达10 t/h。处理方案如下：

隧道内涌水以排为主，在洞内设置集水坑，并用水泵进行外排，缩短开挖进尺，由原来每循环2榀变为1榀，并及时采用C25混凝土封闭掌子面，厚度5 cm，加强初期支护的刚度，缩短钢拱架的间距，由原设计55 cm调整为40 cm，并在每个节点上增加两根4 m长的锁脚锚管，调整预留沉降量，由30 cm调整为35 m，对于涌水点采取打入Φ42 ×4 mm花管进行引流，长度为2 m、4 m、6 m，以便各个层面的积水外排。

(2)2018年5月3日，地坑院隧道左幅开挖到ZK92 +962.25掌子面时，掌子面又出现涌水，并且掌子面上涌水点较多，达到3个，涌水量达20 t/h，为保证施工安全及施工进度，根据4月12日的会议纪要，仍采用相同的方法进行处理。

(3)2018年5月24日开挖里程为ZK92 +924.65掌子面时出现涌水，随后拱顶塌方。处理方案如下：

回填反压掌子面，疏导涌水并排出洞外。为稳定前方土体，采用长度为5.5 m，Φ108 ×6 mm的钢管施作超前管棚，管内注水泥浆液，共计45根。拱顶塌方空洞挂钢筋网用C25喷射混凝土填充。管棚端头及管顶绑扎钢筋网喷射C25混凝土形成整体。待涌水停止，掌子面拱顶稳定后，短进尺开挖，拱架间距调整为40 cm。

(4)2018年5月27日开挖里程为ZK92 +920掌子面时，出现大量涌水，随后拱顶塌方，周边收敛速率较大。处理方案如下：

回填反压掌子面，同时作为过滤层过滤泥沙，疏导涌水并排出洞外。涌水量减小稳定后，对塌方斜面采用10 cm厚C25喷射混凝土固结，作为塌方处理工作面。采用长度为4 m，Φ108 ×6 mm的钢管施作超前管棚，管内注水泥浆液，共计8根。管棚间隙施作长6 m、直径为42 mm超前小导管，共计20根。拱顶塌方空洞挂钢筋网用C25喷射混凝土填充。管棚端头及管顶绑扎钢筋网喷射C25混凝土形成整体。在ZK92 +921 ~ ZK92 +924.3下台阶顶采用I20a工字钢施作横向钢支撑，喷射C25混凝土形成临时仰拱。待涌水停止，掌子面拱顶稳定后，短进尺开挖，拱架间距调整为40 cm。

(5)2018年6月2日左幅开挖到ZK92 +913.1掌子面时，掌子面依然涌水，并且涌水点不固定，涌水量达5 m^3/h。处理方案如下：

采取每隔1.5 m在掌子面上采用风枪钻3 m深的孔，然后插入Φ42 ×4 mm钢管，并在钢管上钻孔，孔径8 mm，间距10 cm，呈梅花形布置，打入前在钢管上缠一层滤布，以便排水,每个断面布置4根,分别布置在拱顶、中台阶拱脚及掌子面中间。对于隧道内涌水以排为主,在洞内设置集水坑,并用水泵进行外排,开挖方法采用环形法,每次进尺不大于2榀钢拱架。为保证施工进度及安全,根据测量监控,钢拱架收敛较大,最大每天达7 cm。通过对该段地质围岩进行分析,该围岩遇水具有弱膨胀性,为保证初支的稳定减小收敛,采取钢拱架加密,间距为40 cm,并在每个锁脚点增加两根Φ42×4 mm长4 m的锁脚锚杆,另外加大预留沉降量,调整为40 cm。处理段落为ZK92+913.1~ZK92+853。

(6)2018年7月11日,开挖到ZK92+840掌子面时,拱顶出现涌水,造成拱顶出现塌方,塌方范围纵向深度6 m,环向长度15 m,拱顶深度达3.5 m。处理方案如下:

采用碎石和土进行回填反压掌子面,然后采用Φ108×6 mm大管棚进行超前支护,管棚长度9 m,环向间距15 cm,采用人工配合机械的方式打入,一端打入土体内,另一端放在已经施工完毕的初支上,并用钢筋使大管棚连接在一起,然后喷射10 cm厚混凝土,使大管棚成为拱顶塌方的碎落平台,保证后期施工人员的安全。为防止初支钢拱架变形及初支侵线,采取加大初支变形的预留量及加密钢拱架的间距,预留量调整为40 cm,钢拱架间距调整为40 cm,对于拱顶空洞部分,待初支闭合后,采取注射纯水泥($W/C=1.0$)浆进行填充。处理段落ZK92+840~ZK92+820。

(7)出口掌子面ZK92+790处于浅埋和涌水段,开挖采用三台阶施工,钢拱架间距由设计55 cm调整为50 cm,每个节点上锁脚锚管为4根,并增加临时仰拱,拱顶采用密排小导管,加强掌子面钻孔预报,加大预留沉降量(由设计20 cm调整为40 cm)。处理段落ZK92+790~ZK92+750。

(8)ZK92+750段初期支护收敛变形严重,为保证施工安全及防止初期支护侵限,采取初期支护加强措施,对初期支护加强调整,具体措施如下:

①开挖预留沉降量由设计的20 cm调整为35 cm,缩短安全步距,及早封闭成环。

②加强超前支护,采用Φ42×4 mm密排小导管,拱部120°范围内施作,环向间距30 cm,纵向间距隔一榀拱架打设1榀,长度3.5 m,倾斜角度10°~15°,注浆材料采用纯水泥浆($W/C=1$),地下水大时采用水泥-水玻璃浆,其参数为水泥浆:水玻璃=1:0.8(体积比),水泥浆$W/C=1$,浆压力0.5~1 MPa,注浆水泥的强度等级为42.5。

③加强初期支护,钢拱架采用I20a工字钢,间距55 cm,初支厚度26 cm。

④增加临时水平仰拱:钢拱架采用I20a工字钢,钢拱架间距55 cm,C25喷射混凝土厚30 cm。

⑤加强洞内监控量测,施工中严格执行施工工艺及工法;加强工序衔接,完善施工现场排水系统,临时集水坑随开挖进尺而往前推进,严禁设置在拱脚处,初支及早成环。处理段落ZK92+750~ZK92+720。

(9)YK89+695~YK89+723段2018年1月11日拱顶下沉速率加快。2018年1月14日监测结果显示,YK89+710和YK89+715处拱顶下沉分别达到287 mm和289 mm,地表沉降最大处为111 mm。地表正上方从拱角位置开始两条劈裂裂缝,裂缝宽度为2 cm。右洞掌子面处形成一条横向裂缝,宽度为3 cm。处理方案如下:

增加临时仰拱,拱墙两侧分别水平打设两排直径为Φ42×4 mm钢管,长度为6 m,每榀钢拱架一端2根,共4根,打设方法同锁脚锚管,从而对拱墙两侧土体形成一个连接。

(10)2018 年 5 月 14 日,通过监控量测 YK92 + 958 ~ YK92 + 986 变化数据较稳定,于 15 日下午至 16 日上午通过监控数据量测,围岩沉降、收敛较大,最大拱顶下沉达 72 mm,收敛达 71 mm,并且初支面有明显裂纹,为及时了解围岩的变化情况,于当天下午对该段进行监控,拱顶下沉达 9 mm/6 h,收敛值 7 mm/6 h。为控制拱顶下沉和收敛速率,提出了如下处理措施:

采用 5 cm 厚 C25 喷射混凝土封闭掌子面。下台阶顶面增加横向水平钢支撑,钢支撑型号及间距同初支钢拱架,纵向采用 Φ22 螺纹钢连接,间距 1 m。横向钢支撑之间满喷 C25 混凝土,厚度为 30 cm。仰拱开挖完毕后,及时施作初支仰拱,并增加斜向钢支撑,防止边墙收敛。

自 2018 年 5 月 16 日开始施工至 2018 年 5 月 19 日止,施工桩号 YK92 + 958 ~ YK92 + 986 计 28 m。

(11)2018 年 7 月 18 日地坑院隧道左幅开挖到 YK92 + 895.5 掌子面时,掌子面依然涌水,遇涌水点不固定,涌水位置易塌落。处理方案如下:

每隔 1.5 m 在掌子面上采用风枪钻 3 m 深的孔,然后插入 $\phi 42 \times 4$ mm 钢管,并在钢管上钻孔,孔径 8 mm、间距 10 cm,呈梅花形布置,打入前在钢管上缠一层滤布,以便排水。每个断面布置 4 根,分别布置在拱顶、中台阶拱脚及掌子面中间。对于隧道内涌水以排为主,在洞内设置集水坑,并用水泵进行外排,开挖方法采用环形法,每次进尺不大于 2 榀钢拱架。为保证施工进度及安全,根据测量监控,钢拱架收敛较大,最大每天达 7 cm。为保证初支的稳定减小收敛,采取钢拱架加密,间距为 40 cm,并在每个锁脚点增加两根 $\phi 42 \times 4$ mm 长 4 m 的锁脚锚杆,另外加大预留沉降量,调整为 40 cm。

(12)掌子面 YK92 + 841 处于浅埋和涌水段,根据专家意见右洞 YK92 + 841 ~ YK92 + 831 段采用三台阶法开挖,加强超前钻孔预报,超前支护采用密排小导管、调整预留沉降量、采用 I25a 钢拱架、拱脚处采用 4 根锁脚锚管、涌水段初期支护背后注浆加固等方式进行处理。处理段落 YK92 + 841 ~ YK92 + 831。

(13)掌子面 YK92 +770 处于浅埋和涌水段,根据 9 月 17 日研讨会并结合现场实际,下一步隧道开挖采用三台阶施工,钢拱架间距调整为 50 cm,每个节点上锁脚锚管为 4 根,并增加临时仰拱,拱顶采用密排小导管,加强掌子面钻孔预报,加大预留沉降量(由设计 20 cm 调整为 40 cm)。加强掌子面地质预报,采用地质雷达和超前钻孔相结合的方式进行探测,钻孔直径 110 mm,钻孔深度 10 m,搭接长度 2 m,每个断面钻孔 3 个。加强超前支护,采用 $\phi 42 \times 4$ mm 密排小导管,拱部 120°范围内施作,环向间距 30 cm,纵向间距隔一榀拱架打设 1 榀,长度 4.5 m,倾斜角度 10° ~ 30°。采用三台阶法进行开挖,加大预留沉降量(由设计 20 cm 调整为 40 cm),缩短安全步距,及早封闭成环。加强初期支护,钢拱架采用 I20a 工字钢,间距 50 cm,并在上、中台阶拱脚处各采用四根 $\phi 42 \times 4$ mm 锁锚管,长度 4 m,为保证工拱架的整体稳定性及抗剪强度,在钢拱架之间拱顶、各台阶锁脚位置采用 I20a 工字钢纵向于钢拱架焊接。中台阶底增加 I20a 横向临时水平支撑,间距同钢拱架,纵向采用 $\phi 42$ 钢筋连接,环形间距 1 m,然后喷射 30 cm 厚 C25 混凝土。地表增加深层土体位移监控,洞内增加初支钢拱架及二衬应力监控。施工中拱脚处禁止悬空,必要时增加临时槽钢或喷射混凝土,遇有水部位(掌子面、初支背后),钻孔引水,孔口包裹纺工布。处理段落 YK92 +770 ~ YK92 -728。

(14)地坑院隧道 YK92 +728 ~ YK92 +713 段落地质条件较差,初期支护收敛变形严重,为保证施工安全及防止初期支护侵限,采取初期支护加强措施,保证施工安全及施工进度。2018 年 12 月 17 日,为确保下一步施工正常,针对地质及初期支护收敛变形,对隧道初期支护进行加强调整,具体措施如下:

开挖预留沉降量由设计的 20 cm 调整为 35 cm,缩短安全步距,及早封闭成环。加强超前支护,采用ϕ42 ×4 mm 密排小导管,拱部 120°范围内施作,环向间距 30 cm,纵向间距隔一榀拱架打设 1 榀,长度 3.5 m,倾斜角度 10° ~15°,注浆材料采用纯水泥浆(W/C =1),地下水大时采用水泥 - 水玻璃浆,其参数为水泥浆:水玻璃 =1:0.8(体积比),水泥浆 W/C =1,浆压力 0.5 ~1 MPa,注浆水泥的强度等级为 42.5。加强初期支护,钢拱架采用 I20a 工字钢,间距 55 cm,初期支护厚度 26 cm,增加临时水平仰拱:钢拱架采用 I20a 工字钢,钢拱架间距 55 cm,C25 喷射混凝土厚 30 cm。加强洞内监控量测,施工中严格执行施工工艺及工法,加强工序衔接,完善施工现场排水系统,临时集水坑随开挖进尺而往前推进,严禁设置在拱脚处,初支及早成环。处理段落 YK92 +728 ~ YK92 +698。

(15)鉴于初期支护收敛变形大,沉降、收敛达到 80 cm,个别点 1.8 m、3.5 m,远超设计规定的 20 cm。为保证施工安全及防止初期支护侵限,采取二次开挖换拱对初期支护进行加强,保证施工安全及施工进度。截至 2019 年 8 月,隧道累计换拱长度达 570 m[YK92 +973 ~ YK92 +949、YK92 +913 ~ YK92 +883、YK92 +877 ~ YK92 +672、YK92 +760 ~ YK92 +716(2 次)、YK92 +723 ~ YK92 +706(2 次)、ZK92 +830 ~ ZK92 +660、ZK92 +640 ~ ZK92 +560]。

(16)前期施工采用三台阶,无法抵抗围岩应力,对初支进行加强,由 Ia18 工字钢改为 Ia20(ZK92 +790 ~ ZK92 +720、YK92 +770 ~ YK92 +713)工字钢依然无法抵抗,采取增加临时横撑,导致横撑变形,横撑改为向下弧形后初支受压拱架扭曲向洞外倾斜、喷锚破碎掉块,初期支护破坏,拱架整体向外侧倾斜 1.2 m,定为 CD 法开挖。

(17)左幅自 2019 年 3 月 8 日由三台阶转变为 CD 法(ZK92 +713 ~ ZK92 +690),右幅自 2019 年 3 月 6 日由三台阶转变为 CD 法(YK92 +701 ~ YK92 +680)。自 2019 年 3 月 6 ~21 日施工以来,左线收敛最大值为 81 cm,右线收敛最大值为 41 cm,临时支护钢拱架受积压成反向弯曲,初支产生裂缝,初期支护趋于失稳状态,中隔墙破坏。处理方案如下:

①隧道出口地表起伏大,产生大应力,目前国内没有相应办法治理。

②强支护无法抵抗围岩收敛,强支导致应力集中产生更大安全隐患。

③工法改为三台阶施工,适当增加预留变形量让应力释放,待收敛趋于稳定对侵限的初支采取二次开挖换拱支护,计量签证以现场实际发生经监理签认的工程量进行计量确认。

④施工单位按规范进行施工,保证安全的前提进行后续施工。

(18)2019 年 3 月 23 日,邀请专家就出口段 CD 法初期支护收敛变形过大及下一步施工开挖问题召开专题研讨会意见:

该隧道为软岩大变形隧道,单纯的抵抗已经无法满足隧道施工及运营安全,采取抗放相结合,原设计预留沉降调整为 80 cm,钢拱架改为 Ib22 工字钢,间距为 50 cm,设置Φ 8 双层钢筋网,每个连接板位置设置 2 根长 4 m Φ 42 小导管,超前支护采用双层小导管,180°范围打设,外层长 6 ~ 7 m(过长无法施作,建议按 4.5 m 施作),内层 3.5 m,隔一榀设置一循环,初期支护后背进行注浆,初期支护沉降接近预警值时,在初期支护内侧再支撑一次初期支护,二衬由原来的 45 cm 改为 50 cm,主筋由原来的Φ 22 改为Φ 25,二衬每循环设置 3 个注浆孔,待二衬强度满足要求后进行注浆。

自开工以来地表产生裂缝,尤以 5 月裂缝最为严重,其中长 120 m、宽 25 cm,地表沉降、位移,拱顶沉降达 3.5 m,拱架变形,仰拱隆起,监控量测预警。右洞暂停施工、左洞换拱。

(19)左洞掌子面掘进至 ZK92 + 575 时拱顶出现渗水及滴水,ZK92 + 577 拱顶坍塌,处理方案如下:

第一步,对掌子面进行封闭,采取回填反压处理。第二步,ZK92 + 577 初支拱顶地质松软,钢拱架施工完毕后,180°范围采取Φ 108 大管棚支护,钢架有效范围内采取 6 m 长Φ 42 × 4 mm 小导管对钢架进行锁定加固。第三步,钢拱架及大管棚施工完毕,拱背用方木进行支撑。第四步,塌腔采取喷射混凝土处理,预留注浆管,对空隙注浆。

(20)2019 年 7 月 19 日,ZK92 + 585 ~ ZK92 + 587 拱顶坍塌、初支变形、裂缝、拱顶沉降 30 cm/d,处理方案如下:

①二衬前开裂初支进行补喷,完成后采取径向注双浆液加固措施,采用Φ 42 钢花管(1.0 m × 1.0 m,长度 6 m),每天对初支进行监控,侵限 5 cm 以内且初支稳定立即施工二衬,如侵限大于 5 cm,采取换拱处理。

②ZK92 + 587 ~ ZK92 + 597 初支施工套拱及临时仰拱,保证套拱与初支面密贴,对初支进行补喷,完成后采取径向注双浆液加固措施,采用Φ 42 钢花管(1.0 m × 1.0 m,长度 6 m),初支稳定后拆除套拱及临时仰拱,每天对初支进行监控,侵限 5 cm 以内且初支稳定立即施工二衬,如侵限大于 5 cm,采取换拱处理。

③ZK92 + 585 ~ ZK92 + 587 拱架坠落段前后初喷封闭,采取双浆液注浆处理,注浆稳定后在 ZK92 + 590 处施工Φ 89 中管棚,管棚长 7 ~ 10 m,然后对该段坍塌拱架进行换拱处理。

④初支渗水严重汇集成股状(ZK92 + 587 ~ ZK92 + 595)段落,施工 6 m 长排水锚管进行排水处理。

⑤对地表裂缝、落水洞采取灰土回填处理。

⑥监测单位加强初支监控。

(21)2019 年 8 月 2 日 9 时 50 分,YK92 + 670 ~ YK92 + 650 段初期支护掉块伴随异响,随后初期支护拱架受挤压变形掉落长约 20 m,不到 1 min 拱顶坍塌,整个初支临空面被坍塌土方占满。确定如下处理方案:

①对坍塌土方进行注双浆液固结,拉土反压回填;对塌腔进行喷射混凝土和吹填轻质材料处理。

②待土体固结后,对 YK92 + 680 ~ YK92 + 530(以现场实际软弱段为准)在 180°范围内施工Φ 108 自进式大管棚,单根管棚长 10 ~ 15 m,搭接 2 m,管棚内施作钢筋笼注双

浆液。

③对 YK92 +680 ~ YK92 +530 段(以现场实际软弱段为准)初支钢架设置 4 ~6 m 径向锚管,锚管环向间距 1 m,锚管内注双浆液。

④对地表裂缝、落水洞进行回填。

(22)2019 年 7 月 14 日,隧道出现渗水并成股状,ZK92 +577 处拱顶坍塌,环向 8 m、高 8 m、纵向 5 m,现场采取大管棚、方木、6 m 径向锚管、喷射混凝土回填处置通过。7 月 19 日凌晨 0 时多 ZK92 +585 ~ ZK92 +587 突发坍塌坠落,土体呈碎块大块状,ZK92 +587 ~ ZK92 +645 初期支护开裂破碎掉块,收敛变形过大,当时掌子面施工里程 ZK92 +570,二衬里程 ZK92 +645,仰拱里程 ZK92 +610。针对上述发生的问题采取如下处理措施:

①二衬前开裂初支进行补喷,完成后采取径向注双浆液加固措施,采用ϕ42 钢花管(1.0 m×1.0 m,长度 6 m),每天对初支进行监控,侵限 5 cm 以内且初支稳定立即施工二衬,如侵限大于 5 cm,采取换拱处理。

②ZK92 +587 ~ ZK92 +597 初支施工套拱及临时仰拱,保证套拱与初支面密贴,对初支进行补喷,完成后采取径向注双浆液加固措施,采用ϕ42 钢花管(1.0 m×1.0 m,长度 6 m),初支稳定后拆除套拱及临时仰拱,每天对初支进行监控,侵限 5 cm 以内且初支稳定立即施工二衬,如侵限大于 5 cm,采取换拱处理。

③ZK92 +585 ~ ZK92 +587 拱架坠落段前后初喷封闭,采取双浆液注浆处理,注浆稳定后在 ZK92 +590 处施工ϕ89 中管棚,管棚长 7 ~ 10 m,然后对该段坍塌拱架进行换拱处理。

④初支渗水严重汇集成股状(ZK92 +587 ~ ZK92 +595 段落),施工 6 m 长排水锚管进行排水处理。

⑤对地表裂缝、落水洞采取灰土回填处理。

⑥监测单位加强初支监控。

(23)对 ZK92 +645 ~ ZK92 +587 段施工径向锚管,注双浆液完毕后,2019 年 8 月 4 日 ZK92 +585 ~ ZK92 +587 出现二次坍塌,处理措施如下:

①对坍塌土方进行注双浆液固结,拉土反压回填;对塌腔进行喷射混凝土和吹填轻质材料处理。

②对 ZK92 +590 往掌子面方向(以现场实际软弱段为准)在 180°范围内施工ϕ108 自进式大管棚,单根管棚长 10 ~15 m,搭接 2 m,管棚内施作钢筋笼注双浆液。

③对 ZK92 +590 往掌子面方向段(以现场实际软弱段为准),初支钢架设置 4 ~6 m 径向锚管,锚管环向间距 1 m,锚管内注双浆液。

④对侵限的初支采取换拱处理。

⑤对地表发现的裂缝、落水洞采取灰土回填处理。

(24)2019 年 9 月 19 日发现 YK92 +649 处初期支护裂缝、下沉;2019 年 9 月 20 日该处下沉约 40 cm,现场出现坍塌隐患,对掌子面进行封闭并隔离观察,其间 YK92 +664 ~ YK92 +641 出现裂缝、下沉;2019 年 9 月 27 日 YK92 +664 ~ YK92 +641 段初期支护裂缝加剧、初喷面破碎,YK92 +664 ~ YK92 +641 段初期支护下沉 40 cm 以上,YK92 +649 下沉 100 cm。处理措施如下:

①对掌子面进行封闭,对 YK92 +664 ~ YK92 +641 段进行补喷。

②对 YK92 +664 ~ YK92 +641 段进行反压回填,以防发生二次坍塌。

③对 YK92 +664 ~ YK92 +641 段采取径向注浆(4 ~6 m 径向锚管,锚管环向间距 1 m,锚管内注双浆液)、施工大管棚。

④对 YK92 +664 ~ YK92 +641 段侵限的拱架及先期施工的大管棚进行拆除替换。

(25)YK92 +654 ~ YK92 +649 于 2019 年 10 月 5 日发生了坍塌,对掌子面回填反压、注浆。在注浆的过程中,YK92 +654 ~ YK92 +649 于 2019 年 10 月 5 日发生了坍塌,采取如下措施:

①对掌子面进行反压回填。

②对 YK92 +664 ~ YK92 +641 段坍塌、侵限的拱架、大管棚、小导管进行拆除更换。

③对 YK92 +664 ~ YK92 +641 段采取径向注浆(4 ~6 m 径向锚管,锚管环向间距 1 m,锚管内注双浆液)、施工大管棚。

(26)2019 年 10 月 7 日洞口仰坡坍塌。

(27)2019 年 11 月 6 日 YK92 +635 ~ YK92 +632 下午 5 时 25 分坍塌,待坍塌处稳定后对坍塌处进行封闭,反压回填,进行径向注浆。注浆完成后,进行换拱处理。

(28)2019 年 11 月 9 日 ZK92 +447 掌子面开挖过程中,早晨 8 时 10 分拱顶右侧发生坍塌,高度约 7 m,纵向长度约 5 m,弧长约 6 m,对坍塌处进行封闭,下午施工超前进行注浆处理。

(29)2019 年 11 月 12 日,ZK92 +446 准备掘进时,凌晨 2 时 30 分进行下步施工过程中产生二次坍塌,对坍塌进行封闭,采用大管棚支护、进行超前及径向注浆处理。

(30)2019 年 11 月 13 日 0 时 4 分,YZ92 +630 在换拱过程中出现坍塌,坍塌土体约 500 m^3,作业台架掩埋。采取如下措施:

①封闭掌子面,回填反压。

②施工大管棚。

③径向注浆及侵限换拱。

(31)据施工记录:在开挖过程中,围岩土层岩性接触关系正常,但基于中更新统半成岩黏性土与其上部上更新统为不整合波形接触,且砂层厚度变化大,则拱部围岩岩性有所变化,即拱顶局部里程段为含水砂层,发生较大突然涌水,并发生冒顶,有的里程段拱顶为坚硬半成岩黏性土,基本无涌水,围岩稳定。

(六)涌水塌方等问题及其差异性的原因及分析

涌水塌方等问题是内因和外因多种因素造成的,内因地质条件是主导,降水渗入等是外因诱发因素,综合分析如下:

地质结构特点是上部为第四系上更新统黄土状粉土夹黄土状粉质黏土(Q_3),属Ⅱ级自重湿陷场地,底部有层位不稳定的砂层透镜体。该黄土垂直节理发育,落水洞及陷穴等不良地质发育,有利于降水渗入补给,且下伏第四系中更新统半成岩黏性土(Q_2)为隔水层,则砂层为含水层。据试验资料:半成岩黏性土自由膨胀率 34% ~58%,属弱膨胀潜势;超固结比(OCR)>1,属超固结土,在开挖暴露,反复胀缩作用下,其强度锐减,围岩压力因膨胀力增加。含水砂层导水作用明显,当膨胀性岩土遇水时软化,渐变成软塑或流塑状态,从而使地下水渗入诱发大变形问题。

鉴于出口段及两侧地形处于斜坡及平缓易积水洼地,其地形变化大,裂缝、落水洞、陷坑等不良地质现象发育分布不均,则降雨渗入条件有较大差别;第四系中更新统半成岩黏性土(Q_2)顶面呈起伏状,含水砂层呈透镜体,层位不稳定,隧道拱顶围岩存在突破半成岩黏性土入含水砂层或接近含水砂层而发生涌水程度不同、半成岩黏性土强度和胀缩性的差异性等。这综合导致在施工时所遇砂层涌水量变化较大,而诱发的塌方程度有明显不同。

(七)结论与施工建议

1. 结论

地坑院隧道围岩主要为第四系中更新统半成岩膨胀性黏性土(Q_2),处于临近或局部夹有含水砂层透镜体的水文地质条件下,在施工过程中存在遇水软化导致塌方大变形的条件(但并非高地应力软岩大变形)。大变形的发生主要是由地质结构内因为主导条件,导水砂层致地下水渗入为主要外因诱发条件,多种不利条件叠加,从而导致发生拱顶沉降、冒顶塌方、初期支护破坏等系列问题。该破坏类型在河南省同类地层岩性中罕有发生。

2. 施工建议

依上述涌水塌方等问题及严重程度差异性机制分析,提出如下建议:

(1)施工过程应切实做到超前探测,预测掌子面前方围岩岩性地质信息,判定涌水砂层部位及可能发生的涌水、塌方等问题,并及时调整相应施工方案,预留变形量及支护参数和支护强度。

(2)同意设计单位的设计方案及施工单位在施工过程中对涌水、塌方等问题段的施工方法及处理方案。但考虑作为该公路项目重要性永久工程,建议施工中对可能遇有发生塌方及大变形段,强调小部分、短台阶、短循环、快封闭、勤测量和强支护原则,采用自上而下,分块成环、随挖随撑、及时做到初期支护,并待初期支护结构的仰拱沉降和收敛基本稳定后,自下而上拆除初期支护结构中的临时中隔墙及临时仰拱,再进行施工。

(3)切实做好对隧道两侧范围的裂缝、落水洞、陷坑的回填封闭防渗,以防患于未然。

七、毛羽山隧道高地应力软岩大变形机制分析及施工控制技术

(一)工程概况

兰渝铁路毛羽山隧道长 8 503 m,最大埋深约 700 m。隧道出口段通过的地层主要为三叠系下统板岩(T1Sl),薄层板状构造(层厚≤5 cm),青灰—灰黑色,局部夹白色条带,变淤泥质、钙质结构,层间结合力较差,密闭节理裂隙较发育,弱风化,岩质较软,岩体较完整—较破碎,呈层状、块状结构,裂隙水较发育。岩层走向基本与隧道平行,倾角 70°~90°。隧道区域最大水平主应力近 22 MPa,围岩强度应力比为 $R_b/\sigma_{h,max}=1.41$,属于极高地应力状态。孙钧等采用与《工程岩体分级标准》基本一致的强度应力比 $R_b/\sigma_{h,max}$,即挤压潜能系数,预测高地应力软岩挤压程度,据此初步判断毛羽山隧道出口段围岩为极高应力下的严重—中度挤压性岩体。

隧道采用三台阶弧形导洞预留核心土法开挖,初期支护钢架采用 I22b 型钢(1 榀/

mm,变形速率最高为 140 mm/d。隧道大变形造成初期支护混凝土开裂、剥落,钢拱架发生严重扭曲、断裂,需要大面积换拱,造成重大经济损失并严重困扰施工安全。

(二)隧道变形破坏特征

1. 围岩变形特征

1)变形量、变形速率大

隧道开挖后,围岩变形非常强烈,最大拱顶下沉约 540 mm,最大收敛值 1 200 mm,水平收敛远大于拱顶下沉,呈现出强挤压性隧道的特点。拱顶下沉和水平收敛监测曲线如图 2-39、图 2-40 所示。

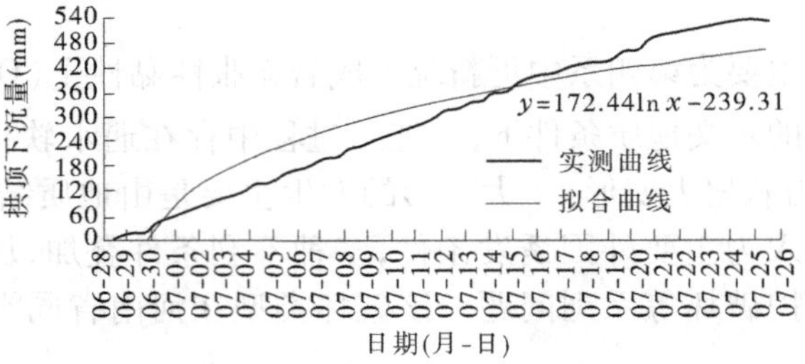

图 2-39　K285 + 178 断面(埋深 429.59 m)拱顶下沉监测

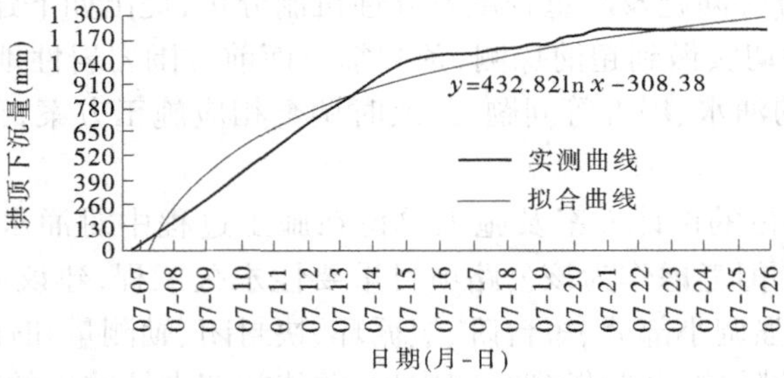

图 2-40　K285 + 168 断面(埋深 435.11 m)水平收敛监测曲线

围岩初期变形快且变形速率大,表明来压极快,隧道围岩具有软弱、完整性差和自稳能力低的特征。一般 10 天内完成绝大部分变形,如 DK285 + 168 断面最大收敛速率可达 116 mm/d(见图 2-40)。DK285 + 188 断面量测结果显示,上台阶立拱架到喷混凝凝土 4 h 内,拱顶下沉 110 mm、拱脚单侧收敛 300 mm。

2)变形持续时间长

在大变形段,隧道围岩变形持续时间很长。在初期变形后,变形并未停止,而是等速持续发展,甚至加速发展,多有不收敛的趋势,反映了围岩具有软弱和显著流变性特征。隧道围岩的持续变形,造成初期支护变形过大而发生破坏,不得不进行拆换拱或套拱。

3)围岩变形在空间分布不均匀、不对称

从位移量值上和隧道破坏程度上看,整个隧道变形均较严重,但不同洞段变形特征不同(见图 4-41)。监测数据表明,隧道普遍存在左右侧变形不均匀和不对称现象,初期支护完成后,不同段落左右侧变形量不同,而且左右侧有明显差异。在同一断面上,水平收敛变形远大于拱顶变形,中上部的水平收敛变形普遍大于中下部的,右侧边墙的水平收敛和拱顶下沉大于左侧的。

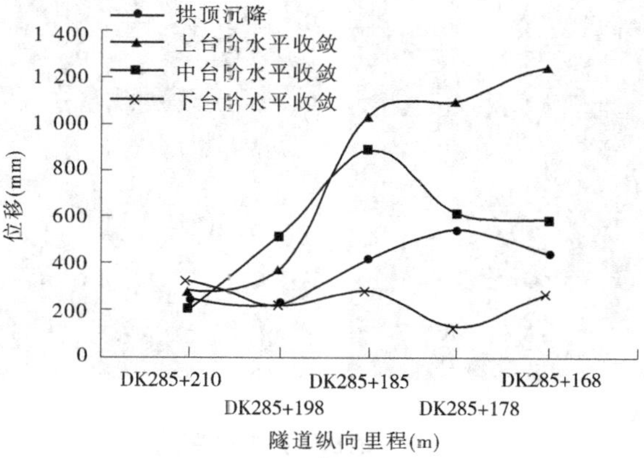

图 2-41 隧道不同断面变形曲线

4)围岩变形具有明显阶段性

监测数据分析显示,上台阶开挖时拱顶的下沉量约占总下沉量的 45% 左右,中台阶开挖时拱顶的下沉量约占总下沉量的 35% 左右。上台阶开挖引起的水平收敛约占 50% 左右,中台阶开挖引起的水平收敛约占 40% 左右,所以开挖上、中台阶时变形控制很关键。

5)工序干扰易引起突变

岩体开挖支护后,受工序对围岩的扰动影响,变形加速的特征非常明显,特别是爆破、中台阶和下台阶落底、仰拱开挖时产生突变现象。其带来的灾害也是最严重的,由于突变导致仰拱成环后来不及施作二次衬砌。初期支护变形侵限的问题若处理不当,围岩也极易失稳、坍塌。

2. 初期支护破坏特征

隧道洞身主要为薄层碳质板岩,岩体软弱破碎,褶皱发育,围岩自稳能力差。开挖过程中局部经常出现掉块和滑塌现象。随着变形的逐渐增大,边墙强烈内挤,拱顶下沉开裂,初期支护严重变形破坏,如图 2-42 所示。对薄层碳质板岩地段隧道初期支护体系(锚、网、喷、钢拱架)现场变形监测数据进行统计分析,变形破坏规律表明:当累计变形量不足 150 mm 时,初期支护安全可靠;当累计变形量超过 150 mm 时,拱部喷混凝土表面可见裂缝,变形进一步发展,喷混凝土开始出现纵向开裂,局部掉块,环向裂缝发展;当变形量超过 300 mm 时,工字钢架开始变形、出现扭曲错断,喷混凝土出现大面积开裂、掉块,必须及时进行钢架拆换,否则继续发展将发生坍方。

(三)隧道大变形机制分析

1. 高地应力、软岩、地质构造是大变形的内因

1)地应力特征

毛羽山隧道场址区位于“5·12”汶川地震严重影响区,地处青藏歹字形构造体系,隧道埋深较大,受多次地质构造作用影响,导致区域原岩应力较大且以水平构造应力为主。区域最大水平主应力优势方向为北西向(N29°~35°W),与隧道线路走向北偏东(N62°E)呈大角度相交,对隧道围岩稳定最为不利。通过对兰渝线高地应力隧道变形数据的对比

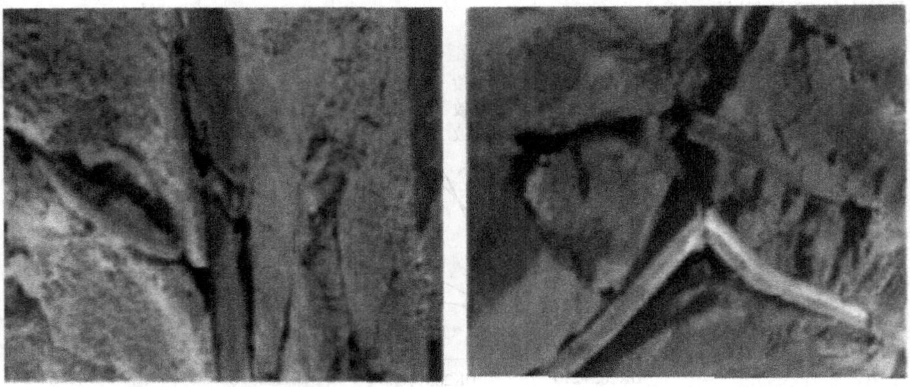

图 2-42　钢拱架扭曲破坏

分析，结果表明，高地应力、最大水平主应力与隧道轴线夹角是产生大变形的主要因素。

2）岩体强度特征

在开挖试验洞进行了岩体力学参数大型原位试验（见图 2-43）。试验结果表明，围岩岩质软弱，岩体本身强度较低；又因受构造影响，岩体极为破碎，基本呈碎块状、薄片状；岩体原有结构随着应力的加大而很快遭到破坏，岩体沿裂隙、层面等结构面相互剪切错动；岩体力学参数较低：内摩擦角 φ'值为 25.6°，内聚力 c'值为 0.08 MPa，弹性模量 E_S 为 546 MPa，变形模量 E_0为 175 MPa。

图 2-43　岩体原位大剪试验

对于层状（特别是薄层状）岩体中的地下洞室，其变形破坏机制多用挠曲加以解释。尤其在高地应力区的卸荷条件下，岩体更容易发生挠曲变形以至破坏。由于洞室围岩的径向应力降低而切向应力增高，层状岩体在横弯或纵弯作用下发生挠曲变形，造成侧墙内挤严重，水平收敛大于拱顶下沉，呈现出典型的挤压性隧道的特征。统计结果表明，在高地应力条件下，软岩地层一般都为薄层或薄层夹中厚层，不会出现中厚层及以上。

3）地质构造因素

结构面稳定性，即岩层产状与隧道轴线的夹角，在大角度和小角度两种情况下，大变形的频率相当，因此可以说，岩层产状与隧道轴线的夹角并不是引起大变形的因素。在开挖断面有褶皱和无褶皱两种条件下，对大变形影响两者差别不大，可通过缩小钢架支护间距、加强支护强度措施进行该因素的消除。

2. 工程扰动力是大变形的外因

隧道开挖前，岩体处于三向受力的高地应力环境，处于稳定平衡状态。隧道开挖以后，岩体原有天然应力状态遭到破坏，引起围岩应力状态重新分布，一部分地应力以变形能的形式释放，另一部分则向围岩深部转移，发生应力重分布和局部区域应力集中，并不断调整以期达到与当前环境相适应的新平衡状态。开挖卸荷导致洞壁围压急剧降低，切向应力 σ_r 增大而径向应力 σ_r 减小，引起应力集中，并在洞壁上达到极限值。当应力水平超过岩体屈服强度和流变下限阈值时，引起围岩塑性和黏性流动，产生随时间增长的变形，随着变形不断增加而围岩进入黏塑性应变软化阶段，长期强度值降低，又进一步加剧了隧道变形。因此，工程扰动力是围岩大变形的外部因素。隧道开挖过程中，应尽量减少对围岩的扰动。如采用爆破的方式施工，爆破震动将会引起围岩强烈破坏而增大围岩变形，可采用掘进机掘进、铣挖机铣挖、光面爆破、静态爆破等合理减震措施，以有效减小围岩扰动。

3. 支护强度不足、施工方法不当是产生挤压大变形的直接原因

国内外许多工程实例表明，由于设计施工初期对高地应力条件下围岩大变形认识不足，采用的初期支护参数较弱(如锚杆较短、预留变形较小、二次衬砌施作滞后等)，导致围岩变形发展快，易造成初期支护破坏。同时，施工方法、初期支护闭合时间对围岩变形影响也极为显著。软弱围岩隧道，采用长台阶法施工，工序间距太长，仰拱闭合滞后，不能及时形成封闭的支护结构体系，衬砌无法紧跟浇筑，致使初期支护在支护强度不足情形下产生大变形，导致许多工程变形超限，甚至引起坍塌失稳，而不得不重新进行初期支护拆换、扩挖等处理。

4. 水的弱化作用不可忽视

地下水与软弱围岩发生水 - 岩作用，降低围岩的力学性能，为围岩发生塑性变形和膨胀变形提供了外部条件，一定程度上加剧了高地应力和层状围岩对大变形的影响。碳质板岩遇水易软化崩解成碎屑状，强度极低，导致变形加剧。比较有地下水和无地下水条件下对大变形的影响，有水时约为60%，无水时为30%，因此地下水是大变形影响的次要因素。当地下水不发育时，可通过局部引排、缩短钢架支护间距、加强支护强度等措施减少水的影响。综合以上分析，高地应力软岩隧道的变形可表示为：

$$f(\delta) = f(\sigma) \cdot f(\alpha) \cdot f(\frac{1}{I}) \cdot f(\eta) \cdot f(w)$$

式中 δ——变形量，mm；

σ——最大水平主应力，MPa；

α——最大水平主应力与隧道轴线夹角，(°)；

I——初期支护刚度；

η——施工方案影响系数；

w——地下水对岩体的劣化系数。

(四)大变形施工控制技术

隧道在较大的构造应力与高地应力作用下，其拱顶及两侧易发生破坏，为了抑制这种

破坏,支护设计应采用以提高围岩自身强度为主的支护控制系统,阻止应力场引起的岩层运动的发展,以保证支护后的隧道稳定。因此,解决大变形给隧道施工带来的危害,一方面,是要找到合理的、能抗高地应力的支护系统;另一方面,通过地应力控制释放技术,使正洞开挖时处于较低地应力状态,有效降低围岩变形。目前,隧道施工中多采取提高支护刚度控制变形,而超前应力控制释放技术尚无系统研究,但仅通过无限制提高支护刚度,很难满足大变形控制要求。因此,研究高地应力隧道超前应力控制释放技术显得尤为迫切。

1. 传统的施工工艺控制

传统的施工工艺控制是通过调整施工方法、支护结构型式和支护时间等,以控制并使其适合围岩动态演化路径,使隧道围岩以稳定方式达到新的动态平衡。

1)提高支护系统刚度与整体受力性能

(1)调整支护参数,提高支护系统刚度。

原设计初期支护参数钢架型号全环采用 I20@0.5 m,钢架严重扭曲、断裂,拱部所喷射的混凝土产生龟裂并大块掉落,初期支护发生结构性破坏,无法保证施工安全。后调整到 I22b@0.5 m,钢架拱部、拱腰处发生扭曲、剪断,边墙侵限严重,需要进行大量换拱作业。目前将 I22b@0.5 m 增强为全环 H175@0.5 m 型钢钢架,以提高支护刚度和强度,达到"先柔后刚,柔中有刚"的支护原则,利用"多重支护"的强支护手段。开挖初期及时喷射 20 cm 厚混凝土,以使围岩和支护系统达到变形协调,释放部分位移;随即架设钢支撑,并复喷厚 10 cm 混凝土,以达到适度限制围岩挤压变形继续发展的目的。使用 H175 钢架后,局部高地应力段仍不足以抗衡围岩压力,而发生钢架扭曲、混凝土剥落掉块、边墙侵限,但整体支护效果明显要好于 I22b。对高地应力软岩大变形隧道,一味地提高支护刚度,很难满足控制大变形的要求,且经济代价难以承受。

(2)根据新奥法原理,提高隧道支护体系整体受力性能。

隧道大变形支护系统是指支护结构和周边围岩的组合体,不仅指刚架、喷混凝土等支护结构本身,还包括通过锚杆、注浆等方式加强支护结构与周边围岩的联系,从而使支护结构与围岩形成整体支护体系,抵抗开挖后地层应力作用。具体措施主要有加强超前预支护(Φ42 小导管预注浆导管,长 4 m)、刚架间设双层纵向连接筋(Φ22 螺纹钢筋,内外双层布置,环向间距 1.0 m)、双层网片(Φ8 钢筋双层网)、加长锚杆、优化钢拱架弧度、设置临时仰拱、初期支护后回填注浆等。

另外,对于已施工完地段出现大变形情况的,视变形情况,可通过加设套拱或拆换拱架提高支护强度,但对进度及成本均有较大影响。

2)采用超短台阶法施工,初期支护快速封闭成环

大变形隧道就是"施工进度和变形量赛跑",在满足施工开挖要求和台阶稳定的情况下,尽可能地缩短上台阶长度,可以尽快使支护结构形成闭合断面,而且可充分利用开挖面空间效应,控制软弱岩体的不稳定蠕变出现。

毛羽山隧道通过优化三台阶工法,采用超短台阶法施工,以加快工序衔接、缩短工序间距、快速封闭成环。上台阶尽可能短,控制在 3 ~5 m;中台阶 20 ~25 m;下台阶 5 m;仰拱紧跟下台阶,距掌子面不超过 35 m;二次衬砌距仰拱不超过 12 m,仰拱闭合时间不超过

10天。及时构筑仰拱,可有效减缓围岩变形速率,使初期锚喷支护和钢支撑能够及早闭合成环,与围岩共同形成“承载拱效应”,有效控制围岩挤压变形。实践表明,采用超短台阶法对于控制围岩大变形,具有十分明显的效果。

3)通过系统锚杆和长锚杆控制围岩大变形

国内外著名的大变形隧道工程实践表明,长锚杆是控制软岩变形的重要手段之一。设计改进后,将原4 m长系统锚杆加长,拱部采用6 m长Φ 22组合中空锚杆,边墙采用8 m长Φ 22砂浆锚杆,并增加4.5 m长锁脚锚杆,以穿透软弱围岩塑性区,达到对围岩加固的目的。长锚杆采用Φ 22的螺纹钢全长锚固剂锚固,由于锚杆长度大,施工中要严格控制锚杆长度、角度、注浆压力和锚固质量(主要是抗拔力要求)等工艺。

一方面,随着锚杆长度进一步增加,长锚杆施工难度大,对工艺要求非常严格,在具体施工中有许多技术要求和要点必须进行有效控制,否则难以达到预期效果;另一方面,从工程造价的角度讲也是不科学的。因此,长锚杆控制挤压变形的作用毋庸置疑,但是应在优化的基础上采用长锚杆,不能一味采用增加锚杆长度的办法来减小洞室变形。针对不同地质条件,到底采取多长系统锚杆才是最合理的,即既能有效控制挤压大变形,又能达到经济合理是要解决的关键问题。

4)减少对围岩的施工扰动,采取“保护围岩”的施工理念

在施工过程中,应尽量减少诱发围岩变形的不利因素,控制围岩变形发展。具体从以下几方面进行控制:

(1)采取辅助工法,利用超前预支护,对软弱破碎围岩进行主动加固控制,即先加固,后开挖,施工中采用长4 m的Φ 42小导管预注浆,以此作为超前预支护的加固措施。

(2)严格控制施工爆破参数,采用减弱震动控制爆破技术,尽量减少对围岩的扰动,同时循环进尺应控制在0.5~1 m,以减少由于长进尺大药量引起的围岩扰动。

(3)特别是破碎段,应采用铣挖机铣挖,以避免爆破震动影响。

5)合理预留变形量,确定施工安全变形控制基准值

根据监控量测数据及时掌握围岩变形情况,合理预留补强空间。采用不等值预留变形量,上半断面拱部预留40 cm,拱脚预留60 cm,辅以动态调整优化钢拱架弧度,有效减小拱架接腿内移,保证拱架受力均匀,减少拱架扭曲破坏。适当的预留变形可有效释放蕴藏于高地应力场中的弹性变性能,这也是大变形围岩隧道支护的一般原则,即先卸压再进行强支护。

根据初期支护破坏规律统计分析,确定施工安全变形控制基准值,紧密结合监控量测,通过施工安全变形控制及时动态补强,减少换拱作业。变形Ⅰ级:拱顶下沉15 cm、水平收敛30 cm,小于基准值正常施工,达到Ⅰ级基准值时增加长锚杆、径向注浆补强;变形Ⅱ级:拱顶下沉25 cm、水平收敛50 cm,达到Ⅱ级时增设临时仰拱封闭,增加套拱补强。

6)适时构筑二次衬砌,是大变形控制的关键

按照现行《铁路隧道设计规范》(TB 10003—2016)要求,二次衬砌施作时机应为变形收敛速率不大于0.2 mm/d时。但对于大变形围岩隧道,变形量大,收敛速率慢,远未达到规范要求的收敛变形速率时初期支护就已经失稳破坏。因此,确定合适的二次衬砌施作时机对于大变形围岩隧道至关重要。根据现场变形监测规律分析,毛羽山隧道当变形

速率小于 3 ~ 5 mm/d 时应构筑厚度为 60 cm 的二次衬砌,距离掌子面 40 ~ 50 cm,可有效控制大变形发展。这是软岩隧道大变形控制中"先放后抗"的原则。

以上措施在现场都进行了实践,根据监测反馈信息,对于变形控制较为有效,但仍需通过现场的不断总结优化,进一步提高其经济性与高效性。

2. 超前导洞应力释放技术

较高的地应力势必增大支护体系受力,而一味地提高支护强度不仅影响进度,还会导致施工成本的增大。超前导洞应力释放技术,首先是通过开挖超前导洞主动卸压,使导洞在原岩应力作用下充分产生流动变形、塑性变形、释放部分地应力;其次是利用围岩自身的承载能力,使地应力重新分布达到新的应力平衡状态,使地应力得到有效释放与控制。正洞扩挖时,由于刷掉的是围岩松动圈外圈的低应力松散带,避免了扰动深部围岩,能有效控制围岩变形,保持隧道稳定。至目前为止,超前导洞应力释放控制技术在高地应力大变形隧道施工中尚缺乏系统研究。

1)超前导洞试验段设计

(1)超前导洞方案设计。试验导洞位于毛羽山隧道出口里程 DK285 + 150 ~ DK285 + 120 段,超前导洞长度为 30 m(含 5 m 锁口)。开挖尺寸采用 7.6 m(宽)×4.5 m(高)曲墙断面(大跨处 7.7 m 宽)。导洞位于正洞中线拱顶以下 2.5 m、距左右边墙各 3.5 m 的位置。导洞初期支护采用 I20b 型钢钢架支撑,纵向间距 1 m,喷 27 cm 厚网喷混凝土,增加Φ 22 系统锚杆(长 2 m),布设间距:环向 × 纵向 = 1.5 m × 1.0 m,超前小导管长 4 m。导洞采用全断面法施工,根据现场试验情况增设仰拱。试验段如图 2-44 所示。

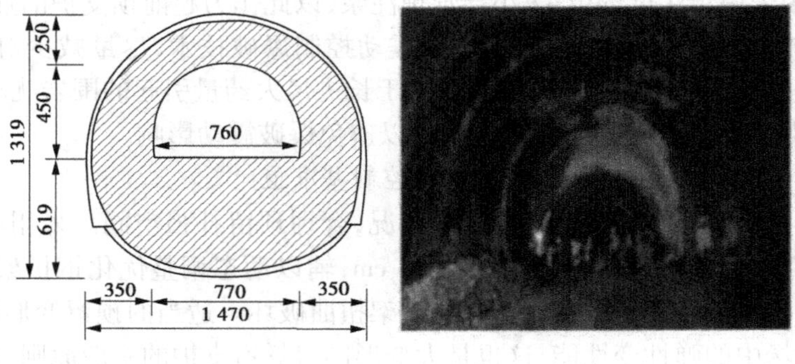

图 2-44　超前导洞应力释放试验　(单位:cm)

(2)超前导洞法施工顺序。明洞施工及正洞加固→小导洞 5 m 锁口段施工→小导洞开挖支护→小导洞支护拆除→正洞扩挖→正洞初期支护→正洞仰拱→正洞仰拱填充→拱墙衬砌。

2)超前导洞试验结果分析

(1)超前导洞变形分析。根据现场实际开挖情况,导洞共布置监测主断面 10 组,自导洞 2 m 处每隔 3 m 布设一组。监测点在立钢架时立即埋设,喷射混凝土完成后立即进行初始读数的采集。在开挖 1D(1 倍洞径)范围和开挖后 3 天内,监测频率为 2 次/d。之后,直到正洞扩挖到该测点的时间段内,监测频率为 1 次/d。当日变形值大于 10 mm/d 时,加密监测频率。

图2-45为超前导洞不同断面水平收敛曲线，监测数据显示：超前导洞前期拱顶下沉和水平收敛变形速率都较大；变形持续时间长，变形终值大；施工对变形影响大，掌子面爆破后变形较大，暂停施工后变形速率明显减小。由各测点累计变形来看，在正洞扩挖过程中，各测点变形曲线上出现拐点现象，也就是说，正洞的扩挖对导洞的安全稳定有一定的影响，扩挖过程中导洞1倍洞径范围内安全得不到保证。因此，超前导洞和正洞扩挖应采取循环作业才是安全的，不宜采取平行作业施工。

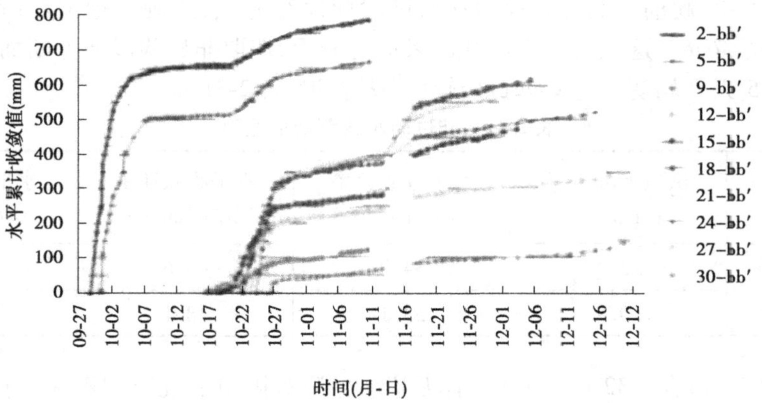

图2-45　超前导洞水平收敛曲线

为了分析超前导洞的应力释放作用，提出有效释放期（$T_{有效}$）这一概念。当变形趋于稳定时，取最终变形值（$\delta_{终}$）的80%作为有效变形值（$\delta_{有效}$），从开挖到有效变形值这段时间称为有效变形期，也称该时间段为有效释放期。采用30 m超前导洞进行应力释放，有效释放期为7天。也就是说，导洞开挖7天后，隧道周围一定范围内地应力释放完成，应力场重分布趋于平衡。各监测断面统计分析见表2-30。

表2-30　超前导洞监测数据变形统计

位置	拱顶下沉(*A*)		水平收敛(*BB'*)	
	终植(mm)	有效释放期(d)	终植(mm)	有效释放期(d)
2 m处	259	—	789.30	—
5 m处	220	—	666.82	—
9 m处	105	—	121.00	—
12 m处	96	—	235.00	—
15 m处	303	8	471.00	8
18 m处	290	4	613.00	6
21 m处	167	7	583.00	4
24 m处	166	3	522.00	3
27 m处	141	7	343.00	2
30 m处	106	8	143.00	8

(2)正洞扩挖变形分析。正洞支护参数采用原设计:变形预留量 40 cm,初期支护厚 33 cm;H175 型钢,间距 0.5 m;系统锚杆拱部长 6 m、边墙长 8 m。采用三台阶进行扩挖,按正洞开挖进尺拆除导洞初期支护,先拆后挖。对正洞进行拱顶下沉和水平收敛监控量测,分析在超前导洞应力释放后的变形规律。拱顶下沉采用 *A* 表示,上台阶水平收敛采用 *BB'* 表示,中台阶水平收敛采用 *CC'* 表示,下台阶水平收敛采用 *DD'* 表示。正洞测点原则上与导洞埋设在同一断面(目前观测有 8 组)。

截至 2011 年,超前导洞应力控制释放试验尚没有完成,正洞扩挖上台阶 25 m、中台阶 19 m、下台阶 7 m。这里仅将阶段性成果进行分析,选取非试验段典型断面与试验段监测断面,取前 5 天平均变形速率进行比较(见表 2-30、表 2-31)。

表 2-31　非试验段正洞变形速率

断面	拱顶下沉速率 *A*(mm/d)	水平收敛速率 *BB'*(mm/d)	水平收敛速率 *CC'*(mm/d)	水平收敛速率 *DD'*(mm/d)
DK285 + 185	13.2	34.2	40.6	39
DK285 + 178	20.8	53.1	48.1	21.5

比较表 2-31 和表 2-32 可以看出,有无超前导洞对拱顶下沉影响不大,对水平收敛变形影响显著,有效降低了正洞扩挖时水平收敛速率。这是因为当前设置超前导洞的目的、导洞位置都决定了导洞主要释放调整的是水平构造应力。采取导洞措施后,对上、中台阶施工时的水平收敛速率影响较大,上台阶由 43.65 mm/d 减小为 23.42 mm/d,减少近 47%;中台阶由 44.35 mm/d 减少为 30.3 mm/d,减少 33%;下台阶扩挖施工时变形速率相当。阶段性统计分析结果表明,采取超前导洞措施后,正洞扩挖时变形速率明显减缓,说明超前导洞应力释放有效降低了隧道主洞高地应力,加快了围岩二次工程应力场平衡趋势。同时,试验过程中深刻认识到,对于高地应力软岩隧道,总是强调应力释放、卸压也是不可取的。达到有效释放期后,围岩应力释放调整趋于平衡,此时要快速封闭成环。要把握好"应力释放控制"与"变形控制"之间的矛盾平衡,充分认识大变形控制是一个系统工程,在应力释放的同时提高初期支护体系刚度、优化正洞扩挖工艺、加快工序衔接、快速封闭成环,以及合理的二次衬砌施作时机等均不容忽视,而且有时某一环节会起到关键作用。实现围岩应力的可控化释放,最终使支护体系能有效抵抗控制释放后的地应力作用,从而达到控制变形的目的。这是目前现场科研课题研究的主要内容之一,同时也是软岩大变形地段施工技术的发展方向。

表 2-32　试验段正洞扩挖变形速率

断面	拱顶下沉速率 *A*(mm/d)	水平收敛速率 *BB'*(mm/d)	水平收敛速率 *CC'*(mm/d)	水平收敛速率 *DD'*(mm/d)
2 m 处	12	16.1	29.1	32.3
5 m 处	11.9	14.6	34.7	32.3
9 m 处	11	12.3	26.7	

续表 2-32

断面	拱顶下沉速率 A(mm/d)	水平收敛速率 BB'(mm/d)	水平收敛速率 CC'(mm/d)	水平收敛速率 DD'(mm/d)
12 m处	19	23.1	39.8	
15 m处	19	26.7	29.2	
18 m处	24.4	35.7	20.7	
21 m处	22.3	34.2		
24 m处	19.6	24.7		

3. 监控量测与信息化施工

加强现场监控量测、重视地质超前预报、动态控制软弱围岩大变形是隧道施工中的重要环节。毛羽山隧道施工过程中,采用地质雷达、水平钻孔、TSP203 地质预报系统等多种手段进行了综合超前地质预报,起到了及时掌握前方地质情况,为制定相应的应对控制措施提供依据的作用。施工过程中对隧道拱顶下沉、拱腰和边墙收敛变形进行了连续监控量测与数据分析,对锚杆轴力、围岩压力、初期支护混凝土应力、钢架应力、二次衬砌接触压力和混凝土应力等项目进行了系统的监控量测,并将监控量测工作纳入工序管理,确保了监测数据的及时、准确;通过对各阶段监测数据统计分析,确定大变形施工安全控制基准值,并在变形初期对围岩变形进行科学预测和阶段控制,根据预测值调整支护参数、预先采取有效措施以及预留变形量和二次支护空间等,在保证变形得到有效控制的同时,避免或减小加套拱、拆换拱架对施工造成的不利影响,并为下步施工给予指导,达到信息化施工、动态控制的目的。

(五)结束语

(1)毛羽山隧道出口段穿越薄层状碳质板岩,岩体软弱破碎,挤压潜能系数高,区域最大水平主应力优势方向为北西向(N29°~35°W),与隧道线路走向北偏东(N62°E)呈大角度相交,对隧道围岩稳定最为不利。

(2)隧道开挖后出现严重大变形,隧道变形及破坏具有严重性、快速性、长期性、不对称和不均匀性等特征。

(3)毛羽山隧道围岩大变形机制分析表明:高地应力、软岩是大变形的内因;工程扰动力是大变形的外因;支护强度不足、施工方法不当是产生大变形的直接原因;水的弱化作用对大变形不可忽视。其中,高地应力、最大水平主应力与隧道轴线夹角是产生大变形的主要因素。

(4)根据毛羽山隧道围岩特性和变形规律,在新奥法思想指导下,减少对围岩的施工扰动,采取“保护围岩”的施工理念,采用常规措施(提高支护系统刚度与整体受力性能;采用超短台阶法施工,初期支护快速封闭成环;采用系统锚杆和长锚杆控制围岩大变形;合理预留变形量,确定合适的施工安全变形控制基准值;适时构筑二次衬砌)对大变形实施动态反馈与控制。

(5)开展高地应力软岩隧道超前导洞应力释放技术。大型工程试验的阶段性成果表明，采取超前导洞措施后，可显著降低正洞扩挖时变形速率，加快围岩施工应力场平衡趋势。

(6)高应力控制释放技术应作为软岩大变形地段变形控制技术的重点进行研究，结合现场试验及理论分析，有望最终形成适宜于正洞软岩地段安全、经济、高效的施工技术，这不仅对于安全顺利建成兰渝铁路毛羽山隧道具有极大的现实意义，还将对隧道施工技术的发展产生深远的影响。

八、峡口高地应力软岩隧道施工技术

(一)工程概况

峡口隧道位于湖北省兴山县，是宜巴高速公路重点控制性工程，最大埋深 1 480 m。地层岩性主要为中风化较破碎粉砂质页岩、碳质页岩、砂质泥岩、碳质泥岩，按Ⅳ级围岩分级。

根据现场横断面地应力测试结果：洞身最大水平应力为 13.06 MPa，最大初始应力 σ_{max} 为 12.37 MPa，对应岩体的单轴抗压强度 R_c 为 2.4 ~ 8.7 MPa，R_c/σ_{max} 为 0.2 ~ 0.7。依《工程岩体分级标准》(GB/T 50218—2014)，场区地应力等级为高地应力区。

(二)综合超前地质预报

目前国内外超前预报主要采用 TSP 超前预报系统、围岩地质素描和超前水平钻孔等方式。在峡口隧道超前地质预报中，主要采用综合超前地质预报技术，包含隧道主要不良地质和施工地质灾害宏观预报、隧道洞身主要不良地质体中长期超前地质预报、超前钻探和围岩地质素描，具体工作流程见图 2-46。

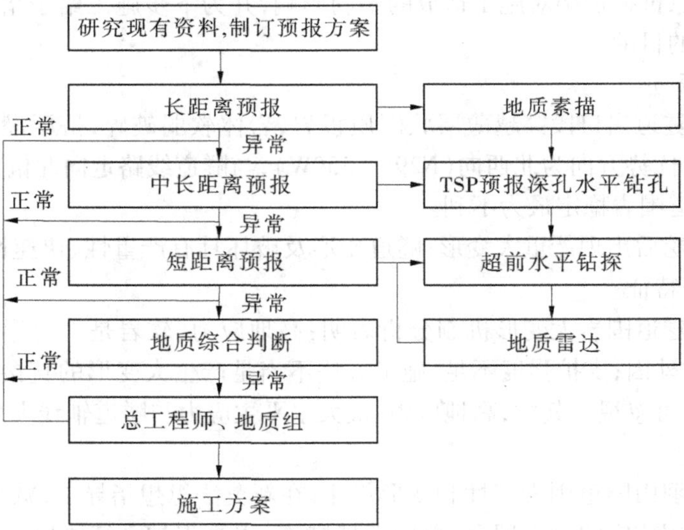

图 2-46　峡口隧道超前地质预报工作流程

(三)高应力段主要施工措施

1. 超前支护

因围岩破碎，地应力高，围岩开挖后不能自稳，在掌子面掘进前采用Φ 42 mm 小导管注浆预加固,前端成尖锥状,以减少入孔的阻力,注浆压力 0.5～1.0 MPa。小导管 2.9 m 范围内管壁四周钻 6 mm 压浆孔,梅花形布置,间距 15 m,尾部有 1 m 不设压浆孔,焊上Φ 6 mm 的箍筋。通过小导管将水泥浆强制注入拱部岩石裂隙内,极大地提高了开挖的安全性,有效地防止了塌方。

2. 隧道开挖方法及钻爆技术

峡口隧道的开挖实践证明高地应力软岩段采用环向台阶法开挖是可行的。此方法可减少一次性开挖面积,各部分均错开开挖,有利于减少掌子面高度,增强其稳定性,同时可以缩短开挖和支护的时间间隔,减少每次支护量,缩短每部分支护的工作时间,使开挖部分能及时支护。具体的开挖顺序和台阶长度如图 2-47 所示。

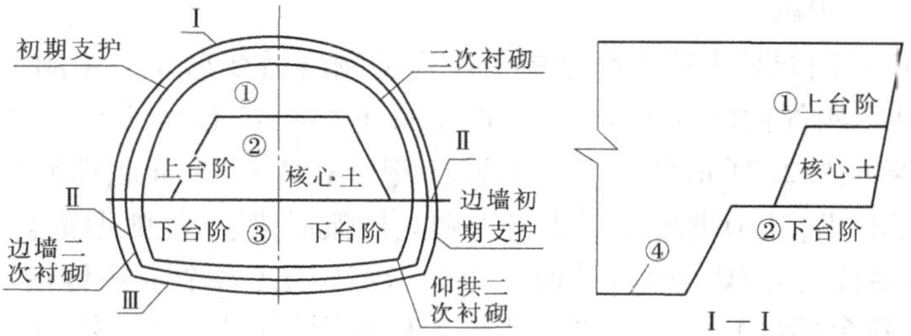

图 2-47　环形台阶开挖法

采用微振控制爆破技术,严格控制装药量和延期时差,达到控制爆破振速的目的,最大限度地减少对周边围岩的扰动和破坏。峡口隧道高地应力段主要是Ⅳ级围岩,每循环进尺控制在 2～2.4 m,周边眼线装药密度控制在 0.075～0.1 kg/m,平均装药量单耗控制在 0.55～0.65 kg/m,周边眼环向间距控制在 25～30 cm,外插角控制在 1.5°～2°。

3. 初期支护

初期支护采用锚、喷、网联合支护结构,按初喷混凝土、立 U 形钢架打锚杆、挂网、复喷混凝上至设计厚度的顺序紧跟开挖面进行施工。本隧道高地应力段采用的初期支护参数为:喷射混凝土 26 cm,钢筋网(间距 25 cm×25 cm)全断面布置,钢架采用 U29 型钢,间距 1.2 m,型钢间采用Φ 22 纵向连接筋连接成整体,锚杆采用Φ 22 砂浆锚杆,长 4 m,纵环向间距 120 cm×120 m,梅花形布置。

1)喷射混凝土

峡口隧道高地应力软岩大变形施工中,喷射混凝土强度等级为 C20,喷射厚度为 26 cm,施工时分为初喷和复喷两个阶段,初喷 4 cm,复喷 22 cm。初喷混凝土作为围岩的第一层支护,可以有效地防止新裸露的洞壁围岩风化、崩落,从而最大限度地减少围岩自承力的降低,可以填平围岩开挖轮廓的不平顺,也可以减少或者消除局部应力集中,从而提高围岩的稳定性。通过封闭围岩,可以提高下一步施工的安全性。

初喷完后,立即施工系统锚杆、钢筋网和型钢钢架,并及时进行复喷混凝土施工。复喷完后,才允许进行下一循环开挖施工。喷射混凝土早期强度高(速凝剂的作用),与围岩黏结较牢固,能在短时间内与围岩形成一个拱形整体,共同承受荷载,从而起到加固围岩,提高围岩的自承能力和稳定性的作用。

2）锚杆施工

锚杆施工在初喷混凝土后进行。锚杆杆体采用Φ 22 mm 螺纹钢，单根长度 4 m，环向、纵向间距为 1.2 m，梅花形布置，锚杆方向与岩面垂直。锚杆端头设铁垫板，施工时垫板用螺母拧紧，使之紧贴岩面。锚杆杆体插入孔内长度不小于设计长度的 95%，外露长度不大于喷射混凝土厚度。

3）钢筋网

钢筋网采用Φ 8 mm 钢筋焊接而成，网格间距 25 cm。为了提高施工速度，钢筋网先在加工棚内焊接成 2.4 m×2.0 m 片状，现场再进行安装、焊接。现场施工时，利用已施工的锚杆作为钢筋网的支承点，与钢筋网焊接在一起。

4）可伸缩性 U 形钢架

可伸缩性 U 形钢架是本隧道高地应力段为抑制隧道变形而采用的加强支护措施，每榀骨架由 5 个基本构件构成，1 根半径为 6.21 m 的拱顶弧形梁，2 根半径为 6.21 m 的拱腰弧形梁，2 根半径为 2.71 m 的立柱弧形梁，1 根半径为 9.21 m 底部弧形梁，整个 U 形钢钢架形成一个三心拱，其中拱腰弧形梁与拱和立柱弧形梁、立柱弧形梁与底部弧形梁均采用摩擦连接，搭接长度为 50 cm，该处使用 2 个卡箍固定（每个卡箍包括一个 U 形螺杆和一块 U 形垫板，两个螺母），连接处采用 2 根 4.0 m 锁脚锚杆，可更好地抵抗围岩应力，其余部分连接采用 180 mm×180 mm×16 mm 的钢板作为连接板。

骨架的可缩性是用卡箍的松紧程度来调节和控制的，骨架在围岩的作用下，构件开始变形，当围岩地应力达到某一程度后，摩擦搭接部分开始产生微小的相对滑移，骨架下移，从而缓解围岩对骨架的压力，可缩性耗尽后钢架成为钢性支架承载。和其他钢架相比，该骨架可缩性大，加工、制作、安装简单，当其成为钢性支架时，其抗压、抗扭能力高于普通工字钢骨架。

5）仰拱

及时施工仰拱是高地应力隧道施工的一项重要措施。高地应力软岩变形地段，仰拱紧跟开挖面。仰拱距开挖面下台阶长度一般不超过 15 m。每环仰拱开挖长度不超过 4 m，开挖后立即用 U 形钢架、钢筋网、喷混凝土进行支护，使整个支护系统封闭成环，并及时施工仰拱混凝土，以利于整体受力。

6）二次衬砌

为了确保隧道净空，抵御巨大形变压力，高地应力段衬砌应采用钢筋混凝土结构，混凝土最小厚度为 45 cm，施工时间在围岩监控量测结果收敛后进行；对于部分地段围岩长时间不收敛的情况，为了保证施工安全，待其变形速度小于一定值时，立即施工钢筋混凝土衬砌。峡口隧道进口段净空测量数据显示，衬砌未出现侵限现象，衬砌表面也未出现高地应力引起的裂缝。

4. 围岩监控量测

围岩监控量测包括应力量测和净空变形量测。

1）应力量测

应力量测采用埋设压力盒和钢筋应力计，根据现场实际，选定某监测断面处进行现场测试，该断面隧洞埋深约 1 113 m，初衬支护按Ⅳc 设计，采用 U29 型钢支护，榀间距 1.2

m；二衬设计为 C25 钢筋混凝土，厚度 45 cm。分别在拱顶、两侧拱腰和拱脚位置布设土压力盒和钢拱架表面应变计，共安装土压力盒 5 个、钢拱架表面应变计 5 个。监测断面传感器安装位置示意如图 2-48 所示。

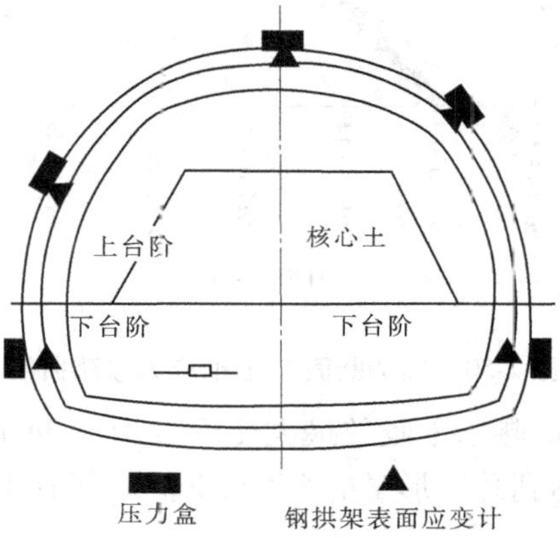

图 2-48　监测断面传感器安装位置示意

对隧道左右侧拱脚、拱腰及拱顶等部分进行围岩压力测试，各测点围岩随时间变化曲线如图 2-49 所示。

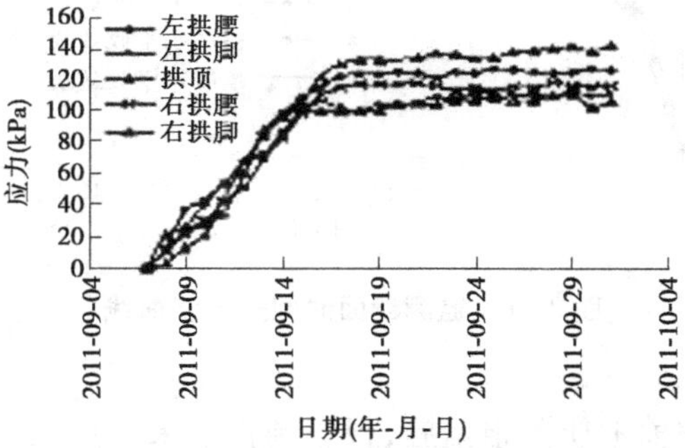

图 2-49　监测断面接触应力监测曲线

从围岩接触应力监测结果可知，掌子面开挖后，随工作面向前推进，围岩接触应力迅速增加，在第 10 天至第 11 天时达到峰值，随后应力增加缓慢。其中，拱顶位置接触应力最大，最大值为 146. 10 kPa，尚处于安全范围。

隧道左右侧拱脚、拱腰及拱顶等部分钢架应力各测点应力随时间变化曲线如图 2-50 所示。

2）净空变形量测

净空变形量测包含拱顶下沉量测和水平收效量测。拱顶下沉采用精密水准仪、收敛计和挂钩钢尺量测，并配以拱顶点挂钩吊挂；水平收敛量测采用数显式收敛计进行监测，拱顶下沉和水平收敛量测布设在同一个断面，间距在Ⅲ级围岩地段每 20 m 设一个断面，在Ⅳ级围岩地段每 10 m 设一个断面，在Ⅴ级围岩地段每 5 m 设一个断面。

如图 2-51 所示，开挖近 2 个月的时间内，拱顶最大下沉变形量为 10. 52 mm，墙水平

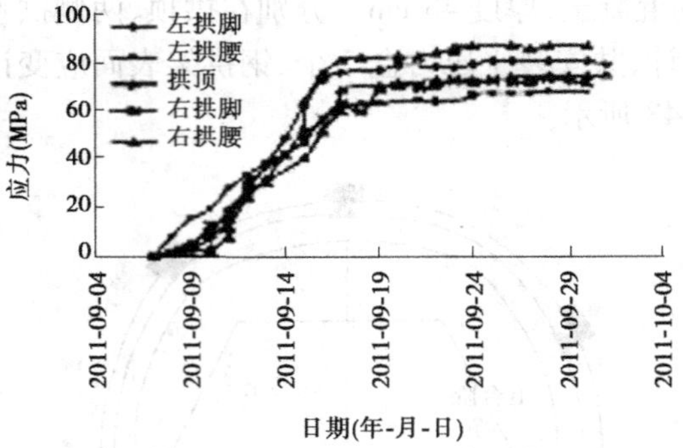

图 2-50 监测断面 U 形钢应力监测曲线

收敛最大变形量为 7.92 mm,腰水平收敛最大变形量为 8.34 mm。开挖后 5 天内变形速率较大,前 15 天的变形量达到总变形量的 85%,支护局部有少量开裂、剥落现象,未出现大面积坍塌。

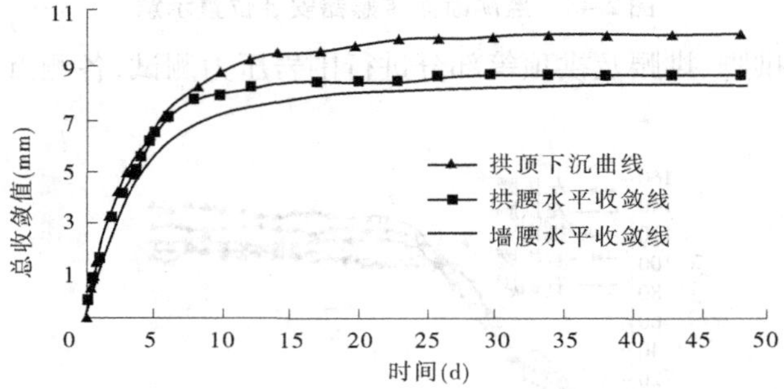

图 2-51 监测断面时间—位移曲线

(四)结束语

(1)通过采用综合超前地质预报措施,根据预报结果,对掌子面前方可能诱发的重大地质灾害建立预警体系,进行动态施工、动态设计、动态管理是高地应力软岩隧道施工行之有效的措施。

(2)采用环向台阶法开挖方法、微振控制爆破技术,施工支护采用先柔后刚,先放后抗,采用可伸缩性的 U 形钢架,同时将喷射混凝土分两次进行,待变形后再喷第二次,是保证该类工程围岩施工变形稳定及支护结构安全的重要手段。

(3)监测结果显示,本书提出的综合超前顶报方法和组合施工措施是可行的,这对国内外类似工程施工具有重要的参考价值。

(4)该隧道是高地应力作用下软岩大变形的典型实例,地下水的软化作用是重要的外因条件。

九、川藏铁路高地温隧道施工关键技术研究

(一)工程概况

川藏铁路桑珠岭隧道位于青藏高原东南部,冈底斯山脉和喜马拉雅山脉交汇处的雅

鲁藏布江桑加峡谷区，隧道全长 16.5 km，最大埋深约 1 350 m，海拔 3 600 m 左右。隧道穿越沃卡地堑东缘活动断裂 F5－2，断层上盘为糜棱岩带，断层下盘为花岗闪长岩，受区域构造影响，岩体极其破碎。现场在隧道洞身及线路右侧雅鲁藏布江江边发现 6 个温泉，泉水温度为 48～76 ℃，隧道开挖至该段时出现了高地温，属与地质构造有关的地热异常区。设计在大里程方向距活动断裂 250 m 处设 1 座 832 m 长横洞。施工中横洞进洞 65 m 时温度出现升高迹象，横洞掌子面岩体温度变化如图 2-52 所示。

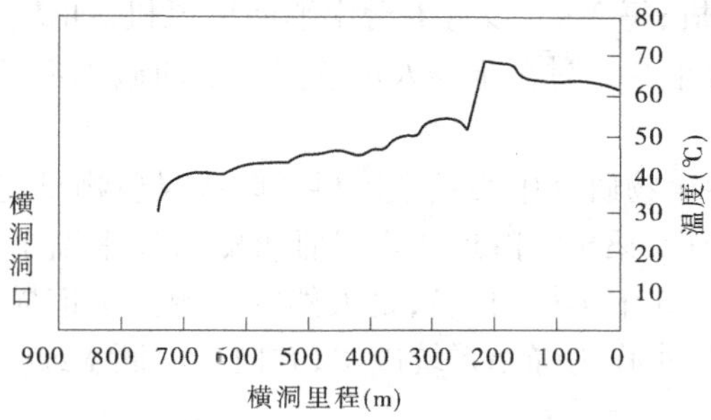

图 2-52 横洞掌子面岩体温度变化

2015 年 4 月 26 日爆破后，掌子面岩面温度 56 ℃，3 m 炮孔内温度 60 ℃；2015 年 10 月 8 日爆破后，掌子面岩面温度 68.9 ℃，3 m 炮孔内温度达 78.9 ℃；施工揭示地温最高处为横洞进洞后约 700 m 处，揭示爆破后掌子面岩面温度 69.2 ℃，3 m 炮孔内温度达 81.9 ℃。目前，隧道施工已通过温度最高段，洞内温度出现逐步下降趋势。

（二）高地温对隧道施工的影响

高地温对隧道施工的影响主要体现在以下几个方面：

（1）高温下作业环境恶劣，施工人员劳动能力降低，单次作业时间大大缩短，严重降低施工工效；机械设备降温效果差，故障率显著升高，严重降低了施工工效。

（2）隧道处于 3 600 m 的高海拔地区，含氧量仅为平原地区的 60%～70%，过高温度环境下作业，对氧气的需求量增大，施工人员舒适度大幅降低，对施工人员健康影响较大，高原病出现概率大增，危及施工人员生命安全。

（3）高温环境下导爆索、雷管等爆破器材性能稳定性下降，易出现瞎炮、哑炮等，严重危及施工安全。

（三）高地温隧道施工关键技术

1. 施工降温技术

为降低施工风险，保障施工人员安全，提高施工效率，隧道施工期间需采取有效措施降低隧道内环境温度。

1）通风降温

通风降温是降低隧道内环境温度最简单易行的方法。根据雅鲁藏布江峡谷区气象资料，桑珠岭隧道所处地区年平均气温 8.2～9.3 ℃，最热月平均气温 15.9～16.6 ℃，最冷月平均气温 0.1～0.3 ℃，气温可以满足降温通风要求。

高地温隧道通风要求适当加大风量，提高风速，以使岩体释放的热量尽快分散到空气中,从而降低环境温度,提高作业环境的舒适度。根据隧道内施工揭示温度情况,为尽快降低作业环境温度,横洞工区采用5根直径为150 cm风管,2根大里程方向送风,2根小里程方向送风,1根回风管;送风管出风口置于距掌子面25 m之内,回风管风机置于横洞与正洞交界处。考虑高原高温缺氧环境,掌子面风速按1.0~3.0 m/s控制。施工过程中对掌子面温度进行实时监测,动态调整风量、风速。

为加强通风,进洞超过1 km后在洞内增加接力风机加强洞内通风,每1.0~1.5 km设2台110 kW接力风机;每2 km设置1台中继回风风机,加快排风速度;加强局部通风强度,在掌子面、开挖台车及二衬台车等人员较多处增加通风机或风扇。

2)利用江水降温

根据暨南大学水生生物研究中心及中国科学院武汉植物研究所所做的有关西藏雅鲁藏布江水质时空特征分析,桑珠岭隧道所在段雅鲁藏布江水温半年时间不超过13 ℃,全年不超过19 ℃(见图2-53中羊村曲线),是天然的冷源。隧道横洞洞口下方即为雅鲁藏布江,施工期间可抽取江水作为降温系统冷源,并向洞内洒水或喷射雾状冷水。

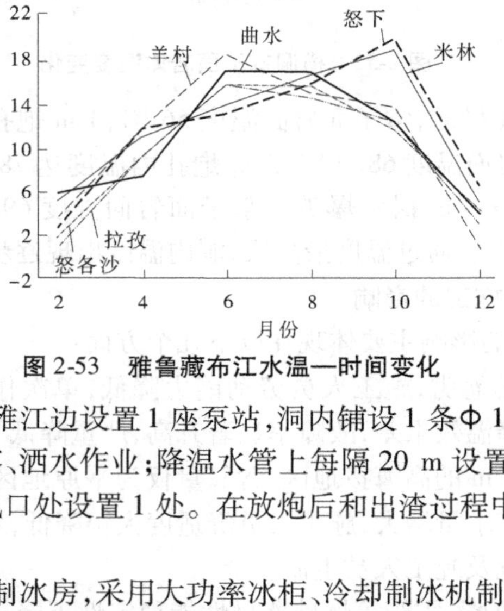

图2-53　雅鲁藏布江水温—时间变化

施工期间于横洞洞口雅江边设置1座泵站,洞内铺设1条Φ100 mm高压水管作为降温专用水管,实时进行喷雾、洒水作业;降温水管上每隔20 m设置一处喷雾器,靠近掌子面地段适当加密,风管出风口处设置1处。在放炮后和出渣过程中,对掌子面围岩及洞碴洒水降温。

在隧道洞口附近设置制冰房,采用大功率冰柜、冷却制冰机制冰。在隧道内施工人员较多处运用冰块降温,根据洞内温度每处放置3~5组冰块,可有效降低周边温度。根据现场量测周边3 m范围内可降温3~5 ℃。

2. 隧道隔热技术

为减少隧道内热量供应,施工中沿开挖轮廓采取适当隔热措施。隧道初期支护喷射混凝土中添加0.05%的引气剂,使喷射混凝土内部形成不连续的封闭气泡,降低导热系数。根据现场量测情况,采用添加引气剂的喷混凝土可将洞内环境降低2~3 ℃。

3. 高温水的预防与处理

桑珠岭隧道掌子面及前方岩体温度可达70~80 ℃,施工中部分地段存在高温水,高温水喷射或溅射到施工人员身上易造成烫伤。为防范可能存在的高温热水,施工中加强超前地质预报,现场采用50 m长超前钻孔对掌子面前方进行探测,每次施作3孔,分布于拱顶、两侧边墙,每次搭接长度10 m;同时采用红外探水预测,每次预报30 m,搭接长度5

m。超前钻孔钻进过程严禁人员在孔口附近及正对孔口方向停留，避免涌水烫伤施工人员。为降低掌子面附近环境温度，对施工中出现的裂隙水及施工废水进行集中引排。首先引入掌子面附近的临时蓄水池，临时蓄水池采用遮盖保温板方式保温，同时通过保温水管将热水引至掌子面后方 150 m 处的水沟排出洞外。

4. 高地温地段爆破施工技术

普通导爆索、导爆管在环境温度达到 60 ℃时，性能不稳定，易出现瞎炮、哑炮，危及施工安全。施工中根据炮孔温度选用了不同的炸材：炮孔内温度 <50 ℃时，采用普通爆破器材，雷管置于孔底反向起爆；炮孔内温度 >50 ℃且 <70 ℃时，采用耐 80 ℃高温的导爆管、导爆索，雷管置于孔底反向起爆；炮孔内温度 >70 ℃时，采用耐 120 ℃高温的导爆管、导爆索，并改进装药结构，将雷管置于孔口，导爆索与炸药装入炮孔，由雷管在炮孔口激发导爆索，导爆索在孔底反向起爆炸药。

高地温段隧道开挖炮眼布置与普通段炮眼布置相同，采用不耦合装药，采用Φ 32 mm 2 号岩石乳化炸药，炮孔直径 45 mm。为解决高地温段经常出现瞎炮、哑炮造成的光爆效果不理想问题，施工中辅助眼采用连续装药方式增加装药量，并采用双雷管激发，确保激发正常，提高了光爆效果。

5. 高温环境人员防护及健康管理

长时间高温环境作业，应采取有效的人员防护措施，并对施工人员健康进行有效管控。

(1)洞内施工人员应配备内置冰袋的冷却背心，降低人员体外温度。

(2)高温环境中施工，工人易出现维生素、水分及盐类的缺乏，需及时进行补充；为消除疲劳需在适温、适湿的环境下适当休息。为此在洞内建立降温休息室，配备淡盐水、维生素、凉茶等物资及防暑降温应急救援箱。根据隧道内的环境温度、劳动强度和施工人员劳动效率，合理安排高温作业时间，施工人员每隔一定时间或感觉体温过高时，可进入降温休息室休息，补充水分及盐类，保证施工人员的健康和安全。

(3)高海拔地区氧气稀薄，高温环境下缺氧更加严重，为保障施工人员健康，提高劳动效率，在隧道掌子面附近采用制氧机进行弥散式供氧，确保工作面含氧量不低于平原地区的 80%。

(4)对施工人员进行体检，对有高血压、心脏病等疾病的人员及存在过度疲劳、空腹、睡眠不足、酒醉等的人员禁止进洞，并给每个施工人员配备一定数量的防中暑药物。

(四)结束语

目前，桑珠岭隧道施工已通过地温最高地段，隧道内温度已开始逐步降低。隧道施工过程中成功解决了高地温隧道面临的作业环境恶劣、人员设备能力降低、爆破安全风险大等一系列问题，提高了施工工效，确保了施工人员健康。主要经验及体会如下。

(1)采用加强通风、喷洒低温江水、掌子面放置冰块、隔热等降温措施可有效降低高地温隧道内环境温度。桑珠岭隧道采取上述措施后掌子面环境温度基本控制在 45 ℃以内，较掌子面岩体温度低 10 ~20 ℃，如图 2-54 所示。

(2)隧道施工中需加强超前地质预报，掌握掌子面前方高温水赋存情况，避免突发涌水伤害施工人员。对高温地下水及施工用水需有序引排，尽量减少高温水热量扩散。

(3)需根据炮孔内温度，选取合适的爆破器材及装药方式，保证高温环境下的爆破安

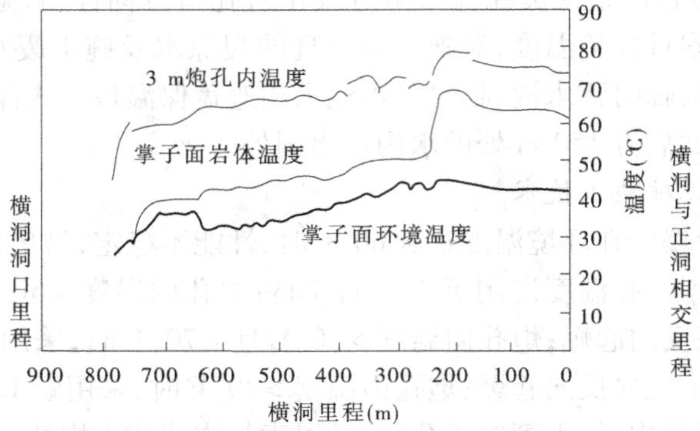

图 2-54　桑珠岭隧道各部位温度曲线

全。可采用辅助眼连续装药、双雷管激发等措施控制瞎炮、哑炮率,提高光爆效果。

(4)高温环境下应加强施工人员的安全防护及健康管理。可采用穿戴冷却背心,设置低温休息区等措施降低人体温度,采用弥散式供氧,及时补充水分及盐类,确保施工人员健康。

十、某黄土隧道塌方处理措施及原因分析

(一)概况

1. 工程概况

陕西省境内某铁路客运专线双线隧道进口与南同蒲线相隔,隧道出口位于磨沟右岸陡坡,下穿南同蒲线。起讫里程 K0 + 110 ~ K1 + 568,全长 1 458 m,隧道设计采用复合式衬砌,弧形导坑法开挖。

2. 工程地质条件

隧道处于黄土台塬,冲沟发育,沟内无常年流水。依钻探资料,隧道进出口地下水埋深大于 60 m,隧道洞身(塬顶面)地下水埋深大于 120 m。

隧道洞身穿越的地层主要为第四系中更新统黄土状粉质黏土,夹有数层古土壤层及卵石土层(Q_2),判定为Ⅳ级围岩;隧道洞口段为第四系上更新统黄土状粉土(Q_3),厚30 ~ 40 m,其大孔隙及垂直节理发育,且具有自重湿陷性,场地湿陷等级Ⅳ级(很严重),围岩判定为Ⅴ级。本书介绍隧道洞口段Ⅴ级围岩塌方处理措施及原因分析。

(二)塌方过程与塌方范围

洞内正在进行喷射混凝土施工时,发现掌子面拱顶出现裂缝并伴有掉块,就立即暂停施工,撤出施工人员,20 min 后发生大面积塌方。塌方中心里程为 K0 + 280 左右,塌陷中心地表覆盖层厚约 26 m,塌方中心距暗洞洞口 110 m,距已施工的仰拱面(K0 + 253)27 m,洞内塌方土体已覆盖到 K0 + 269 处。地表塌陷里程为 K0 + 270. 1 ~ K0 + 296. 5,沿隧道纵向长为 26. 4 m,沿隧道横向最宽处为 35. 6 m,塌陷区域面积约为 720 m^2,地表塌方平面图见图 2-55,塌陷中心处呈漏斗形,深度约有 4 m,塌坑周围呈环状开裂。

(三)塌方原因分析

现场察看和资料分析发现,造成塌方的原因不仅有不良地质的客观因素,还有人为安

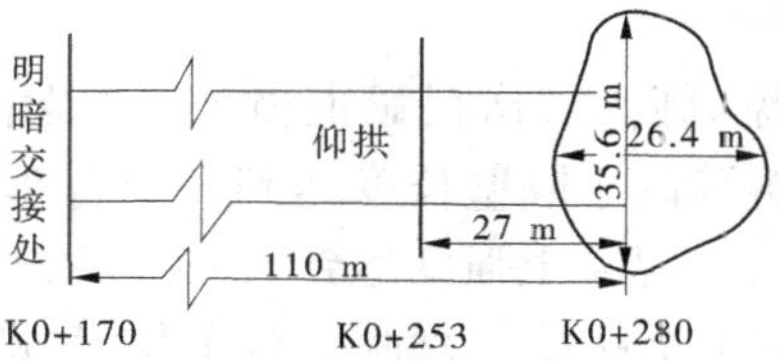

图 2-55 地表塌方平面图

全意识薄弱和应变能力差的主观因素。

1. 不良地质

塌方段隧道围岩为Ⅴ级第四系上更新统黄土,结构疏松软弱,具大孔隙及垂直节理特点,且拱顶覆盖层较薄,左高右低偏压,围岩稳定性差。

2. 安全意识薄弱

洞内虽按设计要求布设监控量测点,但从资料上分析,发现有施工人员安全意识差,不按量测频率监测等现象,存在"重进度,轻安全"思想。

3. 应变能力差

虽然掌子面和仰拱、二衬的安全距离均控制在规范范围内,但该段土质特殊,没能遵循"土变我变"的原则,缺乏预见性和应变能力。

(四)塌方处置措施

(1)塌体稳定后,在塌坑四周地表设置变形观测点,依观测数据的分析结果,确定塌坑四周土体是否已经稳定。

(2)塌体稳定后,在塌坑四周建立完备的临时防排水系统,并对塌坑四周地表用防水板进行覆盖,确保地表水不能流入塌坑和侵入塌坑四周的土体内,以免塌坑四周的土体再次失稳。

(3)塌体稳定后,对塌体及塌坑牵动范围进行刷坡减载,减载范围 K0 + 260 ~ K0 + 340。减载后,K0 + 278.3 ~ K0 + 314 段拱顶覆盖层仅有 20 ~ 50 m,某减载断面示意见图 2-56。对减载坑四周还进行变形观测,直至减载坑四周边坡土体稳定、无变形。

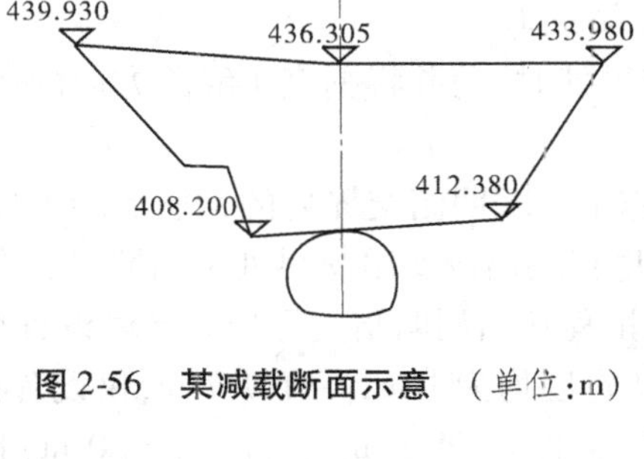

图 2-56 某减载断面示意 (单位:m)

(五)塌方处理方案

根据减载情况及塌体的土质、隧道的跨度及覆盖厚度等情况,按照如下方案处理塌方段。

1. 洞内 K0 + 229.2 ~ K0 + 265.2 段仰拱、二衬施工

(1)从洞内塌体掩盖情况(拱部掩盖到 K0 + 269,坡脚掩盖到 K0 + 265)和断面测量数据判断,K0 + 269 以前的初期支护没有受到影响,所以从 K0 + 229.2 处,再往前施工三

模二次衬砌到 K0 +253.2 处。

(2)逐步拆除洞内中隔壁,施工二次衬砌混凝土,中隔壁拆除长度不宜过大,只超前二次衬砌一个台车长度,当拆除的中隔壁长度达到一个台车长度时,暂停中隔壁拆除,立即施工该段二次衬砌混凝土,待混凝土强度达到 8 MPa 后,开始下一段中隔壁的拆除。

(3)隧底、仰拱和填充施工至超前二衬两个台车长度,即 K0 +265.2 处时停止施工。施工隧底、仰拱和仰拱填充时,中隔壁和上部横撑、斜撑及下部横撑不再拆除。

(4)将仰拱、二衬跟进施工至洞内塌体掩盖面坡脚(K0 +265.2)处,洞内暂停施工。

2. K0 +278.5 ~ K0 +306 段拱部明挖施工

从洞内塌方体覆盖面判断,K0 +269 以后的初期支护可能已受到不同程度的损伤,严重的已塌落、扭曲变形,需进行拆除后重建。考虑到从洞内直接掘进后拆除重建初期支护,安全隐患太大,而拱部减载后,拱顶覆盖层已较薄,所以采取从拱部明挖施工方法。

(1)为便于逐步形成一个稳定、完整的受力体,同时也便于形成工作面,拱部明挖从塌方段中间向两洞口方向分别施工,每循环施工长度控制在 3 ~ 6 m,以防止开挖后两侧边坡长时间暴露而失稳。前一循环喷射混凝土强度达到设计强度的 50% 以上后才开挖后一循环,在开挖后一循环时,将开挖的土体分层对称填筑在前一循环的拱部两侧及拱顶以上,并人工夯实。为防止施工完成的拱部初期支护受到重压而失稳,严禁挖掘机在已施工完成的拱部初期支护上行驶和碰撞拱部初期支护。

(2)拱部明挖施工,首先从减载坑底平面往下开挖,开挖应以能将损坏的初期支护混凝土和钢架拆除和取出为准,开挖采用挖掘机开挖,人工配合修整。开挖时,左右两侧从拱部扩大拱脚处往外按 1∶1的坡度开挖,以保证两侧边坡稳定。开挖时,扩大拱脚严格按 1.2 m 施作,扩大拱脚必须施作在原有稳固土体上。损坏的初期支护取出后,沿距离拱部初期支护内轮廓面 5 cm 的轮廓面上将土体夯实,然后按洞身初期支护施工。钢架安装时,为增加拱部钢架联合受力效果及增加基底承载力,在拱部钢架基脚处垫设 I32 a 槽钢,槽钢沿拱脚纵向通长设置,将每榀钢架连成一个整体,槽钢接长及与钢架连接采用焊接。钢架、联结钢管、钢筋网片、锚管安装完成后,喷射 35 cm 厚 C25 厚聚丙烯微纤维混凝土。

3. 明暗交界处拱部长管棚施工

(1)在开挖两端明暗交界处时,一并将垂直于线路方向的边坡开挖完成,边坡坡率控制在 1∶0.5 左右。

(2)刷坡完成后,开挖施工两端明暗交界处的钢筋混凝土导向墙,钢筋混凝土导向墙顺明暗交界处地形设置,小里程端出洞明暗交界处导向墙设置在 K0 +278.5 ~ K0 +279.5 处,与隧道轴线交角 90°,大里程端出洞明暗交界处导向墙设置在 K0 +305 ~ K0 +306 处,与隧道轴线交角 90°,导向墙宽度均为 1 m,高度 0.7 m,仅设置在拱部范围内。

(3)导向墙施工完成后,施工Φ 108 mm 长管棚($L=20$ m)长管棚设置在拱部 120°范围内,间距 40 cm,外插角 1° ~ 3°,长管棚方向与隧道轴线方向一致。导向墙立面图及长管棚设置见图 2-57。

4. K0 +265.2 ~ K0 +278.5 段洞内开挖支护

(1)长管棚施工完成且管内注浆强度达到后,从洞内 K0 +265.2 处开挖掘进。

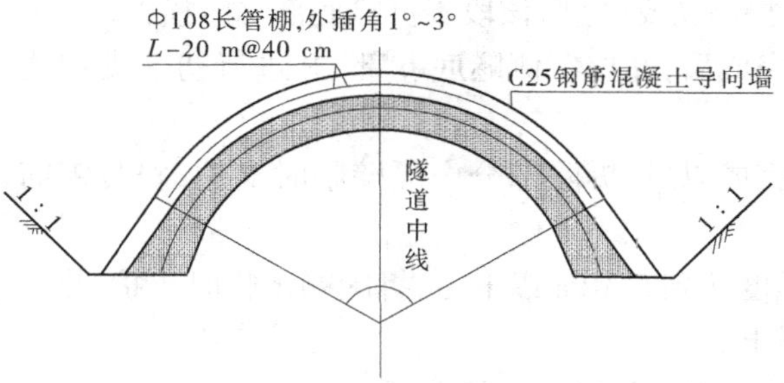

图 2-57　导向墙正立面及长管棚设置

(2)K0+265.2~K0+278.5段从洞内采用CRD法分部开挖施工,K0+265.2~K0+278.5段支护参数进行加强调整:初期支护厚度40 cm,二次衬砌厚度50 cm,仰拱厚度90 cm,型钢钢架间距1榀/50 cm。

(3)从洞内塌方体掩盖面向前掘进,施工工序横断面示意见图2-58,先开挖左侧上台阶①部,预留核心土。开挖采用挖掘机开挖,人工配合修整,开挖长度为每一循环1榀钢拱架。开挖后立即进行架立型钢钢架、打设锚杆等初期支护施工,并架设中隔壁I25a型钢钢架、横撑和斜撑。为增强扩大拱脚对拱架抵抗力,将扩大拱脚按1.2 m后施工;为增加拱部钢架联合受力效果及增加基底承载力,在钢架基脚处垫设I32a槽钢,槽钢沿拱脚纵向通长设置,将每榀钢架连成一个整体,槽钢接长及与钢架连接采用焊接。然后喷射40 cm厚C25微纤维混凝土和喷射中隔壁25 cm厚C25混凝土。

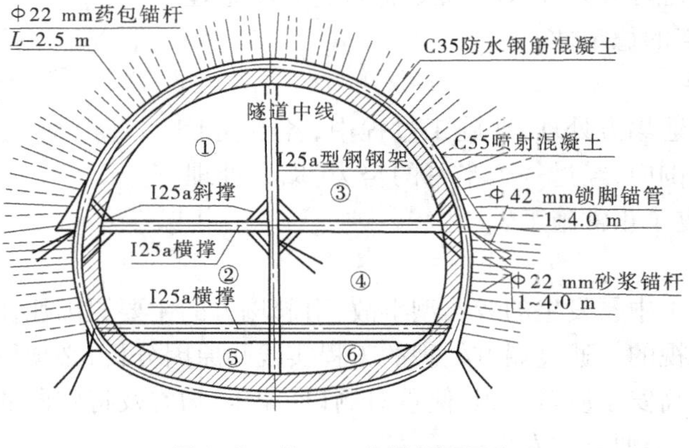

图 2-58　施工工序横断面示意

(4)左侧上台阶开挖支护约3 m后,开始开挖左侧下台阶土体②部,开挖每循环长度仍为1榀钢拱架。开挖后,及时接长边墙钢架和中隔壁钢架,架设底部临时横撑和斜撑等,并完成初期支护施工。

(5)左侧下台阶②部开挖支护3~5 m后,进行右侧上台阶③部的施工。

(6)右侧上台阶③部开挖支护约后,开挖右侧下台阶土体④部。

(7)在滞后④部一定距离之后,挖掘机开挖左侧隧底⑤部,人工配合整修。整修后初喷4 cm厚C25混凝土,接长中隔壁I25a型钢钢架,安装隧底I25a型钢钢架,复喷C25混凝土至 40 cm 厚。为提高初支强度,该段不拆除底部临时横撑。

(8)在⑤部施工完成后,开挖右侧隧底⑥部,并进行初期支护施工,仍不拆除底部临时横撑。

(9)在隧底施工完成以后,拆除部分中隔壁临时支护,安装钢筋,施工仰拱混凝土及仰拱填充混凝土。

(10)仰拱填充强度达到 5 MPa 以上后,拆除剩余临时支护、横撑和斜撑,施工拱墙二衬 C35 防水钢筋混凝土。

5. K0 + 278.5 ~ K0 + 306 段洞内开挖支护

由于该段拱部已明挖并进行了初期支护施工,拱部已比较稳定,所以该段采用弧形导坑法开挖。但洞身支护参数加强调整为:初期支护厚度 40 cm,二次衬砌厚度 80 cm,仰拱厚度 90 cm,型钢钢架间距 1 榀/50 cm 施工。

6. K0 + 306 ~ K0 + 317 段洞内开挖支护

该段采用 CRD 法施工,施工工序、方法与 K0 + 265.2 ~ K0 + 278.5 段相同。

(六)监控量测

在处理塌方过程中,监控量测指导施工的作用显得更加突出,施工各个阶段围岩的稳定性都应通过量测结果来确定。处理塌方时,对塌方段和临界面 30 m 范围内重点监控,每隔 5 m 设置一组观察点,其中拱顶和拱顶两侧 3 m 左右埋设三个沉降观测点,圆心点及圆心点以上 3 m 左右高程处各埋设一组水平收敛观测点,监测点断面示意如图 2-59 所示,每天观测两次,并对量测数据进行及时整理分析,由此判断围岩的稳定性。

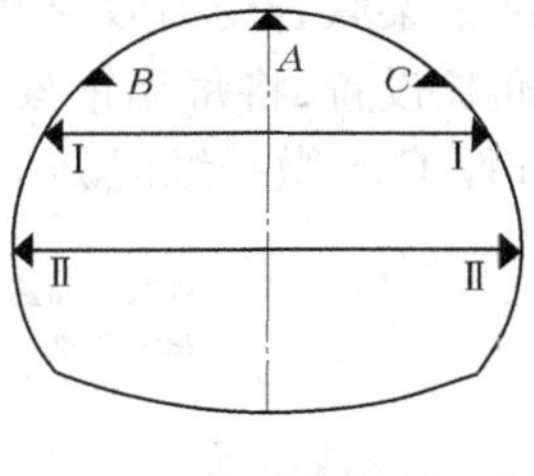

图 2-59 监测点断面示意

(七)处理效果

该隧道经过上述塌方处理,在施工过程中,各项变形量均控制在允许范围内,经过一个半月的努力,塌方处理达到预期效果,恢复了正常施工。

(八)结束语

塌方是隧道施工中易发生的较典型事故,引起塌方的主要原因往往是地质因素,但人为因素也是不容忽视的。通过塌方处理的工程实践和原因分析,必须切实吸取教训,总结经验、规范施工,提高安全质量意识,侧重对洞口、偏压、沟谷及特殊段的详细勘察,增加监控量测的频率,防止类似事故发生。

十一、郑州至西安客运专线函谷关隧道下穿新黄土冲沟施工技术

(一)概况

1. 工程概况

函谷关隧道起讫里程 DK270 + 429 ~ DK278 + 280,隧道全长 7 851 m,是国内最长的黄土隧道。隧道开挖面积 163.87 m^2,开挖跨度 15.5 m,开挖高度 13.48 m,属大断面隧道。

隧道在 DK271 + 015 处下穿一大型冲沟,线路与冲沟平面交角为 32°41′,影响隧道

DK271+005~DK271+020段，长15 m，冲沟底距隧道拱顶仅2 m。该冲沟汇水面积为0.06 km^2，流量为2.8 m^3/s，冲沟水来自上游高速公路两侧冲沟水、公路1~3 m涵洞的排洪水、连霍高速公路收费站及其生活污水，如图2-60所示。

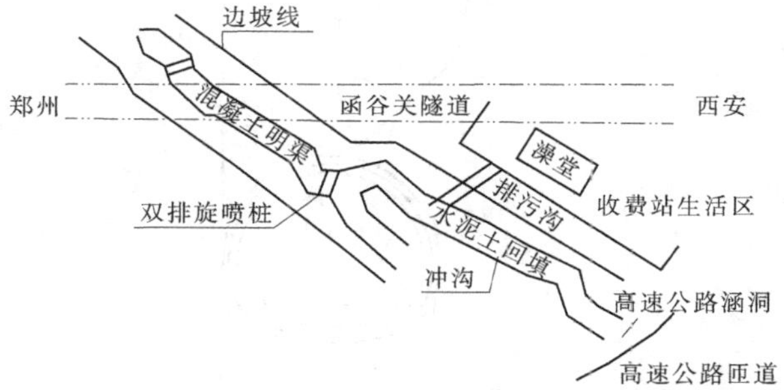

图2-60 下穿黄土冲沟治理示意

2. 工程地质条件

该段隧道处于黄土丘岭区，地下水埋深大于30 m。洞身围岩为V级黄土状粉土（Q_3），其厚度15~30 m，并夹多层厚度为2~4 m粉细砂，且分别位于隧道拱顶、拱腰、边墙部位。黄土状粉土大孔隙及垂直节理发育，结构疏松，具有中等~严重自重湿陷性。冲沟内陷坑发育呈串珠状，冲沟边坡多处坍塌，坡顶发育多处裂缝，工程地质条件差。

（二）工程边界条件及相互作用关系分析及采取的措施

1. 工程边界条件及相互作用关系分析

（1）冲沟在地表水的冲刷下下切侵蚀，导致其边坡、坡脚失稳坍塌，地表水滞留冲沟，诱发湿陷坑，且陷坑不断加深扩大，造成新的垮塌，对下方隧道施工影响极大。

（2）隧道围岩为中等~严重自重湿陷性黄土状粉土，且夹有多层粉细砂层，自稳能力差，隧道开挖时易造成塌方，引起冲沟边坡沉降而失稳。

（3）隧道与冲沟平面交角32°41′，隧道开挖至冲沟范围内时，会形成偏压，隧道拱顶到冲沟底最薄仅只有2 m，隧道开挖支护时，容易造成浅埋塌方冒顶，影响隧道施工安全，见图2-61。

对下穿冲沟段隧道施工采用CRD法施工，施工步序多，造成对地层的多次扰动，各步工序引起变形叠加可能产生较大的沉降，致使冲沟边坡土体失稳对隧道产生巨大的动荷载，对隧道施工极为不利。

2. 采取措施

通过以上分析，为保证隧道施工顺利通过冲沟，针对三个方面采取如下措施：

（1）控制冲沟的湿陷性和提高冲沟及其边坡的稳定性；

（2）改良隧道围岩工程性质，提高其自承能力，保证隧道开挖的稳定性；

（3）优化隧道施工方法，减少隧道开挖引起的地表沉降；修正边坡、回填陷坑，减弱隧道偏压和浅埋对隧道施工影响。

（三）施工技术措施

1. 冲沟治理和加固

（1）改善水流径流条件，防止地表水下渗、侵蚀，预防岸坡坍塌造成滞流，诱发湿陷。

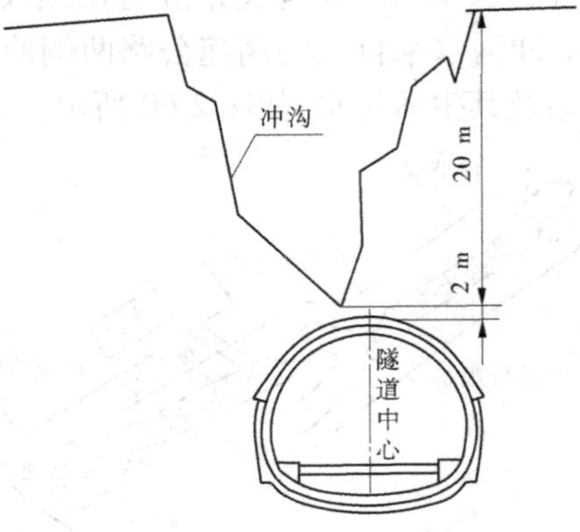

图 2-61　隧道下穿黄土冲沟横断面示意

从冲沟下游至上游高速公路涵洞口采用水泥土回填，水泥土配合比为 1∶12，压实系数为 0.8，其中已产生的陷坑用水泥土回填夯实。

（2）冲沟加固范围为冲沟 K0 + 160（冲沟主沟与支沟分岔处）～ K0 + 234 段，隧道上下游各设 2 排Φ 1 000 mm 钻孔咬合桩。

（3）K0 + 160 ～ K0 + 234 段冲沟两侧墙脚设 3 m 高矮墙防护边坡，挡墙采用 M10 浆砌片石浆砌。

（4）其余采用水泥土及 M10 浆砌片石回填后，其上设 0.5 m 厚钢筋混凝土明渠以利排水。明渠铺砌范围为 K0 + 160 ～ K0 + 234 段，铺砌起点和终点均设置垂裙，明渠底部铺设一层 EVA 防水板。

（5）冲沟两侧边坡：K0 + 140 ～ K0 + 160、K0 + K234 ～ K0 + 254 段 10 m 高范围设土钉及喷网防护；K0 + 160 ～ K0 + 234 段刷方边坡范围设土钉防护。土钉采用Φ 25 HRB335 螺纹钢筋，长 8 m，间距 1.2 m，梅花形交错布置；Φ 8 钢筋网片 25 cm × 25 cm 设置，喷混凝土厚 15 cm。

（6）K0 + 234 至冲沟出口处沟心采用水泥土回填，回填面压实平顺。

（7）高速公路收费站管理处围墙下方两侧边坡，及冲沟范围局部危险地段边坡设土钉加网喷防护，防护参数同上。

2. 咬合桩施工

咬合桩分素混凝土桩 A 桩和钢筋混凝土桩 B 桩，直径 1 m，桩长 23 m，相邻咬合桩咬合量 0.2 m，施工顺序是，先施工 A 桩，再施工 B 桩，切割 A 桩部分混凝土而形成咬合结构，混凝土强度均为 C25（见图 2-62）。

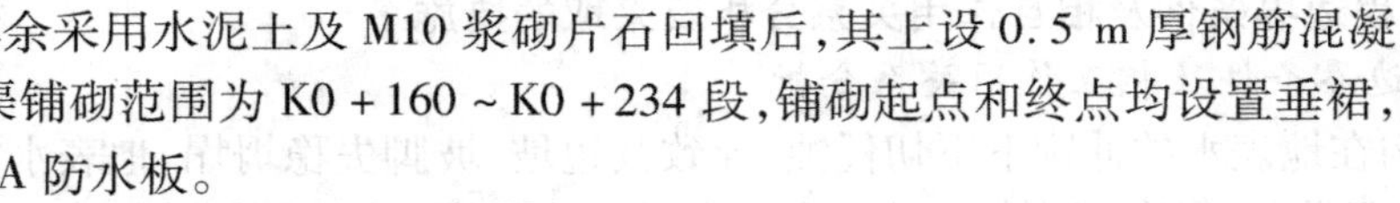

图 2-62　直径Φ 1 000 mm 咬合桩施工顺序

3. 采用水玻璃硫酸浆液固结粉砂层

对隧道拱顶、拱腰、边墙部位多层粉细砂，采用小导管注水玻璃加稀硫酸进行加固，注浆加固施工参数为：环向间距 0.4 m，纵向 2.0 m/环，Φ 42 mm 小导管长 3.5 m，搭接长度为 1.5 m。注浆采用改性水玻璃浆液固结砂层，改性水玻璃参数为：稀硫酸(13%)加水玻璃(13Be′)，pH 控制在 3% ~4%。回填水泥浆液水灰比为 1∶0.6，注浆压力控制在 0.1 ~ 0.3 MPa。

4. 优化 CRD 法施工工艺

(1)优化 CRD 法开挖工序，缩短工序长度，提早封闭成环，缩短隧道初期支护封闭成环的距离和时间，减少对黄土冲沟的影响距离，调整后 CRD 各部开挖工序如图 2-63 所示。

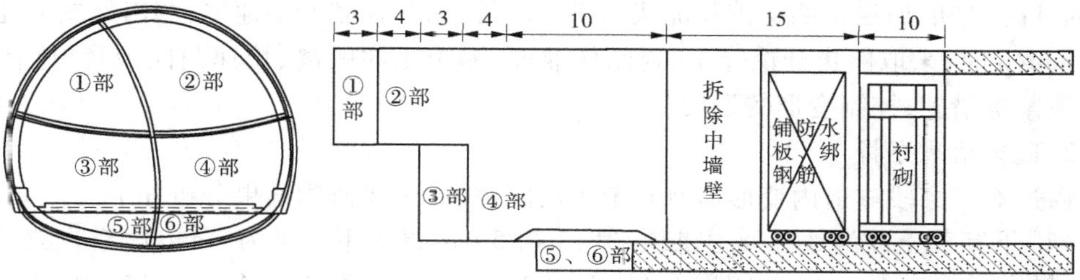

图 2-63　CRD 断面开挖工序示意　(单位:m)

施工中严格控制各部开挖距离：①部距②部 3 m；②部距③部 4 m；③部距④部 3 m。仰拱施工距④部 4 m。初期支护仰拱封闭成环距掌子面距离严格控制在 15 m 以内。

(2)加强初期支护与临时支护参数，提高隧道初期支护刚度，控制隧道开挖支护变形。该段施工参照下穿连霍高速公路段隧道设计参数进行支护。下穿连霍高速公路段隧道设计支护参数如表 2-33 所示。

表 2-33　DK271 + 005 ~ DK271 + 020 段隧道支护参数

超前支护		初期支护								二次衬砌	
双层Φ 50 小导管		喷混凝土	钢筋网Φ 8		锚杆			钢架(全环)			
双向间距(cm)	设置部位	设置部位、厚度(cm)	网格环×纵间距(cm×cm)	设置部位	环×纵间距(cm×cm)	拱部长度(m)	边墙长度(m)	规格	每幅间距(m)	拱墙(cm)	仰拱(cm)
40	拱部	拱部、仰拱/35	20×20	拱墙	1.0×1.0	2.5	4	I25a	0.5	60	70

隧道初期支护 I25a 钢架间距由原来的 0.6 m，缩短至 0.5 m，在架立上台阶钢架时，拱脚设置 4 根Φ 42 mm 锁脚锚管，并设置喷混凝土大拱脚。

原设计中隔壁及上下两道临时仰拱 I18 钢架改为 I25a 钢架，同时中隔壁及临时仰拱均采用喷混凝土 25 cm 进行封闭，中隔壁与临时仰拱连接处上下加设局部牛腿斜撑。

5. 初期支护背后回填注浆

初期支护前后注浆分期进行，第 1 期在开挖①部、②部完成之后；第二期在③部、④部完成之后；第 3 期在仰拱闭成环完成之后，施作二次衬彻之前。在施工时，可根据拱顶下沉情况增加注浆次数。

6. 其他技术措施

在隧道施工期间，对冲沟进行了观察，对明渠出现沉降裂缝进行了封闭处理，对边坡混凝土面裂纹进行了夯填封闭，以防止地表水沿裂缝下灌。

（四）监控量测控制

1. 变形等级管理

在施工过程中，洞内外变形速率在 2 mm/d 以下时，正常施工；洞内外变形速率在 2 ~ 5 mm/d 时，采取加强初期支护和加快仰拱封闭等措施，控制变形速率；洞内外变形速率超过 5 mm/d 时，采取停止开挖施工、封闭作业面、缩短工序距离、快速封闭成环、施作初支背后注浆等措施，控制变形的发展。

2. 监测结果分析

通过对下穿段隧道内变形监测和地表沉降监测，主要监测结果分析如下：

（1）下穿黄土冲沟地段隧道拱顶平均下沉 5 cm，最大下沉量为 7 cm，净空收敛平均为 3 cm，最大收敛为 4 cm。冲沟明渠平均下沉 3 cm，最大下沉量为 4 cm。与没有采取措施地段（一般地段平均拱顶下沉 15 cm，净空收敛为 6 cm）进行对比，下穿黄土冲沟采取的技术措施和隧道施工工艺有效地控制了初期支护的变形和沉降。

（2）通过监测数据分析，洞内下沉收敛变形量主要集中在下部隧道与仰拱开挖期间、初期支护封闭成环前完成。

（3）从地表沉降数据看，地表沉降后隧道掌子面 5 天开始沉降，至隧道仰拱封闭后 10 天内结束。在隧道刚进入冲沟边坡时，1 洞室收敛最大，地表边坡顶也出现裂缝，但变形速率未超限，由此可知，冲沟对隧道的偏压还是明显的。

（五）结束语

本部分研究大断面隧道下穿新黄土冲沟地段施工中的偏压影响，提出如下防止隧道坍塌的施工技术是可行的：

（1）水泥土回填、混凝土明渠修筑及混凝土咬合桩打设等技术措施，防止了地表水下渗、浸蚀，消除了地表水对湿陷性黄土的影响，提高了冲沟及其边坡的稳定性。

（2）应用水玻璃硫酸浆液注浆固结粉砂层等加固措施，减少了因隧道开挖引起的地表沉降，保证了隧道开挖的稳定性。

（3）提高隧道初期支护强度和刚度，控制隧道开挖支护变形，可有效控制隧道偏压影响和浅埋冒顶的发生。

（4）通过 CRD 工法优化，缩短工序距离和工序时间，可以达到初期支护早日成环，可控制黄土隧道变形和地表下沉。

十二、太中银铁路吕梁山隧道高压股状裂隙水治理施工技术应用

(一)前言

在隧道开挖过程中,存在断层及构造节理裂隙带高压股状裂隙水,采用一般的水泥浆、双液浆径向注浆技术,由于水压及流速较大,跑浆现象特别严重,封堵效果不明显。

(二)工程概况

新建太中银铁路吕梁山隧道出口标段位于山西省吕梁地区汾阳市与吴城镇的交界处,标段隧道长10 660 m。标段内揭示股状涌水地段683 处,长度4 063 m,主要分布在3#斜井、5#斜井隧道的石灰岩断层及构造裂隙带,水量集中,且水压较大。

(三)治理施工技术

1. 治理基本要点

基于断层及构造节理裂隙带高压股状裂隙水水压及流速较大,采用一般的水泥浆或双液浆的径向注浆技术,存在特别严重的跑浆现象,封堵效果不明显,则依裂隙水沿裂隙呈线流或股流水状态,且压力较大,裂隙之间通过岩层裂隙相互连通基本情况,采用化整为零,先疏后堵的原则,可以将零散分布的裂隙水汇总至股流孔内,紧接着在裂隙表面缝隙采用水泥等材料快速封堵,然后集中封堵股流孔的方法。

2. 施工工序

隧道封堵高压股状裂隙水施工过程中,针对涌水的水压、水量、出水形式等特点,首先在对高压裂隙水的封堵过程,合理正确划分注浆范围和确定整体注浆流程;其次依据隧道开挖后主要岩层的地质条件,大体确定出股状高压裂隙水的总体走势,依据高压裂隙水的总体走势及压水试验结果,在主要出水裂隙两侧及出水量增加区域布设注浆孔;然后在封堵大面积出水裂隙及注浆孔,股流孔内分别采用快凝膨胀水泥,堵水化学浆液,水泥单液、双液注浆,高膨胀性化学浆液组合注浆材料进行封堵;最后向分流孔内压注高膨胀性化学浆液 RSS 封堵水流。

主要工序可简化为:分析股状高压水发育位置的地质条件,确定堵水治理范围,确定总体堵水方案。该方案遵循先两侧,后中间,先下后上的堵水原则,裂隙集中涌水处钻设股流孔,使大面积岩面涌水集中到股流孔里,注浆孔进行压水实验判定水的走式;在主要的岩石裂隙上进行压水试验,依压水过程中水量加大的部位布设注浆孔,组合采用多种注浆材料,按照先分部后集中的原则堵塞表面裂隙,减少涌水面积,股流孔内压注浆液封堵水流。

3. 注浆材料

1)RSS 浆液

黏度:200 ~500 Pa · s(23 ℃);凝固时间:5 s 至 20 min;膨胀系数 5 ~8;密度 1.39 g/cm^3;固结体抗渗性:2 MPa;固结体抗压强度:20 MPa;渗透系数:10^{-6} ~ 10^{-8} cm/s;pH 值:7 ~8。遇水反应后对环境无害。

2)高效水玻璃

水玻璃又称泡花碱,它是一种透明的玻璃状溶化物的工业产品,呈黄色至灰白色;水玻璃浓度在30 ~40 波美度凝结时间为3 ~10 min。

3）速凝膨胀水泥

特种快凝超细水泥，凝结时间为1 min，能封堵水流较小的注浆孔和隧道岩壁的岩隙。

4. 注浆孔布置

（1）注浆孔按后注浆孔布置，注浆孔布置要根据注浆材料凝结时间和高压水流速以及裂隙走向，确定注浆孔深度、位置和角度。后注浆孔孔深要大于先注浆孔孔深1 m。

（2）先注浆孔孔深、钻孔角度确定：测出裂隙与隧道的交角，找出合适注浆的位置，计算注浆孔的深度和角度。

（3）股流孔布置：在大股水附近较完整的岩壁上打设股流孔，股流孔根据水量大小，直径一般采取50 mm，水量大时，采用直径89 mm，孔深不小于后注浆孔的3 m且不小于5 m。

（4）先对大股出水地段两侧不小于5 m范围的围岩裂隙发育部位，布设注浆孔。注浆孔间距控制在1～2 m，孔深控制在3～5 m。

（5）注浆孔、股流孔孔口安装孔口管，孔口管选用与注浆孔和股流孔匹配的钢管，孔口管外端设螺丝扣。安装孔口管前用麻坯将丝扣一头缠紧缠牢，用大锤将孔口管砸进井壁内，采用堵漏剂锚固孔口管，在外端安装控制阀门。

5. 注浆顺序

首先对大股出水两侧无水地段和另外一洞室对应裂隙带进行径向注浆，两端形成止水帷幕。然后对先注浆孔进行压注双液浆或RSS浆液。围岩表面裂隙发育时，对裂隙采用快凝水泥进行填塞，把股水控制在股流孔内。压注后注浆孔，注浆孔压注完毕后，注浆封堵股流孔，具体施工步骤如图2-64所示。

6. 注浆压力

测出股流孔内水压，注浆压力 = 水压 +2 MPa。

7. 注浆配比及浆液浓度的变换

水泥浆水灰比与注浆速度有关，如表2-34所示。

水泥水玻璃双液浆按水泥浆：水玻璃浆为1：0.3。其中，水泥浆水灰比为2：1，水玻璃为30～40波美度。凝结时间可按需要调整，一般为3～10 min。

（四）工程实例

以吕梁山隧道DK137 +100～DK137 +110里程处为例，在DK137 +110处发育一条横贯隧道的构造裂隙，隧道开挖后，裂隙内出水量较大。DK137 +150～DK137 +200段为构造裂隙发育的含水带，围岩被裂隙切割为碎块状，地下水流出压力较大。针对现场的实际情况，采取以下措施进行封堵：

（1）开挖后，根据揭示围岩情况，及时量测绘制地质素描图，对裂隙和岩层产状走向逐一量测，分析围岩裂隙和层理与地下水发育的关系。

（2）根据揭示围岩情况，及时调整支护参数，DK137 +145～DK137 +205段立设格栅钢架，裂隙出水处，及时打设股流孔，集中引流地下水。

（3）把DK137 +100～DK137 +250作为一个堵水段落进行堵水，堵水工作安排在仰拱施工之后。

（4）该段由两端向中间进行堵水，从仰拱向上进行堵水，先左侧后右侧进行堵水。

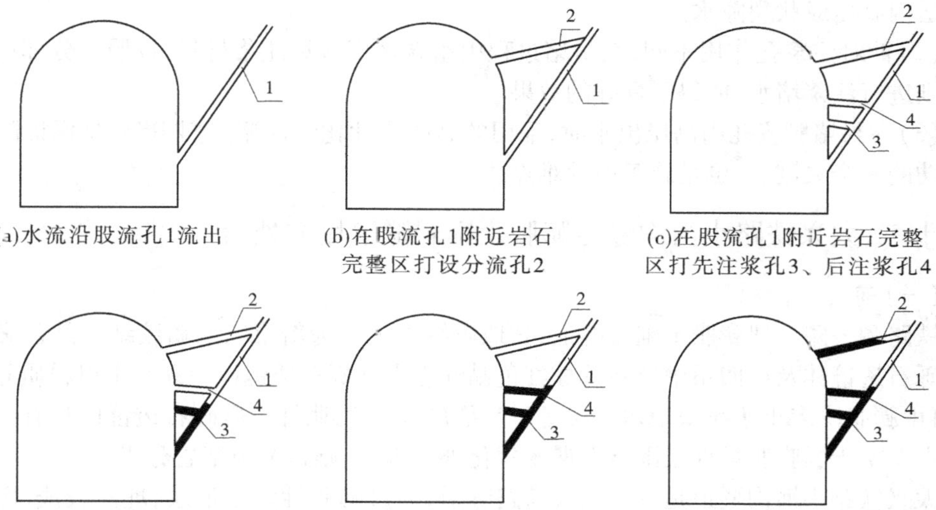

(a)水流沿股流孔1流出　(b)在股流孔1附近岩石完整区打设分流孔2　(c)在股流孔1附近岩石完整区打先注浆孔3、后注浆孔4

(d)在先注浆孔3内注入化学浆液至股流孔内水减少为止　(e)在后注浆孔4内注入水泥浆或双液浆　(f)在股流孔2内注入化学浆液后，封堵分流孔

编号	1	2	3	4
名称	股流孔	分流孔	先注浆孔	后注浆孔

图 2-64　股状涌水整治工序示意

表 2-34　注浆配比

注浆速度(L/min)	$v>400$	$400\geqslant v\leqslant 50$	$v>50$
水灰比	2:1	0.8	0.6

(5)采取股状涌水治理方法进行 DK137 +100 ~ DK137 +150、DK137 +200 ~ DK137 +250 段为水平层理及横向裂隙的出水。使用材料主要是 RSS 浆液、快凝水泥进行股流孔封堵。

(6)对 DK137 +140 ~ DK137 +150、DK137 +200 ~ DK137 +210 两段进行全隧道径向注浆，注浆深度 5 ~10 m(深入整体岩层 1.5 m)。在这一段的两段形成止水环，把有水地段控制到它们之间，也减小前后串水的现象。

(7)对 DK137 +150 ~ DK137 +200 段进行径向注浆，注浆材料先选取 RSS 浆液，然后压注水泥 - 水玻璃双液浆，最后补充压注水泥浆液。注浆顺序是仰拱—边墙—拱部。

(8)左侧堵水注浆完成后，进行右侧注浆，注浆方法与右线一致。

该段采取此方案完成后，堵水效果达到了设计要求。在堵水过程中，左右线两处出现串水情况(在堵右线时，左线右边墙出现新的出水点)。前后出现串水，在相邻位置处有两个小裂隙出现新的出水点，发现后进行注浆封堵，封堵效果良好。

(五)结束语

(1)通过实践证明在治理高压股状裂隙水过程中采用化整为零、先疏后堵的原则，合理布设股流孔，实现了大面积出水裂隙的封堵和围岩赋存水的集中外流，成功地治理了富水隧道内高压股状裂隙水。

(2)针对注浆孔作用不同,在封堵过程中组合采用多种注浆材料,按照先分部后集中的原则进行注浆堵水,取得了良好的效果。

(3)在封堵股流孔内高压出水时,采用的高膨胀性化学注浆材料 RSS,是保证隧道堵水成功的一个关键点,也是施工中的难点。

十三、太兴铁路小河沟隧道膨胀土围岩隧道塌方处治

(一)前言

铁路和公路多遇膨胀土围岩隧道,其地质结构主要为新第三系弱胶结棕红色黏性土夹砂砾石透镜体及第四系中更新统棕红色黏性土夹砂砾石透镜体。黏性土以粉质黏土为主,自由膨胀率多小于 50%,CBR 强度 2.5 左右,属弱膨胀性。砂砾石透镜体具有上层滞水特点。鉴于弱膨胀黏性土围岩有遇水软化外部因素,则按Ⅴ级围岩分级。

太兴铁路小河沟隧道是一条双线铁路隧道,通过膨胀性黄土地层,埋深较浅,围岩软弱松散,设计开挖采用三台阶七步工法结合超前小导管施工。自进入雨季以来,受雨水渗透影响,围岩抗剪强度减弱,施工中经常发生塌方事故,造成重大损失。为保障安全施工,控制隧道变形,在中更新统棕红色弱膨胀性黏性土夹砂砾石透镜体围岩塌方段采用无工作室超前大管棚技术及改进三台阶七步法取得了较好的效果。塌方段管棚施工见图 2-65。

图 2-65　塌方段管棚施工

(二)无工作室超前大管棚过塌方段技术

1. 超前管棚方案的确定

为减少安装超前大管棚对围岩的再次扰动,应用无工作室超前大管棚技术,这样既节省了施工空间,又减少了对围岩的扰动。该方法在拱部 120°范围内设 Φ108 超前管棚支护,每环长 15 m,环向间距 0.4 m,纵向搭接长度 3 m,外插角 3°,注入 1∶1的水泥浆。

通过采用无工作室超前大管棚技术,隧道拱顶围岩的稳定性得到了保证,防止了隧道再次发生塌方。同时,也大大节省了工程成本,缩短了施工时间。

2. 数值模拟

应用大型数值模拟软件 FLAC 对超前大管棚支护进行数值模拟,理论验算支护效果。

1)模型参数

模型尺寸为 110 m×96 m×20 m(长×宽×高),隧道拱顶埋深 33 m。初次支护喷射混凝土厚 30 cm,采用 shell 单元模拟,锚杆采用 cable 计算单元模拟,计算模型如图 2-66 所示,模型力学参数见表 2-35。

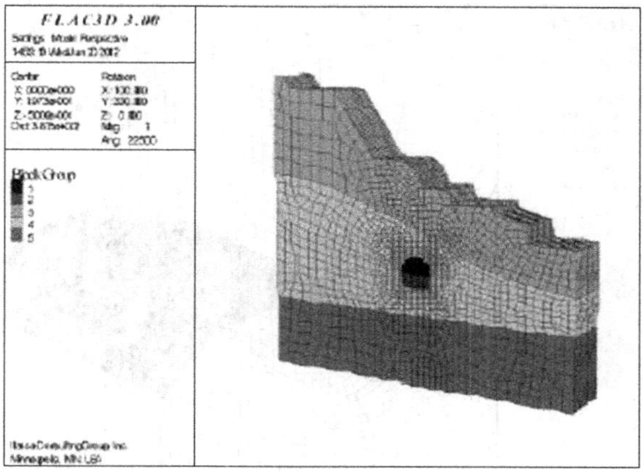

图 2-66　超前大管棚支护的数值计算模型

表 2-35　模型力学参数

地层	E(Pa)	泊松比	黏聚力(Pa)	摩擦角(°)	抗拉强度(kPa)	密度(kg/m^3)
浅砂质黄土层	7.72e-6	0.35	2.1e-4	26.8	6e-3	1 892.0
浅膨胀性黄土	8.41e-6	0.35	14.6e-3	34.4	6e-3	2 020.0
深埋膨胀土	20e-6	0.35	14.6e-3	34.4	6e-3	2 020.0

注:e－6 指自然指数计数法,表示 e^6。

2)管棚加固区模拟

注浆完成后,长管棚与注浆加固圈在拱顶形成了稳固可靠的固结壳。在模拟计算中,为了考虑这种壳效应,通过提高管棚与加固围岩形成的厚筒结构的参数来实现,其注浆厚度计算为

$$D = 2\left[R^2 - \left(\frac{S}{2}\right)^2\right]^{1/2}$$

式中　D——注浆厚筒的厚度,m;

R——浆液的扩散半径,m;

S——相邻两注浆孔的间距,m。

计算后所得管棚加固区的有效厚度为 60 m,其力学参数如表 2-36 所示,管棚加固区模拟图如图 2-67 所示。

表 2-36　加固区力学参数

弹模(MPa)	泊松比	密度(kg/m^3)	抗拉强度(kPa)	黏聚力(Pa)	摩擦角(°)
3 918	0.24	2 450	100	1.3×10^4	40

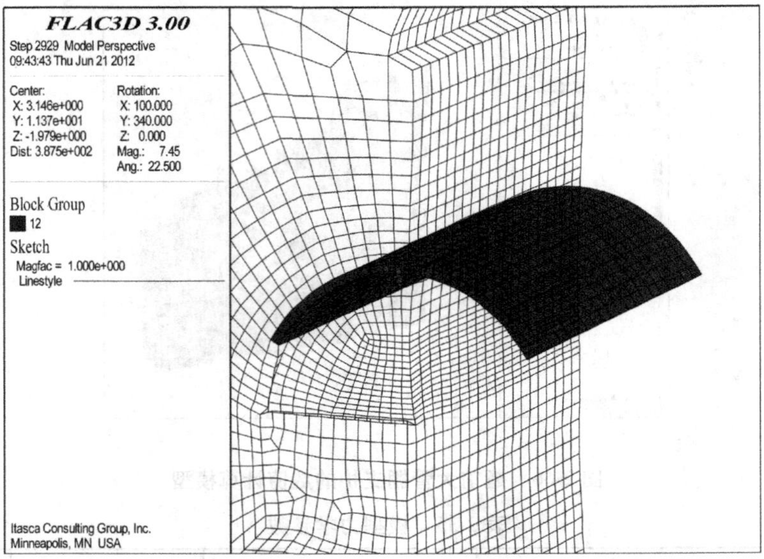

图 2-67　管棚加固区模拟图

3)计算结果

管棚受力变形如图 2-68、图 2-69 所示,由图可见,管棚和管棚加固的区域的最大应力并不是发生在掌子面上,而是发生在掌子面前方未开挖阶段、距掌子面 4 ~ 5 m 的范围内,这充分证明了管棚对掌子面前方土体的加固作用,保证掌子面前方土体的稳定性。

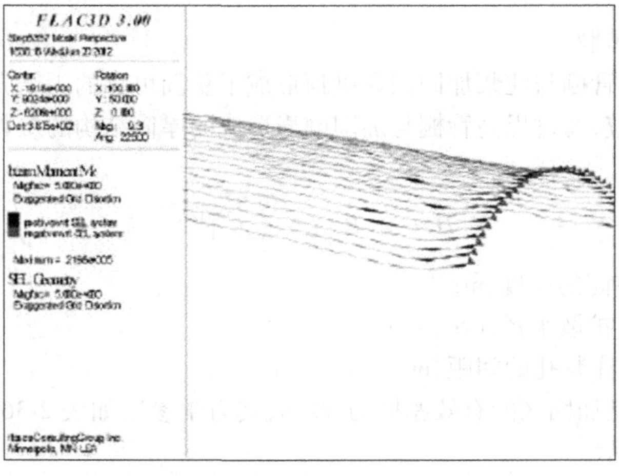

图 2-68　管棚受力变形

通过现场实际施工经验及数值模拟计算表明,应用超前大管棚技术可以顺利通过膨

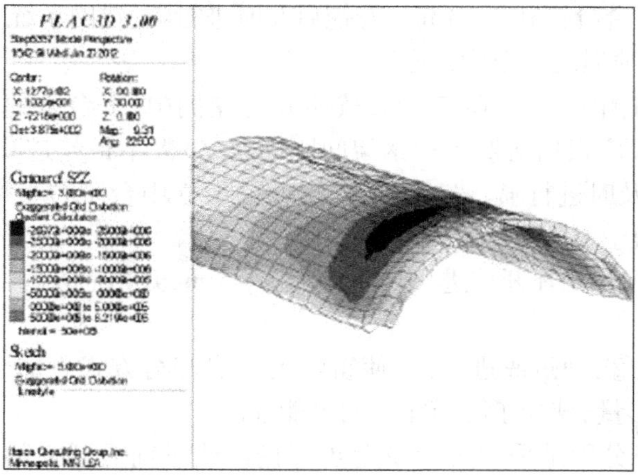

图 2-69　管棚加固区域 Z 向应力

胀土隧道塌方地段。

（三）改进三台阶七步开挖工法

由于膨胀土特殊的力学变形特性，在膨胀土隧道施工中，应使隧道衬砌尽早闭合成环，这样就有利于避免隧道塌方等工程灾害的发生，为隧道的施工安全提供重要保证。

在实际隧道施工中，选择合理的开挖工法是膨胀土围岩隧道安全快速施工的理论基础。小河沟膨胀土隧道原来采用预留核心土三台阶七步开挖法进行施工，实践证明该施工工法与膨胀土隧道的变形特征不柜符合，无法保证隧道开挖时围岩的稳定。因此，结合场地膨胀土围岩的理化特性，对原有工法进行了改进。具体施工流程如图 2-70 所示。

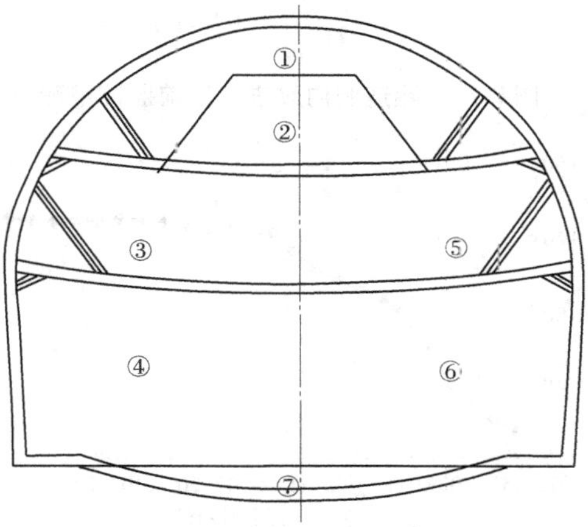

图 2-70　膨胀土隧道改进三台阶七步法施工工序简图

详细施工顺序为：

（1）上部弧形导坑①部开挖，在拱部超前支护后进行，环向开挖上部弧形导坑，预留核心土，核心土长度宜为 3 ~ 5 m，宽度宜为 5 ~ 6 m。开挖后立即初喷 3 ~ 5 cm 混凝土，及时进行初期支护，并架设上台阶临时仰拱 I20a 钢架，喷 22 cm 厚混凝土。

（2）、（3）开挖左侧中、下台阶③、④：开挖进尺应根据初期支护钢架间距确定，最大不得超过0.5 m,中、下台阶错开2～3 m。开挖后及时进行喷、锚网系统支护,并架立中台阶左半幅临时仰拱,复喷混凝土至设计厚度。

(4)、(5)开挖右侧中、下台阶⑤、⑥:按照开挖左侧中、下台阶的方法进行开挖右侧中、下台阶,开挖进尺应根据初期支护钢架间距确定,最大不得超过0.5 m,中、下台阶错开2～3 m。开挖后及时进行喷、锚、网系统支护,并架立中台阶右半幅临时仰拱钢架,复喷混凝土至设计厚度。

(6)开挖隧底⑦:每循环开挖进尺长度宜为3～5 m,开挖后及时施作仰拱初期支护,并及时施作仰拱。

(7)开挖核心土②:通过改进工法,使得隧道围岩卸荷方式更加合理,大大减少了隧道开挖后围岩的变形量,减少了隧道塌方的可能性。

图2-71、图2-72分别是采用三台阶七步开挖法改进前后开挖隧道时的监控量测数据。由图2-71、图2-72可知,按照三台阶七步开挖法施工时拱下沉最大能达到380 mm,而改进后施工时拱顶下沉最大才130 mm,这说明了所采取的支护参数和创新性施工工艺是科学合理的。

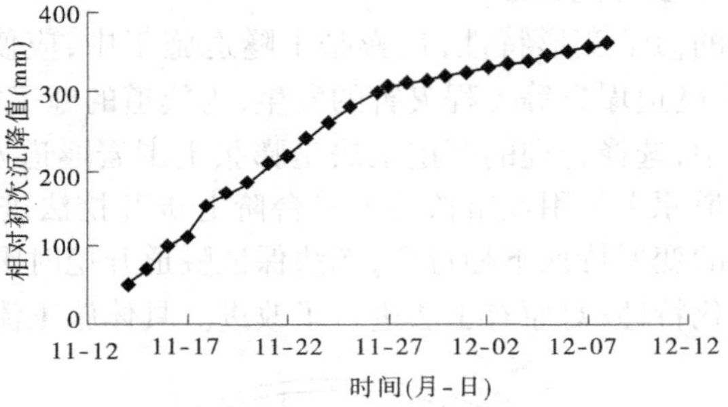

图2-71　隧道洞内改进工法前监控量测

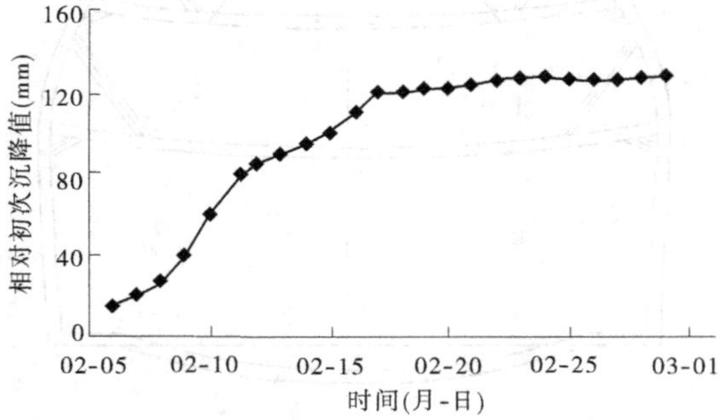

图2-72　隧道洞内改进工法后监控量测

(四)支护技术要点

1. 支护参数

初支钢架采用I22型钢、主筋Φ32格栅钢架两种,间距50 cm,交错设置。钢筋网采用Φ8钢筋,网格间距20 cm×20 cm。喷C25混凝土,厚度35 cm,锁脚锚管采用Φ60无缝钢管，$L \geq 4.5$ m，拱脚向上 30 cm，向下倾角 35°打设，每处 2 根。型钢、格栅钢架边墙部位径向注浆采用Φ 42 无缝钢管或Φ 32 自进式中空注浆锚管，管长为 5 m，环、纵向间距 1 m × 0.5 m，梅花形布置，注浆量根据现场实际数量确定。超前小导管采用Φ 42 无缝钢管，环向间距 40 cm，纵向 3 m 一环在拱部布设，小导管单根长 4.5 m，外插角 5 ~ 10°，注浆量根据现场实际数量确定。

临时仰拱采用 I20a 型钢，采用 C25 混凝土素喷，喷射厚度为 22 cm，临时仰拱之间采用钢板连接，钢板尺寸 240 mm × 240 mm × 1 500 mm。

2. 保证大锁脚的安装质量

为保证隧道安全施工，防止围岩失稳破坏，在台阶之间转换时必须保证锁脚的安装质量。

3. 调整围岩预留变形

隧道内的预留变形量是指围岩荷载引起的下沉量或变形量，也指比设计位置预先提高的量。预留变形量的大小，受地质、开挖方式、支护构造和材质、开挖之后到衬砌之前经过的时间等因素控制，所以宜结合实际情况，采用适合于现场条件的最小预留变形量。隧道总变形以预留变形量控制为主，同时加强监控量测，确保洞内施工安全。

考虑到膨胀土体吸湿后其体积的变化与土体内部吸力的丧失、衬砌结构的受力变化，施工场地的预留变形量不能只是针对钢支撑做保险计算，在衬砌施工时，为防备模板与村砌结构的整体下沉或内挤需要将预留量进行适当放大。

4. 工序衔接

采用三台阶七步法施工，必须要保证各部的及时衔接。并且开挖完成后宜及时完成初期支护的安装，避免因膨胀土围岩裸露时间过长或浸水膨胀而导致变形过大，增加治理的难度与费用。同时，考虑到膨胀土围岩的变形是随时间变化的一个过程，膨胀应力是这种变化的根本原因，施工过程宜加强工序的有效衔接，缩短土体增湿膨胀变形破坏所需时间，即要突出体现一“快”字，规范施工管理，强化流程衔接。

（五）结束语

（1）膨胀土“浸水膨胀，失水收缩”的特性，给膨胀土隧道的施工带来了巨大的安全难题，尤其在膨胀土隧道关键段的施工，必须改善施工技术，加强支护对策。

①对于膨胀土隧道塌方段，建议采用无工作室超前大管棚技术，既节省工作空间，也减少对围岩的扰动，又对前方土体进行支护，防止塌方产生。

②实践证明，采用传统三台阶七步法不能保证隧道的安全施工，因此结合场地膨胀土围岩的理化特性，需要对工法进行改进。

③施工中应加强围岩含水量检测，防止含水量过大，另外调整围岩预留变形量，确保洞内施工安全。

（2）软弱膨胀土是塌方变形的基本地质内因，且遇水致使其软化是弱重要外因。

（3）《公路隧道设计细则》（JTG/T D70—2010）表 6.1.1“公路围岩分级”和《公路隧道设计规范》（JTG 3370.1—2018）表 6.1.1“公路围岩分级”，均指出不适合特殊性膨胀土，结合河南省隧道工程实践经验，有如下认识：

①第四系上更新统黄土按Ⅳ围岩分级，应是其无遇水软化外因条件。

②河南省地区第四系上更新统黄土为硬塑至坚硬粉质黏土，具有超固结性，且为弱膨胀土，当其无水软化外因条件，按Ⅳ围岩分级是适宜的，否则应按Ⅴ围岩分级。

(4)该隧道即是极软黏土质和膨胀半成岩两项复合地质因素遇水软化挤压大变形典型工程实例，而非高地应力作用下的软岩大变形问题。

附录一 《公路隧道设计规范 第一册 土建工程》(JTG 3370.1—2018)附录A 围岩分级有关规定

A.0.1 岩石坚硬程度定量指标用岩石单轴饱和抗压强度(R_c)表达，宜采用实测值；若无实测值时，可采用实测的岩石点荷载强度指数($I_{S(50)}$)的换算值，即按式(A.0.1)计算：

$$R_c = 22.82 I_{S50}^{0.75} \tag{A.0.1}$$

A.0.2 岩体完整程度的定量指标用岩体完整性系数(K_v)表达，应符合下列规定：

1. K_v宜用弹性波探测值；若无探测值时，可用岩体体积节理数(J_v)按表A.0.2确定对应的K_v值。

表A.0.2 J_v与K_v对照表

J_v(条/m^3)	<3	3~10	10~20	20~35	≥35
K_v	>0.75	0.75~0.55	0.55~0.35	0.35~0.15	≤0.15

2. 岩体完整性指标K_v测试和计算方法，应针对不同的工程地质岩组或岩性段，选择有代表性的点、段，测试岩体弹性纵波速度，并应在同一岩体取样测定岩石纵波速度，按式(A.0.2-1)计算：

$$K_v = (v_{pm}/v_{pr})^2 \tag{A.0.2-1}$$

式中 v_{pm}——岩体弹性纵波速度，km/s；

v_{pr}——岩石弹性纵波速度，km/s。

3. 岩体体积节理数J_v(条/m^3)测试和计算方法，应针对不同的工程地质岩组或岩性段，选择有代表性的露头或开挖壁面进行节理(结构面)统计。除成组节理外，对延伸长度大于1 m的分散节理亦应予以统计。已为硅质、铁质、钙质充填再胶结的节理，可不予以统计。每一测点的统计面积不应小于2×5 m^2。岩体J_v值应根据节理统计结果，按式(A.0.2-2)计算：

$$J_v = S_1 + S_2 + \cdots + S_n + S_k \tag{A.0.2-2}$$

式中 S_n——第n组节理每米长测线上的条数；

S_k——每立方米岩体非成组节理条数，条/m^3。

A.0.3 岩体基本质量影响因素的修正系数K_1、K_2、K_3的取值可分别按表A.0.3-1、表A.0.3-2、表A.0.3-3确定。无表中所示情况时，修正系数可取零。

表 A.0.3-1　地下水影响修正系数 K_1

地下水出水状态	BQ			
	>550	550~451	350~251	<250
潮湿或点滴状出水，$p \leq 0.1$ 或 $Q \leq 25$	0	0	0.2~0.3	0.4~0.6
淋雨状或涌流状出水，$0.1 < p \leq 0.5$ 或 $25 < Q \leq 125$	0~0.1	0.1~0.2	0.4~0.6	0.7~0.9
淋雨状或涌流状出水，$p > 0.5$ 或 $Q > 125$	0.1~0.2	0.2~0.3	0.7~0.9	1.0

注：1. 在同一地下水状态下，岩体基本质量指标 BQ 值越小，修正系数 K_1 取值越大；同一岩体，地下水量、水压越大，修正系数 K_1 取值越大。

2. p—水压，MPa；Q—单位涌水量，L/(min·m)。

表 A.0.3-2　主要软弱结构面产状影响修正系数 K_2

结构面产状及其与洞轴线的组合关系	结构面走向与洞轴线夹角<30°，结构面倾角30°~70°	结构面走向与洞轴线夹角>60°，结构面倾角>75°	其他组合
K_2	0.4~0.6	0~0.2	0.2~0.4

注：1. 一般情况下，结构面走向与洞轴线夹角越大，结构面倾角越大，修正系数 K_2 取值越小；结构面走向与洞轴线夹角越小，结构面倾角越小，修正系数 K_2 取值越大。

2. 本表特指存在一组起控制作用结构面的情况，不适用于有两组或两组以上起控制作用结构面的情况。

表 A.0.3-3　初始应力状态影响修正系数 K_3

初始应力状态	BQ				
	>550	550~451	450~351	350~251	≤250
极高应力区	1.0	1.0	1.0~1.5	1.0~1.5	1.0
高应力区	0.5	0.5	0.5	0.5~1.0	0.5~1.0

注：1. BQ 值越小，修正系数 K_3 越大。

2. 围岩极高及高初始应力状态的评估，可按附录 A 中表 A.0.4 规定进行。

A.0.4　根据岩体（围岩）钻探和开挖过程中出现的主要现象，如岩芯饼化或岩爆现象，可按表 A.0.4 评估围岩的应力情况。

表 A.0.4　高初始应力地区围岩在开挖过程中出现的主要现象

应力情况	主要现象	R_c/σ_{max}
极高应力	1. 硬质岩：开挖过程中有岩爆发生，有岩块弹出，洞壁岩体发生剥离，新生裂缝多，成洞性差； 2. 软质岩：岩芯常有饼化现象，开挖过程中洞壁岩体有剥离，位移极为显著，甚至发生大位移，持续时间长，不易成洞	<4

续表 A.0.4

应力情况	主要现象	R_c/σ_{max}
高应力	1. 硬质岩：开挖过程中可能出现岩爆，洞壁岩体有剥离和掉块现象，新生裂缝较多，成洞性差； 2. 软质岩：岩芯时有饼化现象，开挖过程中洞壁岩体位移显著，持续时间长，成洞性差	4 ~ 7

注：σ_{max}为垂直洞轴方向的最大初始应力。

A.0.5　岩石坚硬程度的定性划分应符合下列规定：

1. 岩石坚硬程度可按表 A.0.5 - 1 定性划分。

2. 岩石风化程度可按表 A.0.5 - 2 确定。当波速比 k_v、风化系数 k_f 及野外特征与表列不对应时，岩石风化程度宜综合判断。

表 A.0.5 - 1　岩石坚硬程度的定性划分

名称		定性鉴定	代表性岩石
硬质岩	坚硬岩	锤击声清脆，有回弹，震手，难击碎；浸水后，大多无吸水反应	未风化 ~ 微风化的花岗岩、正长岩、闪长岩、辉绿岩、玄武岩、安山岩、片麻岩、石英片岩、硅质板岩、石英岩、硅质胶结的砾岩、石英砂岩、硅质石灰岩等
	较坚硬岩	锤击声较清脆，有轻微回弹，稍震手，较难击碎；浸水后，有轻微吸水反应	1. 中等（弱）风化的坚硬岩； 2. 未风化 ~ 微风化的熔结凝灰岩、大理岩、板岩、白云岩、石灰岩、钙质胶结的砂页岩等
软质岩	较软岩	锤击声不清脆，无回弹，较易击碎；浸水后，指甲可刻出印痕	1. 强风化的坚硬岩； 2. 中等（弱）风化的较坚硬岩； 3. 未风化 ~ 微风化的凝灰岩、千枚岩、砂质泥岩、泥灰岩、泥质砂岩、粉砂岩、页岩等
	软岩	锤击声哑，无回弹，有凹痕，手可捏碎；浸水后，手可掰开	1. 强风化的坚硬岩； 2. 中等（弱）风化 ~ 强风化的较坚硬岩； 3. 中等（弱）风化的较软岩； 4. 未风化的泥岩、泥质页岩、绿泥石片岩、绢云母片岩等
	极软岩	锤击声哑，无回弹，有较深凹痕，手可捏碎；浸水后，可捏成团	1. 全风化的各种岩石； 2. 强风化的软岩； 3. 各种半成岩

表 A.0.5-2　岩石风化程度的划分

名称	野外特征	风化程度参数指标	
		波速比 k_v	风化系数 k_f
未风化	岩石结构构造未变，岩质新鲜	0.9~1.0	0.9~1.0
微风化	岩石结构构造、矿物成分和色泽基本未变，部分裂隙面有铁锰质渲染或略有变色	0.8~0.9	0.8~0.9
中等（弱）风化	岩石结构构造大部分破坏，矿物成分和色泽已明显变化，长石、云母和铁镁矿物已风化蚀变	0.6~0.8	0.4~0.8
强风化	岩石结构构造大部分破坏，矿物成分和色泽已明显变化，长石、云母和铁镁矿物已风化蚀变	0.4~0.6	<0.4
全风化	岩石结构构造完全破坏，已崩解和分解成松散土状或砂状，矿物全部变色，光泽消失，除石英颗粒外的矿物大部分风化蚀变成次生矿物	0.2~0.4	—

注：1. 波速比 k_v 为风化岩石弹性纵波速度与新鲜岩石弹性纵波速度之比。
2. 风化系数 k_f 为风化岩石单轴饱和抗压强度之比。

3. 岩体节理发育程度可按表 A.0.5-3 划分。

表 A.0.5-3　岩体节理发育程度划分

节理间距 d(mm)	$d>400$	$200<d\leqslant400$	$20<d\leqslant200$	$d\leqslant20$
节理发育程度	不发育	发育	很发育	极发育

4. R_c 与岩石坚硬程度定性划分的关系可按表 A.0.5-4 确定。

表 A.0.5-4　R_c 与岩石坚硬程度定性划分的关系

R_c(MPa)	>60	60~30	30~15	15~5	<5
坚硬程度	坚硬岩	较坚硬岩	较软岩	软岩	极软岩

A.0.6　岩石完整程度的定性划分应符合下列规定：

1. 岩体完整程度可按表 A.0.6-1 定性划分。

表 A.0.6-1　岩体完整程度的定性划分

名称	结构面发育程度		主要结构面的结合程度	主要结构面类型	相应结构类型
	组数	平均间距(m)			
完整	1~2	>1.0	好或一般	节理、裂隙、层面	整体状或巨厚层结构
较完整	1~2	>1.0	差	节理、裂隙、层面	块状或厚层状结构
	2~3	1.0~0.4	好或一般		块状结构
较破碎	2~3	1.0~0.4	差	节理、裂隙、层面、小断层	裂隙块状或中厚层结构
	≥3	0.2~0.4	好		镶嵌碎裂结构
			一般		中、薄层状结构
破碎	≥3	0.2~0.4	差	各种类型结构面	裂隙块状结构
		≤0.2	一般		碎裂状结构
极破碎	无序		很差		散体状结构

注:平均间距指主要结构面(1~2 组)间距的平均值。

2. 结构面结合程度可按表 A.0.6-2 划分。

表 A.0.6-2　结构面结合程度划分

结合程度	结构面特征
好	张开度小于 1 mm,为硅质、铁质或钙质胶结,或结构面粗糙,无填充物; 张开度 1~3 mm,为硅质或铁质胶结; 张开度大于 3 mm,结构面粗糙,为硅质胶结
一般	张开度小于 1 mm,结构面平直,钙泥质胶结或无填充物; 张开度 1~3 mm,为钙质胶结; 张开度大于 3 mm,结构面粗糙,为铁质或钙质胶结
差	张开度 1~3 mm,结构面平直,为泥质胶结或钙泥质胶结; 张开度大于 3 mm,多为泥质或岩屑胶结
很差	泥质充填或泥夹岩屑充填,充填物厚度大于起伏差

3. 岩层厚度分类可按表 A.0.6-3 确定。

表 A.0.6-3　岩层厚度分类

单层厚度 h(m)	$h>1.0$	$0.5<h\leq1.0$	$0.1<h\leq0.5$	$h\leq0.1$
岩层厚度分类	巨厚层	厚层	中厚层	薄层

4. K_v 与定性划分的岩体完整程度的对应关系可按表 A.0.6-4 确定。

表 A.0.6-4　K_v 与定性划分的岩体完整程度的对应关系

K_v	>0.75	0.75~0.55	0.55~0.35	0.35~0.15	<0.15
完整程度	完整	较完整	较破碎	破碎	极破碎

A.0.7 各级岩质围岩的物理力学参数及结构面抗剪强度,应通过室内或现场试验获得。当无实测数据时,可按下列各表选取:

1. 各级岩质围岩物理力学参数可按表 A.0.7-1 选用。

表 A.0.7-1 各级岩质围岩物理力学参数

围岩级别	重度 γ (kN/m^3)	弹性抗力系数 K (MPa/m)	变形模量 E (GPa)	泊松比 μ	内摩擦角 φ (°)	黏聚力 c (MPa)	计算摩擦角 φ_c (°)
Ⅰ	>26.5	1 800~2 800	>33	<0.2	>60	>2.1	>78
Ⅱ		1 200~1 800	20~33	0.2~0.25	50~60	1.5~2.1	70~78
Ⅲ	26.5~24.5	500~1 200	6~20	0.25~0.3	39~50	0.7~1.5	60~70
Ⅳ	24.5~22.5	200~500	1.3~6	0.3~0.35	27~39	0.2~0.7	50~60
Ⅴ	17~22.5	100~200	<1.3	0.35~0.45	20~27	0.05~0.2	40~50
Ⅵ	15~17	<100	<1	0.4~0.5	<20	<0.2	30~40

注:1. 本表数值不包括黄土地层。
2. 选用计算摩擦角时,不再计内摩擦角和黏聚力。

2 岩体结构面抗剪断峰值强度参数可按表 A.0.7-2 选用。

表 A.0.7-2 岩体结构面抗剪断峰值强度参数

序号	两侧岩体的坚硬程度及结构面的结合程度	内摩擦角 φ(°)	黏聚力 c(MPa)
1	坚硬岩,结合好	>37	>0.22
2	坚硬~较坚硬岩,结合一般; 较软岩,结合好	37~29	0.22~0.12
3	坚硬~较坚硬岩,结合差; 较软岩~软岩,结合一般	29~19	0.12~0.08
4	较坚硬~较软岩,结合差~结合很差; 软岩,结合差;软质岩的泥化面	19~13	0.08~0.05
5	较坚硬岩及全部软质岩,结合很差; 软质岩泥化层本身	<13	<0.05

3. 各级土质围岩物理力学参数可按表 A.0.7-3 选用。

表 A.0.7－3 各级土质围岩物理力学参数

围岩级别	土体类别	重度 γ (kN/m³)	弹性抗力系数 K (MPa/m)	变形模量 E (GPa)	泊松比 μ	内摩擦角 φ (°)	黏聚力 c (MPa)
Ⅳ	黏质土	20～30	200～300	0.030～0.045	0.25～0.33	30～45	0.060～0.250
	砂质土	18～19		0.024～0.030	0.29～0.31	33～40	0.012～0.024
	碎石土	22～24		0.050～0.075	0.15～0.30	43～50	0.019～0.030
Ⅴ	黏质土	16～18	100～200	0.005～0.030	0.33～0.43	15～30	0.015～0.060
	砂质土	15～18		0.003～0.024	0.31～0.36	25～33	0.003～0.012
	碎石土	17～22		0.010～0.050	0.20～0.35	30～43	<0.019
Ⅵ	黏质土	14～16	<100	<0.005	0.43～0.50	<15	<0.015
	砂质土	14～15		0.003～0.005	0.36～0.42	10～25	0.003

附录二 《公路隧道设计细则》(JTG/T D70—2010) 各级围岩的物理力学参数参考值表

1. 当无实测数据时，各级岩质围岩的物理力学参数可按表 6.4.2－1 及表 6.4.2－2 采用。

表 6.4.2－1 各级岩质围岩的基本物理力学参数

围岩级别		重度 (kN/m³)	弹性抗力系数 k(MPa/m)	变形模量 E(GPa)	泊松比 μ	内摩擦角 φ(°)	黏聚力 c(MPa)
基本级别	亚级						
Ⅰ	—	26～28	1 800～2 800	>33	<0.2	>60	>2.1
Ⅱ	—	25～27	1 200～1 800	20～33	0.2～0.25	50～60	1.5～2.1
Ⅲ	$Ⅲ_1$	24～25	850～1 200	10.7～20	0.25～0.26	44～50	1.1～1.5
	$Ⅲ_2$	23～24	500～850	7～10.7	0.26～0.3	39～44	0.7～1.1
Ⅳ	$Ⅳ_1$	22～23	400～500	3.8～7	0.3～0.31	35～39	0.5～0.7
	$Ⅳ_2$	21～22	300～400	2.4～3.8	0.31～0.33	30～35	0.3～0.5
	$Ⅳ_3$	20～21	200～300	1.3～2.4	0.33～0.35	27～30	0.2～0.3
Ⅴ	$Ⅴ_1$	18～20	150～200	1.3～2	0.35～0.39	22～27	0.12～0.2
	$Ⅴ_2$	17～18	100～150	1～1.3	0.39～0.45	20～22	0.05～0.12

注：表中数字不适用于膨胀性岩体等特殊岩体。

表 6.4.2－2　各级岩质围岩的其他物理力学参数

围岩级别		计算摩擦角	普氏坚固系数	圬工与围岩的	弹性波速
基本级别	亚级	φ(°)	f	摩擦系数	v_{pm}(km/s)
Ⅰ	—	>78	15～20	0.60～0.70	>4.5
Ⅱ	—	70～78	8～15	0.55～0.65	3.5～4.5
Ⅲ	Ⅲ$_1$	65～70	6～8	0.50～0.55	3.2～4.0
	Ⅲ$_2$	60～65	3～6	0.45～0.50	2.5～3.2
Ⅳ	Ⅳ$_1$	57～60	2.3～3	0.42～0.45	2.5～3.0
	Ⅳ$_2$	54～57	1.7～2.3	0.38～0.42	2.0～2.5
	Ⅳ$_3$	50～54	1～1.7	0.35～0.38	1.5～2.0
Ⅴ	Ⅴ$_1$	45～50	1.1～1.5	0.30～0.35	1.4～2.0
	Ⅴ$_2$	40～45	0.8～1.1	0.25～0.30	1.0～1.4

注：表中数字不适用于膨胀性岩体等特殊岩体。

2. 当无实测数据时，各级土质围岩的物理力学参数可按表 6.4.3－1 及表 6.4.3－2 采用。

表 6.4.3－1　各级土质围岩的基本物理力学参数

围岩级别		土体类别	重度 γ (kN/m^3)	弹性抗力系数 k (MPa/m)	变形模量 E(GPa)	泊松比 μ	内摩擦角 φ(°)	黏聚力 c (MPa)
基本级别	亚级							
Ⅳ	Ⅳ$_3$	黏质土	20～23	200～300	0.030～0.045	0.25～0.33	30～45	0.060～0.250
		砂质土	18～19		0.024～0.030	0.29～0.31	33～40	0.012～0.024
		碎石土	22～24		0.050～0.075	0.15～0.30	43～50	0.019～0.030
Ⅴ	Ⅴ$_1$	黏质土	18～20	150～200	0.015～0.030	0.33～0.37	20～30	0.030～0.060
		砂质土	16.5～18		0.009～0.024	0.31～0.33	30～33	0.006～0.012
		碎石土	20～22		0.033～0.050	0.20～0.30	37～43	0.008～0.019
	Ⅴ$_2$	黏质土	16～18	100～150	0.005～0.015	0.37～0.43	15～20	0.015～0.030
		砂质土	15～16.5		0.003～0.009	0.33～0.36	25～30	0.003～0.006
		碎石土	17～20		0.010～0.033	0.25～0.35	30～37	<0.008
Ⅵ	—	黏质土	14～16	<100	<0.005	0.43～0.50	<15	<0.015
		砂质土	14～15		0.003～0.000 5	0.36～0.42	10～25	<0.003

表 6.4.3-2　各级土质围岩的其他物理力学参数

围岩级别		计算摩擦角 φ(°)	普氏坚固系数 f	圬工与围岩的摩擦系数	弹性波速 v_{pm} (km/s)
基本级别	亚级				
Ⅳ	$Ⅳ_3$	50 ~ 54	1.0 ~ 1.7	0.35 ~ 0.38	1.5 ~ 2.0
Ⅴ	$Ⅴ_1$	45 ~ 50	1.1 ~ 1.5	0.30 ~ 0.35	1.4 ~ 2.0
	$Ⅴ_2$	40 ~ 45	0.8 ~ 1.1	0.25 ~ 0.30	1.0 ~ 1.4
Ⅵ	—	30 ~ 40	0.3 ~ 1.0	≤0.25	<1.0

第三章　膨胀土

第一节　基本认识

一、膨胀土定义及分布和工程地质特征

（一）膨胀土定义及分布

膨胀土是指黏粒成分主要由亲水性矿物伊利石、蒙脱石、高岭石等组成，同时具有显著的吸水膨胀和失水收缩两种变形特性的高塑性黏性土。其中，蒙脱石亲水性最强，其含量越高，则膨胀性越强，伊利石次之。我国是膨胀土分布面积最广的国家之一，其主要分布在北京—西安—成都一线东南的广大区域。河南省膨胀土主要分布在南阳盆地、平顶山—许昌—西华以南区域及信阳大部地区，三门峡、洛阳、鹤壁、安阳等地区也有零星分布。

（二）膨胀土的工程地质特征

1. 地形地貌特点

多分布在二级及二级以上的阶地和山前丘陵和岗地，呈垄岗和浅而宽的沟谷地形，其坡度平缓，无明显的自然陡坎。沟谷头部和库岸、新开挖边坡坡面、挖坑（槽）壁下部见有碎裂土粉及小棱块碎土，且易发生浅层滑坡或坍塌。

2. 地层及岩性

一般产出为第四系晚更新世以前及第三系地层，呈黄、褐、棕及灰绿、灰白色的硬塑至坚硬的高塑性黏性土或黏土岩。通常呈褐色及棕色和棕红色的含伊利石多，而呈灰白色及灰绿色的含蒙脱石多，其膨胀性强。

3. 结构特点

结构致密、坚硬、超固结、断口光滑，土内多含钙质结核，有时富集成层。

4. 地下水特征

膨胀土地区多为浅表层上层滞水，处于强风化层，无统一稳定水位。除此之外，其深部有裂隙水，动态较稳定。

二、膨胀土判别标准

（一）公路现行有关膨胀土判定的规范

公路行业标准中，有关膨胀土判定的规范主要有以下几种：

（1）《公路路基设计规范》（JTG D30—2015）7.9.2 条：根据地貌、土体颜色、土体结构、自然地质现象和土的自由膨胀率等特征，进行膨胀土的初步判定；以标准吸湿含水率为详判指标，当标准吸湿含水率大于 2.5% 时，应判定为膨胀土。

(2)《公路工程地质勘察规范》(JTG C20—2011)表8.3.3:膨胀土的初判标准基本与《公路路基设计规范》(JTG D30—2015)7.9.2条一致。

(3)《膨胀土地区建筑技术规范》(CB 50112—2013)4.3.3条:场地具有下列工程地质特征及建筑破坏形态,且土的自由膨胀率大于或等于40%的黏性土,应判定为膨胀土。

①裂缝发育,常有光滑面和擦痕,有的裂缝中充填有灰白、灰绿色等杂色黏土。自然条件下呈坚硬或硬塑状态。

②多出露于二级或二级以上阶地、山前和盆地边缘的丘陵及岗坡地带,地形较平缓,无明显自然陡坎。

③常见有浅层滑坡、地裂。新开挖边坡及坑(槽)壁易发生坍塌现象。

④建筑物多呈“倒八字”“X”或水平裂缝,裂缝随气候变化而张开和闭合。

(二)推荐判定标准讨论

上述各规范对膨胀土的判别标准有所不同,建议采用《膨胀土地区建筑技术规范》(CB 50112—2013)4.3.3条规定。

三、膨胀土的工程特性

(一)胀缩性

具有吸水膨胀、失水收缩变形特性,而且这种变形是可逆的。土中蒙脱石含量越多,其胀缩潜势越大,膨胀力越大。土的初始含水量越低,膨胀量和膨胀力越大。击实土的膨胀性远比原状土为大,密实度越高,膨胀量和膨胀力越大。

(二)敏感性

膨胀土中黏土矿物主要由亲水矿物(蒙脱石和伊利石的有效矿物)组成,所以这类土对湿度变化特别敏感。

(三)多裂隙性

膨胀土中的裂隙主要有垂直、水平和斜交三组,致使土体被分割成具有一定几何形态的块体,破坏了土体的完整性。裂隙面光滑,且多充填灰白色或灰绿色薄膜、条带或斑块,其矿物成分主要是蒙脱石,有很强的亲水性,具有软化土体强度的显著特性,胀缩性大。裂隙分布在沟谷头部、库岸和路堑边坡的膨胀土常出现土块剥落、滑塌或浅层滑坡。旱季时,在地表常出现裂缝,长可达数十米至近百米,深数米,雨季闭合。

(四)超固结性

膨胀土地层多为老黏性土,超固结性明显、天然孔隙比小、干密度较大、初始结构强度较高。

(五)风化特性

膨胀土受气候因素影响,极易产生风化破坏作用。路基开挖后,土体在风化营力作用下,很快会产生碎裂、剥落和泥化现象,使土体结构破坏,强度降低。按膨胀土的风化程度,一般将膨胀土划分以下三层。

1.强风化层

位于地表或边坡表层,受大气营力与生物作用强烈,干湿作用显著,土体碎裂多呈细小鳞片状,结构联结完全丧失,厚度多小于2 m,即大气影响急剧层深度。

2. 弱风化层

位于地表浅层，大气营力与生物作用有所减弱，但仍较强烈，干湿效应也较明显。土体割裂多呈碎石状或碎块状，结构联结大部分丧失，厚度1.0～2.0 m。

3. 微风化层

位于弱风化层之下，大气营力与生物作用明显减弱，干湿效应也不显著，土层基本保持有规则的原始结构形体，多呈棱块状和短柱状等。

（六）强度衰减性

膨胀土的抗剪强度为典型的变动强度，具有峰值强度极高和残余强度极低的特性。由于膨胀土的超固结性，其初期强度极高，一般现场开挖都很困难。然而，由于土中伊利石和蒙脱石矿物的强亲水性及多裂隙结构，当其处在挖方暴露状态并直接受大气影响时，胀缩效应和风化作用频繁，将导致其抗剪强度大幅度衰减。

（七）崩解性

膨胀土浸水后体积膨胀，在无侧限条件下则发生吸水湿化崩解。不同类型的膨胀土，其崩解性不一样，强膨胀土浸水后很快就完全崩解；而弱膨胀土浸水后，则需要经过较长的时间才逐步崩解，且不完全崩解。

四、大气影响深度和急剧层深度的确定

（一）大气风化作用影响深度

确定大气影响深度，可先求出膨胀土的湿度系数，同时根据当地10年以上土的含水量变化及有关气象资料统计求出。无此资料时，可按《膨胀土地区建筑规范》（GB 50112—2013）式（5.2.11）计算：

$$\psi_w = 1.152 - 0.726\alpha - 0.00107c$$

式中　ψ_w——膨胀土湿度系数，在自然气候影响下，地表下1 m处土层含水量可能达到的最小值与其塑限值之比；

α——当年9月至次年2月的蒸发力之和与全年蒸发力之比值；

c——全年中干燥度（蒸发力与降水量之比值）大于1.00的月份的蒸发力与降水量差值之总和。我国部分地区蒸发力及降水量值，可按《膨胀土地区建筑技术规范》（GB 50112—2013）表5.2.12附录二采用。

大气风化作用影响深度，应由各气候区土的深层变形观测或含水量观测及地温观测资料确定。无资料时，可按表3-1采用。

表3-1　大气影响深度　（单位：m）

土的湿度系数（ψ_w）	大气风化作用影响深度（d_a）
0.6	5.0
0.7	4.0
0.8	3.5
0.9	3.0

（二）大气影响急剧层深度

大气影响急剧层深度是指大气影响特别显著的深度，其确定可按表3-1中大气风化作用影响深度乘以0.45采用。

五、膨胀土的潜势分级

膨胀土以膨胀潜势分级，依《公路工程地质勘察规范》（JTG C20—2011）表8.3.4（见表3-2）分级如下：

表3-2　膨胀土分级（《公路工程地质勘察规范》表8.3.4）

分级指标	非膨胀土	弱膨胀土	中等膨胀土	强膨胀土
自由膨胀率 F_s（%）	$F_s<40$	$40\leq F_s<60$	$60\leq F_s<90$	$F_s\geq 90$
塑性指数 I_P	$I_P<15$	$15\leq I_P<28$	$28\leq I_P<40$	$I_P\geq 40$
标准吸湿含水率 ω_f（%）	$\omega_f<2.5$	$2.5\leq\omega_f<4.8$	$4.8\leq\omega_f<6.8$	$\omega_f\geq 6.8$

第二节　膨胀土路基的变形与破坏形式

一、挖方路基（路堑）变形破坏类型

（一）剥落

剥落是边坡表层受大气物理风化作用，使土块碎解成细粒状、鳞片状，在重力作用下沿坡面剥落的现象。剥落主要发生在旱季，干旱时间愈长，蒸发愈强烈，剥落愈严重。一般强膨胀土较弱膨胀土剥落更甚，阳坡比阴坡剥落要严重。剥落物堆积于边坡坡脚或边沟内常造成边沟堵塞。

（二）冲蚀

冲蚀是坡面膨胀土的胀缩松散表土在大气降雨或地表径流的集中水流冲刷侵蚀作用下，沿坡面形成的沟状冲蚀现象。冲蚀主要发生在雨季，与水流作用的强度和时间成正比例关系，水流越集中，冲蚀越严重，常使坡面由纹沟发展成细沟，进而形成冲沟，遍布坡面。一方面，造成边坡不断后退；另一方面，冲沟深切将导致坡面土体局部破坏。

（三）泥流

泥流是坡面膨胀土的胀缩松散土粒与坡脚剥落堆积物在雨季被水流裹带搬运形成。一般在膨胀土长大坡面、风化剥落严重且地表径流集中时最易形成。泥流常造成边沟或涵洞堵塞，严重者可冲毁路基、淹埋路面。

（四）溜塌

边坡表层强风化层内的土体，吸水膨胀软化，处于过饱和状态，在重力与渗透压力作用下，沿坡面向下产生塑流状塌移的现象。溜塌是膨胀土边坡表层最普遍的一种病害形式，常发生在雨季，与降雨稍有滞后关系。可在边坡的任何部位发生，与边坡坡度无关，有的以单个溜塌出现，但长大边按正常可见到多个溜塌体相连形成带状溜塌裙。溜塌上方有弧形小坎，无明显裂缝与滑面，塌体移动距离较短且很快自行稳定于坡面，呈片状分布。溜塌厚度受强风化层控制，大多在1.0 m以内，不超过1.5 m。

（五）坍滑

边坡浅层膨胀土体，在湿胀干缩效应与风化作用影响下，由于裂隙切割以及水的作用，土体强度衰减，边坡丧失其稳定性，土体沿一定滑面整体滑移并伴有局部坍落的现象。坍滑常发生在雨季，较之降雨稍有滞后，滑面清晰且有擦痕，滑体裂隙密布，多在坡脚或软弱夹层处滑出，破裂面上陡下缓，滑面含水富集程度明显高于滑体，呈横展式分布。坍滑若继续发展，常沿后缘牵引逐步形成滑坡。坍滑发展除与膨胀土类型、边坡陡度有关，还受土体结构严格控制。其破坏厚度一般在风化作用层内，多为1.0~3.0 m。

（六）滑坡

（1）均质膨胀土深挖方边坡，其滑动破坏有两种类型发生：

①当设计坡率缓和土体抗剪强度均满足坡体稳定要求时，其坡体不存在破裂面滑动破坏，而仅有因挖方临空胀缩形成风化软弱面的平面线形浅层滑动破坏，且滑动后坡口后移，出现新的临空面，继而风化又产生软弱结构层面滑动，如此循环，具有多次牵引滑动不止特点，最后至达到新的稳定平衡为止，形成多次牵引阶梯状叠瓦式形状。对此，对均质膨胀土深挖边坡勘察设计，务必在开挖后及时进行抗滑支挡，其推力大小与坡体坡度、挖深有关。鉴于其风化层软弱面深度一般小于4 m，则对浅挖方边坡，其推力不大。

②当设计坡率和土体抗剪强度均不能满足坡体稳定要求时，其坡体破坏类型不仅有上述的风化软弱面的平面线形浅层滑动破坏，而重要的是会发生弧形破裂面深层滑动破坏，其规模大，治理工程量也大。

（2）非均值或层状膨胀土边坡，即为缓边率，不仅有表层平面线形浅层滑动破坏发生，也不排除有推移切层折线破裂面深层滑动破坏发生。深层滑动破坏与复杂特殊的地质条件有关，如局部为灰白或灰绿色的蒙脱石强膨胀性土，特别是有软弱夹层，坡顶平坦开阔，汇水面积大，有积水体，排水条件差；遇连续强降水等。该滑动破坏类型裂面深度大，推力也大，特别是深挖边坡，如叶县至舞钢高速公路滑坡。

（3）膨胀土滑坡常常具有成群产生、成群分布的特点。而这些膨胀土滑坡成群分布出现，并不是偶然巧合，而是膨胀土滑坡又一特性规律的表现。调查表明，膨胀土滑坡的集中成群分布，主要是膨胀土空间分布规律的表现。

（4）膨胀土滑坡的发生，一般具有明显的季节性和间歇性规律。由于膨胀土特性规律的一个重要方面，是土体吸水产生膨胀，强度迅速衰减，所以膨胀土滑坡大多在雨季活动最频繁，发展最快。其次是春融季节时，也有一定发展。现场调查表明，特别是在长期干旱后的第一个雨季，更是滑坡集中产生、成群出现的重要时刻。到了旱季，边坡则相对稳定，滑坡暂时停止。但是，如果不采取有效措施，经过季节性干湿循环之后，来年雨季老的滑坡不仅可能复活，产生再次滑动，而且新的滑坡也将不断产生。

二、填方路基(路堤)变形破坏类型

(一)沉陷

膨胀土初期结构强度较高,在施工时不易被粉碎,亦不易被压实。在路堤填筑后,由于大气物理风化作用和湿胀干缩效应,土块崩解,在上部路面、路基自重与汽车荷载作用下,路堤易产生不均匀下沉,如果在下沉中伴随有软化挤出,则可产生很大的沉陷量。一般是路堤越高,沉陷量越大,沉陷变形越普遍,尤其以桥头填土的不均匀下沉更为严重。不均匀下沉将导致路面的平整度下降,严重时可使路面变形破坏,甚至屡修屡坏。

(二)纵裂

路肩部位常因机械碾压不到,填土密实度达不到要求,导致后期沉降相对较大。同时,因路肩临空,对大气物理风化作用特别敏感,干湿交替频繁,肩部土体失水收缩远远大于堤身,形成等厚度风化软弱层,所以在路肩顺路线方向常产生纵向开裂,形成长数十米或上百米的张开裂缝。缝宽 2 ~4 cm,在距路肩外缘 0.5 ~1.0 m 缝隙最密集,且最宽、最长,向路幅内至行车道仍有细微裂缝。

(三)坍肩

路堤肩部土体压实不够,又处于两面临空部位,易受风化作用影响而导致强度衰减。当有雨水渗入时,特别是当有路肩纵向裂缝出现时,在汽车动荷载作用下,很容易发生路肩坍塌。塌壁高多在 1.0 m 以内,严重者可大于 1.0 m,常在雨季发生。

(四)溜塌

与路堑边坡表层溜塌相似,但路堤边坡溜塌大多与边坡表层压实不够有关。其特点是一般溜塌多发生在路堤边坡的坡腰或坡脚附近,有单个溜塌体,亦有数个溜塌相连或叠置形成溜塌裙的。

(五)坍滑

膨胀土路堤填筑后,边坡表层与内部填土的初期强度基本一致。但是随着通车时间的延续,路堤经过几个干湿季节的反复收缩与膨胀作用后,表层填土风化加剧,裂隙发展,湿胀干缩效应显著,当有水渗入裂隙时,则膨胀土软化,强度降低,导致边坡坍滑发生。滑坡路堤滑坡与填筑膨胀土的类别、性质、填筑质量及基底条件等有关。若用灰白色强膨胀土填筑堤身,则形成人为的软弱面;填筑质量差,土块未按要求打碎;基底有水或淤泥未清除,处理不彻底;边坡表层破坏未及时整治等,都有可能产生坍滑。因此,膨胀土路堤有从堤身坍滑的,也有从基底坍滑的。

(六)搓板

柔性路面上除因沥青材料质地问题及路面压力推挤的作用,膨胀土路幅内路基含水量不均时将引起土体不均匀胀缩,易产生较大幅度的横向波浪形变形搓板。

(七)溅浆冒泥

雨季路面渗水,路床受水浸并软化,在行车荷载作用下,形成泥浆,挤入粒料基层,并沿路面裂缝、伸缩缝发生溅浆冒泥。

第三节　膨胀土主要工程性质对路基稳定性的影响

一、胀缩性对路基稳定性的影响

影响膨胀土胀缩性的因素有矿物成分、颗粒组成、初始含水量、压实度及附加荷载等。其中,除矿物成分和颗粒组成的内部因素影响外,初始含水量、压实度及附加荷重的外部因素影响也很大。

(一)初始含水量的影响

膨胀土的膨胀量与含水量成反比,含水量越小,遇水后土体吸水越多,膨胀量越大。收缩量与含水量成正比,含水量越小,干燥失水后收缩量越小。公路沿线土体的天然含水量是变化的,各处膨胀土的膨胀量和收缩量不是定值,同一种土的膨胀量随当地的含水量变化而变化。

(二)压实度的影响

采用重型压实标准,由不同压实度下膨胀量试验可知,压实度大,膨胀量也有所增加,而压实度对收缩量影响很小。

(三)附加荷重的影响

土体膨胀量受附加荷重(压力)控制,压力越大,膨胀量越小,当压力为 0 ~ 0.05 MPa 时,影响最显著。工程施工中可采用增加上覆压力来减少膨胀量。膨胀土填方路堤因土的自重压力作用,下部、内部的膨胀是很小的,膨胀量大的部位是路堤顶部和边坡表层,路堤破坏往往先从这些地方发生。

二、抗剪强度特性对路基稳定性的影响

(一)膨胀土胀缩等级的影响

膨胀土随胀缩等级的提高,土体内摩擦角反而降低,黏聚力却与等级无关。因此,为保证膨胀土路基的稳定性,对胀缩等级不同的膨胀土应区别对待,分别采用相应措施。

(二)含水量的影响

无论哪种等级的膨胀土,含水量减小,摩擦角、黏聚力则随之增大。当最佳含水量收缩到塑限时,抗剪强度成倍地增长。膨胀土变湿时,抗剪强度比修筑时小得多。所以,当采用膨胀土修筑的路基边坡无覆盖时,其抗剪强度可能全部丧失,是造成边坡溜坍、坍塌和浅层滑动的主要原因。

(三)上覆压力的影响

膨胀土随土层深度加大,其摩擦角、黏聚力值也增大。利用膨胀土的这种特性,填筑路堤时应充分考虑增大压力来提高抗剪性,许多路基从坍肩开始产生变形,就是没有上覆压力而造成的。

(四)填筑条件的影响

土体填筑干密度越大,抗剪强度越大;含水量越高,抗剪强度越低。但击实土在膨胀后摩擦角和黏聚力的最大值却是出现在最佳含水量击实到最大干密度的条件下。因此,

为保证用膨胀土填筑路基在施工中及建成后都具有较高的强度和稳定性，仍应采用在最佳含水量条件下压实到最大干密度来控制施工。

三、渗透特性对路基稳定性的影响

膨胀土的体积变化主要是土中水分变化引起的，了解土的渗透性对分析已成路基和边坡水分变化的原因有重要意义。膨胀土为高液限黏性土，其渗透性差，且渗透性与上部压力、土体密实度有关。压实度增大，膨胀性越强的土，渗透性越小。但膨胀土一经暴露于大气，在风化应力作用下，失水收缩开裂后，透水性将会显著增大，这点在工程设计中应充分考虑。

第四节　膨胀土地区路基设计及施工要点

一、膨胀土地区路基设计应遵循的原则

（1）应查明膨胀土分布范围、土体结构层次、矿物成分、成因类型、物理力学性质、胀缩特性及膨胀土活动深度等，确定膨胀土膨胀潜势等级及其对公路工程的危害程度。

（2）路线设计应根据膨胀土的特性和公路等级的技术要求，综合考虑当地气候特点、地形地貌、地质、水文、筑路材料等条件，通过综合分析与路线方案比较，合理选用主要技术指标。

（3）膨胀土地区路基设计应避免高路堤和深长路堑，宜采用低路堤或浅路堑。不能避免时，应与桥、隧方案进行综合比选确定；以路基形式通过时，应采取措施保证路基稳定。

（4）膨胀土作为路基填料时，应通过室内试验和技术经济比较，确定膨胀土填筑路堤的处理方案，并确定最佳配合比及处理后的强度控制指标。

膨胀土作为路基填料，通常采用掺石灰改性为无机结合料填筑。该方法是化学改性的一种，其化学改性的机制是产生离子交换、碳酸化作用和结晶作用，改性效果好。但膨胀土具强的黏结性，其强度高，土颗粒不易打碎，路拌掺和不均匀，场拌工艺复杂，成本高、严重污染大气，施工受到限制，有些地区缺石灰土，运距远，成本高。对此，建议采用掺入一定比例砂、砂砾等粗粒料，这也可起到改性要求。这种改性方法称为物理改性或机械改性，其机制在于改变膨胀土的粒径比例，即减少黏粒膨胀特性；粗粒起到骨架约束膨胀作用。该改性方案具有因地制宜、就地取材、可操作性强、降低工程费等优点。如某高速公路项目，对弱膨胀土掺入粒径 0.5 ~ 6 cm 的天然砂砾，其效果如下：掺量 15% 时，95% 压实度的 *CBR* 为 3.2；掺量 25% 时，95% 压实度的 *CBR* 为 4.9；掺量 35% 时，95% 压实度的 *CBR* 为 6.1。

（5）膨胀土地区路基设计应以防水、控湿、防风化为主，结合路面结构，采用有效措施，减少湿度变化对膨胀土路基的影响，保证路基满足变形和强度要求。

（6）膨胀土地基设计应以变形量作为分类指标，按《公路路基设计规范》（JTG D30—2015）7.9.4 条表 7.9.4（见表 3-3）进行分类，确定膨胀土处理措施和处理深度。

表 3-3　膨胀土地基分类(《公路路基设计规范》表 7.9.4)

膨胀土地基分类等级	膨胀土地基变形量 ρ(mm)	地基处理措施
Ⅰ	$\rho \geqslant 200$	小型构造物宜采用深基础。路堤高度小于 1.5 m 时,地基置换非膨胀土或无机结合料处置土,其深度不宜小于 2.0 m
Ⅲ	$100 \leqslant \rho < 200$	小型构造物可采用浅基础。基础埋深不宜小于 1.5 m 时,并采取保湿措施。路堤高度小于 1.5 m 时,地基置换非膨胀土或无机结合料处置土,其深度不宜小于 1.5 m
Ⅱ	$40 \leqslant \rho < 100$	小型构造物可采用浅基础。基础埋深不宜小于 1.0 m 时,并采取保湿措施。路堤高度小于 1.5 m 时,地基置换非膨胀土或无机结合料处置土,其深度不宜小于 1.0 m
Ⅳ	$15 \leqslant \rho < 40$	小型构造物宜采用深基础。路堤高度小于 1.5 m 时,地基置换非膨胀土或无机结合料处置土,其深度不宜小于 0.5 m
Ⅴ	$\rho < 15$	可不处理

(7)膨胀土作为路基填料时,应以击实膨胀土的胀缩总率作为分类指标,按《公路路基设计规范》(JTG D30—2015)7.9.5 条表 7.9.5(见表 3-4)进行膨胀土填料分类,确定各类膨胀土的使用范围及处置措施。

表 3-4　膨胀土填料分类(《公路路基设计规范》表 7.9.5)

填料等级	有荷压力下胀缩总率(%)	使用范围
非膨胀土	$e_{ps} < 0.7$	可直接利用
弱膨胀土	$0.7 \leqslant e_{ps} < 2.5$	采取包边、加筋、设置垫层等物理处理措施后可用于路堤范围的填料,采用无机结合料处置后可用于路床填料
中膨胀土	$2.5 \leqslant e_{ps} < 5.0$	采用无机结合料处置后可用作路基填料
强膨胀土	$e_{ps} \geqslant 5.0$	不应用作路基填料

注:1. 路堤高度大于或等于 3.0 m 时,应采用 50 kPa 压力下膨胀率试验计算胀缩总率。
2. 路堤高度小于 3.0 m 时,应采用 25 kPa 压力下膨胀率试验计算胀缩总率。

(8)路床填料应均匀,其最小承载比应符合《公路路基设计规范》(JTG D30—2015)表 3.2.2(见表 3-5)的规定。

表3-5　路床填料最小承载比要求(《公路路基设计规范》表3.2.2)

路基部位		路面底面以下深度(m)	填料最小承载比(CBR)(%)		
			高速公路、一级公路	二级公路	三、四级公路
上路床		0~0.3	8	6	5
下路床	轻、中等及重交通	0.3~0.8	5	4	3
	特重、极重交通	0.3~1.2	5	4	—

(9)路床应分层铺填,碾压密实,压实度应符合《公路路基设计规范》(JTG D30—2015)表3.2.3(见表3-6)的规定。

表3-6　路床压实度要求(《公路路基设计规范》表3.2.3)

路基部位		路面底面以下深度(m)	路床压实度(%)		
			高速公路、一级公路	二级公路	三、四级公路
上路床		0~0.3	≥96	≥95	≥94
下路床	轻、中等及重交通	0.3~0.8	≥96	≥95	≥94
	特重、极重交通	0.3~1.2	≥96	≥95	—

(10)对涵洞、通道及挡墙构造物浅基础,其埋深应不小于大气急剧层深度,或挖除大气急剧层深度内膨胀土,回填灰土或砂砾、碎石至基底标高;对基底压力大者,且为变形量大的强膨胀土地基,宜采用深基础。

(11)膨胀土挖方路基、零填路基、填高小于路面结构厚度加之路床总厚度的低路堤,换填设计应满足规范压实度、*CBR*强度等有关要求。

(12)膨胀土路基排水设计应遵循"以排为主,防排结合的原则",并应符合下列要求:

①零填和低填路段,当公路路界内地形低于路界外的地面时,应设置必要的截水沟。

②对地下水较高的低路堤路段,应在路堤底部设置防渗隔离层。必要时,可在路基两侧设置地下排水渗沟。

③路堑顶外3~5 m范围的表层膨胀土,应采取换填非膨胀土、铺设防渗土工膜等防渗封闭处理措施,路堑顶设置截水沟,其内铺设防渗土工膜。

(13)半填半挖路基,必须在山坡上从填方坡脚起向上挖成向内倾斜的台阶,台阶宽度不小于1 m,其中挖方一侧,在行车范围之内的宽度不足一个行车道宽度时,则应挖够一个行车道宽度。

二、膨胀土地区填方路基设计要求

(1)膨胀土路堤设计应根据路堤高度、膨胀土填料类型及其处理措施,做好路基的结构防渗、排水和控湿设计,保证路基性能稳定。

(2)路堤填料应均匀,其最小承载比应符合《公路路基设计规范》(JTG D30—2015)表3.3.3(见表3-7)的规定。

表3-7 路堤填料最小承载比要求(《公路路基设计规范》表3.3.3)

路基部位		路面底面以下深度(m)	填料最小承载比(*CBR*)(%)		
			高速公路、一级公路	二级公路	三、四级公路
上路堤	轻、中等及重交通	0.8~1.5	4	3	3
	特重、极重交通	1.2~1.9	4	3	—
下路堤	轻、中等及重交通	1.5以下	3	2	2
	特重、极重交通	1.9以下			

《公路路基设计规范》(JTG D30—2015)表3.3.3提出的路堤填料其最小承载比的规定,是模拟材料在使用过程中处于最不利的状态,在一般情况下,可按饱水4昼夜作为设计状态。但是,在干燥少雨地区,如能结合地区、地形、排水、路面排水构造和路面结构、材料的渗透性等因素,论证土基潮湿程度和土试件饱水4昼夜的含水量有明显差异时,则应适当改变试件饱水方法和饱水时间,使*CBR*试验符合实际情况。

(3)路堤应分层铺筑,均匀压实,压实度应符合《公路路基设计规范》(JTG D30—2015)表3.3.4(见表3-8)的规定。

表3-8 路堤压实度(《公路路基设计规范》表3.3.4)

路基部位		路面底面以下深度(m)	压实度(%)		
			高速公路、一级公路	二级公路	三、四级公路
上路堤	轻、中等及重交通	0.8~1.5	≥94	≥94	≥93
	特重、极重交通	1.2~1.9	≥94	≥94	—
下路堤	轻、中等及重交通	1.5以下	≥93	≥92	≥90
	特重、极重交通	1.9以下			

(4)当采用弱、中等膨胀土作为填料时,应进行掺无机结合料处置,处置后的胀缩总率不得超过0.7%;当采用物理措施处置膨胀土路堤时,路基底部宜设置砂砾、碎石或无机结合料垫层,其厚度不宜小于0.5 m;包边和封盖层可采用非膨胀土或无机结合料,包边厚度不宜小于2.5 m;封盖层为砂砾、碎石等渗水材料时,其底部应设置防渗层,其材料可采用灰土或复合土工膜等。

(5)膨胀土地基上采用砂砾、碎石等渗水性材料填筑路基时,其底部应设置防渗层,防渗层材料可采用灰土或复合土工膜等。

(6)采用物理措施处置的膨胀土路堤填筑时,宜采用湿土法重型击实试验确定最优含水率和最大干密度。采用无机结合料处置的膨胀土路堤填筑时,可采用干法重型击实试验确定最优含水率+2%作为控制标准。

(7)弱、中等膨胀土路堤边坡坡率应根据路堤边坡高度、填料重塑后的性质、区域气候特点,并参照既有路基成熟经验综合确定。边坡高度不大于10 m的路堤边坡坡率和边坡平台的设置,可按《公路路基设计规范》(JTG D30—2015)表7.9.6－1(见表3-9)确定。

表3-9　膨胀土路堤边坡坡率及平台宽度(《公路路基设计规范》表7.9.6－1)

边坡高度(m)	边坡坡率		边坡平台宽度(m)	
	胀缩等级		胀缩等级	
	弱膨胀	中等膨胀	弱膨胀	中等膨胀
<6	1:1.5	1:1.5～1:1.75	可不设	
6～10	1:1.75	1:1.75～1:2.0	2.0	≥2.0

(8)膨胀土路堤边坡防护类型,可按《公路路基设计规范》(JTG D30—2015)表7.9.6－2(见表3-10)确定。

表3-10　膨胀土路堤边坡防护类型(《公路路基设计规范》表7.9.6－2)

边坡高度(m)	弱膨胀土	中膨胀土
≤6	植物	骨架植物
>6	植被防护、骨架防护	支撑渗沟加拱形骨架植物

三、膨胀土地区挖方路基设计要求

(1)膨胀土路堑边坡坡率应根据土质的性质、软弱层和裂隙的组合关系、气候特点、水文地质条件,以及自然山坡、人工边坡的稳定坡度等综合确定。

(2)边坡设计应遵循"放缓边坡、加宽平台、加固坡脚"的原则,边坡坡率及平台宽度按《公路路基设计规范》(JTG D30—2015)表7.9.7－1(见表3-11)确定。坡高大于10 m的边坡,应结合稳定性分析计算进行设计,边坡稳定性应符合《公路路基设计规范》(JTG D30—2015)表3.7.7的规定,必要时应与隧道方案进行比较。

表3-11　膨胀土路堑边坡设计参考值(《公路路基设计规范》表7.9.7－1)

膨胀土类别	边坡高度(m)	边坡坡率	边坡平台宽度(m)	碎落台宽度(m)
弱膨胀土	<6	1:1.5	—	1.0
	6～10	1:1.5～1:2.0	2.0	1.5～2.0
中等膨胀土	<6	1:1.5～1:1.75	—	1.5～2.0
	6～10	1:1.75～1:2.0	2.0	2.0
强膨胀土	<6	1:1.75～1:2.0	—	2.0
	6～10	1:2.0～1:2.5	≥2.0	≥2.0

(3)"对零填和挖方路段路床范围的膨胀土应进行超挖、换填处理,换填材料应符合

《公路路基设计规范》(JTG D30—2015)第3.2节规定,若换填为渗水性材料时,其底部应设防渗层。对膨胀土路堑,路床换填深度宜加深至1.0～1.5 m。对排水条件差、地下水发育、运营中处理困难的路堑,其换填深度应酌情加深,并应强化地下水排水设计,特别是中、强膨胀土。

(4)路堑边坡的防护加固类型可根据膨胀土的性质、环境条件和边坡高度,按《公路路基设计规范》(JTG D30—2015)表7.9.7－2(见表3-12)及表7.9.7－3(见表3-13)确定。

表3-12　膨胀土路堑边坡防护措施(《公路路基设计规范》表7.9.7－2)

边坡高度(m)	弱膨胀土	中等膨胀土
≤6	植物	骨架植物
>6	骨架防护、植被防护、浆砌片石护坡	拱形骨架植物、支撑渗沟＋拱形骨架植物

表3-13　膨胀土路堑边坡支挡措施(《公路路基设计规范》表7.9.7－3)

边坡高度(m)	弱膨胀土	中等膨胀土	强膨胀土
≤6	不设	坡脚墙	护墙、挡土墙
>6	护墙、挡土墙	挡土墙、抗滑桩	桩基承台挡土墙、抗滑桩、边坡锚固

(5)浆砌片石是填、挖方膨胀土护坡多见的一种刚性结构,主要靠其自重或片石与砂浆的黏结力阻止坡面的膨胀变形。它的防冲刷性强,能抵御较大能量的集中水流的侵蚀冲刷,施工简单。缺点是,由于雨水的浸入(总有薄弱部位可进入),往往聚集在边坡的表层,来不及蒸发造成坡面土层软化膨胀,易造成较大的膨胀力,致使护坡变形开裂,直到片石脱落损坏。

工程实例:中原西路膨胀土挖方段边坡。该段边坡坡率1∶1.5～1∶1.75,片石自重引起的下滑力过大;坡面缺排水孔,雨后坡面膨胀土软化,与浆砌片石摩阻力变小,则片石自重引起的下滑力大于和坡面土体的摩阻力,又缺各级平台内侧护脚支挡措施,特别是缺坡脚挡墙,而导致片石整体和局部向下滑移垮落。

(6)深挖边坡坡顶设置截水沟,坡脚边沟和各级平台设置排水沟,以截排上部坡面水,其内铺土工膜防渗。

(7)边坡植物防护时,不应采用阔叶树种;圬工防护时,墙背应设置换冲层,厚度不应小于0.5 m。支挡结构基础埋深应大于气候影响深度,反滤层厚度不应小于0.50 m。

(8)挖方边坡膨胀土层与下伏岩土层无不利结构面时,边坡防护可采用非膨胀性黏质土覆盖置换处理或设置柔性支护结构。边坡覆盖置换的厚度不宜小于2.5 m;覆盖置换层与下伏膨胀土之间应设置排水垫层与渗沟。当边坡岩土层存在不利结构面时,应根据边坡稳定情况,设置必要的支挡工程。

(9)对滑动推力不大的边坡,重力式坡脚挡墙是常采用的一种支挡结构。但滑动推力不大的边坡,挡墙圬工量大,且其基础埋深大,则存在开挖坡脚不利于坡体稳定及施工安全因素。对此,推荐桩墙一体支挡结构。该结构即采用人工挖孔桩(嵌入深度满足规定)，桩身伸入墙体顶，并设置顶冠梁，桩身纵、横配筋及各桩连系筋应满足规定，最后一体作片石混凝土灌注，注意留有伸缩缝和泄水孔。

四、膨胀土地区路基施工要点

膨胀土路基施工应遵循"强化防排水，连续施工，并及时封闭路床和坡面"的原则，并符合以下要求：

(1)膨胀土地区路基施工，应避开雨季作业，加强现场排水，保证地基和已填筑的路基不被水浸泡。

(2)膨胀土地区的一般工点应尽量做到在旱季施工，开挖后各道工序要紧密衔接，连续施工，集中力量一气呵成，分段完成。其施工顺序应严格遵循"先开挖截水沟，其内铺设防渗土工膜的浆砌圬工，出口应延伸至桥涵进出口，且快速开挖，及时支挡，自上而下，分层逐级施工"的原则。

(3)对于支挡构筑物，施工时应从两端开始，跳槽开挖基坑，采取边挖边砌基础边修建的方法，及时恢复力的平衡状态，增强坡脚支撑。

(4)路堤、路堑边坡按设计修整后，应立即浆砌护墙护坡，防止雨水直接侵蚀。

(5)路基填筑后不应间隔太久或越冬后作路面。当年不能铺筑路面，应作封层处理，其厚度不宜小于 30 cm，横坡不小于 2%。

(6)挖方路段当挖到距路床顶面以上 30 cm 时，应停止向下开挖，并挖好临时排水沟，待作路面时，再挖至路床顶面以下按规定的深度，并按规定进行回填压实。

(7)挖方边坡不要一次挖到设计线，沿边坡顶预留厚度 30～50 cm，待路堑挖完后再削去边坡预留部分，并立即防护。

第五节　膨胀土公路病害实例

膨胀土挖、填方路基边坡发生滑动破坏病害多见，其中深挖方边坡滑动对公路交通危害性大，前已有述及，本节仅列举填方路基病害实例。

一、京珠高速公路许昌至漯河段路面病害

(一)概况

京珠高速公路许昌至漯河段高速公路处于淮河冲积平原，地形平坦，浅表层为第四系中更新统棕色黏性土，具弱至中等膨胀性，路堤填高 4 m 左右，路面结构底部有灰土垫层。运营 1 年后，起初发现路面在雨后有大小不等的灰土小白点，此后小白点扩大为坑槽(养护工不断清除灰土在路边)，坑槽逐渐连片，最终导致该段高速路面全幅破坏。伴随路面破坏，还出现护栏外路肩普遍有贯通泄水槽的纵裂缝(宽 10～20 cm)，紧急停车道及靠近紧急停车道的行车道也见有纵裂缝，裂缝宽度及长度从紧急停车道至行车道渐小，且裂缝多呈雁行式(一般宽度小于 2 mm，长度多小于 50 m，个别大于 100 m)。

(二)原因分析

病害发生后，到现场进行勘查，并查阅勘察设计及施工监理资料，分析认为：全幅路面

破坏过程是水的渗入,致使灰土基层和路床土基含水量增大而软化,路面出现波浪变形或鼓包,且同时也可使灰土基层和路床软化土被带出路面呈诸多灰土小白点,该小白点扩大逐步成片发展为大面积沉陷坑槽病害,最终导致该段路面全破坏;路肩及车道路面的胀缩变形纵裂缝,与路堤边坡形成风化界面有关。综合原因如下:

(1)路床和路堤填料采用未经改性的原地浅表层膨胀土,其 *CBR* 强度不符合《公路路基设计规范》(JTG D30—2015)规定,这是最根本、最重要的原因。

(2)路面纵坡小,特别是连续强降雨特殊天气,排水不畅,集水时间长。

(3)路面结构防渗功能差。

(4)重型大车及超载车流量大。

(5)路堤膨胀土填料,其边坡裸露,未作封闭防护,在大气影响变化胀缩作用下,导致路堤膨胀土形成风化界面而表现在路肩及车道路面的胀缩变形纵裂缝,其病害程度从路肩至行车道趋于减弱。

(三)处置方案

鉴于该路段路面病害严重,是整幅破坏,且其最根本、最重要的原因是采用未经改性的膨胀土作为路床填料,则应进行彻底处理,其方案是挖除原路床,重新实施符合规范规定的路床部位,加厚路面结构层及防渗措施,并加厚基层底灰土层;对路堤边坡进行硬化封闭。

二、京珠高速公路许昌至漯河段涵洞病害

(一)概况

京珠高速公路许昌至漯河段有两道盖板暗涵洞,在通车 1 年后出现侧墙伸缩缝张开变形,侧墙前推,涵底错台,涵台凸胀变形等病害。

(二)原因分析

综合分析原因如下:

(1)该段浅表层为弱至中等膨胀土,对膨胀土地基,其基础埋深小于大气影响急剧层深度,或未挖除大气影响急剧层深度内的膨胀土,采用灰土回填至基底标高,这是最根本、最重要的原因。

(2)涵底及进、出口缺防渗设计,导致水渗入软化膨胀土地基。

(三)处置方案

在涵内沿涵长每隔一定距离设一道钢筋混凝土框架;对侧墙伸缩缝张开变形、侧墙前推、涵底错台病害和凸胀变形的涵台加设钢筋混凝土护壁加固护面;加长涵洞进、出口铺砌防渗,并设防渗墙;伸缩缝进行灌浆封闭。

第四章 湿陷性黄土

第一节 基本认识

一、湿陷性黄土在河南省的分布与地层划分

(一)河南省湿陷性黄土的分布

河南省湿陷性黄土主要分布在三门峡盆地及洛阳、孟津、偃师、巩义、上街、荥阳、郑州、新郑,禹州及新密市和太行山前等地也有零星分布。依据《中国湿陷性黄土工程地质分区略图》,河南省仅三门峡盆地黄土属Ⅲ区关中黄土(处于该区东端部),其湿陷厚度大,多为Ⅲ级(严重)自重湿陷场地,个别为Ⅳ级(很严重)自重湿陷场地。其他地区黄土,属Ⅴ区河南黄土,其湿陷厚度小,属非自重湿陷场地,多属Ⅰ级轻微非自重湿陷场地。

(二)地层地质时代划分

河南省黄土地层,以晚更新世马兰黄土较为多见,其他地质时代黄土也都有分布,河南黄土地层划分见表4-1。

表4-1 河南黄土地层划分

时代		黄土名称		成因	岩性特征	工程性质
全新世黄土 Q_4	近期 Q_4^2	新近堆积黄土	新黄土	风积、冲积、崩积	黄、黄褐、褐黄色粉土或粉质黏土,土质松散不均,含少量砾石和钙质结核,偶见砖瓦块及朽木	松散,具湿陷性
全新世黄土 Q_4	早期 Q_4^1	黄土状土	新黄土	风积、冲积、崩积	黄、黄褐、褐黄色粉土或粉质黏土,土质松散不均,含少量砾石和钙质结核,偶见砖瓦块及朽木	松散,具湿陷性
晚更新世黄土(Q_3)		马兰黄土	新黄土	风积及冲积	浅黄、褐黄色粉土,土质均匀,大孔隙发育,具垂直节理,含少量零星钙质结核,局部夹多层钙化富集透镜体,底部有一层红色黏土质古土壤	较松散,具湿陷性,为主要湿陷性土层
中更新世黄土(Q_2)		离石黄土	老黄土	洪积	棕黄,褐色,棕红色粉质黏土夹黏土,质坚硬,超固结,局部夹砂砾、卵砾石透镜体胶结岩层。有多层红色古土壤层及钙质结核富集层	致密硬塑至坚硬,强度高,超固结,可不考虑湿陷性
早更新世黄土(Q_1)		午城黄土或三门黄土	老黄土	冲洪积	淡红或棕红色黏土夹粉质黏土,土质密实无大孔隙,柱状节理发育,局部半成岩	致密坚硬,超固结,强度高,无湿陷性

二、地基的变形特征

(一)湿陷变形类别

湿陷性黄土是一种浅黄色、褐黄色,以粉粒为主,结构较松散的非饱和欠压密粉土,具有大孔隙和垂直节理,在天然湿度下,其压缩性较低,强度较高。但其最大特点是:在土的自重压力或土的附加压力与自重压力共同作用下受水浸湿时,将产生急剧而大量的附加下沉变形。它与一般土的受水浸湿时所表现的压缩性稍有增加的现象不同。河南省黄土广为分布,三门峡盆地Ⅲ区关中黄土及河南其他地区Ⅴ区黄土湿陷性差别较大。Ⅴ区黄土受水浸湿后只有在自重压力和附加压力共同作用下才产生湿陷,称为非自重湿陷性黄土;Ⅲ区黄土受水浸湿后在自重压力作用下就产生湿陷变形,即土样在该试样深度处上覆土层饱和状态自重压力作用下产生湿陷变形,称为自重湿陷性黄土。

(二)浸水载荷试验的湿陷变形特点

1. 湿陷变形范围

诸多工点工程浸水载荷试验资料表明,对于非自重湿陷性黄土地基,由基础荷载作用产生的湿陷只是发生在压缩层范围以内,一般将这类湿陷称为外荷载湿陷;对于自重湿陷性黄土地基,由浸水而产生的总湿陷量,包括由基础荷载引起的外荷载湿陷和由黄土自重压力引起的自重湿陷。与非自重湿陷性黄土地基类似,外荷载湿陷只发生在压缩层范围以内,在压缩层范围以下产生的,则是自重湿陷,它与基础大小无关,而只取决于土的性质、土层厚度和浸水情况等因素。

2. 湿陷起始压力

黄土虽然是在干旱特殊环境形成的欠压密土,但其本身因有一定的结构强度,并非在任何荷载作用下受水浸湿都会产生湿陷。当压力较小时受水浸湿,由于它在颗粒接触处所产生的剪应力小于其结构强度,与一般黏性土一样,只产生少量的压缩变形。只有当压力增大到某一数值以致剪应力大于其结构强度时,下沉速度才会突然加快,从而反映出湿陷的特点。通常将黄土开始湿陷时的相应压力,看作黄土受水浸湿后的结构强度。当湿陷性黄土实际所受的压力等于或大于土的湿陷起始压力时,土就开始产生湿陷;反之,如小于这一压力,则只产生压缩变形,而不发生湿陷变形。

3. 变形速率

压缩变形和湿陷变形是完全不同的两个概念。通常压缩变形在荷载施加后立即产生,随着时间的增长而逐渐趋向稳定。对大多数湿陷性黄土地基来说(饱和黄土和新近堆积黄土除外),压缩变形在施工期就能完成一大部分,在构造物竣工后半年即基本趋于稳定。而湿陷变形的特点,通常是在地基受水浸湿后 1 ~ 3 h 就开始湿陷,而且变形量大、常超过正常压缩变形的几倍至几十倍。这种变形量大、速率快而不均匀的变形,往往使构造物产生严重变形,甚至破坏,自重湿陷性黄土地基湿陷特点更明显。湿陷变形完全取决于是否受水浸湿,以及浸湿的范围和程度,如有的构造物在施工期即产生湿陷事故,而有的则在几年后甚至几十年后才出现湿陷事故,其原因就在于此。

三、湿陷性试验有关规定

(一)一般规定

(1)土样的质量等级应为Ⅰ级不扰动土样;

(2)环刀面积不应小于5 000 mm^2;使用前,应将环刀洗净风干,透水石应烘干冷却;

(3)加荷前,环刀试样应保持天然湿度;

(4)试样浸水宜用蒸馏水;

(5)试样浸水前和浸水后的稳定标准,应为下沉量不大于0.01 mm/h。

(二)测定湿陷系数规定

除应符合《湿陷性黄土地区建筑标准》(GB 50025—2018)第4.3.1条的规定外,尚应符合下列规定:

(1)分级加荷至试样的规定压力,下沉稳定后,试样浸水饱和,附加下沉稳定,试验终止。

(2)压力在0~200 kPa,每级增量宜为50 kPa;压力大于200 kPa时,每级增量宜为100 kPa。

(3)湿陷系数δ_s应按下式计算

$$\delta_s = \frac{h_P - h'_P}{h_0}$$

式中　h_P——保持天然湿度和结构的试样,加至一定压力时,下沉稳定后的高度,mm;

h'_P——加压下沉稳定后的试样,在浸水饱和条件下,附加下沉稳定后的高度,mm;

h_0——试样的原始高度,mm。

(4)测定湿陷系数试验压力,应按基底压力和土样深度确定。土样深度自基础底面算起,基底标高不确定时,自地面下1.5 m算起;试验压力应按下列条件取值:

①基底压力小于300 kPa时,基底下10 m以内的土层应用200 kPa,10 m以下至非湿陷性黄土层顶面,应用其上覆土的饱和自重压力。

②基底压力不小于300 kPa时,宜用实际基底压力,当上覆土的饱和自重压力大于实际基底压力时,应用其上覆土的饱和自重压力。

③对压缩性较高的新近堆积黄土,基底下5 m以内的土层宜用100~150 kPa压力,5~10 m和10 m以下至非湿陷性黄土层顶面,应分别用200 kPa和上覆土的饱和自重压力。

(三)测定自重湿陷系数的规定

除应符合《湿陷性黄土地区建筑标准》(GB 50025—2018)第4.3.1条的规定外,尚应符合下列规定:

(1)分级加荷,加至试样上覆土的饱和自重压力,下沉稳定后,试样浸水饱和,附加下沉稳定,试验终止。上覆土的饱和自重压力应自天然地面算起,挖、填方场地应自设计地面算起。

(2)试样上覆土的饱和密度,可按下式计算:

$$\rho_S = \rho_d\left(1 + \frac{S_r e}{d_s}\right)$$

式中　ρ_S——土的饱和密度,g/cm^3;

ρ_d——土的干密度,g/cm^3;

S_r——土的饱和度,可取 $S_r = 85\%$;

e——土的孔隙比;

d_s——土粒相对密度(比重)。

(3)自重湿陷系数 δ_{zs} 可按下式计算:

$$\delta_{zs} = \frac{h_z - h'_z}{h_0}$$

式中　h_z——保持天然湿度和结构的试样,加压至该试样上覆土的饱和自重压力时,下沉稳定后的高度,mm;

h'_z——加压稳定后的试样,在浸水饱和条件下,附加下沉稳定后的高度,mm。

(四)测定压力—湿陷系数(p—δ_s)曲线和湿陷起始压力的规定

除应符合《湿陷性黄土地区建筑标准》(GB 50025—2018)第4.3.1条的规定外,尚应符合下列规定:

(1)可选用单线法压缩试验或双线法压缩试验。

(2)从同一土样中所取环刀试样,其密度差值不得大于0.03 g/cm^3。

(3)压力在0~150 kPa内,每级增量宜为25~50 kPa;压力大于150 kPa时,每级增量宜为50~100 kPa。

(4)测定压力—湿陷系数试验最大压力,应大于土样所处位置处附加压力与上覆土的饱和自重压力之和。

(5)单线法压缩试验不应少于5个环刀试样,均在天然湿度下分级加荷,分别加至不同的规定压力,下沉稳定后,各试样浸水饱和,附加下沉稳定,试验终止。

(6)双线法压缩试验,应按下列步骤进行:

①应取2个环刀试样,分别对其施加相同的第一级压力,下沉稳定后应将2个环刀试样的百分表读数调整一致,调整时应考虑各仪器变形量的差值。

②应将2个环刀试样中的一个试样保持在天然湿度下分级加荷,加至最后一级压力,下沉稳定后,试样浸水饱和,附加下沉稳定,试验终止。

③应将环刀试样中的另一个试样浸水饱和,附加下沉稳定后,在浸水饱和状态下分级加荷,每级荷载下下沉稳定后继续加荷,加至最后一级压力,下沉稳定,试验终止。

④当天然湿度的试样,在最后一级压力下浸水饱和,附加下沉稳定后的高度与浸水饱和试样在最后一级压力下的下沉稳定后的高度不一致,且相对差值不大于20%时,应以前者的结果为准,对浸水饱和试样的试验结果进行修正;相对差值大于20%时,应重新试验。

四、湿陷性评价

(一)黄土的湿陷性和湿陷程度判定

黄土的湿陷性和湿陷程度判定应按室内浸水(饱和)压缩试验,在一定压力下测定的湿陷系数 δ_s 和 δ_{zs} 为自重湿陷系数,并应符合下列规定。

1. 湿陷性初步判定

(1)湿陷性黄土区,液限及塑性指数偏低的粉土,多具有湿陷性。

(2)据统计,河南省三门峡盆地黄土Ⅲ区湿陷性黄土干密度为 1.30 g/cm³左右,并小于 1.50 g/cm³,孔隙比为 1.000 左右,多为Ⅲ级自重(严重)湿陷场地;河南其他地区Ⅴ区河南黄土,干密度≤1.50 g/cm³、孔隙比为 0.900 左右,多为Ⅰ级非自重轻微湿陷场地。各区可参考该干密度与孔隙比这两项指标,作为初步判定是否湿陷的参考指标,也可作为评价湿陷性黄土地基处理后的效果综合评价参考指标(一般认为处理后实测密度大于 1.50 g/cm³为消除湿陷)。

2. 湿陷系数判定

当湿陷系数 $\delta_s \geqslant 0.015$ 时,应定为湿陷性黄土;当 $\delta_s < 0.015$ 时,应定为非湿陷性黄土;当 $\delta_s \geqslant 0.015$ 时,应做自重湿陷性试验,当自重湿陷系数 $\delta_{zs} \geqslant 0.015$ 时,定为自重湿陷性黄土。

3. 湿陷性黄土的湿陷程度划分

湿陷性黄土的湿陷程度划分,应符合下列规定:

(1)当 $0.015 \leqslant \delta_s \leqslant 0.030$ 时,湿陷性轻微;

(2)当 $0.030 < \delta_s \leqslant 0.070$ 时,湿陷性中等;

(3)当 $\delta_s > 0.070$ 时,湿陷性强烈。

(二)湿陷性黄土场地的湿陷类型

湿陷性黄土场地的湿陷类型应按自重湿陷量的实测值 Δ'_{zs} 或计算值 Δ_{zs} 判定,并应符合下列规定:

(1)自重湿陷量的实测值 Δ'_{zs} 或计算值 Δ_{zs} 小于或等于 70 mm 时,应定为非自重湿陷性黄土场地。

(2)自重湿陷量的实测值 Δ'_{zs} 或计算值 Δ_{zs} 大于 70 mm 时,应定为自重湿陷性黄土场地。

(3)按自重湿陷量的实测值和计算值判定出现矛盾时,应按自重湿陷量的实测值判定。

(4)湿陷性黄土场地自重湿陷量计算值应按下式计算:

$$\Delta_{zs} = \beta_0 \sum_{i=1}^{n} \delta_{zsi} h_i$$

式中　Δ_{zs}——自重湿陷量计算值,mm;应自天然地面(挖、填方场地应自设计地面)算起,计算至其下非湿陷性黄土层的顶面止,勘探点未穿透湿陷性黄土层时计算至控制性勘探点深度止,其中自重湿陷系数值小于 0.015 的土层不累计;

δ_{zsi}——第 i 层土的自重湿陷系数;

h_i——第 i 层土的厚度,mm;

β_0——因地区土质而异的修正系数，缺乏实测资料时，可按《湿陷性黄土地区建筑标准》（GB 50025—2018）表4.4.3（见表4-2）取值。

表4-2　因地区土质而异的修正系数（《湿陷性黄土地区建筑标准》表4.4.3）

湿陷性黄土工程地质分区	β_0
Ⅰ区（陇西地区）	1.5
Ⅱ区（陇东—陕北—晋西地区）	1.2
Ⅲ区（关中地区）	0.9
其他地区	0.5

（三）湿陷量计算

湿陷性黄土地基受水浸湿饱和时，其湿陷量计算值应按下式计算：

$$\Delta_s = \sum_{i=1}^{n} \alpha\beta\delta_{si}h_i$$

式中　Δ_s——湿陷量计算值，mm，应自基础底面（基底标高不确定时，自地面下1.5 m）算起。在非自重湿陷性黄土场地，累计至基底下10 m深度止，当地基压缩层深度大于10 m时累计至压缩层深度止。在自重湿陷性黄土场地，累计至非湿陷性黄土层的顶面止，控制性勘探点未穿透湿陷性黄土层时，累计至控制性勘探点深度止。其中湿陷系数值小于0.015的土层不累计。

δ_{si}——第i层土的湿陷系数，按《湿陷性黄土地区建筑标准》（GB 50025—2018）第4.3节规定取值；基础尺寸和基底压力已知时，可采用p—δ_s曲线上按基础附加压力和上覆土饱和自重压力之和对应的δ_s值。

h_i——第i层土的厚度，mm。

β——考虑基底下地基土的受力状态及地区等因素的修正系数，缺乏实测资料时，可按《湿陷性黄土地区建筑标准》（GB 50025—2018）表4-3规定取值。

α——不同深度地基土浸水概率系数，按地区经验取值，无地区经验时，可按《湿陷性黄土地区建筑标准》（GB 50025—2018）表4-4取值。对地下水有可能上升至湿陷性土层内，或侧向浸水影响不可避免的区段，取$\alpha = 1.0$。

表4-3　修正系数（β）

位置及深度		β
基底下0～5 m		1.5
基底下5～10 m	非自重湿陷性黄土场地	1.0
	自重湿陷性黄土场地	所在地区的β_0值且不小于1.0
基底下10 m以下至非湿陷性黄土层顶面或控制性勘探孔深度	非自重湿陷性黄土场地	Ⅰ区、Ⅱ区取1.0，其余地区取工程所在地区的β_0值
	自重湿陷性黄土场地	取工程所在地区的β_0值

表 4-4　浸水概率系数(α)

基础底面下深度 z(m)	α
$0 \leqslant z \leqslant 10$	1.0
$10 < z \leqslant 20$	0.9
$20 < z \leqslant 25$	0.6
$z > 25$	0.5

(四)湿陷性黄土的湿陷起始压力

湿陷性黄土的湿陷起始压力 p_{sh} 值可按下列方法确定：

(1)当按现场静载荷试验结果确定时，应在压力与浸水下沉量(p—S_s)曲线上，取转折点所对应的压力作为湿陷起始压力值。曲线上的转折点不明显时，可取浸水下沉量(S_s)与承压板直径(d)或宽度(b)之比值等于 0.017 所对应的压力作为湿陷起始压力值。

(2)当按室内压缩试验结果确定时，在 p—δ_s 曲线上宜取 $\delta_s = 0.015$ 所对应的压力作为湿陷起始压力值。

(五)湿陷性黄土地基的湿陷等级

湿陷性黄土地基的湿陷等级，应依据《湿陷性黄土地区建筑标准》(GB 50025—2018)的自重湿陷量计算值或实测值和湿陷量计算值，按表 4-5 判定。

表 4-5　湿陷性黄土地基的湿陷等级(《湿陷性黄土地区建筑标准》表 4.4.6)

<table>
<tr><th rowspan="2">场地湿陷类型</th><th>非自重湿陷性场地</th><th colspan="2">自重湿陷性场地</th></tr>
<tr><th>$\Delta_{zs} \leqslant 70$ mm</th><th>70 mm $< \Delta_{zs} \leqslant 350$ mm</th><th>$\Delta_{zs} > 350$ mm</th></tr>
<tr><td>50 mm $< \Delta_s \leqslant 100$ mm</td><td rowspan="2">Ⅰ(轻微)</td><td>Ⅰ(轻微)</td><td rowspan="2">Ⅱ(中等)</td></tr>
<tr><td>100 mm $< \Delta_s \leqslant 300$ mm</td><td>Ⅱ(中等)</td></tr>
<tr><td>300 mm $< \Delta_s \leqslant 700$ mm</td><td>Ⅱ(中等)</td><td>Ⅱ(中等)或Ⅲ(严重)</td><td>Ⅲ(严重)</td></tr>
<tr><td>$\Delta_s > 700$ mm</td><td>Ⅱ(中等)</td><td>Ⅲ(严重)</td><td>Ⅳ(很严重)</td></tr>
</table>

注：对 70 mm $< \Delta_{zs} \leqslant 350$ mm、300 mm $< \Delta_s \leqslant 700$ mm 一档划分，当湿陷量的计算值 $\Delta_s > 600$ mm、自重湿陷量的计算值 $\Delta_{zs} > 300$ mm 时，可判为Ⅲ级，其他情况可判为Ⅱ级。

五、湿陷性黄土场地地基计算

(1)湿陷性黄土场地自重湿陷量的计算值和湿陷性黄土地基湿陷量的计算值，应按《湿陷性黄土地区建筑标准》(GB 50025—2018)第 4.4.3 条和第 4.4.4 条的规定分别进行计算。

(2)湿陷性黄土地基需要变形验算时，其变形计算和变形允许值，应符合《建筑地基基础设计规范》(GB 50007—2011)的有关规定。但其中沉降计算经验系数 ψ_s 可按表 4-6 取值。

表 4-6　沉降计算经验系数(ψ_s)(《湿陷性黄土地区建筑标准》表 5.6.2)

E_s(MPa)	3.30	5.00	7.50	10.00	12.50	15.00	17.50	20.00
ψ_s	1.80	1.22	0.82	0.62	0.50	0.40	0.35	0.30

变形计算深度范围内压缩模量的当量值,应按下式计算:

$$\overline{E}_s = \frac{\sum A_i}{\sum \frac{A_i}{E_{si}}}$$

式中　A_i——第 i 层土附加应力系数曲线沿土层厚度的积分值;

E_{si}——第 i 层土的压缩模量值,MPa。

(3)当基础宽度大于 3 m 或埋置深度大于 1.50 m 时,地基承载力特征值应按下式修正:

$$f_a = f_{ak} + \eta_b \gamma (b - 3) + \eta_d \gamma_m (d - 1.50)$$

式中　f_a——修正后的地基承载力特征值,kPa;

f_{ak}——相应于 $b = 3$ m 和 $d = 1.50$ m 的地基承载力特征值,kPa,可按《湿陷性黄土地区建筑标准》(GB 50025—2018)第 5.6.3 条的原则确定;

η_b、η_d——基础宽度和基础埋深的地基承载力修正系数,可按《湿陷性黄土地区建筑标准》(GB 50025—2018)基底下土的类别按表 5.6.5(见表 4-7)采用;

γ——基础底面以下土的重度,kN/m^3,地下水位以下取浮重度;

γ_m——基础底面以上土的加权平均重度,kN/m^3,地下水位以下取浮重度;

b——基础底面宽度,m,当基础宽度小于 3 m 或大于 6 m 时,分别按 3 m 或 6 m 取值;

d——基础埋置深度,m,宜自室外地面标高算起;当为填方时,可自填土地面标高算起,但填方在上部结构施工后完成时,应自天然地面标高算起;对于地下室,采用箱形基础或筏形基础时,基础埋置深度可自室外地面标高算起;在其他情况下,应自室内地面标高算起。

表 4-7　基础宽度和埋置深度的地基承载力修正系数(《湿陷性黄土地区建筑标准》表 5.6.5)

土的类别	有关物理指标	承载力修正系数	
		η_b	η_d
晚更新世(Q_3) 全新世(Q_4^1)湿陷性黄土	$W \leqslant 24\%$	0.20	1.25
	$W > 24\%$	0	1.10
新近堆积(Q_4^2)黄土		0	1.00
饱和黄土	e 及 I_L 都小于 0.85	0.20	1.25
	e 或 I_L 大于等于 0.85	0	1.10
	e 及 I_L 都不小于 1.00	0	1.00

注:饱和黄土是指 $I_p > 10$、饱和度 $S_r > 80\%$ 的晚更新世(Q_3)、全新世(Q_4^1)黄土。

(4)湿陷性黄土地基的稳定性计算,除应符合现行《建筑地基基础设计规范》(GB 50007)的有关规定外,尚应符合下列规定:

①确定滑动面时,应考虑湿陷性黄土地基中可能存在的竖向节理和裂隙。

②对有可能受水浸湿的湿陷性黄土地基,土的强度指标应按饱和状态的试验结果确定。

③在自重湿陷性黄土场地,单桩竖向承载力的计算除不计中性点深度以上黄土层的正侧阻力外,尚应扣除桩侧的负摩阻力,并应符合下列规定:

a. 基底下湿陷性黄土层厚度不小于 10 m 时,单桩竖向承载力特征值应通过单桩竖向静载荷浸水试验确定。单桩竖向静载荷浸水试验应符合《湿陷性黄土地区建筑标准》(GB 50025—2018)附录 G 的规定。

b. 基底下湿陷性黄土层厚度小于 10 m 或单桩竖向静载荷试验进行浸水确有困难时,单桩竖向承载力特征值可按有关经验公式和《湿陷性黄土地区建筑标准》(GB 50025—2018)有关规定进行估算。

④负摩阻力值宜通过现场浸水试验测定,无场地负摩阻力实测资料时,可按《湿陷性黄土地区建筑标准》(GB 50025—2018)表 5.7.6(见表 4-8)中的数值估算。

表 4-8　桩侧平均负摩阻力特征值(《湿陷性黄土地区建筑标准》表 5.7.6)(单位:kPa)

自重湿陷量的计算值或实测值(mm)	钻、挖孔灌注桩	打(压)入式预制桩
70 ~ 200	10	15
≥200	15	20

⑤中性点深度可通过下列方式确定:

a. 通过单桩竖向静载荷浸水试验实测;

b. 浸水饱和条件下,取桩周黄土沉降与桩身沉降相等的深度;

c. 取自重湿陷性黄土层底面深度;

d. 根据建筑物使用年限内场地地形条件及水环境变化研究结果,即浸湿可能性及浸湿最大深度,结合场地黄土湿陷性条件综合确定;

e. 依《建筑桩基技术规范》(JTJ 94—2008)有效应力法。

f. 有经验的地区,可根据当地经验结合场地黄土湿陷性条件综合确定。

第二节　地基处置措施与方案

一、桥梁、涵洞构造物及桥涵附属工程

(一)工程类别划分

《公路桥涵地基与基础设计规范》(JTG D63—2007)第 4.6.6 条:湿陷性黄土地区桥涵根据其重要性、结合特点、受水浸湿后的危害程度和修复难易程度,分为 A、B、C、D 工程类别。

A 类:20 m 及以上的高墩台和外超静定桥梁;

B 类:一般桥梁扩大浅基础,拱涵;

C 类:一般涵洞及倒虹吸;

D 类:桥涵附属工程。

(二)地基处理措施

湿陷性黄土地区的桥涵应根据湿陷黄土场地湿陷等级、结构物工程类别和水流特征,按《公路桥涵地基与基础设计规范》(JTG D63—2007)表 4.6.6(见表 4-9),采取相应的工程设计措施及处理方案,以满足沉降控制的要求。

表 4-9　湿陷性黄土地区地基处理的措施(《公路桥涵地基与基础设计规范》表 4.6.6)

类型及措施		经常性流水(或浸湿可能性较大)				季节性流水(或浸湿可能性较小)			
		Ⅰ	Ⅱ	Ⅲ	Ⅳ	Ⅰ	Ⅱ	Ⅲ	Ⅳ
A	措施	①				①			
B	措施	②、③	②、③	①、②	①	③		②、③	②
	处理深度(m)	2.0～3.0	3.0～5.0	4.0～6.0	6.0	0.8～1.0	1.0～2.0	2.0～3.0	5.0
C	措施	③			②	③			
	处理深度(m)	0.8～1.0	1.0～1.5	1.5～2.0	3.0	0.5～0.8	0.8～1.2	1.2～2.0	2.0
D	措施	④				④			

注:表中①、②、③、④处理措施编号,各编号所代表的处理措施如下:

①墩台基础采用明挖挖除湿陷性黄土、沉井或桩基,置于非湿陷性黄土层中;

②采用夯强法或灰土挤密桩法,并采取防水和结构措施;

③采取重锤夯实和换填灰土垫层,并采取防水和结构措施;

④地基表层夯实。

应当指出:在湿陷性黄土厚度等于或大于 10 m 的场地,往往采用桩基础。对自重湿陷性黄土场地,除不计自重湿陷性黄土层内的桩长按饱和状态下的正阻力外,尚应扣除桩侧的负摩擦力(钻、挖孔桩取 -10～-15 kPa);对非自重湿陷黄土场地,当自重湿陷量的计算值小于 70 mm 时,单桩竖向承载力的计算应计入湿陷性黄土层内的桩长按饱和状态下的正阻力。依据规范查表取桩端承载力及桩侧摩阻力时,其液性指数均应按土的饱和状态下的液性指数。可按下式计算:

$$I_L = \frac{\dfrac{S_r e}{D_r} - W_P}{W_L - W_P}$$

式中　S_r——土的饱和度,可取 85%;

e——土的孔隙比;

D_r——土粒相对密度;

W_L、W_P——土的液限和塑限含水量,以小数计。

注:在非自重湿陷性黄土场地,桩端应支承在压缩性较低的非湿陷黄土层中;在自重湿陷性黄土场地,桩端应支承可靠的岩(或土)层中。

二、路基工程

(一)设计原则

(1)黄土塬梁地区,路线应避开有滑坡、黄土崩塌、陷穴群、冲沟发育、地下水出露的黄土塬、梁边缘和斜坡地段。若必须通过,应有充分的依据和切实可行的工程措施。

(2)路线通过冲沟头时,应分析冲沟成因及其发展趋势。当冲沟正在发展,其因上源侵蚀作用,沟头上移会危及路基稳定时,应采取排水及防护措施。

(3)对路线附近有黄土陷穴及洞穴不良地质现象,应调查位置、形状、发展趋势,以及形成的机制条件,评价对路基的危害程度。

(4)位于湿陷性黄土地段路基,应布设在湿陷等级轻微、湿陷土层较薄、排水条件较好的地段。

(5)黄土地区路基排水设计应遵循拦截分散的处理原则,设置防冲刷、防渗漏和有利于水土保持的综合排水设施及防护工程,并应防止农田水利设施与路基的相互干扰。

(二)填方路基设计要点

(1)黄土作为路堤填料时,其 *CBR* 最小强度和路床顶面回弹模量应符合《公路路基设计规范》(JTG D30—2015)第 3.2 节的规定。当不能满足要求时,应采用掺无机结合料等处置措施。

(2)路堤边坡发生滑动,属破裂面破坏形式,可采用圆弧破裂面法验算其稳定性。对高路堤,应酌情设置不同类型的支挡结构。

(3)坡面宜采用植被防护,可优选紫穗槐。

(三)挖方路基设计要点

(1)黄土路堑边坡形式应根据黄土类别及其均匀性,边坡高度按《公路路基设计规范》(JTG D30—2015)表 7.10.3－1 确定。

(2)挖方边坡高度不超过 30 m 时,其坡率应根据黄土的地貌单元、时代成因、构造节理、地下水分布、降雨量、边坡高度、施工方法,并结合自然或人工稳定边坡坡率,依据《公路路基设计规范》(JTG D30—2015)表 7.10.3－2 确定。

(3)设有大平台的深路堑边坡,除应对路堑高边坡进行整体稳定性验算外,还应对大平台毗邻的上下分段边坡作局部稳定性验算。

(4)Ⅰ级轻微非自重湿陷黄土的浅挖方边坡,其直立性好,坡面可植紫穗槐防护,或裸露边坡,待野生草类和灌木自然生长防护,如连霍高速郑州至洛阳段。

(四)地基处理要点

(1)湿陷性黄土地基最小处理深度的确定:高速公路及一级公路通过湿陷性黄土及压缩性较高的黄土地段时,可根据路堤高度、受水浸湿的可能性、湿陷后危害程度和修复的难易程度,按《公路路基设计规范》(JTG D30—2015)表 7.10.5－1(见表 4-10)确定。

表 4-10　湿陷性黄土地基最小处理深度(《公路路基设计规范》表 7.10.5－1)

路堤高度	湿陷性等级与特征							
	经常流水(或浸湿可能性大)				季节性流水(或浸湿可能性小)			
	Ⅰ	Ⅱ	Ⅲ	Ⅳ	Ⅰ	Ⅱ	Ⅲ	Ⅳ
高路堤(＞4 m)	2～3	3～5	4～6	6	0.8～1	1～2	2～3	5
零填、挖方路基、低路堤(≤4 m)	0.8～1	1～1.5	1.5～2	3	0.5～1.0	0.8～1.2	1.2～2.0	2

注：a. 与桥台相邻路基、高挡土墙路基(墙高大于 6 m)，宜消除地基的全部湿陷量或穿透全部湿陷性土层。

b. 挖方路基湿陷性黄土地基最小处理深度，从路床顶面起算。

(2)湿陷性黄土常用的处理措施：应根据公路等级、湿陷等级、处理深度要求、施工条件、材料来源及对周围环境的影响等，按《公路路基设计规范》(JTG D30—2015)表 7.10.5－2(见表 4-11)，经技术经济比较后确定。

表 4-11　湿陷性黄土常用的处理方法及其适用条件(《公路路基设计规范》表 7.10.5－2)

处理方法	适用范围	有效加固深度
换填垫层法	地下水位以上，局部或整片处理	1～3 m
冲积碾压	饱和度 S_r≤60% 的Ⅰ～Ⅱ级非自重、Ⅰ级自重湿陷性黄土	0.5～1 m，最大 1.5 m
表面重夯		1～3 m
强夯法	地下水位以上，饱和度 S_r≤60% 的湿陷性黄土	3～6 m，最大 8 m
挤密法(灰土、碎石挤密桩)	地下水位以上，饱和度 S_r≤65% 的湿陷性黄土	5～12 m，最大 15 m
桩基础	用于处理桥涵、挡土墙等构造物基础	≤30 m

(3)农田灌溉可能造成黄土地基湿陷时，可对路堤两侧坡脚外 5～10 m 进行表面加固防渗处理或设侧向防渗墙。

(4)湿陷性黄土处理宽度：挡土墙路段非自重湿陷场地，应至基础底面外侧不小于 1 m；对自重湿陷性黄土场地，应至基础底面外侧不小于 2 m；路堤地段应至坡脚排水沟外侧不小于 1 m，路堑地段为路基的整个开挖面。

(5)对危害路基稳定的黄土陷穴和洞穴进行处理。处理方法根据其深度及大小而定，可采用开挖回填夯实及灌砂、灌浆等处理措施，处理宽度视公路等级而定。对流向洞穴的地面水，应采用拦截引排措施；对堑顶裂缝和积水洼地，应填平夯实。

三、隧道工程

连霍高速公路和国道 310 河南省境有多座隧道围岩为第四系上更新统(Q_3)湿陷性黄土。依据《公路隧道设计规范》(JTG 3370.1—2018)及《公路隧道设计细则》(JTG/T D70—2010)基本级别划为Ⅴ级，亚级为$Ⅴ_1$级。其主要工程地质问题有以下几点：

(1)隧道设计应考虑到其节理发育的结构特点，加强支护或采取辅助工程措施，以及强化洞体坡面防渗排水设计及洞体防水设计。

(2)对大厚度自重湿陷性黄土,仰拱底部应有足够的灰土换填厚度,强化其防渗设计,并加强仰拱结构强度。

(3)查明潜蚀陷穴、洞穴不良地质现象对隧道的不利影响,强化其处理措施。

(4)强化洞顶防排水和防渗措施,顶、仰坡应强化防冲刷设计。

(5)对端、翼墙湿陷性黄土地基,应酌情采用灰土垫层或其他深处理方法。

第三节　地基处理工程实例

一、连霍高速公路三门峡至灵宝(省界)段涵洞湿陷性黄土地基灰土挤密桩处理

(一)概述

三门峡至灵宝(省界)段高速公路处于三门峡盆地,全长75.831 km,沿线第四系上更新统湿陷性黄土广为分布。依《湿陷性黄土地区建筑标准》(GB 50025—2018),属Ⅲ区关中黄土。据勘察资料:湿陷厚度8 m,场地湿陷等级多为Ⅲ级自重湿陷,个别为Ⅳ级很严重自重湿陷,承载力基本容许值为120 kPa。灰土挤密桩处理工点为K185 +218 拱涵。

(二)确定的处理深度及处理后要求

依《公路桥涵地基与基础设计规范》(JTG D63—2007)表4.6.6湿陷性黄土地区地基处理措施,按Ⅳ级很严重自重湿陷、经常性流水工况、工程类别B,其应处理深度为6 m。但考虑到为暗涵,其填土高,则确定处理深度为8 m,即灰土挤密桩长8 m,处理宽度超基础宽3 m。处理后桩间土挤密系数和桩体密实系数满足《公路路基设计规范》(JTG D30—2015)规定,并应全部消除湿陷性,提高地基承载力(不小于170 kPa),以满足设计要求。

(三)作用原理

灰土桩挤密地基是桩间挤密土和填夯的桩体组成的人工“复合地基”。沉桩时,土的侧向挤密效应产生沿桩孔周围土体的应力变化,即在预钻孔半径外产生半径为R的挤密影响区半径。单桩挤密试验结果表明:挤密影响区半径R通常为$1.5d \sim 2.0d$(d为桩孔直径)。单个桩孔的“有效挤密区”通常为$1.0d \sim 1.5d$孔间距;相邻两桩孔挤密试验结果表明,在两桩挤密区的交界处挤密效果产生叠加效应桩距越小,叠加效应越明显。灰土桩的力学性质表现在其长径比大于6~10时,受竖向极限荷载作用,灰土桩压裂破坏后仍然具有裂块间的咬合力和摩擦力构成的剩余强度,仍可与桩间土共同作用保持整个地基的稳定性;灰土桩的桩顶沉降主要是桩身的压缩量,其压缩量约占总沉降量的2/3;灰土桩承担的荷载是通过桩周摩擦力向周围土体传递,其深度一般不超过6~10 m时,灰土桩挤密地基特性表现为分层应力分布在基础下一定深度内(2~4 m),并具有分担荷载的明显作用,且刚性荷载板在均布荷载作用下,应力分担比较大,而在其以下土层中仅起到类似于土桩挤密地基的作用;灰土桩有降低基底下一定深度内桩间土中应力的作用。在桩间土挤密后,其湿陷性没有完全消除的情况下,如果土中应力不超过其湿陷起始压力,则地基浸水后仍可不产生湿陷性或仅产生少量湿陷性;灰土桩对桩间土起着侧向约束作用,约束桩间土呈线性关系。土中掺入石灰后产生吸水和膨胀作用、土和石灰的离子交换反应、

土和石灰的胶泥反应、石灰与碳酸气体产生碳酸化作用等改善了土的工程性质，提高了灰土桩的混合土强度，并且具有一定的水稳特性。

（四）设计参数

依据场地湿陷性黄土工程性质、厚度、湿陷特征及灰土挤密桩作用原理，确定灰土挤密桩桩长 8 m，桩孔直径 0.4 m，处理范围应超出基础边缘不少于 3 m。

挤密孔的孔位，按正三角形布置，孔心距按下式计算采用 1 m，公式如下：

$$S = 0.95\sqrt{\frac{\bar{\eta}_c\rho_{dmax}D^2 - \rho_{do}d^2}{\bar{\eta}_c\rho_{dmax} - \rho_{do}}}$$

式中　S——孔心距，m；

D——挤密填料孔直径，m；

d——预钻孔直径，m；

ρ_{do}——地基挤密前压缩层范围内各层土的平均干密度，g/cm^3；

ρ_{dmax}——击实试验确定的最大干密度，g/cm^3；

η_c——挤密填孔的 3 个孔之间土的平均挤密系数不宜小于 0.93。

桩体填料为三七灰土（体积比为 3∶7），土料可采用场地土，石灰应使用消解 3 ~ 4 d 后过筛的生石灰粉，料径不大于 0.05 m，石灰质量不小于Ⅲ级，灰土含水量应接近最佳含水量。

灰土桩施工前，对场地土和三七灰土填料进行重型击实试验，其结果为：场地土最大干密度 1.72 g/cm^3，最优含水量 14.6%；灰土桩体三七灰土填料最大干密度 1.81 g/cm^3，最优含水量 11.6%，以作为施工操作及计算桩间土挤密系数和桩体密实系数的设计参数指标。

处理效果评定标准：参照《公路路基设计规范》（JTG D30—2015）表 3.3.4，确定桩间土（3 个桩孔重心处）挤密后平均挤密系数≥0.93（重型击实标准）；参照表 3.3.2，桩体密实系数≥0.95（重型击实标准）；确定桩间土自重湿陷系数小于 0.015；物性指标：孔隙比小于 0.900；复合地基容许承载力设计值≥175 kPa。

（五）施工要求

成孔方法采用沉管法，使用柴油打夯机，锤重 2.5 t，落距 250 cm。桩孔填夯采用安装在翻斗车上行走的偏心轮夹杆式夯实机，夯锤重 100 kg，落距 1.0 m，每分钟可击 40 ~ 50 次。施工前，应作填夯试验，以确定每次合理的填料数量和夯击次数。填夯应指定专人按规定数量均匀填进，不可盲目乱填，并对每一桩孔实际填料数量和夯实时间进行记录。

（六）检验结果与评定

1. 处理前场地土有关指标试验值

据勘察资料：平均含水量 13%，天然密度平均值 1.84 g/cm^3，干密度平均值 1.25 g/cm^3，孔隙比平均值 0.985，自重湿陷系数 0.089 ~ 0.185，承载力 120 kPa。

2. 处理后效果与评定

1）桩间土挤密效果与评定

探井布置在三个桩孔中心处，采用挖井开剖取样，取样间距 1 m，共 8 件。检测项目：

密度、自重湿陷系数、孔隙比等，其检验结果见表4-12（重型击实最大干密度1.72 g/cm^3，可满足评定指标）。

表4-12　桩间土挤密效果检测结果

土样号	1	2	3	4	5	6	7	8
孔隙比	0.89	0.87	0.87	0.88	0.87	0.85	0.86	0.85
自重湿陷系数	0.013	0.012	0.009	0.011	0.007	0.006	0.008	0.010
密度（g/cm^3）	1.65	1.66	1.67	1.68	1.69	1.69	1.69	1.69
挤密系数	0.96	0.97	0.97	0.98	0.97	0.98	0.98	0.98

2）桩体密实度检验与评定

检验结果见表4-13，其密实系数为0.95～0.97（重型击实灰土最大干密度1.81 g/cm^3），可满足评定指标。

表4-13　桩体密实度检验结果

取样深度（m）	1	2	3	4	5	6	7	8
密度（g/cm^3）	1.72	1.72	1.73	1.74	1.73	1.75	1.75	1.75
挤密系数	0.95	0.95	0.96	0.96	0.96	0.97	0.97	0.97

3）单桩复合地基载荷试验评定

复合地基承载力载荷试验共布置单桩复合地基平板载荷试验点3个，加荷装置采用锚杆反力梁法，承载板为一根桩承担的面积，即0.866 m^2（D＝0.525 m）。测试结果：承载力175～210 kPa（见表4-14），可满足设计要求。

表4-14　单桩复合地基平板载荷试验成果

荷载点编号	1	2	3
最大单位荷载（kPa）	350	385	350
总历时（min）	1 770	1 230	1 530
总沉降量（mm）	12.31	7.52	12.08
总回弹量（mm）	5.82	4.39	5.64
弹性变形（%）	47.3	58.4	46.7
塑性变形（%）	52.7	41.6	53.3
复合地基承载力（kPa）	175	210	175
说明	加载至315 kPa时，承压板周围出现小裂缝，加载至350 kPa时裂缝增大		加载至315 kPa时，承压板南、北两边出现裂缝，加载至350 kPa时，承压板周围出现裂缝，原有裂缝增大，全部卸载后60 min，裂缝变小

（七）结束语

(1)灰土挤密桩是处理厚层湿陷性黄土的有效方法,特别是对河南省三门峡地区大厚度自重湿陷性黄土地基。

(2)据实践经验,对含水量小于10%的湿陷性黄土,其灰土桩挤密效果较差,可均匀布置砂渗水孔(洛阳铲成孔),对0~6.5 m的土层增湿至最优含水量。加水量按下式计算:

$$Q = (\omega_{0p} - \overline{\omega}) \frac{\rho}{1 + 0.01\overline{\omega}} V$$

式中 Q——计算加水量,m^3;

ω_{0p}——最优含水量(%);

$\overline{\omega}$——土的天然含水量加权平均值(%);

ρ——土的天然密度平均加权值,g/cm^3;

V——拟增湿的土层体积,m^3。

二、连霍高速公路三门峡至灵宝(省界)段湿陷性黄土地基孔内深层超强夯(SDDC)处理

（一）概述

三门峡至灵宝(省界)高速公路处于三门峡盆地,全长75.831 km,沿线第四系上更新统湿陷性黄土广为分布。依《湿陷性黄土地区建筑标准》(GB 50025—2018),属Ⅲ区关中黄土。据勘察资料:湿陷厚度8 m,场地湿陷等级多为Ⅲ级严重自重湿陷,个别为Ⅳ级很严重自重湿陷,承载力基本容许值为120 kPa。

工程实例为K185+218拱涵工点,采用孔内超强夯(SDDC)处理方法,填料为现场黄土,以与灰土挤密桩方法进行对比试验。

（二）确定的处理深度及处理后要求

依《公路桥涵地基与基础设计规范》(JTG D63—2007)表4.6.6湿陷性黄土地区地基处理措施,按Ⅳ级很严重自重湿陷、经常性流水、工程类别B,其应处理深度为6 m。但考虑到为暗涵,其填土高,则确定孔内超强夯(SDDC)工法桩长8 m的处理深度,处理宽度超基础宽3 m。处理后桩间土挤密系数和桩体密实系数满足《公路路基设计规范》(JTG D30—2015)规定,并应全部消除湿陷性,提高地基承载力不小于170 kPa,以满足设计要求。

（三）机制分析

孔内深层强夯法(简称DDC)工法是一种深层地基处理方法。该方法采用长螺旋钻先成孔至预定深度,其后采用呈尖锥杆状或橄榄形桩锤,自下而上分层填料强夯或边填料边强夯,形成高承载力的密实桩体和强力挤密的桩间土。

孔内深层超强夯法(简称SDDC)工法,同样是一种深层地基处理方法,其不同在于一个超字,即SDDC法采用高动能的特制重力夯锤冲击成孔(遇软弱地基加粗料),这不同

于孔内深层强夯法(DDC)主要采用长螺旋钻成孔,这利于成孔过程中对桩间土有强挤密作用,增加了桩间土的强度,提高了承载力,并消除了湿陷性。在填夯过程中,采用高动能的特制重锤自下而上进行高压强挤密作业,不仅使桩体十分密实,具有较高强度,又进而对桩间土进行挤密,并在填夯前对孔底夯实形成扩底,有效地提高了单孔桩和复合地基承载力。

(四)与其他地基处理方法的比较

1. 与强力夯实法比较

强力夯实法单位面积夯击能量小,夯击时仅是动力压密,由于存在有效区和影响区的差别,深层难以达到压密效果,加固深度受到限制。

SDDC 工法是以强夯重锤对孔内深层填料孔内深层作业,由于桩锤直径小,在具有相同夯锤和落距条件下,孔内深层超强夯法的单位面积夯击能量比强夯法大很多。施工时,由深及浅在孔内分层填料,分层夯击或边填边夯,因此本法具有高动能、高压强、强挤密作用,且处理深度大。

SDDC 工法的桩锤呈尖锥状或橄榄状,夯击时对下层填料进行深层动力夯、砸压密,对上层新填料进行动力夯、砸劈裂和强制侧向挤压(通过桩锤的动力夯击,在锤侧面产生极大的动态被动土压力,迫使填料向周边强制挤出,桩间土也被强力挤密加固)。该方法处理的地基,自上而下都得到加固,且达到均匀密实状态,而强夯方法加固的地基是上强下弱,有软弱下卧层时,达不到加固目的。

2. 与常规复合地基桩比较

通常复合地基桩有黏结加固桩(石灰桩、灰土桩、水泥土搅拌桩、CFG 桩)及粒料桩(砂桩、碎石桩),其桩径小,桩体料强度低。即是采用排土冲孔回填成桩,其冲击和回填能量小,压密效果低,对桩侧土挤密的侧压力小,加固后的复合地基承载能力一般不超过原地基的 2 倍,且桩体质量存在诸多缺陷,其深度也是有限的。

SDDC 工法采用较重夯锤,桩体直径可达 0.6 ~ 2.5 m,单位面积受到高动能、强夯击,处理后的复合地基整体刚度均匀,地基承载力最大可提高 9 倍。

SDDC 工法的高能量和高压夯击和动态冲、砸、挤压的强力压实和挤密作用,使桩体十分密实,土体在受到很大夯击能后应力缓慢释放,不断对桩周土施加侧向强力挤密,同时又对桩体产生大的侧向约束作用,使桩体具有半刚性、半柔性桩的特点,对于分层地基或软硬不均土层,会形成串珠状态,有利于桩和桩侧土的“咬合”,增大桩侧摩阻力。

3. 与刚性加固桩比较

钻孔混凝土灌注桩、预制桩等刚性加固桩虽然有其各自优点,但也存在诸多特点:打入桩施工噪声大,截桩工作量大且费工,工程造价高,打桩机又污染空气;混凝土灌注桩存在桩身质量缺陷,桩侧土未被挤密,土对桩的约束力小;这类桩使用钢材和水泥等,工程造价远高于 SDDC 工法,且地基是靠刚性桩承载,而不是靠复合地基承载的。另外,由于混凝土灌注桩的桩侧土未被挤密,在混凝土硬化收缩时,桩体混凝土与桩侧土间出现缝隙,使桩侧摩阻力下降。而 SDDC 工法在成孔后桩侧土对桩体产生很好的“咬合”作用,可形成良好的整体受力的复合地基。

(五)孔内深层超强夯法(SDDC)特点

1. 超高动能及超高压强

该技术采用180 kN(或更大)的夯击重锤,锤体呈尖锥状或橄榄状,在冲击成孔和孔内填夯过程中具有高动能、高压强和强挤密效应,夯击能可达6 000 kN · m或更高。它一般是强夯压能的5 ~8 倍,使桩体强度高,桩间土挤密效果好,可完全消除湿陷性。复合地基承载力一般为天然地基的3 ~9 倍,地基变形量大为降低,压缩模量在30 MPa 以上。

2. 地基加固处理深度大

冲击成孔深度一般在30 m 左右或更大,施工时是由深及浅在孔内填夯,所以施工公害小,处理深度大,可直接加固软弱下卧层。对复杂及软弱地基,在冲击成孔和填夯过程中,为保持桩体完整性,防止因侧向土体约束力太差,导致桩体变形和缺陷,可在软土层段填素混凝土或其他加固料,以保持孔壁完整及桩身质量。

3. 成孔直径大,挤密加固范围大

在高动能冲击挤压下,桩径可达500 ~2 500 mm,遇有工程性质差异土层,对松软土层有更大的挤密效应,桩体呈串珠状,桩间土"咬合"挤密程度高,可提高桩侧摩阻力。当采用粗粒料作加固料时,不仅桩体强度高,桩体本身还可形成排水通道,利于饱和土地基排水固结,扩大加固影响范围。

4. 适用各类地基处理,加固料取料广泛,降低工程费用,保护环境

该技术可用于处理大厚度黄土、杂填土、液化土、软弱土、湿陷性土,以及具有酸、碱盐腐蚀性地基,具有硬夹层的不均匀地基。填料无严格要求,可就地利用土料、建筑废料、工业垃圾到含有碎石和块石的"土夹石料"、煤矸石等各种工业废料均可使用。在公路工程中,可就地取废方土或大小不受限制弃方石料。可以看出,该技术可大量消耗废料和垃圾,不仅变废为宝,节约工程费用,又能保护环境。

5. 具有处理大厚度自重湿陷性黄土地基优势

依《湿陷性黄土地区建筑标准》(GB 50025—2018):单桩竖向承载力的计算,在自重湿陷性黄土场地,除不计湿陷性黄土层内的桩长按饱和状态下的正侧阻力外,尚应扣除桩侧的负摩擦力,这对大厚度自重湿陷性黄土场地,若按此规定,基桩会过长。对此,处理方案可采用SDDC 工法冲孔消除自重湿陷灌注成桩。

6. 施工方便,工程进度快

传统的地基处理方法要求场地坡度不大于2% ,SDDC 工法因是锥形强夯自由落体冲击成孔和填夯,则对施工场地适应性强。在相同置换率条件下,可采用大孔径、大孔距,且成孔与夯填使用同一设备,无须施工二次就位,施工方便,工程进度快。

(六)设计与施工

1. 设计参数的确定与桩孔布置

取桩体直径1.5 +0.2 m,依据《湿陷性黄土地区建筑标准》(GB 50025—2018),采用正三角形布桩时,孔距按下式:

$$S = 0.95\sqrt{\frac{\overline{\eta}_c\rho_{dmax}D^2 - \rho_{do}d^2}{\overline{\eta}_c\rho_{dmax} - \rho_{do}}}$$

式中 S——孔心距,m;

D——挤密填料孔直径,m;

d——预钻孔直径,m;

ρ_{do}——地基挤密前压缩层范围内各层土的平均干密度,g/cm³;

ρ_{dmax}——击实试验确定的最大干密度,g/cm³;

$\overline{\eta}_c$——挤密填孔(达到 D)后,3 个孔之间土的平均挤密系数不宜小于 0.93。

2. 施工设备与施工参数

1)施工设备

采用 1001 型履带起重机——龙门架;SDH-18 型夯锤,投影直径 1.50 m,锥角 60°,质量 180 kN,装载机,载重自卸车及其他辅助工具。

2)施工参数

孔距 3.50 m,正三角形布置,桩体直径 1.70 m,成孔深度 7.0~7.5 m,有效处理深度 9.0~9.5 m。夯锤落距 11.0~18.0 m。

终止夯击成孔控制标准:最后一次三击的分级夯沉量之和不大于 20 cm,且其中每一级夯沉量均不大于 10 cm;分层夯填夯击数:2.0 m 以上 8 击,2.0~4.0 m 为 6 击,4.0 m 以下 4 击。分层夯填填料量:3.0~3.5 m³,填料采用场地土(粉土)。

(七)效果检验

(1)处理前场地土有关指标试验值:平均含水量 13%;天然密度平均值 1.84 g/cm³;干密度平均值 1.25 g/cm³;孔隙比平均值 0.985;自重湿陷系数 0.089~0.185;承载力 120 kPa。

(2)SDDC 工法施工前,对场地黄土填料进行重型击实试验,其结果:场地土最大干密度 1.72 g/cm³,最优含水量 14.6%。

(3)桩间土检验结果与评定:

①处理效果评定标准:依《公路路基设计规范》(JTG D30—2015)表 3.3.4,确定桩间土(3 个桩孔重心处)挤密后平均挤密系数≥0.93(重型击实标准);依《公路路基设计规范》(JTG D30—2015)表 3.3.2,桩体密实系数≥0.95(重型击实标准),确定桩间土自重湿陷系数小于 0.015、孔隙比小于 0.900、干密度大于 1.5 g/cm³及复合地基容许承载力设计值≥175 kPa。

②桩间土检验结果与评定:施工后布设探井两个(T_1,T_2),取原状土样,取样深度均为 8.5 m,对每个探井在不同深度处均按三桩孔间的三角形范围内取样 12 件,共计 144 件。检测项目有实测密度、自重湿陷系数和孔隙比,检验结果见表 4-15(黄土样重型击实最大干密度 1.72 g/cm³,满足判定指标)。

(4)桩体密实度检验结果与评定(现场黄土填料重型击实最大干密度 1.72 g/cm³)。

对桩体进行开剖取样 4 件,取样位置为桩体中心向外沿径向 23 cm 处。试验项目有实测密度及孔隙比,试验结果表明,桩体密实度满足要求(见表4-16)。

表4-15　处理后桩间土挤密检测结果汇总

取样深度(m)		密度(g/cm³)			挤密系数	孔隙比				自重湿陷系数	样品数
		最大	最小	平均		e_i	平均值	标准差	变异系数		
T_1	1.5	1.69	1.50	1.61	0.94	0.677	0.664	0.38	0.057	0.011	12
	3.0	1.63	1.56	1.63	0.95	0.656				0.008	12
	4.0	1.66	1.57	1.66	0.97	0.627				0.009	12
	5.5	1.66	1.61	1.66	0.97	0.637				0.007	12
	7.0	1.62	1.59	1.62	0.94	0.667				0.005	12
	8.5	1.57	1.57	1.63	0.95	0.720				0.003	12
T_2	1.5	1.61	1.56	1.63	0.95	0.667				0.010	12
	3.0	1.63	1.58	1.63	0.95	0.656				0.009	12
	4.0	1.65	1.59	1.65	0.96	0.636				0.005	12
	5.5	1.63	1.56	1.63	0.95	0.656				0.007	12
	7.0	1.61	1.61	1.63	0.95	0.677				0.007	12
	8.5	1.59	1.59	1.65	0.96	0.698				0.005	12

表4-16　桩体检验结果

取样深度(m)	实测密度(g/cm³)	孔隙比 e_i	挤密系数
1.0	1.69	0.47	0.98
2.0	1.66	0.46	0.97
3.0	1.69	0.38	0.98
4.5	1.69	0.42	0.98

(5)复合地基承载力载荷试验结果评定。

载荷试验采用锚杆—配重法装置,用连接在油压千斤顶上的压力表测定油压,根据油压千斤顶及压力表确定换算荷载。沉降观测采用承压板2个,正交直径方向上交装4个0~50 mm机电位移百分表,压板为正方形面积1.0 m²,本次布置荷载实验3组,分别对桩体和桩间土进行载荷试验,试验综合成果见表4-17。

依表4-17,桩体承载力为480.7 kPa(取480 kPa);桩间土承载力为200 kPa,依《建筑地基处理技术规范》(JGJ 79—2012),复合地基承载力计算公式计算复合地基承载力为259.9 kPa(取260 kPa);压板在桩上及桩间土各一半条件下承载力为300 kPa。则对比试验结果明显优于灰土挤密桩。

表 4-17　载荷试验综合成果

试点编号	最大荷载（kPa）	承载力（kPa）	变形分析				说明
			总沉降（mm）	总回弹（mm）	弹性变形（%）	塑性变形（%）	
1	500	480.7	10.46	5.14	49	51	压板放于桩中心，加荷至 350 kPa 时，地锚有被拔出迹象，总历时 1 440 min
2	500	300	16.67	8.95	54	46	压板在桩上及桩间土各一半面积，试验正常，总历时 1 650 min
3	400	200	20.33	8.58	42	58	压板放置在三桩孔重心，加荷至 250 kPa 时，压板东侧出现裂缝；东侧裂缝增大；加荷至 400 kPa 时，压板南侧出现细小裂缝，原有裂缝增大，总历时 1 410 min

（八）结束语

（1）采用灰土挤密桩工法和孔内深层超强夯（SDDC）工法两种方法。对 K185 +218 涵洞自重湿陷性黄土地基处理的结果表明，孔内深层超强夯（SDDC）工法明显优于灰土挤密桩工法。

（2）公路工程建设中常遇到各类特殊性土，孔内深层超强夯（SDDC）工法适用广泛，对填料无严格要求，可就地取材，有推广前景。

（3）桥梁台后路堤及高填暗涵洞，要求地基承载力高，地基变形小，特别是采用弃方石块，其优势更明显。

（4）具有处理大厚度自重湿陷性黄土地基优势。

（5）孔内深层强夯（简称 DDC）工法和孔内深层超强夯（SDDC）工法是地基处理的新技术，可依场地工程地质条件及处理深度联合采用。

三、连霍高速公路三门峡至灵宝（省界）段湿陷性黄土地基强夯处理

（一）概况

三门峡至灵宝（省界）高速公路处于三门峡盆地，全长 75.831 km，沿线第四系上更新统湿陷性黄土广为分布。依《湿陷性黄土地区建筑标准》（GB 50025—2018），属（Ⅲ）区关中黄土。据勘察资料：湿陷厚度 8 m，场地湿陷等级多为Ⅲ级严重自重湿陷，个别为Ⅳ级很严重自重湿陷，承载力基本容许值 120 kPa。

工程实例工点为 K185 +218 拱涵小里程桩号（东侧）台后 80 m 长路堤，填高 7 m，采用强夯处理方法。依《公路路基设计规范》（JTG D30—2015）表 7.10.5 -1 湿陷性黄土地基处理最小深度 8 m（按台后高填路堤、Ⅳ级很严重自重湿陷、经常流水），应消除全部湿陷性。

（二）强夯处理机制

强夯是利用重锤的重量在空中自由落体，将重锤势能转化为动能，使土体加固的一种施工方法。它的有效加固深度，通常可达 4 ~ 10 m。在施工时，重锤获得较高的能量，从

高处落下，在这个过程中，获得加速度，当与地面接触的一瞬间，重锤在极短的时间内对地基土体施加一巨大的冲击能量，这种突然释放的巨大能量，能将势能迅速转化为动能，土体瞬间发生固结作用，土体颗粒重新排列，并且在相互靠拢的同时，排出空隙中的气体，使土体挤密压实，强度提高。然后利用重锤大面积且多次的夯击，达到地基处理目的。

（三）强夯设计参数与施工技术要求

1. 有效加固深度确定

（1）有效加固深度应满足规范规定：基于湿陷厚度 8 m，依《公路路基设计规范》表 7.10.5-1 规定，应消除全部湿陷性，以满足规范规定。

（2）按能量方根修正系数法公式（修正的梅那公式）计算：

$$H = a(W \cdot h)^{1/2}$$

式中 H——加固深度，m；

W——锤质量（35 t）；

h——落距（15 m）；

a——修正系数，依《强夯地基处理技术规程》（CECS 279—2010）表 4.5.11，对湿陷性黄土取 0.40，计算为 9.16 m。

（3）经验值：强夯的有效加固深度（见表 4-18）。

表 4-18　强夯有效加固深度经验值　（单位：m）

单击夯击能（kN·m）	碎石土、砂土	粉土、黏性土、湿陷性黄土	单击夯击能（kN·m）	碎石土、砂土	粉土、黏性土、湿陷性黄土
1 000	5.0~6.0	4.0~5.0	4 000	8.0~9.0	6.0~7.0
2 000	6.0~7.0	5.0~6.0	5 000	9.0~9.5	8.0~8.5
3 000	7.0~8.0	6.0~7.0	6 000	9.5~10.0	8.5~9.0

基于上述内容，综合确定有效加固深度为 8 m。

2. 单击夯击能确定

基于上述内容，按确定的有效加固深度不小于 8 m，确定夯锤质量 50 t、落距 10 m，则主夯单击夯击能确定为 5 000 kN · m。副夯是考虑到在主夯完成后夯坑较深而布置，即按主夯 5 000 kN · m 单击夯击能之半，即为 2 500 kN · m 的中能量处理中间层；满夯是在主、副夯完成后用 1 500 kN · m 低能量级单击夯击能普遍满夯，主要用于处理表层。

3. 锤底静接地压力及锤底直径确定

依《强夯地基处理技术规程》（CECS 279—2010）对确定锤底静接地压力规定，并结合有效加固深度及地质条件，拟定夯锤直径为 3 m，锤底静接地压力取 50 kPa。

4. 夯点间距与夯点布置

主、副夯击夯点间距均为 6 m，按正方形插档布置，即▲为主夯击夯点正方形网格布置、□为副夯击夯点梅花形网格布置、×为副夯击夯点正方形网格布置，见图 4-1。

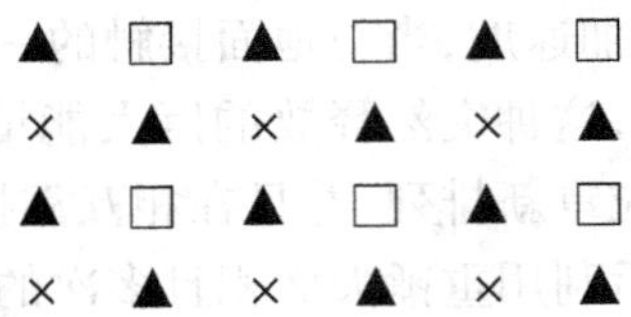

图 4-1　正方形插档布置

5. 主、副夯击夯点施工顺序

各主、副夯点施工可隔行或隔行隔点分遍完成。施工顺序如下：

▲为第一遍的主夯击夯点、□为第二遍的副夯击夯点、× 为第三遍的副夯击夯点。最后满夯普遍排夯，其夯点按其不少于 1/2 锤印搭接。

6. 每遍的最佳夯击数

通过试验，按夯击数与有效影响深度的关系曲线，在满足有效加固深度的条件下，一般以曲线上明显变化的起点所对应的夯击数为每遍最佳夯击数，且应同时满足下列条件：

(1) 按 5 000 kN · m 主夯单击夯击能，最后两击夯沉量平均值不大于 100 mm；副夯及满夯最后两击夯沉量平均值不大于 50 mm。对本工程，主夯暂按 6 击；副夯暂按 5 击；满夯暂按 2 击，若不符合最后两击夯沉量平均值，可酌情增加。

(2) 夯坑周围地面不应发生过大的隆起。

(3) 不因夯坑过深而发生起锤困难。

7. 最佳夯击的遍数

基于地基土为低含水量的湿陷性黄土，则最佳夯击遍数暂按 2 遍。

8. 间歇时间

基于地基土为低含水量的湿陷性黄土，不存在孔隙水压力消散问题，则可不考虑间歇时间。

9. 处理范围

处理宽度至超边沟外一排夯点处。

10. 施工机具

强夯所用的施工机具是夯锤、起重机、工具式门架等。

(1) 夯锤可用铸钢制、铸铁制或外包钢板内浇混凝土制作，圆形锤，质量 50 t，直径 3 m。

夯击作业时，由于夯坑对夯锤的进入有气垫作用，将消耗一定的夯击能量和对锤起拔有吸着作用，影响夯击效果，因此必须设置防堵通气孔，直径 250 mm，对称布置 4 ~ 6 个。

(2) 强夯要求起重机有大的起重能力，稳定性能好、方便、就位准确迅速。

(3) 强夯施工时，由于起重机臂起重时倾角较大，严重时会产生倾覆现象。因此，在强夯时特别是在要求能量大时，使用工具式门架，以减少落锤时的震动，增加其稳定性。

(四) 试夯

1. 试夯设计

试夯面积 20 m × 20 m，按直径 3 m 的 50 t 锤重，调整落距 10 m、5 m、3 m 的不同单击夯击能，以最后两击的平均夯沉量停锤标准，及确定的每遍夯击次数等初步拟定的强夯设计参数与施工技术要求完成试夯，其结果可作为对初步拟定的强夯设计参数与施工技术要求的核实并调整的依据。

2. 试夯前对现场黄土有关指标试验

试夯基本目的是判断强夯的处理效果和影响深度。试夯前据勘察资料：天然原状土主要物性指标如下：平均含水量 13%、密度平均值 1.84 g/cm³、干密度平均值 1.25 g/cm³、孔隙比平均值 0.985、自重湿陷系数 0.089～0.185。现场黄土室内重型击实最优含水量 14.6%，最大干密度 1.72 g/cm³。

3. 检测结果(现场黄土重型击实最大干密度 1.72 g/cm³)

试夯区土体检测采用探井剖取土样(探井布置在第三遍的副夯点)，检测密度、孔隙比、自重湿陷系数，其结果见表 4-19。

表 4-19　试夯区土体检测结果

探井号	取样深度(m)	实测密度(g/m³)	压实系数	孔隙比	自重湿陷系数
T_1	1.5	1.65	0.96	0.650	0.010
	3.0	1.63	0.95	0.627	0.018
	4.0	1.62	0.94	0.630	0.007
	5.5	1.64	0.95	0.621	0.006
	7.0	1.63	0.95	0.620	0.008
	8.5	1.62	0.94	0.615	0.006
T_2	1.5	1.66	0.96	0.655	0.009
	3.0	1.65	0.96	0.630	0.006
	4.0	1.62	0.94	0.628	0.010
	5.5	1.64	0.95	0.620	0.009
	7.0	1.65	0.96	0.621	0.008
	8.5	1.62	0.94	0.620	0.010

试夯结果表明：初步拟定的强夯设计参数与施工技术要求适当，全部消除了自重湿陷效果，压实系数大于 0.93，处理深度达到有效影响深度设计要求，可按试夯有关规定施工。

(五)施工步骤

(1)清理平整施工场地。

(2)标出第一遍夯点位置，并测量场地高程。

(3)起重机就位，使夯锤对准夯点位置。

(4)测量夯前锤顶高程。

(5)将夯锤起吊到预定高度，待夯锤脱钩自由下落后，放下吊钩，测量锤顶高程，若发现坑底倾斜而造成夯锤歪斜，应及时将坑底整平。

(6)重复步骤(5)，按设计规定的夯击次数及控制标准，完成一个夯点的夯击。

(7)重复步骤(3)～(6)，完成第一遍全部夯点的夯击。

(8)用推土机将夯坑填平，并测量场地高程。

(9)在规定的间歇时间后,按上述步骤逐次完成主、副夯点夯击遍数,最后用低能量满夯,将场地表层松土碾压压实,并测量夯后场地高程。

(六)处理后效果检验(现场黄土重型击实最大干密度 1.72 g/cm³)

处理后采用探井剖取土样(探井布置在第三遍的副夯点),检测强夯后密度、孔隙比及自重湿陷系数,与强夯前指标进行比较,其对照结果见表4-20,结果满足判定指标。

表4-20　强夯前后效果对照

探井号	取样深度(m)	实测密度(g/m³)	干密度(g/m³)	压实系数	自重湿陷系数	孔隙比
T_1	1.5	1.66	1.55	0.97	0.010	0.650
	2.5	1.65	1.60	0.96	0.009	0.660
	3.5	1.65	1.61	0.96	0.010	0.610
	4.5	1.64	1.60	0.95	0.008	0.620
	5.5	1.65	1.63	0.96	0.007	0.651
	6.5	1.66	1.62	0.97	0.009	0.650
	7.5	1.64	1.63	0.95	0.007	0.620
	8.5	1.65	1.62	0.96	0.008	0.650
T_2	1.5	1.65	1.56	0.96	0.010	0.651
	2.5	1.66	1.61	0.97	0.008	0.651
	3.5	1.65	1.62	0.96	0.009	0.635
	4.5	1.64	1.61	0.95	0.007	0.650
	5.5	1.65	1.61	0.96	0.008	0.655
	6.5	1.65	1.60	0.96	0.009	0.635
	7.5	1.64	1.59	0.95	0.010	0.651
	8.5	1.63	1.56	0.95	0.009	0.652

(七)结束语

(1)对不受环境影响,通常对湿陷性黄土厚度小于 10 m 的地质条件,与灰土挤密桩法比较,强夯处理方法具有快速、经济、简便等优点。

(2)夯点布置形式有第一遍主夯点和满夯、主夯和副夯及满夯联合形式、主夯点及两付夯点的正方形插档及满夯综合形式,可视具体地质条件采用。

(3)土体天然含水量低于10%,应作增湿措施。

(4)强夯施工场地,应考虑到防排水措施。

四、灰土垫层处理郑州西南绕城高速公路涵洞湿陷性黄土地基

(一)概述

郑州西南绕城高速公路处于山前岗地,黄土沟谷较发育。据勘察资料:第四系上更新

统黄土状粉土广为分布，其厚度 15 m 左右，下伏为非湿陷的第四系中更新统黄土状粉质黏土。依《湿陷性黄土地区建筑标准》(GB 50025—2018)，该湿陷性黄土属Ⅴ区河南黄土，其场地湿陷等级为Ⅰ级轻微非自重湿陷，湿陷厚度 5 m 左右，承载力基本容许值 135 kPa，地下水位埋深大于 20 m。

依据《公路桥涵地基与基础设计规范》(JTG D63—2007)4.6.6 条：湿陷性黄土地区桥涵根据其重要性、结合特点、受水浸湿后的危害程度和修复难易程度，分为 A、B、C、D 工程类别。考虑到该高速公路涵洞多为填土较高的暗涵及少量拱涵，则按 B 类；对照《湿陷性黄土地区建筑标准》(GB 50025—2018)表 3.0.1，其分类按乙类。

基于工程重要性及涵洞类别，对该高速公路多道涵洞湿陷性黄土地基进行灰土垫层换填处理是必要的，以满足设计要求。

(二)垫层处理湿陷性黄土地基主要作用

(1)提高地基承载力。浅基础的地基承载力与基础下土层的抗剪强度有关，用抗剪强度较高的灰土材料代替抗剪强度较低的湿陷性黄土，可以提高地基的承载力，避免地基破坏。

(2)减少地基沉降量。在总沉降量中，一般地基浅层部分的沉降量所占的比例是比较大的，以分离式基础为例，在相当于基础宽度的深度范围内，其沉降量占总沉降量的 50% 左右，以灰土垫层代替湿陷性黄土层，就可以减少这部分的沉降量；灰土垫层对应力的扩散作用，使作用在下卧层土上的压应力减小，这样可减少压缩层的沉降量。

(三)垫层设计

1. 垫层设计有关要求

依《湿陷性黄土地区建筑标准》(GB 50025—2018)，对非自重湿陷性黄土地基，确定该涵洞按乙类建筑，垫层设计应符合以下要求：

(1)应消除地基的部分湿陷量。

(2)处理范围应大于基础外缘宽度不小于 3 m。

(3)消除地基的部分湿陷量的最小处理厚度，不小于地基压缩层深度的 2/3，且下部未处理湿陷性黄土层的湿陷起始压力值应不小于 100 kPa。

如基础宽度大或湿陷性黄土层厚度大，处理地基压缩层深度的 2/3 或全部湿陷性黄土层深度的 2/3 确有困难，其处理厚度不应小于 4 m，且下部未处理湿陷性黄土层的湿陷起始压力值不宜小于 100 kPa。

2. 垫层设计

(1)垫层的设计确定垫层断面的合理厚度和宽度是垫层设计的要点。对于垫层，要有足够的厚度来置换可能被剪切破坏的湿陷性黄土层，又要有足够的宽度防止垫层向两侧挤出，以满足地基变形及承载力要求，也应符合经济合理的原则。

(2)地基压缩层的深度计算：对条形基础，可取其宽度的 3 倍；对独立基础，可取其宽度的 2 倍。如小于 5 m，可取 5 m，也可按下式估算：

$$p_z = 0.20\ p_{cz}$$

式中 p_z——相应于荷载效应标准组合，在基础底面下 z 深度处土的附加压力值，kPa；

p_{cz}——在基础底面下 z 深度处土的自重压力值，kRa。

在 z 深度处以下，如有高压缩性土，可计算至 $p_z = 0.10\,p_{cz}$ 深度处。

对筏形和宽度大于 10 m 的基础，可取其基础宽度的 0.80 ~ 1.20 倍，基础宽度大者，取小值；反之，取大值。

（3）地基处理后的承载力确定：在现场采用静载荷试验结果或结合当地建筑经验确定，其下卧层顶面的承载力特征值，应满足下式要求：

$$p_z + p_{cz} < f_{az}$$

式中 p_z——相应于荷载效应标准组合，下卧层顶面的附加压力值，kPa；

p_{cz}——地基处理后，下卧层顶面上覆土的自重压力值，kPa；

f_{az}——地基处理后，下卧层顶面经深度修正后土的承载力特征值，kPa。

（4）处理后地基下卧层顶面的附加压力计算：对条形基础和矩形基础，可分别按下式计算。

条形基础：

$$p_z = \frac{b(p_k - p_c)}{b + 2z\tan\theta}$$

矩形基础：

$$p_z = \frac{lb(p_k - p_c)}{(b + 2z\tan\theta)(l + 2z\tan\theta)}$$

式中 b——条形或矩形基础底面的宽度，m；

l——矩形基础底面的长度，m；

p_k——相应于荷载效应标准组合，基础底面的平均压力值，kPa；

p_c——基础底面土的自重压力值，kPa；

z——基础底面至处理土层底面的距离，m；

θ——地基压力扩散线与垂直线的夹角，一般为 22° ~ 30°，用素土处理宜取小值，用灰土处理宜取大值，当 $z/b < 0.25$ 时，可取 $\theta = 0$。

（5）当按处理后的地基承载力确定基础底面积及埋深时，应根据现场原位测试确定的承载力特征值进行修正，但基础宽度的地基承载力修正系数宜取零，基础埋深的地基承载力修正系数宜取 1。

（6）垫层压实系数计算：

垫层施工前，应在工程现场采取有代表性的扰动土样进行轻型标准击实试验，确定最大干密度和最优含水量。

垫层厚度宜从基础底面标高算起。压实系数 λ_c 按下式计算：

$$\lambda_c = \frac{\rho_d}{\rho_{dmax}}$$

式中 λ_c——压实系数；

ρ_d——垫层的实测密度，g/cm^3；

ρ_{dmax}——轻型击实试验测灰土的最大干密度，g/cm^3。

（四）垫层地基的湿陷变形特点

垫层地基的湿陷变形与天然黄土地基的湿陷变形有所不同。天然黄土地基易受水浸湿，湿陷速度快，湿陷量大，尤其在开始浸水 1 ~ 2 d 内，一昼夜的湿陷量可达 10 ~ 20 cm，对建筑物的危害性大。而垫层的干密度大、压缩性低、承载力高、无湿陷性，当地基受水浸湿时，其湿陷性变形主要发生在垫层底面下未处理的天然黄土层内，湿陷变形大大减小。

据某工程天然黄土地基与灰土垫层载荷试验资料，垫层地基的湿陷量与其垫层的宽度和厚度关系及与天然黄土地基对比结果如下。

1. 垫层宽度和湿陷变形量的关系

湿陷性黄土地基的湿陷变形是由土体垂直压密和侧向挤出所引起的，并与基底面积、基底压力和基础形式有关。在基础平面范围内适当扩大垫层的尺寸，可以改善应力扩散，增强地基的稳定性，防止土向基础侧向挤出，从而可以减小或消除地基的湿陷变形。

载荷试验结果说明，当垫层厚度、基底面积和其他条件基本相同，而垫层的宽度不同时，垫层地基的湿陷量则不同，宽度大的垫层，湿陷量小；反之，湿陷量大（见表 4-21）。

表 4-21　宽度不同、厚度相同的垫层与湿陷量的关系

土垫层尺寸［长×宽×厚（cm×cm×cm）］	基底面积（cm^2）	基底压力（kPa）	实测湿陷量（cm）	垫层材料
130×130×105	5 000	250	17.56	灰土
160×160×105	5 000	250	10.56	灰土
250×250×105	5 000	250	5.82	灰土
天然黄土地基	5 000	250	49.32	

2. 垫层厚度与湿陷变形的关系

为了减小或消除湿陷性黄土地基的湿陷变形，垫层除有一定的宽度外，还应具有一定的厚度。因为厚度大的垫层，其下部剩余的湿陷性黄土层厚度小，垫层地基的湿陷变形也小。

垫层地基的静载荷试验资料表明，当土垫层平面尺寸、基底面积、基底压力和基础埋深各自相同，垫层厚度不同时，垫层地基的湿陷量则不同（见表 4-22）。

表 4-22　厚度不同、宽度相同的土垫层与湿陷量的关系

土垫层尺寸［长×宽×高）（m×m×m）］	基底面积（cm^2）	基底压力（kPa）	实测湿陷量（cm）	垫层材料
200×200×50	10 000	200	24.05	灰土
200×200×100	10 000	200	6.49	灰土
200×200×150	10 000	200	1.29	灰土
天然黄土地基	10 000	200	35.85	
250×250×60	5 000	250	17.45	灰土
250×250×105	5 000	250	5.82	灰土
天然黄土地基	5 000	250	49.32	
210×210×68	10 000	200	0.23	灰土
200×200×100	10 000	225	0.07	灰土
天然黄土地基	10 000	200	55.24	

试验结果说明，最大湿陷量出现在基底下 50 ~ 100 cm 深度的土层内，约占天然黄土地基总湿陷量的 67%。因此，垫层的厚度不宜小于 1 m，并可减小湿陷量的 60% ~ 80%。

当垫层厚度与基底宽度相同时，垫层地基的湿陷量较小，能降低地基的湿陷等级；当垫层厚度等于或大于 1.5 倍基底宽度时，则可消除地基的湿陷变形。

（五）施工及检测要求

（1）灰土垫层的承载力应根据现场原位（静载荷或静力触探等）试验结果确定。当无试验资料时，对土垫层不宜超过 180 kPa，对灰土垫层不宜超过 250 kPa。

（2）施工灰土垫层，应先将基底下拟处理的湿陷性黄土挖出换填灰土，石灰为Ⅲ级以上新鲜的块灰，使用前 1 ~ 2 d 消解并过筛，然后根据所选用的夯（或压）实设备，在最优或接近最优含水量下分层回填、分层夯（或压）实至设计标高。灰土垫层中的消石灰与土的体积配合比，宜为 2∶8或 3∶7。当无试验资料时，灰土的最优含水量，宜取该场地天然土的塑限含水量为其填料的最优含水量。

依《湿陷性黄土地区建筑标准》（GB 50025—2018），垫层的施工质量，采用压实系数 λ_c 控制（轻型标准击实），并应符合下列规定：

（1）小于或等于 3 m 的土（或灰土）垫层，不应小于 0.95；

（2）大于 3 m 的土（或灰土）垫层，其超过 3 m 部分不应小于 0.97。

五、预浸水法处理湿陷性黄土地基

（一）概述

在湿陷性黄土地基上进行工程建设时，必须考虑因地基湿陷引起的附加沉降对工程可能造成的危害，选择适宜的地基处理方法，避免或消除因地基的湿陷所造成的危害。预浸水法是湿陷性黄土坝基处理中的一种常用方法。对处于黄土塬平坦的大跨度斜拉桥及悬索桥的大桥台群桩基础及服务区重要建筑，其地基的湿陷性黄土层厚度大于 10 m、自重湿陷量的计算值不小于 500 mm 的场地，具有投资低、操作简便，处理范围广、深度大，可消除湿陷危害，效果好的优点。同时，对陷穴、鼠洞、墓坑、暗缝等隐患应及时发现、及早处理。

（二）设计

（1）浸水前，宜通过现场试坑浸水试验确定浸水时间、耗水量和湿陷量等。

（2）根据试坑浸水试验结果表明：面积较大的试坑具有较大的自重湿陷量，面积相近的试坑，其湿陷量基本相近，试坑的形状对湿陷量影响较小。当浸水坑尺寸大小等于湿陷性土层厚度时，由于消除了侧边土阻力的影响，方可使自重湿陷充分发生，即试坑的最佳尺寸应等于湿陷性土层的厚度且不小于 10 m。

（3）浸水坑边缘至既有建筑物的距离不宜小于 50 m，并应防止由于浸水影响附近建筑物和场地边坡的稳定性。浸水坑应根据地形条件开挖。浸水坑坑内要平整，边埂要拍实，顶宽应大于 50 cm，以利人行走。

（4）浸水坑的边长不得小于湿陷性黄土层的厚度，浸水面积应包括基础与两侧辐射区域。当浸水坑的面积较大时，可分段进行浸水。

（5）浸水坑内的水头高度不宜小于 300 mm，连续浸水时间以湿陷变形稳定为准，其稳定标准为最后 5 d 的平均湿陷量小于 1 mm/d。

（6）地基预浸水结束后，在基础施工前应进行补充勘察工作，重新评定地基土的湿陷性，对浅基础并应采用垫层或其他方法处理上部湿陷性黄土层。

（三）浸水方法

根据地形条件布置开挖浸水坑，浸水坑挖成之后，用钻机在坑内打砂井，成井后及时用粗砂和碎石灌填，最后在坑内连续放水浸泡。

（四）湿陷观测

湿陷观测包括地层湿陷、地表变形观测和耗水量变化观测等内容。预浸水前，在坝右岸离浸水坑 60 m 远位置埋设一水泥桩作为永久性水准点，先观测 1 次，浸水开始后，每天都定时观测 1 次，同时准确记录注水时间、注水量和沉降量，并及时整理观测资料，逐坑绘制昼夜耗水量与浸水时间曲线、湿陷速率曲线。

（五）湿陷开始、高峰出现时间一般规律

根据试坑浸水试验成果：面积较大的试坑，其湿陷速率要比面积较小的试坑为快，土层湿陷速率的峰值一般出现在浸水后的第 2～3 昼夜。此前，由于水的浸入深度逐渐加大，土的加固性结构逐渐被破坏，因此湿陷速率逐渐加快；此后，由于土又不断密实，深层浸水的影响相对较小，湿陷速率又逐渐减小，直至达到稳定或呈现缓慢的蠕变变形。

（六）湿陷量、耗水量与浸水时间的关系特点

根据有关资料，浸水时间越长，耗水量越多，湿陷量也越大，但湿陷速率却越来越小，昼夜单位面积耗水量也逐渐减小。

（七）坑外变形特征范围

根据有关资料，试坑在浸水 1～2 昼夜时，坑边向外 0.3～1.0 m 处出现第一道环形裂缝，随后在外围相继出现新的裂缝。裂缝呈同心圆状分布，最外边处的裂缝距坑边的距离约等于试坑的直径。

第四节　大厚度自重湿陷性黄土地基桩侧负摩阻计算参考资料

我国是世界上黄土面积分布最广泛的国家之一，其中约占 3/4 的黄土为湿陷性黄土。其最主要的特性是在土的自重压力或自重压力与附加压力共同作用下受水浸湿而产生的大量而急剧的附加下沉，会在桩侧表面产生负摩阻力，这称为自重湿陷性黄土。该湿陷性黄土在我国黄土高原各省最厚达 40 余米，河南省三门峡自重湿陷性黄土最大厚度达 20 m 左右，可称为大厚度自重湿陷性黄土。

依《湿陷性黄土地区建筑标准》（GB 50025—2018）：对自重湿陷性黄土场地进行桩基设计时，不仅不能计入自湿陷土层的正阻力，还要扣除负摩阻力；依《建筑桩基技术规范》（JGJ 94—2008）5.2.4 条：桩穿越较厚松散填土、自重湿陷性黄土、欠固结土、液化土层进入相对较硬土层时，当桩周土层产生的沉降超过基桩的沉降，在计算基桩承载力时，应计入桩侧负摩阻力。

自重湿陷性黄土地层中浸水带来的一个重要问题就是施加在桩侧表面的负摩阻力，

湿陷性黄土中桩基的承载性状及负摩阻力分布规律是黄土地区桩基设计的难点。由于负摩阻力对桩产生下拉作用，桩侧阻力不但不会对桩的外荷载起到抵抗作用，反而成为一个分布于桩侧表面的荷载。对此，如对湿陷性黄土桩基负摩阻力的产生机制、变化规律特点及桩侧负摩阻力分布模式考虑不当，将导致桩基竖向承载力不足，出现桩端地基的屈服或破坏，桩身位移增大，严重时可导致桩基破坏；或者依勘察报告提供的负摩阻力段土层均按负摩阻计算桩长，这将使桩的设计长度增加，施工难度大，提高工程费用。对此认为，大厚度自重湿陷性黄土桩侧负摩阻的桩长设计是当前岩土工程难点问题，深入研究其桩基的承载性状及负摩阻力规律，具有重要的工程实际意义。

以下为与大厚度自重湿陷性黄土地基桩侧负摩阻计算及桩长设计有关的资料，以供设计研究参考。

一、试坑浸水单桩载荷试验

（一）试验场地工程地质条件

试验场地为某互通立交工程。地貌单元处于黄土塬台地，地下水位埋深大于 30 m，出露上更新统黄土，其湿陷厚度 15.6 ~ 21.8 m，场地属自重湿陷性黄土场地，其湿陷等级为Ⅱ级（中等）—Ⅲ级（严重）。

（二）试验方法

1. 试桩、锚桩布置及仪器埋设

本次试验的试桩、锚桩均为钻孔灌注桩，试桩设计桩长 18.0 m 桩入土长度 17.5 m，桩径 0.8 m；锚桩设计桩长 17.7 m，桩径 0.8 m。共设 2 根试桩，编号为 S1、S2，2 根试桩共配置 6 根锚桩，锚桩桩端位于非湿陷的强度较高土层。试验采用锚桩法加载，为确保加载所需的反力，采用 4 根锚桩加载 1 根试桩的方式，锚桩的间距满足规范的要求。大型原位浸水载荷试验，设置了天然状态下和浸水状态下（模拟历史上月最大降水量 3 倍的试验浸水量）的 2 种工况。

从桩顶向下第 1 层测试断面起，每 1.5 m 设置 1 个测试断面，每个测试断面布设钢筋计 4 个。距桩顶 0.6 m 的第 1 个断面以上桩周土已挖松，用于量测无侧阻力时桩身内力。底部断面接近桩底，桩端及桩端以上 1.5 m 的 2 个断面各设置 4 个钢筋计，用于量测桩底内力及端承载力。中间各断面用于量测各土层及土层变换处桩身内力。在试桩桩底对称埋设 4 个土压力盒，用于量测桩基础端承载力。

2. 浸水加载方案

拟建场地为Ⅱ ~ Ⅲ级严重湿陷性黄土，按照《湿陷性黄土地区建筑标准》（GB 50025—2018）附录 H 规定，进行单桩竖向承载力静载荷浸水试验。

考虑到工程及周边建筑具有良好排水设施的特点，在当地降水条件下，湿陷性土层达到完全饱和的可能性很小，为充分模拟工程实际状况，同时考虑一定的安全系数，故确定项目区历史上月最大降水量的 3 倍为试验浸水量。浸水场地取消常用的渗水孔，采用浸水试坑下铺砂砾，在一定水头压力下模拟自然地表积水条件下水的入渗过程。

浸水试验方案如下：

(1)浸水坑设计：在桩周开挖边长与湿陷性土层厚度相等的正方形浸水坑，坑深0.5 m，坑底铺20 cm厚的级配砂砾。在试验过程中向浸水坑内注水，水头保持30 cm。注水量达到该区域月最大降雨量的3倍，即335 m^3。

(2)桩基浸水试验：S2试桩在桩周土天然湿度下从零荷载开始分级加载至极限状态；S1试桩先加载至设计荷载下稳定，然后浸水，再加载至极限状态。

(3)土层沉降观测：在S1试桩周围设置5圈沉降标，沉降标的深度分别为2 m、4 m、6 m、8 m，以S1试桩为中心对称布设，靠里的3圈间距为1 m，其余2圈间距为1.5 m，用于观测桩周土的湿陷变形情况。

(4)桩周土含水量试验：在浸水过程中，取不同深度的桩周土，测试其含水量和压缩系数。

(三)天然状态下桩的极限承载力

1. 单桩极限承载力

在天然湿度情况下，对试桩S2按比例加载，直至极限破坏，试验结果如图4-2所示。由图4-2(b)可知，在3 500 kN之前各级荷载下沉降量(s)—加载时间的对数($\lg t$)曲线平直、无突变，桩基础在荷载作用下稳定较快，且变形连续、平稳；从图4-2(a)可知，此阶段桩基础竖向变形随荷载增大而增大，具线性规律。当荷载增大至4 000 kN时，桩基础竖向变形随时间增长出现不稳定变化，竖向变形按非线性规律增长较快且总沉降量大于40 mm，在荷载(Q)—沉降量(s)曲线上表现出陡降特征，拐点显著。因此，在天然湿度条件下，试桩S2的破坏荷载为4 000 kN，极限荷载为3 500 kN。

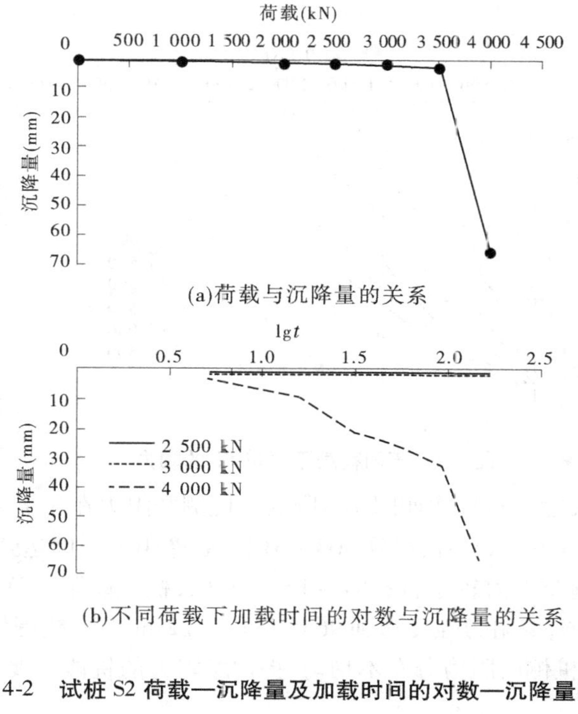

图4-2 试桩S2荷载—沉降量及加载时间的对数—沉降量的关系

2. 极限端阻力和极限侧阻力的发挥程度

在极限荷载作用下,桩侧极限摩阻力为96.6 kPa,桩端极限端阻力为99.5 kPa。桩端阻力在极限荷载中发挥度为4.74%,在破坏荷载中发挥度为21%;桩侧阻力在极限荷载中发挥度为95.26%,在破坏荷载中发挥度为79%,如图4-3所示。

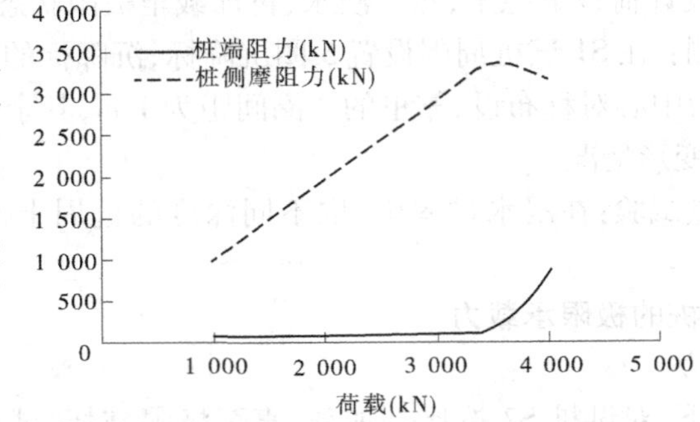

图4-3　未浸水试桩(S2)的桩侧、桩端阻力分布

3. 荷载传递特征

桩身轴力分布情况如图4-4所示。由图4-4可以看出,桩身轴力从桩顶到桩端逐步递减,且递减速率并不一样,这是由桩土相互作用引起的。当荷载较小时,桩身产生的变形和位移较小,此时不能充分调动桩周土体的摩阻力,因此轴力递减的速率较小;当桩顶所受的荷载逐渐增大时,桩身的变形和位移随之增大,桩与桩周土体的相互滑移趋势逐步增大,桩周土体对桩侧摩阻力的贡献也不断变大。

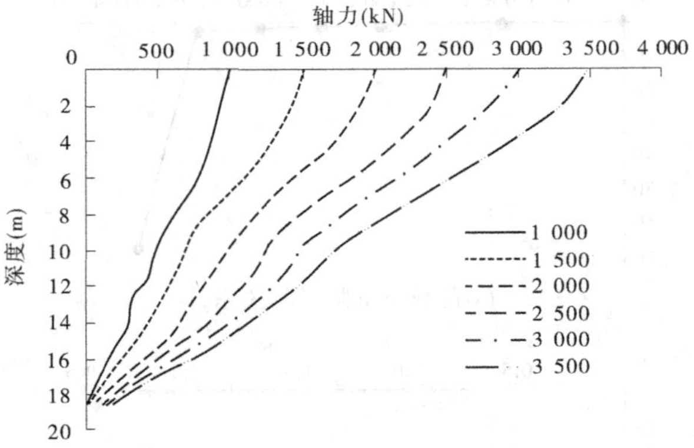

图4-4　不同荷载下试桩S2的轴力

侧摩阻力沿桩身长度分布规律如图4-5所示。桩侧摩阻力在3.7~9.7 m较大,土体的摩阻力达到高峰,在3 500 kN时,达到304~312 kN,摩阻力强度达到80.7~82.8 kPa;9.7~12.64 m内,桩侧摩阻力较小;12.64~17.2 m内,桩侧摩阻力逐渐增大到峰值,在3 500 kN时达到364 kN,摩阻力强度达到96.6 kPa;17.2 m以下范围侧摩阻力锐减。由上述内容可知,全桩段桩侧摩阻力分布不均匀,提供摩阻力的桩段主要为桩顶下3.7~9.7 m和12.7~17.2 m。

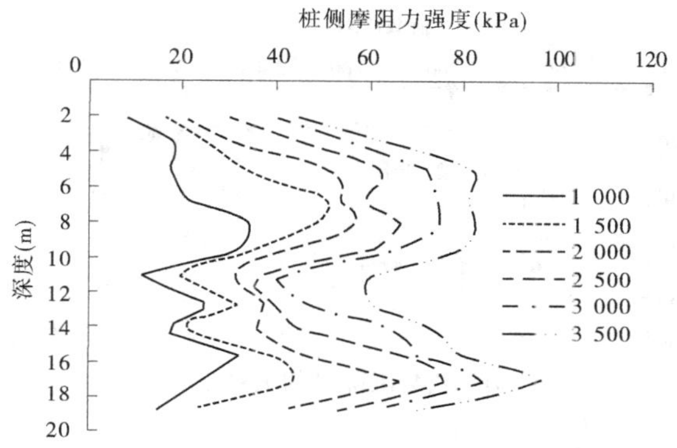

图 4-5　不同荷载下试桩 S2 的侧摩阻力

(四)浸水状态下桩的荷载传递特征及负摩阻力变化规律

1. 浸水状态下单桩极限承载力

试桩(S1)先在天然湿度情况下按比例加载至设计荷载 1 200 kN 后,地基土压缩系数没有变化。沉降量达到 0.401 cm,2009 年 5 月 31 日开始注水,在此期间持续观测桩周土及桩顶位移,同时测试试桩的轴力。沉降稳定后,继续按比例加载,直至极限破坏。

浸水后地基土的湿度、饱和度在地表至地表下 8.50 m 范围内变化较大,在地表下 8.50 ~ 14.00 m 内浸水影响逐渐减小。压缩系数在地表至地表下 14.00 m 内变化较大;在距地表 14.00 m 以下浸水前后,地基土压缩系数没有变化。

试验结果如图 4-6 所示。由图 4-6(b)可知,在 1 200 kN 之前,各级荷载下沉降量加载时间的对数(lg*t*)曲线平直、无突变,1 200 kN 恒载浸水过程中,桩基础沉降量增长较快。由图 4-6(a)可见,出现垂直降落段,这是由于在 1 200 kN 加载稳定后土体湿陷造成的沉降,桩基础在此期间累计沉降量为 15.099 mm。继续加载至 3 300 kN 时,桩基础在各级荷载作用下稳定较快,且变形连续、平稳,无陡降发生,桩基础竖向变形随荷载增大而增大,呈线性增长规律,仅在 3 000 kN 以后 *S*—lg*t* 曲线逐渐倾斜,极差增大。当荷载增大至 3 600 kN 时,桩基础竖向变形随时间增长出现不稳定变化,且竖向变形按近似线性规律增大,直至超过 40 mm,在荷载(*Q*)—沉降量(*S*)曲线上表现出陡降特征,拐点显著。因此,试桩 S1 的破坏荷载为 3 600 kN,极限荷载为 3 300 kN。

在同一场地,相同桩型及尺寸的钢筋混凝土灌注桩,在浸水与未浸水条件下其承载力差异较小,变形差异较大。承载力方面:未浸水试桩的破坏荷载是浸水条件下的 1.11 倍,未浸水试桩的极限荷载是浸水条件下的 1.06 倍。变形方面:浸水试桩在破坏荷载时的变形是未浸水条件下的 1.40 倍,浸水试桩在极限荷载下的变形是未浸水条件下的 7.76 倍。

2. 浸水状态下桩身轴力传递与负摩阻力变化

随着浸水时间的增长,桩周土体发生湿陷变形随之产生负摩阻力,其变化规律有以下特点。

(1)由图 4-7 可以看出,桩侧负摩阻力在恒压浸水过程中产生,且随浸水时间的延长而逐渐增大,中性点的位置随着负摩阻力的增长而下移,在浸水 14 d 时趋于稳定,负摩阻

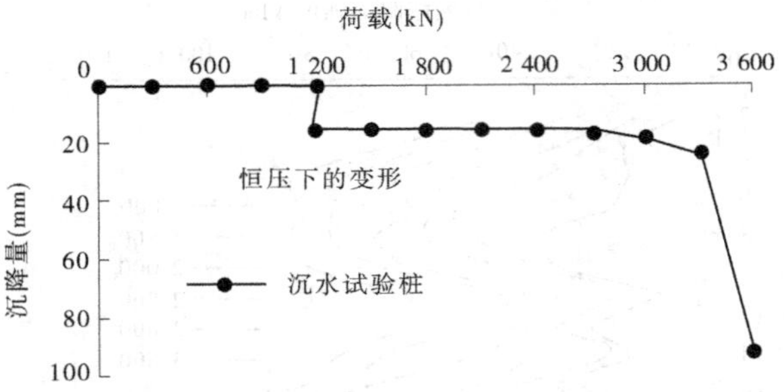

(a)荷载与沉降量的关系

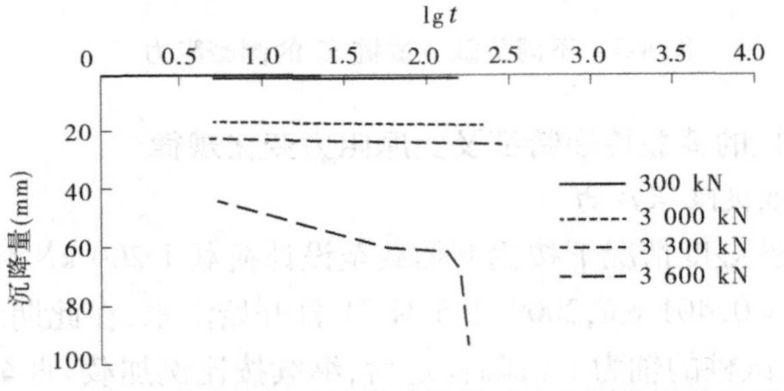

(b)不同荷载下加载时间的对数与沉降量的关系

图 4-6　试桩 S1 荷载—沉降量及加载时间的对数—沉降量的关系

注:为使图表清晰,仅列出部分加载曲线。

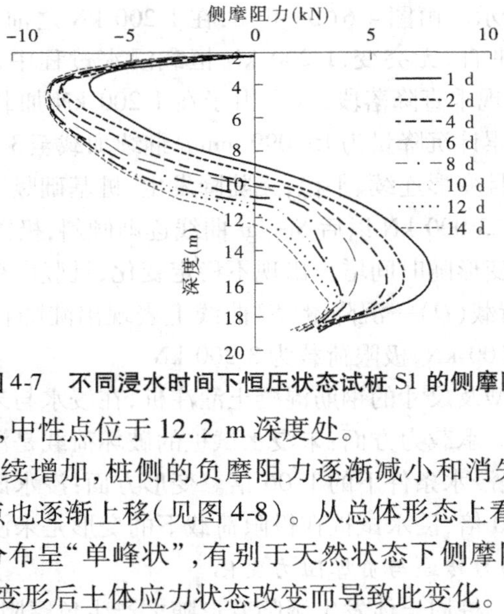

图 4-7　不同浸水时间下恒压状态试桩 S1 的侧摩阻力

力强度最大为 2.2 kPa,中性点位于 12.2 m 深度处。

(2)随着荷载的继续增加,桩侧的负摩阻力逐渐减小和消失,并最终转变为正摩阻力,在此过程中,中性点也逐渐上移(见图 4-8)。从总体形态上看,当负摩阻力消失后,桩侧正摩阻力沿桩长的分布呈“单峰状”,有别于天然状态下侧摩阻力分布形态,初步分析其原因,应为发生湿陷变形后土体应力状态改变而导致此变化。

(3)桩顶试桩 S1 在稳定荷载 1 200 kN 压力下浸水,由轴力可得桩侧阻力平均值分布情况,如图 4-9 所示。从图 4-9 可以看出,负摩阻力分布在桩身 3 ~ 9 m 的区域,经计算得到侧阻力强度值,见表 4-23。

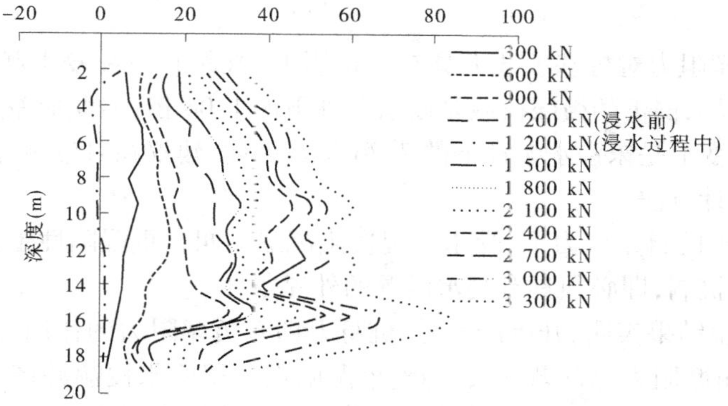

图 4-8 不同荷载下试桩 S1 的侧摩阻力

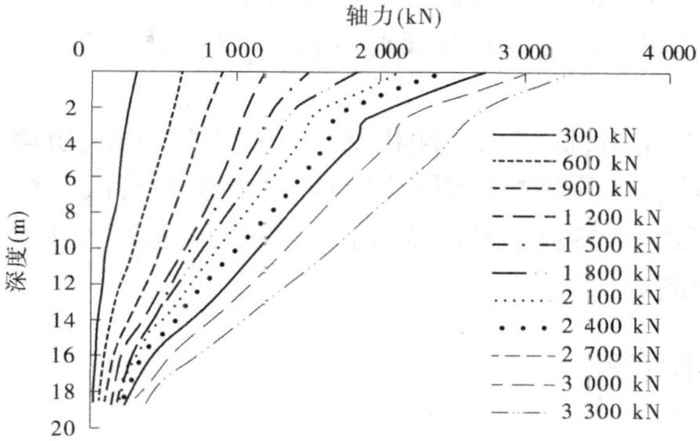

图 4-9 不同荷载下试桩 S1 的轴力

表 4-23 试桩 S1 的桩侧摩阻力强度值

距桩顶位置(m)	2.2~3.7	3.7~5.2	5.2~6.7	6.7~8.2	8.2~9.74
负摩阻力强度(kPa)		-2.2	-1.1	-0.6	-0.5

3. 桩端阻力和桩侧力的发挥程度

随着浸水时间的增长,桩周土体发生湿陷变形,在极限荷载时桩侧阻力显著下降,而桩端阻力显著上升,表明桩基础在破坏时桩侧、桩端阻力完全发挥,桩侧土体阻力不足以抵抗柱体向下运动,发生滑动摩擦,而桩端土在提高到一定程度后不足以抵抗上附荷载而破坏。桩端阻力在极限荷载中发挥度为10.64%,在破坏荷载中发挥度为26%;桩侧阻力在极限荷载中发挥度为89.36%,在破坏荷载中发挥度为74%。由于负摩阻力的产生和发展,桩侧摩阻力的发挥度较天然状态下小,而端阻力的发挥程度较天然状态下大。

(五)结束语

(1)模拟历史上的月最大降水量3倍的试验浸水量条件下,浸水主要影响区域在地表下8.5 m以内,因此在桩长设计时,对8.5 m以下的湿陷性土层可基本不考虑土层湿陷性的影响。

(2)浸水试桩侧摩阻力分布呈单峰形态,主要由下部桩周土提供摩阻力;负摩阻力分布在桩身 3 ~9 m 的区域,其强度为 -0.5 ~ -2.2 kPa,较土体饱和条件下的数值明显偏小。

(3)桩侧负摩阻力对桩基承载力具有一定影响,天然状态和浸水状态下桩基承载能力差异较小,未浸水试桩的极限荷载是浸水条件下的 1.06 倍;但变形差异显著,浸水试桩在极限荷载下的变形是未浸水条件下的 7.76 倍。因此,建议在对应条件下可采用按沉降量控制的桩基设计方法。

(4)在上覆土的自重应力下,受水浸湿发生沉陷的叫自重湿陷性土,这是自重湿陷性土负摩阻力产生机制,即必须具有受水浸湿的外界条件。

(5)大量试验结果表明,开始浸水时,桩身上即有负摩阻力的作用,但数值很小;随着湿陷量的增长,负摩阻力也逐渐增大;当整个湿陷性土层受水浸湿并产生湿陷后,负摩阻力达到峰值;之后,尽管湿陷量继续增长,但负摩阻力反而有所降低。这表明负摩阻力的最大值不是出现在浸水期间,而是出现在停水后土体自重固结阶段。不同于一般地基由其他原因造成的桩基负摩擦力,它具有发展速度快、变化量大等特点,因此往往给结构带来严重的危害。

(6)由于其桩土相互作用,桩基承载性状受到桩周土层性质、沉降速度、稳定历时、桩型以及荷载条件等很多因素的影响,采用传统的理论方法和有限元法不可能将所有影响因素考虑进去,并且很多实际参数不易准确确定。因此,大面积浸水载荷试验是确定桩基承载及负摩阻力最有效的方法。

二、大型试坑浸水试验

(一)概述

《湿陷性黄土地区建筑规标准》(GB 50025—2018)评价湿陷性黄土场地,仅是依据室内试验资料,但其试验数据的可靠性与土样的尺寸、数量、扰动程度、代表性、试验方法、试验误差及修正系数的取值等诸影响因素有关,且分区推荐的自重湿陷系数是基于早年少量小型浸水试验数据得出的经验值。对此认为:其精度和适用性已经无法满足大厚度自重湿陷性黄土场地重要工程的设计需求。依托处于大厚度自重湿陷性黄土塬场地的某公路项目,采用大型试坑浸水试验,探讨自重湿陷系数、自重湿陷量计算修正系数、自重湿陷纵向影响深度及横向影响范围等问题,可作为大厚度自重湿陷性的黄土场地有关参数、湿陷等级判定及桩长设计参考。

(二)试验方案

1. 场地条件

某工程场地黄土层厚度大于 50 m,地下水位埋深大于 40 m。浸水试验前,在试坑范围内和试坑外 5 m 处分别挖设了两口 24.5 m 深的探井,均从 0.5 m 开始以 1 m 间隔取样,其地层岩性及室内试验指标结果见表 4-24 和表 4-25。

试验结果计算得到该场地的自重湿陷量为 461 mm,湿陷量为 1 036 mm,依据《湿陷性黄土地区建筑标准》(GB 50025—2018),判定该场地类型属于自重湿陷性场地,地基湿陷等级属于Ⅳ级(很严重),自重湿陷下限深度为 17 m。

表 4-24　场地黄土地层岩性

地层	深度(m)	岩性	岩性特征
第四系全新统(Q_4)	0～0.3	新近堆积土	淡黄色,耕植土,干,硬塑,大孔隙发育,土质不均,含大量植物根系
第四系上更新统(Q_3)	0.3～9	新黄土	黄褐色,马兰黄土,粉质黏土,稍湿,硬塑,孔隙发育,无摇振反应,稍有光泽,干强度及韧性中等
第四系上更新统(Q_3)	9～11	古土壤	褐色、褐红色,古土壤层,粉质黏土,稍湿,可塑,土质不均匀,含有大量姜石,粒径 1～3 cm
第四系中更新统(Q_2)	11～24	老黄土	褐黄色,离石黄土,粉质黏土,稍湿,可塑,孔隙较发育,土质均匀,无摇振反应,稍有光泽,干强度及韧性中等

表 4-25　场地黄土物理性质指标

取土深度(m)	含水率(%)	天然密度(g/cm^3)	孔隙比	塑性指数	自重湿陷系数	取土深度(m)	含水率(%)	天然密度(g/cm^3)	孔隙比	塑性指数	自重湿陷系数
1	17.26	1.58	1.004	10.87	0.004	11	19.09	1.49	1.158	11.28	0.050
2	15.12	1.49	1.086	10.67	0.005	12	20.14	1.53	1.120	13.51	0.047
3	15.03	1.49	1.084	11.32	0.007	13	20.10	1.52	1.133	11.79	0.041
4	14.87	1.46	1.124	14.61	0.018	14	19.594	1.54	1.097	11.99	0.043
5	17.11	1.46	1.166	14.97	0.018	15	20.278	1.52	1.137	11.47	0.052
6	17.00	1.52	1.078	11.72	0.035	16	22.38	1.51	1.188	10.18	0.007
7	17.14	1.49	1.123	11.78	0.021	17	17.96	1.50	1.123	13.15	0.027
8	17.78	1.48	1.149	13.94	0.023	18	19.85	1.51	1.143	12.70	0.008
9	17.56	1.53	1.075	11.38	0.064	19	17.45	1.51	1.100	13.88	0.009
10	19.27	1.49	1.161	13.49	0.031	20	17.86	1.50	1.121	12.00	0.008

2. 试坑设计

圆形浸水试坑的直径为 20 m,大于重湿陷土层厚度,将湿陷土层厚度影响范围包含在试坑中,在进行数据分析时,选择试坑中心位置的 17 m 直径范围,这样可以减小边界效应对自重湿陷量的影响。试坑深度设计为 80 cm,并在试坑底部铺设了 20 cm 厚的砂砾石,另外还在试坑内部距试坑中心 6 m 半径的圆上打设了 1 圈共 4 个注水孔,孔内用砂砾石充填。

3. 沉降观测标点布置

湿陷沉降监测共设计了浅、深两种观测标点。其中,浅标点用于观测试验过程中试坑内、外地表的湿陷沉降量,深标点用于观测试坑内各深部土层的湿陷沉降量(见图 4-10)。

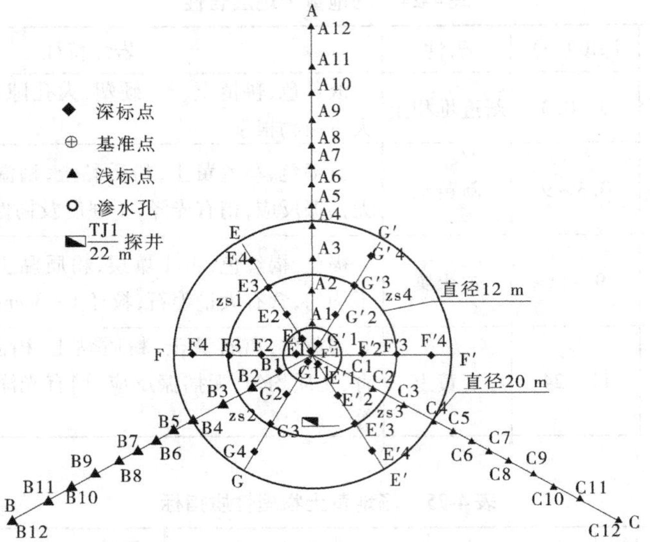

图 4-10 浸水试坑总体设计图

浅标点的布设方式及数量如下：依据《湿陷性黄土地区建筑标准》(GB 50025—2018)要求，以试坑中心为原点，从原点指向正西方向为 A 轴，与 A 轴夹角 -120°为 B 轴，与 A 轴夹角 120°为 C 轴，确定三条浅标点布设轴。在以往研究经验的基础上，对每一条标点布设轴上的标点疏密进行了优化：三条轴布设方式相同，以 A 轴为例，从原点出发至试坑边沿，每 2.5 m 布设一个浅标点，在试坑内部 A 轴上布设 4 个浅标点，命名为 A1 ~ A4；至试坑外 A4 ~ A8，间距为 1.5 m，A8 ~ A11 间距为 2 m，A11 ~ A12 间距为 3 m。这样，A 轴上共布设了 12 个浅标点，最远处的 A12 号标点距试坑原点 25 m，为试坑半径的 1.5 倍。A、B、C 三条轴上共埋设了 3 × 12 = 36 个浅标点，加上试坑圆心地表的一个浅标点，共 37 个浅标点。

深标点的布设间距、深度及数量如下：以试坑中心为原点，将与 A、B、C 三条浅标点布设轴两侧呈 30°角的半径设为深标点布设轴，共 6 条，每条轴长为 10 m，且这 6 条轴可组成 3 条直径，分别命名为 E - E′、F - F′、G - G′；从原点出发，每条深标点布设轴上的第 1 个深标点距圆心 1 m，其后每 2.5 m 布设 1 个，计 4 个深标点，6 条轴共计 24 个。为了满足对场地黄土分层湿陷量的监测，同时考虑土层分界线位置，将深标点底板均匀布置在 1 ~ 23 m的各奇数深度土层上。由于土层沉降将受到外围的约束作用，因此对每个深度土层的监测标点采用内外结合的布置方式消除边界效应的影响。

4. 浸水试验过程

本次原位浸水试验共历时 177 d，其中试坑注水前进行各项初值观测 10 d，试坑注水历时 93 d，共注水 44 119 m^3，停水后观察 84 d；每天固定时间、人员和仪器对所有沉降监测标点进行监测，同时对前一天自动采集的数据进行保存归档，另外在试验开始前和结束后分别用全站仪对地表高程进行测量，绘制地面沉降等值线。

(三)试验结果与分析

1. 地表沉降发展规律与沉降量

自重湿陷性黄土场地受浸水影响会发生沉降,每一土层顶面的沉降量反映的是该层面下部可湿陷土层的总自重湿陷量,因此地表的沉降量最大,对建筑结构的影响也最大。根据实测沉降数据绘制了 A、B、C 三条地面沉降量监测轴上所有浅标点累积变形量随时间变化的曲线,三条轴线的沉降发展规律类似,这里以 A 轴为例进行分析(见图 4-11)。

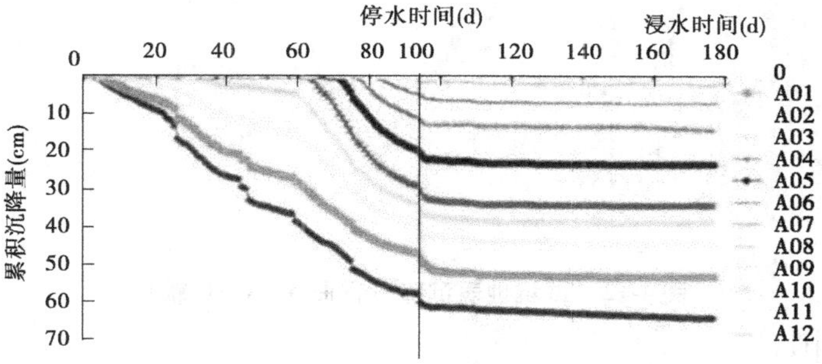

图 4-11　A 轴各浅点累计沉降量随时间发展曲线

试坑中心的地面沉降观测标点沉降量最大,这是由于试坑中心位置以下的土层首先受水浸润饱和,而后期周围的土层也较快浸润饱和并发生湿陷沉降,周围土层的约束摩擦效应较为微弱,沉降发展较为顺利。而在距试坑中心较远的位置,由于水分向外扩散过程较为缓慢,浸润与未浸润土层将出现沉降差异,因此距试坑中心越远,外围土层的约束摩擦作用越明显。A 轴上靠内侧的 3 个浅标点均在浸水初始阶段即先后出现湿陷沉降,而位于试坑边缘的 4 号标点由于受水浸润较晚,所以沉降发展相比试坑中心迟缓,又由于同属受水分饱和浸润的区域,因此沉降发展规律与靠近试坑中心的监测点类似,但受边际摩擦效应的影响更明显,沉降量较试坑中心位置要小。浸水试坑范围以外的标点受到水分浸润的时间更晚,沉降发生的时间也随之延后,沉降量也更小。由于水分扩散范围有限,因此随着距试坑中心的距离增加,地表沉降量逐渐减小,至 A7、B7、C7,沉降量均已经降到 10 cm 以下,至 A9、B9、C9,沉降量均已经降到 1 cm 以下。位于各轴最远段的 A12 标点均未受到水分浸润的影响,没有沉降出现。

根据 3 条浅标监测轴线上各点的累计沉降量随时间变化数据,以 O 为中点两两相接,组成 A－O－B、A－O－C、B－O－C 3 个截面,绘制了试坑地表沉降过程曲线,这里以 A—C 轴为例进行分析,见图 4-12。图 4-12 中横向上距离 O 越远的点,代表其距试坑中心也越远,纵向上每一条曲线代表了当天试坑内外各浅标点沉降量的连线,线与线间的疏密程度反映了沉降发展的速率。

从图 4-12 可见,在 A—O—C 剖面上,试坑中心的 O 点沉降量最大,向外侧沉降量逐渐减小,这种减小的趋势均在各轴的 4 号标点和 9 号标点处出现突变。4 号点位于试坑边界处,属于地表浸水边界,因此 4 号点外侧的标点沉降量相比 4 号点及其内侧标点的沉降量有所减小,随着距离的增加逐步减小,至 9 号标点及其外侧的标点位置,几乎没有沉降出现,这表明 9 号标点距试坑中心的距离代表了该场地在局部地表浸水情况下自重湿

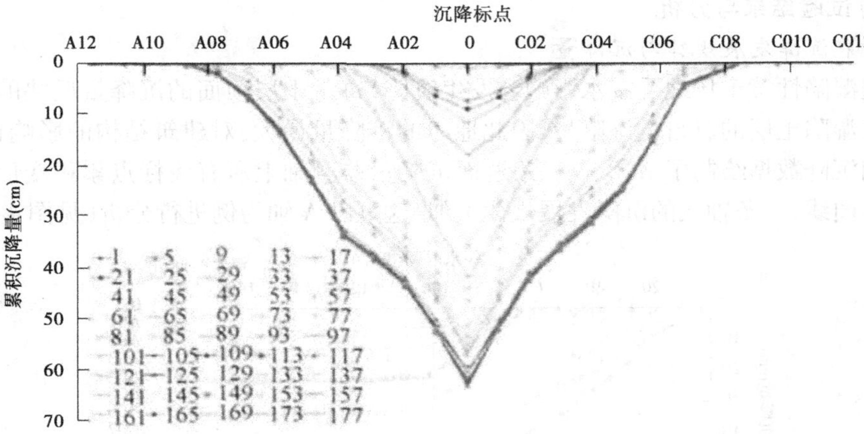

图 4-12　试坑地表沉降过程曲线(A—C 轴)

陷的横向影响范围。

从曲线的疏密程度可以看出,试坑中心及中心附近区域的沉降发展速率呈现慢—快—慢的发展趋势,同一时间、不同位置的湿陷发展速率由内向外逐渐降低,绝大部分的沉降量都在 93 天以前完成。同时,A 轴和 C 轴上的浅标点沉降量基本呈对称发展,无论是湿陷沉降量,还是发展速率都几乎相同,这表明各深度土层在横向上的性质较为均匀,也从侧面证明了该试验场地选址的科学性和有效性。

2. 土层沉降规律与原位实测湿陷系数

地面沉降量是评价场地湿陷等级的必要参数,而深部沉降量则反映地面以下各深度土层的湿陷量,对评价自重湿陷下限深度及基础埋置深度和地基设计参数选取均有重要的价值。

前期勘察资料表明,该场地通过室内试验得出的自重湿陷土层下限深度为 17 m。本次试验监测深度为 0 ~ 23 m,在各奇数米深度布置监测标,同一米数内外成对布置,以消除外围土层约束作用的影响。

从图 4-13 可见,随着深度的增加,湿陷量逐渐减小,湿陷开始发展的时间也更晚,7 m 及以上的土层均在浸水初期即产生湿陷变形,而 9 m 及其以下的土层则在浸水中后期才出现湿陷变形。3 m 及其以上土层变形曲线形态类似,这表明这些土层的湿陷变形特征相似,但是这种变形特征的相似性随着深度的增加而降低。

试验完全结束后,由浅至深各层黄土的最终沉降量差值代表了各层黄土的原位实测自重湿陷量,再用这一数值除以土层厚度即可得到原位实测自重湿陷系数,进而可以通过原位湿陷系数判定该场地黄土自重湿陷性土层下限深度。

由于深层沉降观测标都布置在奇数米,因此原位自重湿陷系数均是 2 m 土层的平均自重湿陷系数(见表 4-26)。原位实测自重湿陷系数均较大,0 ~ 1 m 的自重湿陷系数即达到了 0.040,随着深度的增加,自重湿陷系数先增大,而后急剧减小。9 ~ 11 m 土层的综合自重湿陷系数为 0.016,仍为自重湿陷性土层。11 ~ 13 m 土层的综合自重湿陷系数为 0.008,若按照自重湿陷系数 0.015 为判别标准,则该场地自重湿陷下限深度应在 11 ~ 13

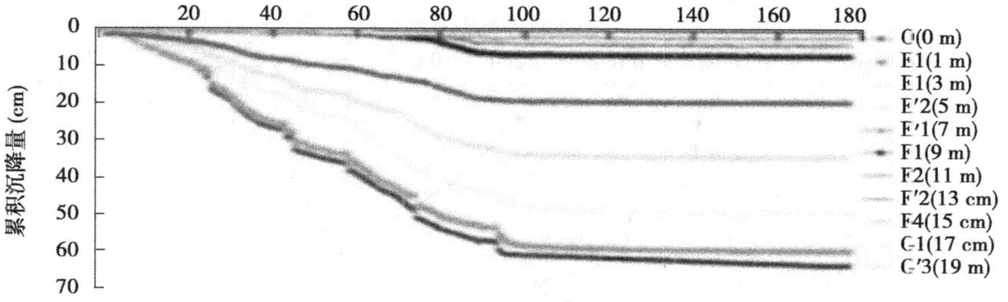

图 4-13　各深度土层累计沉降量随时间发展曲线

m,由于 11 ~ 13 m 没有精度更高的监测数据,因此为安全起见将该场地自重湿陷性黄土下界定为 13 m。

表 4-26　各深度土层实测自重湿陷量及自重湿陷系数

深度(m)	点号	沉降量(mm)	原位自重湿陷系数	代表土层(m)
0	O	63.60		
1	E1	59.65	0.040	0 ~ 1
3	E2	49.15	0.053	1 ~ 3
5	E′2	34.35	0.074	3 ~ 5
7	E′1	19.40	0.075	5 ~ 7
9	F1	6.95	0.062	7 ~ 9
11	F2	3.75	0.016	9 ~ 11
13	F′2	2.10	0.008	11 ~ 13
15	F4	0.25	0.009	13 ~ 15
17	G1	0.65	0	15 ~ 17
19	G′3	0.65	0	17 ~ 19

原位实测得到的土层自重湿陷系数与室内试验得到的自重湿陷系数有较大的差异。从图 4-14 可以看出,两种方式测得的自重湿陷系数随深度的变化趋势大体相同,都是先增大后减小,但是数值上的差别较大。室内试验得出的浅层黄土自重湿陷系数较低,而原位实测的系数较大,9 m 以上的土层室内试验自重湿陷系数均小于原位实测值,而 9 m 以下的土层室内试验自重湿陷系数均大于原位实测值,引起这种差异的主要原因是室内压缩试验和原位的实际受力状态有着巨大差别,侧向约束与摩擦效应使室内测得的浅层黄土自重湿陷系数偏小。另外,由于浸水过程和地层差异引起的土拱效应,则使深部黄土层原位实测湿陷系数偏小。同时,原位试验得出的自重湿陷下限深度为 13 m,根据室内试验得出的结论为 17 m。综上可见,目前的湿陷性黄土室内压缩试验方法所得土层自重湿陷系数与现场实测结果具有较大差异。

3. 场地湿陷性评价与讨论

室内试验与原位浸水试验对湿陷场地湿陷性的判别差异除自重湿陷下限深度外,对自

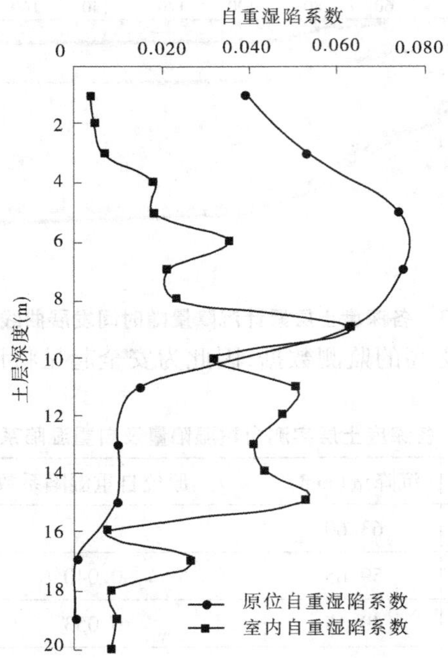

图 4-14　原位实测与室内试验所得自重湿陷系数对比

重湿陷量的判别同样有较大差异。从图 4-15 可以看出,通过室内试验数据计算出的各深度土层湿陷量和原位实测值相比,无论是数量还是发展趋势上,都有很大的差别。3 m 以上至地表的土层沉降量计算值要小于实测值，而 3 m 以下土层的自重湿陷量计算值均大于实测

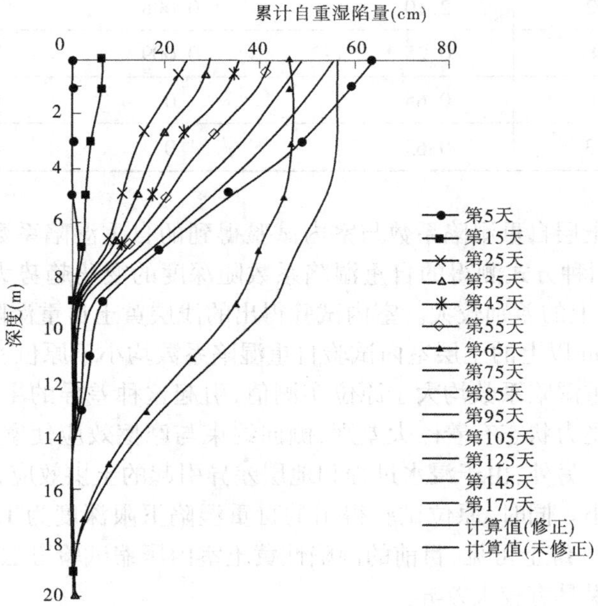

图 4-15　各深度土层累积沉降量随深度发展曲线

值。0～9 m 土层实测自重湿陷量随深度的增加以一个稳定的趋势减小，9 m 以下土层这一减小趋势急剧降低。与此相反的，0～9 m 土层计算出的自重湿陷量随深度减小的趋势较为微弱，9 m 以下土层，自重湿陷量随深度增加减小的速率加快。由此可见，根据目前湿陷性黄土场地评价方法计算得出的湿陷值在结果上和趋势上都与实际情况有较大差异。

未经修正的计算值为 47.0 cm，《湿陷性黄土地区建筑标准》（GB 50025—2018）推荐系数为 $\beta_0=1.2$，修正后为 56.4 cm，而实测最大沉降量为 63.6 cm，可见该标准对这一地区的推荐值尚有一定的误差，而且经过这种方式修正的自重湿陷量仅仅是把地表的沉降量修正到实测值上，各深度土层的自重湿陷量并不能得到正确的修正，而且计算值和实测值随深度变化的规律差异巨大。

在试验前和试验结束后，用全站仪对试验场地分别进行了一次地面相对高程统测，并通过对比浸水前后试验场地地面高程的变化，获取观测点密度更大、范围更广的地面沉降变形数据。

从图 4-16 可见，沉降变形等值线由试坑中心向外围呈似同心圆状扩散发展，并逐渐由不规则圆形过渡到圆形。对于本次试验的场地，在 20 m 直径试坑浸水情况下，沉降大于 5 cm 的变形影响半径为 13.8 m，沉降大于 1 cm 的变形影响半径为 18.1 m，沉降大于 0.5 cm 的变形影响半径为 21.3 m，完全不受浸水影响的范围半径为 31 m。

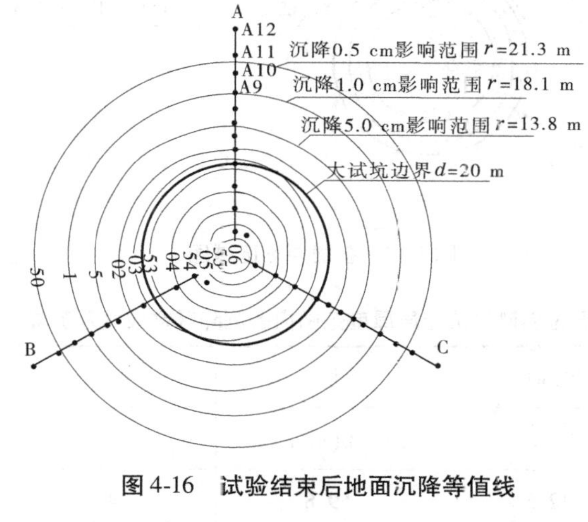

图 4-16　试验结束后地面沉降等值线

在深部土层湿陷沉降过程分析研究中，《湿陷性黄土地区建筑标准》（GB 50025—2018）对这一地区的自重湿陷量修正系数推荐值尚有一定的误差，因此基于本次浸水试验结果，将对该未来的勘察设计工作具有指导意义。

依据《湿陷性黄土地区建筑标准》（GB 50025—2018），对于自重湿陷量的计算公式，可以利用现场浸水试验实测的自重湿陷量和室内试验结果计算的自重湿陷量，反算因土质而异的当地修正系数。

$$\beta_0=\frac{H}{\sum_{i=1}^{n}\delta_{zsi}h_i}$$

式中 δ_{zsi}——第 i 层土的自重湿陷系数；

β_0——因地区而异的修正系数；

H——现场自重湿陷量实测值；

h_i——第 i 层土的厚度。

在实测湿陷土层厚度范围内（见图4-17），先按湿陷量将其分成了5个区域，给每个区域赋予了沉降量计算值，并计算了每个区域的面积及其在直径13 m的圆内所占的面积比重，以这一比重作为权重，再乘以各区域的沉降量计算值，得出每个区域的沉降贡献量（见表4-27），最后将各区域的沉降贡献量累加，得到总的加权平均湿陷量 H = 470 mm，室内试验结果为461 mm，据上式计算得 β_0 = 1.02。H 取加权平均值具有明确的代表性，将试坑内部地面沉降不均匀的情况定量地纳入计算，既避免了最大值、最小值及算术平均值的不合理性，又兼具安全、经济两方面的优势。

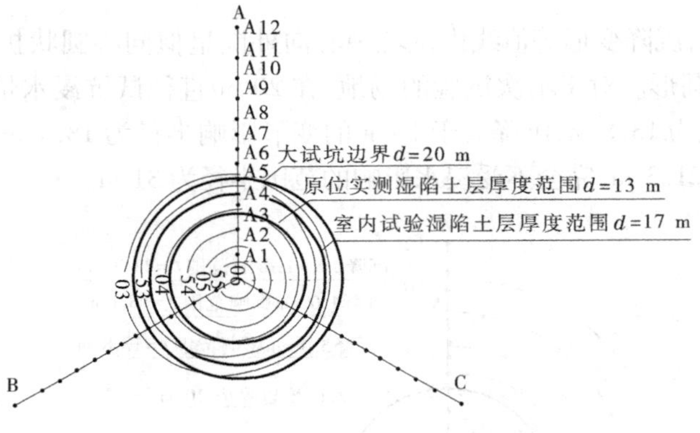

图4-17　各层厚度区域图

表4-27　原位实测湿陷土层厚度范围内各沉降区域权重及沉降贡献量

沉降区域	沉降量	面积	权重	沉降贡献量
①(cm)	②(cm)	③(m²)	④(%)	⑤=②×④(cm)
40~45	42.5	59.8	45	19.1
45~50	47.5	39.9	30	14.3
50~55	52.5	23.0	17	9.1
55~60	57.5	7.2	5	3.1
60~63.6	61.8	2.8	2	1.3
总计	—	132.7	100	47.0

(四)结束语

(1)试坑中心位置的湿陷变形发生时间最早、发展速度最快、沉降量也最大;随着与试坑中心距离的增大,受到外围土层的约束作用越发明显,湿陷变形发生时间变晚、发展速率减缓、沉降量也随着距离的增大逐渐衰减为零。

(2)随着深度的增加,单位厚度黄土层自重湿陷量呈现先增大后减小的趋势,由于浅部土层上覆土的自重应力未达到湿陷起始压力,因此浅部土体自重湿陷量较小;随着深度增大,上覆土重增大,自重湿陷量逐渐增大;在深部的土体由于沉积年代久远,湿陷性能变弱,虽然上覆土重较大,但自重湿陷量较小。通过现场实测各土层的自重湿陷量,计算得到该场地的自重湿陷土层下限深度为 13 m,小于室内试验得到的 17 m 下限深度。

(3)依据《湿陷性黄土地区建筑标准》(GB 50025—2018)的自重湿陷量的计算公式,反推出了 β_0的计算公式,由于规范没有规定反算及实测湿陷量 H 的取值标准,建议使用以沉降代表区域面积为权重的指代意义明确的 H 取值计算方法,并通过该方法算得该场地 β_0修正建议值为 1.02。

三、注水孔浸水单桩载荷试验

(一)概述

在工程实践中,Ⅳ级自重湿陷性黄土场地较多采用了灌注桩基础。当此类桩长设计时,对自重湿陷性黄土层桩侧按负摩阻计算,并使桩端进入湿陷土层以下较深的持力土层中,这相对来说比较安全可靠,但是缺点是投资大、经济性差。

为了降低工程投资,给工程设计和以后的工程应用提供准确的技术参数依据,并指导同类工程实践,本书根据地质勘察报告,在Ⅳ级自重湿陷性黄土场地中,通过研究桩周土注水孔浸水前后桩承载性状、湿陷过程中的承载机制等,进行了长桩竖向承载力的试验研究。

(二)试验场土层结构及其工程性质

据勘察资料,场地处于黄土塬,在钻探深度内可划分为两层。

1. 第四系上更新统黄土状粉土(Q_3^{al})

黄褐色、褐色,局部夹薄层状、透镜体状棕褐色粉质黏土层。多具有大孔隙,垂直节理发育,可塑—硬塑,稍密—中密,随深度含水量略为增加,稍湿—湿。层厚 42.3 ~ 38.1 m。

依探井取土试验,该层均为自重湿陷性黄土,其湿陷量 Δ_s 为 710 ~ 730 mm,自重湿陷量 Δ_{zs} = 352 ~ 356 mm,属Ⅳ级很严重自重湿陷场地。

2. 第四系上更新统卵石层(Q_3^{al-pl})

卵石以青灰色石灰岩为主,含量大于 50%,呈扁圆—亚圆状。粒径以 2 ~ 8 cm 为主,最大 20 cm,偶见漂石,骨架颗粒约占 60% 左右,级配较好,粒间充填物为混砂及黏土,密实,层顶标高 1 744.3 ~ 1 738.39 m,最大揭示深度 5.2 m。该层为含水层,水位埋深为 30 m 左右,其动态不稳定。

(三)试验加载装置

加载反力装置采用锚桩钢梁反力系统,4 × 5 000 kN 电动油泵驱动的油压千斤顶加载,荷载测量采用设置在电动油泵上的压力传感器直接测定。试验加载设备最大加载能力达到 20 000 kN。

（四）荷载与沉降量测仪器

试桩采用 2 个正交直径方向对称安置四个位移传感器，由 RS－JYC 地基基础静载荷测试仪自动记录测量试桩桩顶的变形。所有位移传感器均用磁性表座固定于由脚手架钢管构成的基准梁上。

（五）静载试验自动控制系统

本试验检测采用 RS－JYC 地基基础静载荷测试仪，全自动控制试验过程、全自动实时观测并自动记录测试数据。该系统通过预先设置的加卸载分级、荷载量值、判稳标准等试验参数，控制设置在电动油泵上的压力传感器实现全自动加载、补载、卸载，自动维持荷载恒定，并自动判稳进行下级荷载的测试。测试仪采集设置于试桩、锚桩上的位移传感器的变形数据，自动记录测试数据。

（六）试验方法及标准

试验布置试验桩 3 根，布置锚桩 8 根。单桩竖向抗压静载试验采用慢速维持法，即逐渐加载，每级荷载达到相对稳定后加下一级荷载，稳定标准为连续 2 h 内，每小时沉降小于 0.1 mm，直到试桩破坏。然后分级卸载，全部卸载后，隔 3～4 h 测读变形。

（七）试验浸水过程

1. 注水孔布置

A1、A2、A3 试桩桩周各均匀分布 5 个直径 150 mm、深度 34 m 的注水孔，注水孔用小砾石填充。桩周地面处开挖直径 3.0 m 浸水坑，坑底铺设 20 cm 厚砂砾石。坑内水头高度不小于 30 cm。

2. 浸水湿陷碟

1）A1 试桩浸水

A1 试桩先加压到 5 000 kN 时，进行浸水。浸水后，湿陷场地以试桩为中心呈高差渐变碟形而形成湿陷碟，直径约 6.0 m，中心最大湿陷量 180 cm，湿陷坑边缘高差 63 cm。共浸水约 380 m^3。

2）A2 试桩浸水

A2 试桩采用先浸水后加压的方式。浸水后，湿陷场地以试桩为中心呈高差渐变碟形而形成湿陷碟，直径约 4.0 m，中心最大湿陷量 175 cm。在湿陷坑西侧距桩中心 7 m 产生一条宽度为 12 cm 的弧形裂缝，长度为 16.2 m；在湿陷坑西侧距桩中心 8 m 处产生一条宽度为 10 cm 的弧形裂缝，长度为 13.5 m。共浸水约 400 m^3。

3）A3 试桩浸水

A3 试桩采用先浸水后加压的方式。浸水后，根据沉降观测显示桩周有近 100 cm 沉降量，附近地表无明显塌陷，有不连续环形裂缝。共浸水约 400 m^3。

（八）单桩竖向承载力试验结果分析

通过对 A1、A2、A3 试桩进行了竖向抗压静载试验，各桩在桩周土浸水状态下，单桩竖向极限承载力试验结果见表 4-28。

表 4-28　试验单桩竖向极限承载力

试验桩号	桩长(m)	桩径(m)	桩端直径(m)	试验单桩竖向极限承载力 Q_a(kN)	桩周土状态
A1	39.2	0.8	1.4	5 000	在浸水过程中
A2	39.7	0.8	1.4	6 000	浸水状态
A3	39.2	0.8	1.4	8 000	浸水状态

在试验中由于浸水影响，桩周土发生自重湿陷而产生塌陷，可认为桩周局部范围内正摩阻力丧失，负摩阻力产生且作用于试桩上。计算单桩承载力时，不扣除正摩阻力和负摩阻力。而未发生自重湿陷的桩段，由于桩侧产生正摩阻力，这部分桩长范围内，应按照规范单桩承载力除不计湿陷性土层范围内的桩周正摩阻力，尚应扣除桩侧的负摩阻力。

试验完成后，在 A1、A2、A3 桩侧开挖的探井采取了原状土样进行室内土工试验。考虑探井开挖中所取原状土样与实际结果的误差，综合试验结果及浸水湿陷碟结果分析：

(1) A1 桩侧 35 m 以上桩周土基本达到饱和状态，自重湿陷性基本消除，自重湿陷已充分发生；35 m 以下桩周土呈天然状态，有 3 m 左右的土层具自重湿陷性。

(2) A2 桩侧 35 m 以上桩周土基本达到饱和状态，自重湿陷性基本消除，自重湿陷已充分发生；35 m 以下桩周土呈天然状态，土层仍具自重湿陷性。

(3) A3 桩侧 27 m 以上桩周土含水量较大，接近饱和状态，土体自重湿陷性基本消除，自重湿陷性发生较充分；27 m 以下桩周土呈天然状态，部分具自重湿陷性。因此，扣除相应极限侧阻力、桩侧负摩阻力的单桩承载力计算结果见表 4-29。

表 4-29　单桩竖向极限承载力成果

试验桩号	试验单桩竖向极限承载力 Q_a(kN)	浸水后湿陷界限(m)	单桩竖向承载力极限值 Q_u(kN)
A1	5 000	35	4 000
A2	6 000	35	4 800
A3	8 000	27	5 000

依《建筑桩基技术规范》(JGJ 94—2008)计算的极限承载力平均值及各桩承载力极限值与极限承载力比值如下：

极限承载力平均值 $Q_{um} = Q_{ui}/3 = 4\ 600$ kN

$$\alpha_{A1} = Q_{uA1}/Q_{um} = 0.87$$
$$\alpha_{A2} = Q_{uA2}/Q_{um} = 1.04$$
$$\alpha_{A3} = Q_{uA3}/Q_{um} = 1.09$$

标准差 $S_n = 0.115 \leqslant 0.15$。

基于安全考虑，单桩竖向极限承载力标准值 $Q_{uk} = Q_{um} = 4\ 600$ kN，单桩竖向承载力特征值 $R_a = Q_u/2 = 2\ 300$ kN。

(九) 结论及建议

(1) 桩周土在浸水状态下，单桩极限承载力标准值 $Q_A = 4\ 600$ kN，单桩竖向承载力特征

值 $R=2\ 300$ kN，试验结果对局部浸水场地具代表性。

（2）在本试验场地工程地质条件下，在已经考虑负摩阻力作用下，桩周土在浸水状态时，干作业人工挖孔灌注桩桩端卵石层极限端阻力标准值 $q_{pk}=3\ 000$ kPa。

（3）建议桩端进入持力层（卵石层）的深度不小于 1 倍桩径。

四、《建筑桩基技术规范》（JGJ 94—2008）有效应力法

（一）前言

自重湿陷性黄土地区地基土浸水湿陷后，桩侧表面可能产生负摩阻力，依《建筑桩基技术规范》（JGJ 94—2008）有效应力法计算单桩轴向承载力。对于穿过自重湿陷性土层（含松散填土、欠固结软弱土、液化土等负摩阻力土层）作用到持力层上的桩，桩周地层与桩都发生沉降，当桩到达一定深度后，桩侧土与桩之间不再发生相对位移，即桩的下沉量和地基沉降量相等，这时负摩阻力为零，负摩阻力过渡到正摩阻力时，存在一摩阻力为零的断面，称该断面为中性点（见图 4-18）。

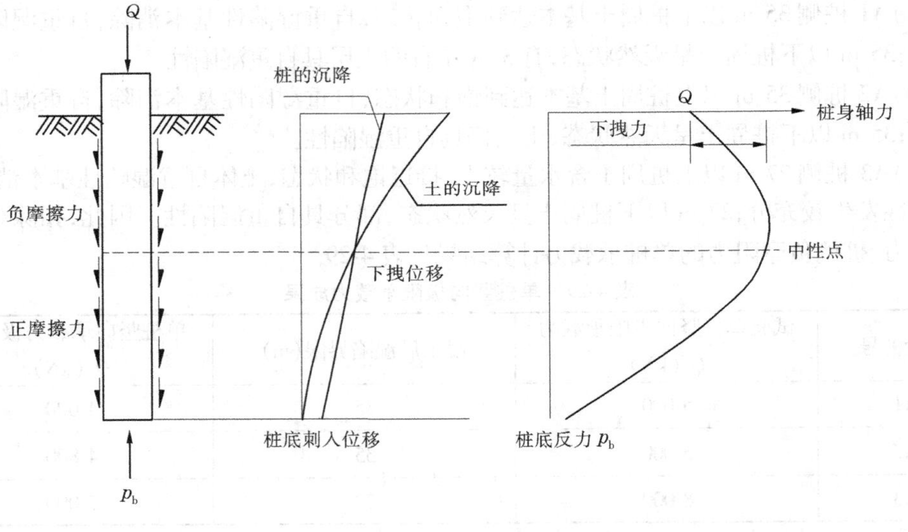

图 4-18　桩基负摩阻示意

（二）负摩阻力对桩基承载力和沉降的影响

桩周土自重湿陷沉降可能引起桩侧负摩阻力时，应根据工程具体情况考虑负摩阻力对桩基承载力和沉降的影响；当缺乏可参照的工程经验时，可按《建筑桩基技术规范》（JGJ 94—2008）以下公式验算。

（1）对于摩擦型基桩可取桩身计算中性点以上侧阻力为零，并可按下式验算基桩承载力：

$$N_k \leqslant R_a$$

（2）对于端承型基柱除应满足上式要求外，尚应考虑负摩阻力引起基柱的下拉荷载 Q_g^n，并可按下式验算基桩承载力：

$$N_k + Q_g^n \leqslant R_a$$

(3)当土层不均匀或建筑物对不均匀沉降较敏感时,尚应将负摩阻力引起的下拉荷载 Q_g^n 计入附加荷载验算桩基沉降。

注:基桩的竖向承载力特征值 R_a 只计中性点以下部分侧阻值及端阻值。

(三)桩侧负摩阻力及其引起的下拉荷载计算

柱侧负摩阻力及其引起的下拉荷载计算,当无实测资料时可按《建筑桩基技术规范》(JGJ 94—2008)以下公式计算。

(1)中性点以上单桩桩周第 i 层土负摩阻力标准值,可按下列公式计算:

$$q_{si}^n = \xi_{ni}\sigma_i' \tag{4-1}$$

当填土、自重湿陷性黄土湿陷、欠固结土层产生固结和地下水降低时:

$$\sigma_i' = \sigma_{\gamma i}'$$

当地面分布大面积荷载时:

$$\sigma_i' = p + \sigma_{\gamma i}'$$

$$\sigma_{\gamma i}' = \sum_{m=1}^{i-1}\gamma_m\Delta z_m + \frac{1}{2}\gamma_i\Delta z_i \tag{4-2}$$

式中　q_{si}^n——第 i 层土桩侧负摩阻力标准值,当按式(4-1)计算值大于正摩阻力标准值时,取正摩阻力标准值进行设计;

ξ_{ni}——桩周第 i 层土负摩阻力系数,可按表 4-30 取值;

$\sigma_{\gamma i}'$——由土自重引起的桩周第 i 层土平均竖向有效应力,桩群外围桩自地面算起,桩群内部桩自承台底算起;

σ_i'——桩周第 i 层土平均竖向有效应力;

γ_i、γ_m——第 i 层土和其上第 m 层土的重度,地下水位以下取浮重度;

Δz_i、Δz_m——第 i 层土、第 m 层土的厚度;

p——地面均布荷载。

表 4-30　负摩阻力系数 ξ_n

土类	ξ_n
饱和软土	0. 15 ~0. 25
黏性土、粉土	0. 25 ~0. 40
砂土	0. 35 ~0. 50
自重湿陷性黄土	0. 20 ~0. 35

注:1　在同一类土中,对于挤土桩,取表中较大值,对于非挤土桩,取表中较小值;

2　填土按其组成取表中同类土的较大值。

(2)考虑群桩效应的桩基下拉荷载可按下式计算:

$$Q_g^n = \eta_n \cdot u\sum_{i=1}^{n} q_{si}^n l_i \tag{4-3}$$

$$\eta_n = s_{ax} \cdot s_{ay} / \left[\pi d\left(\frac{q_s^n}{\gamma_m} + \frac{d}{4}\right)\right] \tag{4-4}$$

式中　n——中性点以上土层数;

l_i——中性点以上第 i 土层的厚度；

η_n——负摩阻力群桩效应系数；

s_{ax}、s_{ay}——纵、横向桩的中心桩；

q_s^n——中性点以上桩周土层厚度加权平均负摩阻力标准值；

γ_m——中性点以上桩周土层厚度加权平均重度（地下水位以下取浮重度）。

对于单桩基础或按式(4-4)计算的群桩效应系数 $\eta_n > 1$ 时，取 η 等$_n = 1$。

(四)中性点深度确定

中性点深度 l_n 应按桩周土层沉降与桩沉降相等的条件计算确定，也可参照《建筑桩基技术规范》(JGJ 94—2008)(见表4-31)确定。

表4-31 中性点深度 l_n

持力层性质	黏性土、粉土	中密以上砂	砾石、卵石	基岩
中性点深度比 l_n/l_0	0.5～0.6	0.7～0.8	0.9	1.0

注：① l_n、l_0——自桩顶算起的中性点深度和桩周软弱土层下限深度；

② 桩穿过自重湿陷性黄土层时，可按表列值增大10%(持力层为基岩除外)；

③当桩周土层固结与桩基沉降同时完成时，取 $l_n = 0$；

④当桩周土层计算沉降量小于20 mm时，应按表列值乘以0.4～0.8折减。

附录一 《湿陷性黄土地区建筑标准》(GB 50025—2018)预浸水法有关规定

6.5.1 预浸水法宜用于处理自重湿陷性黄土层厚度大于10 m、自重湿陷量的计算值不小于500 mm的场地。浸水前宜通过现场试坑浸水试验确定浸水时间、耗水量和湿陷量等。

6.5.2 预浸水法处理地基应符合下列规定：

1 浸水坑边缘至既有建筑物的距离不宜小于50 m，并应评估浸水对附近建筑物、市政设施及场地边坡稳定性的影响，根据评估结果确定应采取的预防措施。

2 浸水坑的边长不得小于湿陷性黄土层的厚度，当浸水坑的面积较大时，可分段浸水。

3 当需要加快自重湿陷发生速度时，宜在浸水坑内打渗水孔，孔间距不宜大于3 m，深浅孔宜相间布置。

4 浸水坑内的水头高度不宜小于300 mm，浸水应连续，停止浸水时间应以湿陷变形稳定为准。湿陷变形稳定标准为最后5天的平均湿陷量小于1 mm/d，当处理湿陷性黄土层的厚度大于20 m时，沉降稳定标准为最后5天的平均湿陷量小于2 mm/d。

5 停止浸水后还应进行排水固结沉降观测，沉降稳定标准为最后5天的平均湿陷量小于1 mm/d。

6.5.3 地基预浸水结束后，基础施工前应进行补充勘察，重新评定地基土的湿陷性，并应采用垫层或其他处理方法处理上部未消除湿陷性的黄土层。

附录二　《湿陷性黄土地区建筑标准》(GB 50025—2018)附录 G 单桩竖向静载荷浸水试验要点

G.0.1　本试验要点适用于测试浸水条件下桩侧负摩阻力、中性点深度及桩周土饱和状态下单桩承载力。

G.0.2　试验浸水坑应符合下列规定：

1　浸水坑的平面尺寸(边长或直径)：仅测定桩周土饱和状态下的单桩竖向承载力时，不宜小于 5 m；测定桩侧负摩阻力和中性点深度时，不宜小于自重湿陷性黄土层的深度，并不应小于 10 m。

2　试坑深度不宜小于 500 mm，坑底面应铺 100 ~ 150 mm 厚度的砂、石，在浸水期间，坑内水头高度不宜小于 300 mm。

3　可在试坑底面布置一定数量及深度的渗水孔，孔内应填满砂砾。

G.0.3　单桩竖向承载力静载荷浸水试验方法，可选择先湿法或后湿法。

G.0.4　先湿法进行单桩竖向承载力静载荷浸水试验，应符合下列规定：

1　加载前向试坑内浸水，连续浸水时间不宜少于 10 d。过程中应记录桩顶沉降量，记录间隔时间不宜大于 6 h。

2　桩周湿陷性黄土层达到饱和，且桩顶沉降稳定后，在继续浸水条件下对桩顶分级加载至极限荷载或设计荷载的 2 倍。

G.0.5　后湿法进行单桩竖向承载力静载荷浸水试验，应符合下列规定：

1　应在试坑浸水前，对桩分级加压至设计荷载。

2　在设计荷载下沉降稳定后，维持桩顶荷载不变，向试坑内浸水，连续浸水时间不宜少于 10 d。过程中应记录桩顶附加沉降量，记录间隔时间不宜大于 6 h。

3　桩周湿陷性黄土层达到饱和，且桩顶附加沉降稳定后，在继续浸水条件下对桩顶分级加载至极限荷载或设计荷载的 2 倍。

G.0.6　桩侧负摩阻力和中性点深度测试，应符合下列规定：

1　宜在浸水试坑内设置观测自重湿陷的浅标点和深标点，实测自重湿陷下限深度；

2　预估的中性点深度附近应埋设有桩身内力测试元件，当中性点深度难以预测时，桩身内力测试元件宜加密埋设，或采用线测法进行内力测试；

3　先湿法桩顶无荷载或后湿法桩顶维持设计荷载，试坑浸水期间，在桩侧负摩阻力值和中性点深度稳定后应暂时停止注水，继续测试负摩阻力和中性点深度不少于 10 d，负摩阻力和中性点深度不再变化后，重新注水，继续对桩分级加载；

4　取试验过程中下拉荷载最大时对应的负摩阻力值和中性点深度作为实测值。

G.0.7　基准桩或沉降观测基准点应设在浸水影响范围外。试桩和锚桩设置、开始试验时间、试验装置、量测沉降用的仪表、分级加载额定量，加、卸载的沉降观测和单桩竖向承载力的确定等要求，应符合现行国家标准《建筑地基基础设计规范》GB 50007 的有关规定。桩顶附加沉降量的观测精度不应低于 0.1 mm。

第五章　采空区

第一节　基本认识

一、采空区类型

广义采空区是指地下固体矿床开采的空间，及其围岩失稳而产生位移、开裂、破碎垮落，直至发展到地表所引起的岩层和地表变形的范围。狭义的采空区仅是指地下开采后的空间。河南省公路建设中遇到的采空区以煤矿采空区居多，本章主要以煤矿采空区论述为主。公路采空区场地类型划分见表 5-1，采空区覆岩破坏类型可分为五类，见表 5-2，示意见图 5-1。

表 5-1　公路采空区场地类型划分

分类依据	采空区场地类型及划分标准		
开采时间	老采空区	新采空区	未来(准)采区
开采方式	长壁式开采(含分层开采)	柱式开采(含条带式)	巷式开采
开采深度	浅埋(H<50 m)	中深(50 m≤H≤200 m)	深埋(200 m<H)
矿层倾角	缓倾斜(α<15°)	倾斜(15°≤α≤55°)	急倾斜(55°<α)
采动程度	非充分采动	充分采动	超充分采动

表 5-2　覆岩破坏类型

序号	覆岩类型	垮落类型	变形特征
1	覆岩全部为可垮落岩层，一般以软岩—较硬岩为主	三带型	覆岩破坏可分为垮落带、断裂带和弯曲带；当垮落带和断裂带未达到地表时，地表应为连续性变形；当垮落带和断裂带能达到地表时，地表应为非连续性变形
2	矿层以上某一高度存在一定厚度的坚硬岩层	拱冒型	长壁式开采时，随着采空区的扩大，坚硬岩层以下的岩层发生拱形垮落，垮落达到坚硬岩层时可形成悬顶；围岩可形成“自然拱”或无支撑“砌体拱”“板拱”；近矿层顶板岩层受到破坏，远离顶板的岩层不受破坏，地表只产生微小下沉
3	全部为坚硬覆岩	弯曲型	条带法开采或刀柱法开采时，坚硬岩层可形成悬顶，矿柱面积宜占 30%～35%，覆岩应不发生垮落破坏，地表变形最大值一般不超过矿层采高的 5%～15%

续表 5-2

序号	覆岩类型	垮落类型	变形特征
4	全部为坚硬覆岩	切冒型	开采深度较小、矿柱面积小于 30%～35% 且坚硬岩层未形成悬顶时，矿柱不应形成稳定支座；地表突然陷落，地表裂缝应直通采空区，地表会形成“断陷”式盆地
5	全部覆岩为极软弱的急倾斜岩层或土层	抽冒型	当开采深度较小或接近冲积层开采时，覆岩变形不应形成悬顶，采空区内无垮落矸石支撑时，覆岩会发生“抽冒型”破坏；地面形成漏斗状陷坑

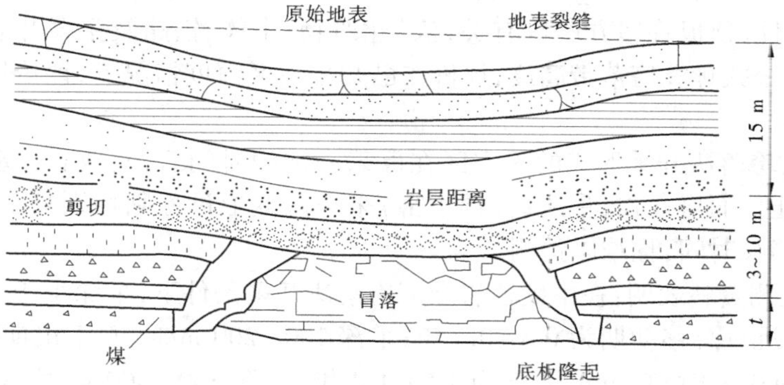

(a)水平缓倾斜矿层采动塌陷示意

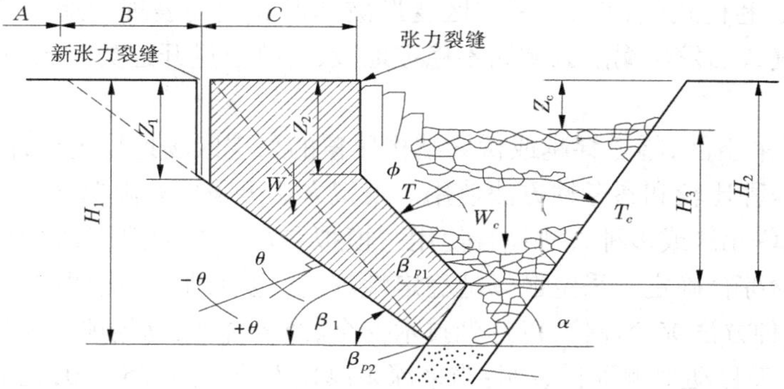

(b)急倾斜矿层采动塌陷示意

图 5-1　矿层采动塌陷示意

二、有关采空区场地稳定性评价认识

(1)地表、道路、建筑物的变形调查资料和地表监测资料，是评价采空区场地稳定性最直观性的重要方法。

(2)采深采厚比、回采率、停采时间、开采方式及顶板管理方法及上覆岩性等资料是评价采空区场地稳定性的重要相关资料。

(3)概率积分法适用于长壁垮落式开采,其准确性在很大程度上取决于计算参数的合理选取,而其选取是借鉴诸多大型煤矿现场观测和分析积累的相应经验参数,并应经实测资料的充分论证。除此,概率积分法计算地表移动与变形有5种不同模式,在实际应用中需对照所评价的采空区特点正确选用计算模式。然而在实际工作中往往难以收集到矿方有效、真实可靠的地质条件、矿床赋存、覆岩性质、开采时限、采矿方式及顶板管理方式等重要资料,勘探精度也难以对上述与稳定性评价有关的评价因子做到全面验证。对此认为:概率积分法估算的地表移动变形值不能作为采空区场地稳定性等级评价的唯一标准,应综合地形、地面道路及建筑物的变形调查和监测等多种方法。

(4)覆岩破坏高度与建设工程影响深度评价。煤层开采后,一般上覆岩层形成垮落带、断裂带、弯曲带(俗称"三带")。垮落带的发育高度,主要与开采煤层的厚度、倾角、开采尺寸、覆岩岩性、顶板管理方法等有关,依《建筑物、水体、铁路及主要井巷煤柱留设与压煤开采规范》公式计算垮落带高度,评价在已知采空区深度情况下,评价垮落带对工程的安全性影响。

(5)长壁式垮落法开采形成的采空区在停采一定的时间后,其地表移动变形过程即将逐渐趋于终止。而房柱式、巷柱式(含小窑)采空区变形过程则特别复杂,地表移动变形通常持续相当长时间,且难以预测。

(6)大量观测资料表明:在中硬覆岩全部垮落法开采条件下,采深小于100 m的采空区,地表最大下沉点总移动期为0.3~0.5年;采深100~200 m时,总下沉期限为0.5~1.0年;采深200~300 m时,总下沉期限为1.0~1.2年;采深300~400 m时,总下沉期限为1.2~1.5年;采深400~500 m时,总下沉期限为1.5~2.0年。

(7)房柱式、巷柱式(含小窑)采空区变形破坏形式主要表现为地表裂缝、塌陷等,通常存在地表裂缝或已发生塌陷区域属不稳定地段,公路应避开这类区域,并保持一定的安全距离。

(8)对多层采空区,隧道穿越或桥梁结构压覆的采空区场地稳定性评价问题,数值模拟计算可作为一种比较和参考性方法使用。模拟方法可采用有限单元法、有限差分法、离散单元法、边界单元法或多种方法耦合使用。模拟参数指标的选用,宜根据测试成果、反分析和地区经验综合确定。采空区场地稳定性评价,也可结合实际采空区地质情况和技术要求,采用各种方法综合评价,以达到技术安全、经济合理,满足项目建设需求的目标。

(9)大量地表移动观测资料表明:当采深采厚比 h/m 大于25~30,无地质构造破坏和采用长壁垮落正规开采方式时的采空区场地,地表不出现大的裂缝和塌陷坑,即使出现连续的有规律的地表移动和变形,对路基工程也无大的影响。当采深采厚比 h/m 小于25~30,或虽大于25~30,但地表覆盖层很薄,或采用非正规开采及上覆岩层受构造破坏时的采空区场地,地表将出现大的裂缝和陷坑,即出现非连续地表移动和变形,应考虑到对公路的影响。

在开采数个煤层或厚煤层的数个分层时,要避免整个煤层或分层开采边界叠加的影响。否则,虽然单个煤层或分层开采的采深采厚比很大,地表可能出现连续地表移动和变形,但在边界上方的地表将出现非连续地表移动和变形。

第二节　工程地质勘察方法

一、资料收集及工程地质调绘

(一)资料收集

(1)地质资料:包括区域地质勘察报告、区域水文地质报告、项目压覆资源报告和地质灾害评估报告及相应的图纸资料。反映矿产赋存特征的矿体勘探报告及相关图纸资料。矿企生产中掌握的与采空区场地评价密切相关的技术资料。

(2)采矿资料:具体包括采掘工程平面图、井上下对照图、采区平面布置图、矿产开采规划图,以及相关的文字资料。

(3)采动资料:采空区的覆岩破坏和地表移动变形调绘和观测资料,采动引起的地质灾害防治工程的勘察设计及施工技术资料。

(4)建筑经验:收集拟建采空区场地已有工程的处置、设计、施工和修复等技术资料。

(二)工程地质调绘

公路采空区工程地质调绘包括工程地质调查、采矿情况调查、变形观测、地表及地面建筑和道路变形情况调查、采空区稳定性程度调查及井下测量工作等。具体的调查内容可参考表5-3~表5-6。

表5-3　采空区工程地质条件调查内容一览表

地形地貌	岩土性质	地质结构	水文地质	不良地质现象
1.地形特点、地貌单元; 2.可能因地表变形失稳的边坡; 3.由地表变形导致的微地貌特征,大面积塌陷洼地、裂缝等; 4.通过地形地貌特征识别滑坡、泥石流、岩溶等物理地质现象	1.采空区岩、土类型及性质; 2.采空区顶、底板岩性; 3.软弱岩、土层分布情况; 4.上部地层受地表变形扰动情况; 5.新近堆积物分布情况	1.地层结构、推断的地层剖面; 2.矿层类型、埋深、厚度、产状、平面分布; 3.采空区顶板硬层与软层组合关系、分层厚度、产状、第四系地层厚度; 4.岩层产状、节理、裂隙发育程度、性质等; 5.断层性质、类型、产状、破碎带宽度及其与空洞的关系	1.地下水埋藏条件; 2.水位变化规律及变化幅度; 3.地下水流向、流速、流量、水力梯度; 4.地下水类型及补给来源; 5.地表水及下渗情况; 6.透水层、隔水层分布、组合情况与采空区分布的关系	1.地震基本烈度,近期有无地震发生、震级大小、覆盖层厚度及其类型等; 2.滑坡、崩塌、泥石流、岩溶等发育情况及其对公路的危害程度; 3.各种物理地质现象与采空区地表变形的相互关系

表 5-4　采矿调查内容一览表

开采方法	顶板管理方式	开采时间及其他
1.巷道式:巷道分布、主巷道位置、走向,巷道断面形状、尺寸、有无支护; 2.长壁式:平面分布、采高、工作面长度和宽度、开采掘进方向; 3.房柱式:开采顺序、平面分布、采高和房柱尺寸	1.垮落法:垮落后顶板破坏情况; 2.矿柱支撑法:矿柱截面尺寸、分布、垮落区分布; 3.填充法:充填区分布、充填效果	1.开采起始时间、结束时间; 2.各时间区段回采率; 3.开采规模; 4.采空区(空洞)位置、面积; 5.地表变形特征; 6.未来开采计划; 7.开采中发现的地质构造情况
调查方法:1.资料收集;2.走访踏勘		

表 5-5　采空区场地地表变形调查内容一览表

地表变形特征值	地表变形特征及分布规律	地表移动盆地特征(对大面积采空区)
1.最大下沉率; 2.最大倾斜值; 3.最大曲率值; 4.最大水平移动值; 5.最大水平变形值	1.地表(地表及地面建筑和道路)陷坑、台阶和裂缝的形状、宽度、深度、分布规律及趋势; 2.地表变形分布与地质结构(岩层产状、主要节理、断层、软弱层)的关系; 3.地表变形分布与采矿方式(开采边界、工作面推进方向、巷道分布)的关系	1.均匀下沉区; 2.移动区; 3.轻微变形区
调查方法:1.资料收集;2.现场踏勘走访;3.测绘;4.变形观测;5.航卫片解释		

表 5-6　采空区场地已有建筑物调查内容一览表

地表变形特征值(观测或收集观测资料)	地表变形特征及分布规律	地表移动盆地特征(对大面积采空区)
1.地面建(构)筑物地基不均匀下沉情况,不同位置下沉量、相邻柱间差异沉降、局部倾斜值; 2.建(构)筑物裂缝情况,裂缝性质、形态及分布规律,裂缝发育与基础不均匀下沉的关系等,以及变形趋势	1.建(构)筑物类型、整体刚度,对地基变形的适应能力; 2.地基基础解决方式、基础类型、尺寸、埋深,地基处理情况	1.地基持力层承载能力; 2.地基压缩层变形性质; 3.建(构)筑物建成以来地基条件改变情况; 4.基础下与基础外土性差异
调查方法:1.资料收集;2.现场踏勘走访;3.裂缝统计;4.摄影;5.小型坑探		

二、工程物探

采空区场地物探方法的选用应满足相应的地球物理条件，并宜通过现场试验确定物探技术参数。对于单一方法不易判定的采空区，宜采用两种或两种以上的物探方法进行综合解译。可先选择一种物探方法进行大面积扫面，再用第二种方法在异常区加密探测，常用物探方法组合可参考表 5-7 调试选用。

表 5-7　常用物探方法组合推荐

地形情况	地形平坦、较平坦				地形起伏较大
采空区埋深（m）	≤10	10～30	30～100	≥100	
第一种方法	地质雷达法	高密度电法	瞬变电磁法	地震反射波法	瞬变电磁法
第二种方法	高密度电法	瞬变电磁法	地震反射波法	瞬变电磁法	地震反射法
第三种方法	瞬态面波法	瞬态面波法	大地电磁测深法		

三、工程地质钻探

钻探地质描述除应满足常规工程地质描述的要求外，尚应重点描述冲洗液耗损、钻进速度、掉钻情况、地下水位及岩芯采取率等反映采空区“三带”特征的钻探要素。钻探施工要点与技术要求应符合表 5-8 的规定，采空区“三带”的确定宜通过钻探现场描述并辅以测井资料综合确定。

表 5-8　钻探施工要点与技术要求

钻机	钻具	冲洗液	现场技术要求	钻孔编录
根据采空区所处的地形和埋深合理选用钻机，必要时可采用地锚加固钻架	1.完整地层可用普通单管钻具钻进。 2.软硬互层、破碎松散地层宜采用压卡式单动双管钻具钻进。 3.坚硬岩层宜采用喷射式反循环钻具钻进	1.为了统计地层耗水量、冲洗液消耗量，一般采用清水钻进，为治理时的注浆量确定提供直接的参考依据。 2.黄土地层可采用无冲洗液钻进。 3.冲洗液和护壁堵漏材料可结合实际情况，参考《建筑工程地质勘探与取样技术规范》（JGJ/T 87—2012）相关规定选用	1.地下水位，标志地层界面及采空区顶底板测量误差应控制在±0.05 m以内。 2.取芯钻进回次进尺应限制在 2 m 以内。 3.除原位测试及有特殊要求的钻孔外，一般钻孔均应全孔取芯，坚硬完整岩层取芯率不低于 85%，强风化岩石不低于 50%。 4.注意观测地下水位并进行简易水文地质观测。 5.孔斜每百米宜小于1°	1.现场记录应及时、准确、按回次进行，不得事后追记。 2.描述内容要规范、完整、清晰。 3.钻孔记录和岩芯编录，应由专业技术人员承担

岩石坚硬程度、风化程度和岩体完整性程度的划分按《公路工程地质勘察规范》(JTGC 20—2011)执行。岩芯描述应重点以三带岩层为主,并按表5-9进行详细编录。

表5-9　采空区钻探现场描述要点与采动三带判定依据

弯曲带判定依据	断裂带判定依据	垮落带判定依据
1.全孔返水; 2.无耗水量或耗水量小; 3.取芯率大于75%; 4.进尺平稳; 5.岩芯完整,无漏水现象	1.突然严重漏水或漏水量显著增加; 2.钻孔水位明显下降; 3.岩芯有纵向裂纹或陡倾角裂缝; 4.钻孔有轻微吸风现象; 5.孔口有瓦斯等有害气体上涌; 6.岩芯采取率小于75%	1.突然掉钻; 2.埋钻、卡钻事故频发; 3.孔口水位突然消失; 4.孔口吸风; 5.钻探进尺特别快; 6.岩芯破碎混杂,有岩粉、淤泥、矿渣、坑木、砖瓦片等; 7.瓦斯等有害气体上涌

四、变形监测

采空区变形监测项目包括地表水平位移、地表下沉、深部位移、建筑物变形及裂缝监测等,监测方案设计中可结合开采深度、开采方式、地层分布、地表采动特征和工程建设需要等确定监测项目。采空区变形监测宜从初勘阶段开始,必要时可与后期的采空区治理监测、建筑物施工监测和运营监测相衔接,监测期应能控制变形发展趋势至变形稳定。

第三节　各勘察阶段要求

一、工程可行性研究阶段

该阶段以收集资料和采空区专项调查及工程地质调绘为主的勘察方法,其内容为公路建设范围内的地质条件、矿产分布、采掘情况及其引发地表和建筑物的变形情况和趋势、压覆资源情况等。调查范围沿路线方向长度应为下伏采空区及其变形影响范围,宽度为公路中线两侧各不小于1 000 m。

通过上述勘察,应初步查明公路建设范围内的地质条件,矿产分布,采掘情况及其引发地表、道路和建筑物的变形情况、压覆资源情况,以上述勘察成果,综合分析采空区类型、采深采厚比、开采方式与顶板管理方法、开采时间与闭矿时间等因素。并采用开采条件判别法,按《采空区公路设计与施工技术细则》(JTG/T D31-03—2011)4.2条有关规定,对采空区场地的稳定性,做出定性的初步评价。有工作经验的地区也可采用类比法。并论证拟建公路采空区和矿产资源的分布特征及其对公路工程的影响,为路线走廊带及其方案的比选提供依据。该阶段勘察成果应有文字说明及必要的图表资料。

二、初步设计初步勘察阶段

在工程可行性研究阶段勘察基础上,应进一步收集地质、采矿资料及补充对采空区专项调查和工程地质调绘工作，并开始建立地面变形观测系统。勘探方法以工程物探为主，辅以适量钻探工作。勘察范围沿路线长度应为压覆采空区的影响范围，宽度为公路中线两侧各不小于 500 m，并结合路基的挖深、填高、采空区埋深及其移动角的影响。勘探深度应大于采空区埋深。

该阶段应强调进一步补充对采空区引起的地表变形特征、范围、规模及地裂缝、塌陷、房屋及道路裂缝等进行调查，开始建立观测系统。

本阶段采空区变形观测要求，应按《采空区公路设计与施工技术细则》(JTG/T D31-03—2011)3.3.3 条第 6 款规定。

工程物探是本阶段的主要勘探方法，应根据采空区要素特征，并结合项目区地形、地质条件，按《采空区公路设计与施工技术细则》(JTG/T D31-03—2011)表 3.2.4 选用。地面物探测线宜平行路线布置，每个测区内不应少于 3 条测线，路线中线应有一条测线。测线有效长度不应小于采空区长度，宽度应根据采空区埋深确定，解译深度应达到采空区以下 30~50 m；物探线距及物探点距，应按《采空区公路设计与施工技术细则》(JTG/T D31-03—2011)表 3.3.3-1 规定，地面物探应结合钻探成果进行二次解译；测点精度应满足 1∶1 000~1∶2 000 平面图要求；孔内物探宜采用综合测井、跨孔物探、孔内电视等方法；对于初勘阶段新采和复采的采空区，应补充物探工作量。

钻孔位置布置、深度及数量和钻探技术要求，应按《采空区公路设计与施工技术细则》(JTG/T D31-03—2011)3.3.3 条第 8、9、10 款规定；采空区采动三带的确定，宜通过钻探、孔内异常、岩芯特点、抽风试验并辅以测井资料，按《采空区公路设计与施工技术细则》(JTG/T D31-03—2011)表 3.2.5-2 规定进行判断。

评价要求：在工程可行性研究基础上，通过上述勘察工作，结合公路等级、公路工程类型，对不同类型采空区的稳定性进行定性和定量评价，为路线方案比选、采空区处置方案选择及处置设计提供初步依据。

对新、老采空区应在已查明采空区的分布范围、埋深、采厚、开采方式等要素基础上，计算地表剩余变形量，评价上覆岩层稳定性；对准采空区，应按一般预计方法预测地表移动规律，计算地表移动变形值，按评价标准评价其稳定性；对新、老采空区及准采空区，采用地表变形观测法预测其稳定性也是可靠方法。

三、施工图设计详细勘察阶段

在初勘基础上，以钻探方法为主，辅以必要的物探补充，进一步重点核实调查资料和物探成果。查明采空区的影响长度、采矿层数、埋深、采厚、顶板岩性、开采时限、开采方式、回采率、顶板管理办法、采动三带分布、水文地质条件等，并按周期持续对地表变形进行观测，取得与采空区有关的基本要素特征。定量评价采空区场地稳定性及其对公路的危害程度，为采空区处置设计、确定施工方法提供依据。

勘察范围沿路线长度应为压覆采空区的影响范围，宽度应根据初勘阶段确定的采空区影响宽度，并考虑新采和复采的影响。勘探深度应达到采空区底板以下 3 m，且应满足构造物孔深要求。

钻探应在初勘基础上结合工程类型和规模布置。采空区桥梁钻孔应逐墩台布孔；隧道、路基钻孔数量按《采空区公路设计与施工技术细则》(JTG/T D31-03—2011)表 3.3.3-2 确定。

采空区场地稳定性评价以定量评价为主,定性为辅。针对采空区的特殊性和复杂性,结合公路工程类型,采用地表移动变形预计法(概率积分法)、地表变形观测法及数值模拟法等多种方法进行综合分析对比,计算地表剩余变形量及变形速率,评价采空区场地稳定性及工程建设的适宜性。

采空区属于隐蔽、复杂、地表变形范围大、容易引发地质灾害的不良地质场地,对地面建筑物和公路的危害性大。因而,采空区处置难度大,处置费用高,该阶段应论证绕避或以路基形式通过的可行性。

第四节 采空区场地稳定性评价

一、采空区场地稳定性评价等级及评价因子

(一)采空区场地稳定性评价等级

采空区场地稳定性评价标准,应根据采空区地表移动变形量、采空区停采时间及其对公路工程可能造成的危险程度,划分为稳定、基本稳定、欠稳定、不稳定四个等级。

(二)采空区场地稳定性评价因子

公路下伏采空区场地应进行稳定性与适宜性评价。对采空区场地的评价,应通过勘察掌握建筑场地评价因子的主要特征,并在采空区类型划分的基础上进行。采空区稳定性评价可分为场地稳定性评价和地基稳定性评价两部分。评价应综合考虑矿层开采方法、顶板管理方式、开采时间,以及采空区类型、范围、埋深、采深采厚比和覆岩特征及地表变形情况等因素,针对性地选用评价标准和评价方法。

应在不同类型采空区场地稳定性评价基础上,根据公路工程路基路面、桥涵、隧道和支挡结构的重要性等级及其可承受地表变形的限度,分析采空区地表变形对公路工程的安全影响及危害程度,综合评价采空区场地公路工程建设的适宜性。表 5-10、表 5-11 给出了评价的主要因子。

表 5-10 采空区场地条件评价因子

场地条件评价因子		采空区类型			
		长壁综采	条带开采	柱式开采	巷式开采
地质条件	地形地貌	++	++	++	++
	上覆岩性及力学性质	++	++	++	++
	矿层倾角	++	++	+	+
	地质构造	++	++	++	++
	水文地质	+	++	++	++
	矿层埋深(采深)	+	++	++	++

续表 5-10

场地条件评价因子		采空区类型			
		长壁综采	条带开采	柱式开采	巷式开采
采矿条件	开采及顶板管理方式；采深采厚比；采深采宽比	++	+	+	+
	矿（岩）柱稳定性；矿（岩）壁稳定性	+	++	++	++
	冒落带密实（充水）程度	+	++	++	++
	终采时间	++	+	+	+
采动条件	地表非连续变形特征	+	++	++	++
	地表剩余变形量	++	+	+	+
	三带发育特征	++	+	+	+
	活化因素	++	++	++	++

注："++"表示应作为主要评价因子；"+"表示可作为辅助评价因子。

表 5-11　采空区场地评价因子

场地评价因子	采空区类型			
	长壁综采	条带开采	柱式开采	巷式开采
采空区场地稳定性等级	++	++	++	++
建筑物安全性等级	++	++	++	++
建筑物抗变形能力	++	++	++	++
采掘动态与规划的安全影响	+	+	+	+
运营期保通维护技术难度	+	+	+	+

注："++"表示应作为主要评价因子；"+"表示可作为辅助评价因子。建筑物一般指隧道、桥涵、支挡结构、路基路面等，不同建筑物安全等级与抗变形能力是不同的。

二、采空区场地稳定性评价方法及各勘察阶段的适用方法

（一）评价方法

评价方法可结合采空区类型，依据表 5-12 结合不同勘察阶段技术要求恰当选用。

表 5-12 采空区场地稳定性评价方法

评价方法	采空区类型			
	长壁综采	条带开采	柱式开采	巷式开采
依据停采时间评价	++	+	+	+
依据预计的剩余变形量评价	++	+	+	+
依据地表、道路、建筑物变形及沉降观测评价	++	++	++	++
依据地质条件定性评价	++	++	++	++
依据稳定系数 F_S 评价	+	++	++	++
数值模拟法计算评价	++	++	++	++
各种方法综合评价	++	++	++	++

注:"++"表示可以作为主要评价方法;"+"表示可作为辅助评价方法。

(二)各勘察阶段的适用方法

1.工可勘察阶段

应综合分析采空区类型、开采方式及顶板管理方法、采深采厚比、停采时间、地表变形特征及趋势、顶板岩性及覆盖层厚度等因素,采用开采条件判别法对采空区场地稳定性进行初步评价。

2.初步勘察阶段

采空区场地稳定性评价应在工可勘察初判的基础上,预计采空区地表剩余变形量,并结合地表移动变形观测资料,应用开采条件判别、极限平衡分析、矿(岩)柱稳定分析等方法对场地稳定性进行综合评价。

3.详细勘察阶段

详细勘察阶段应根据采用地表移动变形预计法(概率积分法)、地表移动变形观测结果和验证孔钻探成果,进一步验证、评价采空区场地稳定性。对有重要结构的复杂采空区路段,宜采用数值模拟方法进行评价。

三、采空区公路场地稳定性等级评价标准

采空区公路场地稳定性等级评价标准,应根据采空区地表剩余移动变形量、采空区停采时间、地表变形调查及变形监测、采深采厚比、稳定系数及其对公路工程能造成的危害程度等,确定不同类型采空区公路场地稳定性等级。其评价标准如下:

(1)长壁式垮落法采空区。

长壁式垮落法采空区,地表变形规律性强,可结合工作面停采时间依据表 5-13 进行场地稳定性分级初判,再结合场地剩余变形量的预计值和地表变形监测指标,依据

表 5-14、表 5-15 进行定量判定，修正稳定性分级标准。

表 5-13　按停采时间确定长壁式采空区场地稳定性等级评价标准

稳定等级	场地影响范围内工作面停采时间(a)		
	软弱覆岩	中硬覆岩	坚硬覆岩
稳定	≥2.0	≥3.0	≥4.0
基本稳定	1.0~2.0	2.0~3.0	3.0~4.0
欠稳定	0.5~1.0	1.0~2.0	2.0~3.0
不稳定	≤0.5	≤1.0	≤2.0

表 5-14　按地表剩余变形值确定长壁式采空区场地稳定性等级评价标准

稳定等级	地表移动变形值			
	下沉值 W(mm)	倾斜值 i(mm/m)	水平变形值 ε(mm/m)	曲率值 K(mm/m^2)
稳定	≤100	≤3.0	≤2.0	≤0.2
基本稳定	100~200	3.0~6.0	2.0~4.0	0.2~0.4
欠稳定	200~400	6.0~10.0	4.0~6.0	0.4~0.6
不稳定	≥400	≥10.0	≥6.0	≥0.6

注：地表移动变形值为建（构）筑物场地平整后的地表剩余移动变形值。

表 5-15　按地表沉降观测确定长壁式采空区场地稳定性等级评价标准

稳定等级	地表下沉量(mm)				下沉速率 V_w (mm/d)
	1 个月	3 个月	6 个月	12 个月	
稳定	≤5	≤15	≤30	≤60	<1.0
基本稳定	5~10	15~30	30~60	60~120	
欠稳定	10~30	30~60	60~120	120~240	≥1.0
不稳定	≥30	≥60	≥120	≥240	

注：采空区场地稳定~基本稳定类别判定时，地表下沉量与下沉速率应同时满足。

长壁式垮落法采空区场地稳定性等级评价，适用地表移动变形预计法（概率积分法），其特点是长壁式垮落式采空区初始期短和塌陷活跃期来得快，很快趋于衰退稳定，即总移动期时间短（见图 5-2）。图 5-2 中，以 1.7 mm/d 变形速率确定进入衰退期，该变形速率可作为地表变形监测判定采空区是否处于衰退期的指标；总移动时间也可作为判定采空区场地稳定性等级的重要指标，估算多采用下式：

$$T = 2.5H_0$$

式中　T——总移动时间，d；

H_0——平均开采深度，m。

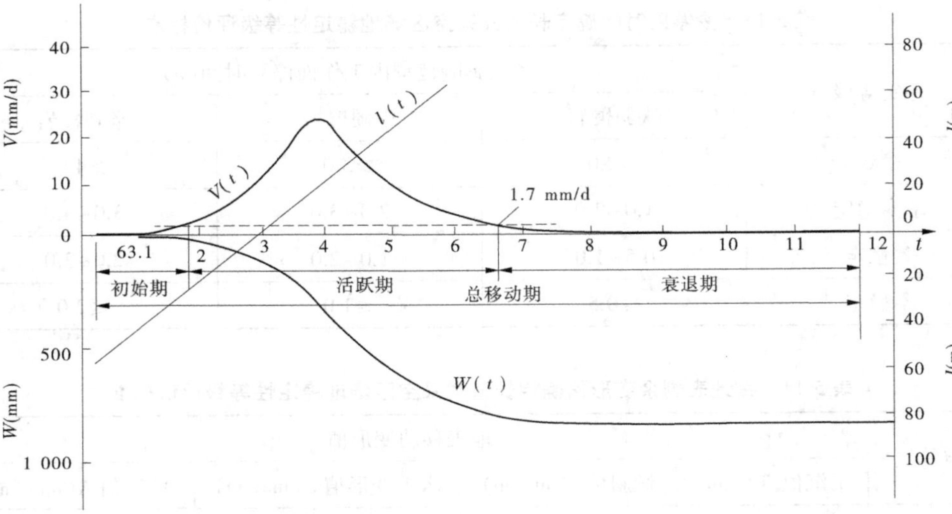

图 5-2　地表移动延续时间的确定方法

【工程实例】　郑州市大学路南延(西南绕城高速至 S323)采空区

该项目在 K22+900~K27+700 的 4.8 km 通过郑煤集团新郑煤电公司赵家寨煤矿，煤层属二叠系二$_1$煤，其产状较平缓，煤层厚 10~16 m。该项目在已完成路面施工待验收后，于 2014 年 9 月矿方突采，在 K24+410~K24+890 段路面发生大幅度突发性塌陷，后于 2014 年 10 月 1 日对该塌陷段进行沉降观测，截至 2015 年 6 月 27 日，共监测 49 次，最大下沉点 K24+600 累计沉降 9.647 m，至 2015 年 6 月 27 日累计沉降已达 11.7 m，已趋于稳定，总移动期按 $T=2.5H_0$ 估算约为 375 天，符合长壁垮落法开采后的突发塌陷活跃期快，并在短时间进入衰退期，即总移动期短的特点，且其地表变形形态为横跨路基呈东西向的塌陷盆地。盆地两侧路面严重开裂变形，最宽达 0.5 m，可作为长壁垮落式采空区地表移动变形的典型实例。

(2)不规则柱式采空区。

不规则柱式采空区地表变形通常持续相当长的时间且难以预测，场地稳定性等级宜结合采深采厚比、上覆岩性，依据表 5-16 综合评定。

表 5-16　不规则柱式采空区场地稳定性等级评价标准

场地稳定等级		稳定	基本稳定	欠稳定	不稳定
采深采厚比 H/M	坚硬覆岩	≥80	80~60	60~40	≤40
	中硬覆岩	≥100	100~80	80~60	≤60
	软弱覆岩	≥120	120~100	100~80	≤80

(3)单一巷道式采空区。

单一巷道式采空区地表变形通常持续相当长的时间(这与长壁垮落法开采的突发塌陷活跃期快,并在短时间进入衰退期,即总移动期短的特点有原则不同),且难以预测,则对该开采型式采空区可采用极限平衡分析法,计算巷道顶板临界深度 H_{cr}(m)及稳定系数 F_S,按表 5-17 进行场地稳定性等级评价。

表 5-17　单一巷道式采空区场地稳定性等级评价标准

稳定系数(F_S)	$F_S \geq 2$	$1.5 \leq F_S < 2$	$1.0 \leq F_S < 1.5$	$F_S < 1.0$
稳定性等级	稳定	基本稳定	欠稳定	不稳定

注:1.$F_S = H_{cr}/H_0$,H_0 为平均开采深度(m),即矿层开采顶面的平均埋深。

2.H_{cr} 计算按《采空区公路设计与施工技术细则》(JTG/T D31-03—2011)式 D.0.5-1 及式 D.0.5-2。

【工程实例】　S233 至 S315 连接线(荥巩界至口头段)新建工程 K7+400~K7+750采空区

拟建线路 K7+400~K7+750 段路堑近东西向,其南侧为东西向黄土梁。该路堑段位于河南宏基煤业有限公司范围内。煤系地层为二叠系,地层较平缓,其产状:倾向 NE15°,倾角 10°。2018 年 10 月 17 日在黄土梁南侧(距路堑南侧坡口 150 m 左右)的三间平房居民院内发现有地面数条近南北向裂缝,宽度 2~5 cm,并从居民院内出现近东西向长约 100 m 裂缝;10 月 20~28 日,该期间通过多次现场调查发现,各方向裂缝每天位移量达到 2 cm;11 月 16 日,裂缝每天位移量急剧增大,最大每天位移量达 5 cm,裂缝宽度发展到 30~150 cm,并在居民房以东发现三条近东西向沉陷带(见图 5-3),其宽度约 2 m,深约 1. 5 m,长约 300 m(距路堑南侧坡口 100 m 左右),且发现南北向细小裂缝已延伸至路堑对面的边坡范围内。特别是三间平房居民的西间全陷落不见(见图 5-4)及路堑南坡平台塌陷加深、加宽,其长约 100 m。据调查综合分析认为:该采空区为单一巷道式采空区场地长裂缝和沉陷带变形典型实例,这与长壁垮落开采形成沉陷盆地变形形态有原则不同,难以判定地表移动变形及地表移动延续时间,其特点是在闭矿时间多年后,仍出现活跃期突发裂缝和沉陷带沉陷变形,且变形形态、强度等具有时空差异,采空区稳定性等级难以预测。依煤层产状较缓,可判定运煤主巷道是南北向,与煤层倾向一致;而采煤巷道是东西向,与煤层走向一致。南北裂缝和三间平房中全部陷落的一间民房即处于该南北主巷道位置;近东西的裂缝及沉陷带和路堑平台沉部位即位于陷采煤巷道位置。

(4)条带式、短壁式、充填式及其他类型采空区,可参照上述相关标准进行场地稳定性等级评价。

(5)按上覆地层与验证孔钻进特征确定采空区场地稳定性等级评价标准(见表 5-18)。

图 5-3　东西向沉陷带

图 5-4　居民三间平房的侧边一间全陷落不见

表 5-18　按上覆地层与验证孔钻进特征确定采空区场地稳定性等级评价标准

评价因子	场地稳定性等级			
	稳定	基本稳定	欠稳定	不稳定
上覆坚硬岩厚度	有厚层状坚硬岩层分布且层厚≥15.0 m	有厚层状坚硬岩层分布且 15.0 m>层厚≥10.0 m	有厚层状坚硬岩层分布且 10.0 m>层厚>5.0 m	无坚硬岩层分布或为薄层或软硬岩层互层状分布
松散层厚度 h(m)	$h>30$ m	15 m$<h\leqslant30$ m	5 m$<h\leqslant15$ m	$h\leqslant5$ m
验证孔钻进特征	密实，钻探过程中不漏水、微量漏水，但返水或间断返水	基本密实，钻探过程中采空区部位有漏水，但进尺平稳，无掉钻发生	存在空洞，钻探过程中采空区部位大量漏水，局部钻进进尺加快现象明显	存在空洞，钻探过程中出现掉钻、孔口串风，钻进不返水

(6)按地表变形形态特征确定采空区场地稳定性等级评价标准，可按表 5-19 确定。

表 5-19　按地表变形形态特征确定采空区场地稳定性等级评价标准

稳定性等级	稳定	基本稳定	欠稳定	不稳定
地表变形形态特征	连续变形	连续变形	非连续变形	非连续变形
	盆地中间区	盆地内边缘区	盆地外边缘区	抽冒型或切冒型
	地面无地裂缝、台阶、塌陷坑	地面倾斜，张裂缝、错台、宽浅洼地不发育，且为缓变形	地面倾斜，张裂缝、小错台、宽浅小型洼地较发育，且为缓变形	地面有塌陷坑、高错台、宽深大形洼地，且为突变形

第五节　采空区场地地基稳定性评价与场地建设适宜性评价

一、采空区场地地基稳定性评价

(1)采空区场地地基基础设计，应分析评价采空区覆岩和顶板稳定性及其对建(构)筑物地基的影响；分析评价采空区地层变形趋势及其对地基基础的安全影响，分析评价地基基础的施工过程与建(构)筑物地基荷载对采空区场地长期稳定性的活化影响。

(2)建(构)筑物地基稳定性，应根据场地稳定性、采空区覆岩垮落状况、工程建设和采空区稳定性的相互影响程度、地基基础设计等级等综合评价。对于先建后采类建(构)筑物、采空区覆岩未完全垮落或存在空洞的先采后建类建(构)筑物场地,应分析采空区是否会引起建(构)筑物地基的非连续变形,以及建(构)筑物附加荷载是否会引起采空区覆岩的垮落、变形。对于先采后建类建(构)筑物,当采空区覆岩完全垮落且充填密实时,可认为垮落断裂带岩体受力;当附加应力影响至垮落断裂带岩体时,应按不均匀地基进行评价。采空区建(构)筑物地基变形计算应包括采空区地表剩余变形值与附加荷载引起的正常地基沉降变形值。

(3)当拟建构筑物基础近旁有采动边坡或临空面时,应验算采动变形的可能。采用桩基工程穿越采空区时,应根据采空区剩余变形值考虑桩侧负摩阻力及水平变形的不利影响。采空区场地的隧道工程建设,应分析隧道开挖支护与采空区地层之间的交互影响关系,并对洞身围岩及进出口坡体长期稳定性有准确评价。

二、采空区场地建设适宜性评价

(一)公路工程结构设计安全等级

公路下伏采空区场地应在稳定性评价基础上进行建设适宜性评价。适宜性评价应综合采空区场地稳定性等级、建筑物安全性等级和抗变形能力、采掘动态与规划的安全影响、运营保通维护成本与技术难度等因素进行。

根据结构破坏后果的严重程度,对公路工程结构设计安全等级划分为三级,各级涵盖的结构物类型如表5-20所示。

表5-20　公路工程结构设计安全等级

安全等级	重要性分级	公路工程主要结构物类型
一级	重要结构	特大桥、大桥、中桥、重要小桥、隧道、高速公路路面
二级	一般结构	小桥、重要涵洞、重要挡土墙、一级公路路面
三级	次要结构	涵洞、挡土墙、防撞护栏、二级公路路面

(二)采空区地基容许变形值

公路下伏采空区场地不同结构物地基容许变形值见《采空区公路设计与施工技术细则》(JTG/T D31-03—2011)表4.2.2(见表5-21),对变形要求严格的复杂桥梁和隧道工程,场地变形指标的控制应满足结构物受力要求。

(三)公路下伏采空区对各类工程的影响程度

公路下伏采空区对各类工程的影响程度评价,应根据采空区场地稳定性等级和公路工程重要程度、变形特性综合分析。表5-22给出了场地稳定性等级对变形要求不同的结构物影响程度的定性分级,勘察设计中需结合具体结构物特征定量分析后参考取用。

表 5-21　公路下伏采空区场地不同结构物地基容许变形值

公路工程类型			地基容许变形指标		
			倾斜值 i(mm/m)	水平变形值 ε(mm/m)	曲率值 K(mm/m^2)
路基	高速、一级公路	高级路面	3.0	2.0	0.2
	二级~四级公路	高级及次高级路面	6.0	4.0	0.3
	简易路面		10.0	6.0	0.6
桥梁	简支结构		3.0	2.0	0.2
	非简支结构		2.0	1.0	0.15
隧道			3.0	2.0	0.2

注:本表不包括对变形要求严格的复杂结构桥梁和隧道工程。

表 5-22　按场地稳定性及工程重要性等级定性分析采空区对工程的影响程度

影响程度	拟建工程重要性程度和变形要求		
	重要结构,变形要求高	一般结构,变形要求一般	次要结构,变形要求低
稳定	中等	中等—小	小
基本稳定	较大—中等	中等	中等—小
欠稳定	较大	较大—中等	中等
不稳定	大	大	大

(四)采空区场地适宜性评价

采空区场地适宜性评价应在场地稳定性评价基础上,关注矿区的采掘动态和生产规划,结合拟建结构物变形特征,对拟建项目建设期和运营期的长期安全影响进行评价,必要时,对其进行专题研究。采空区场地适宜性类型可分为适宜、基本适宜、适宜性差和不适宜,具体见表 5-23。

表 5-23　采空区场地适宜性评价

适宜性级别	分级说明
适宜	采空区垮落裂隙带密实,对拟建工程安全影响小;工程建设对采空区场地稳定性活化影响小;采取一般工程防护措施(限于规划、建筑、结构)可以建设。采空区场地不具有抽排水与回采的进一步采动影响;采空区场地结构物损害后运营维护技术措施简单
基本适宜	采空区垮落裂隙带基本密实,对拟建工程影响较小;工程建设对采空区场地稳定性活化影响较小;采取规划、建筑、结构、地基处理等措施可以控制采空区剩余变形对拟建工程的影响,或虽需进行采空区地基处理,但处理技术难度小、造价低。采空区场地基本不具有抽排水与回采的进一步采动影响;采空区场地结构物损害后运营维护技术措施较简单

续表 5-23

适宜性级别	分级说明
适宜性差	采空区垮落不充分，存在地面发生非连续变形的可能性，工程建设对采空区稳定性影响大或者采空区剩余变形对拟建工程的影响大，需规划、建筑、结构、采空区治理和地基处理等综合设计，处理难度大且造价高。采空区场地一般具有抽排水与回采的进一步采动影响；采空区场地结构物损害后运营维护技术措施实施较困难
不适宜	采空区垮落不充分，地面存在且正在发生非连续变形；工程建设对采空区稳定性影响极大或者采空区剩余变形对拟建工程的影响极大；采空区处理技术难度极大且造价昂贵。项目建成后采空区场地仍然存在抽排水与回采的显著采动影响或拟建项目场地为矿方规划采区；采空区场地结构物损害后果严重，社会影响巨大，实施运营维护措施极困难或不具有技术可行性

第六节　采空区场地公路工程处置原则与处置设计方案

一、处置原则

采空区处置设计，应根据采空区场地稳定性评价结果，结合公路等级及工程类型，其处置原则按《采空区公路设计与施工技术细则》(JTG/T D31－03—2011)表 6.1.4(见表 5-24)进行处置。

表 5-24　采空区处置原则(《采空区公路设计与施工技术细则》表 6.1.4)

工程类别		场地稳定性等级			
		稳定	基本稳定	欠稳定	不稳定
路基	高速公路、一级公路	—	+	++	++
路基	二级及二级以下公路	—	—	+	++
桥梁、隧道		—	++	++	++
砖混结构建筑物		—	+	++	++

注：—不处置；+ 经论证后确定是否处置；++处置。

二、处置设计方案

(一)路基工程

依《采空区公路设计与施工技术细则》(JTG/T D31－03—2011)表 6.1.4，采空区路基工程处置原则为：高速公路、一级公路基本稳定采空区为经论后确定是否处置，欠稳定采空区为处置；二级及二级以下公路基本稳定采空区为不处置，欠稳定采空区为证经论证后确定是否处置。分析认为:上述对路基的处置原则是基于《采空区公路设计与施工技术细则》(JTG/T D31-03—2011)表4.2.2中采空区路基地基容许变形值规定,即直观主要是通车后对不同等级公路技术指标[路面美观、路面等级、路面状况(路面裂缝、错台、凹坑、弯沉值、平整度、行车速度及舒适度等]规定,而非是以是否出现突发性陷坑的非连续变形而发生危及行车安全事故为依据。

采空区处置原则应考虑到路基变形要求同桥、隧及建筑物变形是有大的差别,对路基工程可依不出现突发性陷坑的非连续变形而发生危及行车安全事故为容许承受最大限度为原则。依国内外诸多工程实例,采空区路基(高速公路、一级公路、二级及二级以下公路)的基本稳定、欠稳定等级,其变形形态,不存在突发性陷坑的非连续变形而发生危及行车安全事故问题。

基于上述,对采空区路基(高速公路、一级公路、二级及二级以下公路)的基本稳定、欠稳定等级采空区,可不采用压浆处治,而采用过渡路面方案,并辅以设置采空区过渡路面及限速标牌,待沉降变形稳定后恢复正式路面的处治方案,以降低可观的工程费用。该方案突破了《采空区公路设计与施工技术细则》(JTG/T D31-03—2011)表6.1.4对采空区路基工程处置原则。对此,有必要在业内开展讨论,在今后工程实践中验证,以补充修改《采空区公路设计与施工技术细则》。

过渡路面形式推荐两种结构:其一是简易过渡路面;其二是常规过渡路面。具体采用哪种形式,可酌情考虑公路等级、通车有关技术指标要求、施工条件,以及先做过渡路面后做正式路面的总费用的经济合理性等因素。

1.简易过渡路面结构形式

1)填方路堤

清表→强夯处理并加铺土工格栅→路堤及路床采用符合CBR强度的土料压实(有条件时,可因地制宜优选弃方石料、天然砂砾)→散体碎石下基层和上基层(有条件时,可因地制宜优选弃方石料、天然砂砾)→中粗砂或预制六棱块面层。

2)挖方路基

挖至路床底强夯处理并加铺土工格栅→路床采用符合CBR强度的土料压实(有条件时,可因地制宜优选弃方石料、天然砂砾)→散体碎石下基层和上基层(有条件时,可因地制宜优选弃方石料、天然砂砾)→中粗砂或预制六棱块面层。

2.常规过渡路面结构形式

1)填方路堤

(1)清表→强夯处理并加铺土工格栅→路堤和路床采用符合CBR强度的土料压实(有条件时,可因地制宜优选弃方石料、天然砂砾)→散体碎石下基层(有条件时,可因地制宜优选弃方石料、天然砂砾)→水泥稳定碎石上基层→沥青面层。该结构通常适合于高等级公路通车后一段时间路面美观。

(2)清表→强夯处理并加铺土工格栅→路堤和路床采用符合CBR强度的土料压实(有条件时,可因地制宜优选弃方石料、天然砂砾)→散体碎石下基层和上基层(有条件时,可因地制宜优选弃方石料、天然砂砾)→中粗砂或预制六棱块面层。

2)挖方路基

(1)挖至路床底强夯处理并加铺土工格栅→路床采用符合CBR强度的土料压实(有条件时,可因地制宜优选弃方石料、天然砂砾)→散体碎石下基层(有条件时,可因地制宜优选弃方石料、天然砂砾)→水泥稳定碎石上基层→沥青面层。

(2)挖至路床底强夯处理并加铺土工格栅→路床采用符合CBR强度的土料压实(有条件时,可因地制宜优选弃方石料、天然砂砾)→散体碎石下基层和上基层(有条件时,可因地制宜优选弃方石料、天然砂砾)→中粗砂或预制六棱块面层。

(二)桥梁工程

基于桥梁是重要的结构物,其工程重要性等级高,一旦出现落梁或结构开裂修复难度大,且发生车毁、人员伤亡重大事故的概率高。对此,应先考虑避开采空区,无法避开时,建议处置方案如下:

(1)跨越平时无水流或流量小的排洪冲沟桥梁:对基本稳定场地可不作压浆处置,建议采用以箱涵结合路堤形式通过。

(2)跨越有常年流水的沟河小型桥梁:对基本稳定场地可不作压浆处置,可视流量大小酌情采用单个或多个组合框架箱涵或钢波纹管结合路堤形式通过。

(3)对跨越沟河流量大,确定必须设计桥梁的基本稳定、欠稳定、不稳定场地,应作压浆处置。基于压浆存在其诸多复杂干扰因素和浆液扩散的不匀性等因素对处理效果不利影响,则为确保行车安全,建议压浆处理后,其桥梁也应采用对地基变形的适应能力相对较强的简支梁结构。

(4)互通立交和服务区应避开采空区,并应在充分考虑采空区对连接线工程影响的基础上,选择适宜位置,避开采空区。

应指出:对于未来采空区(压矿)场地上拟建的桥梁、涵洞工程,须有应对未来越界采矿诱发重大事故的防控措施与应急预案。对此,建议桥梁预采用组合框架箱涵或钢波纹管结构;涵洞采用箱涵或钢波纹管结构。

(三)隧道工程

(1)采空区隧道设计应根据采空区类型、规模、稳定性及其与隧道的相互关系,选择适宜的采空区处置方法。

(2)采空区处置应与支护设计相结合。当隧道洞身及顶、底板穿越采空区时,可采用回填法、浆砌支撑法处置。当隧道处于采空区上方时,宜采用压浆处置。

(3)隧道处于采空区下方时,其设计应符合下列规定:

①拱部距采空区底板大于3倍隧道洞径,经详细勘察后确认采空区对隧道围岩稳定性无影响时,可不对围岩进行注浆加固。

②拱部距采空区底板为1~3倍隧道洞径时,应对围岩进行注浆加固。

③拱部距采空区底板小于1倍隧道洞径时,除应对隧道围岩进行注浆加固外,还应对采空区进行处置。

(4)隧道处于采空区上方时,其设计应符合下列规定:

①隧道位于采空区弯曲带时,应对采空区进行处置,处置后按一般围岩级别进行支护衬砌设计。

②隧道位于采空区裂隙带时，应对采空区进行处置，处置后按降低一级围岩级别进行支护、设计。仰拱和二次衬砌必须加配钢筋。

③隧道位于采空区冒落带时，应对采空区进行处置，并对围岩采取注浆或其他措施加固。初期支护设计参数宜采用最高值，仰拱和二次衬砌必须加配钢筋。

(5)采空区埋深小于40 m，且其处置费用较高时，应与明洞和路堑方案比较，择优选择工程方案。

(6)当采空区空间较大且与隧道相交，其底板标高相近时，可根据隧道的建筑界限按明洞设计。

第七节 采空区处置方法与开采技术方法

一、处置方法

采空区工程治理方法可分为灌浆冲填法、干(浆)砌支撑法、剥挖回填法、巷道加固法、强夯法、穿越/跨越法、堆载预压法和综合治理法等。治理方法的合理选用应根据工程特点、处置目的、采空区地质条件、开采方式、拟建建(构)筑物地基条件、现场施工条件等综合确定。表5-25给出了采空区常用处置方法及其适用条件。

表5-25 公路下伏采空区常用处置方法及其适用条件

处置方法	适用条件
灌浆冲填法	可用于不稳定或相对稳定的采空塌陷区治理，治理设计应综合考虑采空区的形成时间、埋深、采厚、采矿方法、顶板或覆岩岩性、水文地质及工程地质特征等因素进行设计
干(浆)砌支撑法	可用于采空区顶板坚硬且尚未完全塌陷、需回填空间较大、埋深浅、通风良好、具有人工作业条件，且材料运输方便的采空区治理
剥挖回填法	可用于挖方规模较小、易开挖且周边无任何建筑物的采空区。回填时，可采用强夯或重锤夯实处理
巷道加固法	可用于正在使用的生产、通风和运输巷道和具备井下作业条件的废弃巷道
强夯法	可用于埋深小于10 m、上覆顶板完整性差、岩体强度低的采空区地段或采空区地表裂缝区的处置
穿越/跨越法	可用于埋深浅、范围小、不易处理的采空区。当采用桩基穿过采空区时，应分析评价成桩可能性，并应分析采空区沉陷可能性及其对桩基稳定性和承载力的影响，必要时应对采空区进行注浆或浆砌工程处置
堆载预压法	适用于采深小于10 m、充分采动、顶板完全垮落、基底压力小于300 kPa、采空区地基处理设计等级为乙、丙级建(构)筑物的采空区
综合治理法	综合采用地下特殊开采、采空区处置、建筑选型、地下工程或地表建筑物结构加固或预防措施的采空区治理工程

二、开采技术方法

对尚未开采的规划采区,也可考虑协调矿企开展与地下采掘相关的联合设计,综合平衡双方技术和经济利益,寻求地下采矿与地上建筑整体效益最优的折中方案, 不同结构物待采路段可选用的主要开采技术方法可参考表 5-26 合理选用,具体内容可参照煤矿或矿业部门相应的技术规范或要求。

表 5-26　主要开采技术方法的适用范围及技术要求

开采技术方法	适用范围	技术要求
充填开采	重要建筑物、密集建筑物下,城镇下开采;大倾角、急倾斜矿层开采;对矿层采出率要求较高时	根据充填材料不同,分为水砂充填、全砂充填、矸石自溜充填;充填开采地表下沉量控制在采厚的 8%~15%
部分开采	地面建筑物十分密集、结构复杂;有纪念意义的建筑物;由于技术和经济上的原因,不适于采取加固措施的建筑物;地面排水困难;矿层层数少,厚度较稳定,断层少;邻近采区的开采不致破坏矿柱的完整性;对矿层采出率要求达到 50%~60%时	部分开采分为垮落部分开采和充填部分开采;垮落部分开采地表下沉量可控制在采厚的 10%~15%;充填部分开采地表下沉量控制在采厚的 5%以内
限厚开采	矿层全厚开采,地表预计变形超过建筑物允许变形值,采取建筑物结构保护措施有困难,采用限厚开采可行时	根据有关地表移动变形预计公式,确定合理开采厚度,使地表移动变形预计值小于地表移动变形最大允许值
房柱式开采	开采深度较浅,一般不宜超 300~500 m;煤层倾角在 10°以下;矿层较硬,矿柱具有较强稳定性	仅对矿房中的矿体进行开采,不进行矿房间矿柱的回收
协调开采	地面建筑物较少且需要进行保护	通过合理安排开采布局、顺序、方向、时间等方法控制
留保护矿(岩)柱法	重点保护工程、密集建筑群下或水体下,对地表变形有比较严格的要求,而采取其他措施达不到要求或者经济上不合理时	建筑物围护带宽度根据受保护对象等级确定;确定建筑物保护矿柱时的地表允许变形值采用:倾斜 $i=\pm3$ mm/m,曲率 $k=\pm0.2\times10^{-3}$/m,水平变形 $\varepsilon=\pm2$ mm/m

第八节　采空区处置设计方案实例

一、武云高速公路采空区处置设计方案

（一）概况

武陟至云台山高速公路位于焦作市的修武、武陟县境内，项目所处地貌单元为黄河冲洪积平原和山前倾斜平原，地势平缓，起伏较小。据勘察资料，煤矿为二叠系地层，上部地层为厚度 5 m 左右的第四系中更新统粉土和粉质黏土层，夹有砂层和卵石透镜体，覆岩为砂岩与泥岩互层。

该高速公路在 K30+950～K31+545 和 K31+700～K32+950 两路基段为采空区，其他两段为储煤区。各段煤层（采空区）厚度（m）、煤层（采空区）顶部埋深（m）、开采方式、地表变形和生产情况见表 5-27 及图 5-5、图 5-6。

表 5-27　路区采空区分布一览表

序号	起止里程	段长（m）	所属矿区	类型	煤层（采空区）厚度（m）	煤层（采空区）顶部埋深（m）	开采方式	地表变形	目前生产情况
1	K29+340～K30+950	1 610	古汉山矿	压矿储煤区	5.0～5.6	556～884	—	无	未开采
2	K30+950～K31+545	595	古汉山矿	采空区	5.0～5.1	417～556	长壁垮落法	沉陷盆地明显	2010 年线路段停采
3	K31+545～K31+700	155	古汉山矿	防水煤柱	5.0～5.1	417～420	—	凸起明显	拟 2015 年开采
4	K31+700～K32+950	1 250	吴村矿	采空区	2.0～5.8	158～417	长壁垮落法	沉陷盆地明显	2008 年闭矿

图 5-5　采空区位置

图 5-6　采空区与路线位置关系平面示意

(二)采空区场地稳定性评价

按照表 5-27，K30+950~K31+545 和 K31+700~K32+950 两段采空区为长壁垮落式开采，对此，依据《采空区公路设计与施工技术细则》(JTG/T D31-03—2011)采空区场地稳定性评价标准，采用符合长壁垮落式开采的场地稳定性评价方法如下。

1.依地表移动变形计算(概率积分法)

(1)古汉山矿段采空区(K30+950~K31+545)：倾斜值(3.5 mm/m)、曲率值(0.25 mm/m^2)和水平变形值(2.3 mm/m)，依据《采空区公路设计与施工技术细则》(JTG/T D31-03—2011)表 4.2.1-2 判为基本稳定。

(2)吴村矿段采空区(K31+700~K32+950)：倾斜值(3.2 mm/m)、曲率值(<0.22 mm/m^2)和水平变形值(<2.5 mm/m)，依据《采空区公路设计与施工技术细则》(JTG/T D31-03—2011)表 4.2.1-2 判为基本稳定。

2.依停采时间

(1)古汉山矿段采空区(K30+950~K31+545)：已停采 5 年以上，上覆岩层属于坚硬类别，依据《采空区公路设计与施工技术细则》(JTG/T D31-03—2011)表 4.2.1-1 判为稳定。

(2)吴村矿段采空区(K31+700~K32+950)：停采时间 5 年以上，上覆岩层属于软弱类别，依据《采空区公路设计与施工技术细则》(JTG/T D31-03—2011)表 4.2.1-1 判为稳定。

3.依民房裂缝监测和地表位移变形监测

(1)古汉山矿段采空区(K30+950~K31+545)：

监测点月平均沉陷量-2.68 mm，最大沉降变形监测点 J112(K31277Y14)下沉 5.36 mm。采空区段落闭矿 5 年以上，主沉降基本完成，地表变形监测数据具有连续性特征，由此推断 6 个月残余沉降量 16.08 mm 左右，依据《采空区公路设计与施工技术细则》(JTG/T D31-03—2011)表 4.2.1-3 判为稳定。

(2)吴村矿段采空区(K31+700~K32+950)：

①该段设位移监测点，其监测结果位移无变化；小凤洼村旧址 10 年前因采动影响搬迁，目前残留建筑物老裂缝无发展迹象。

②该段监测点月平均沉陷量-0.79 mm，最大沉陷点 K32513Z16 的 J43 监测点沉陷量

-1.58 mm；残余沉降量数据具有连续性特征，由此推断6个月残余沉陷量4.74 mm左右，依据《采空区公路设计与施工技术细则》(JTG/T D31-03—2011)表4.2.1-3判为稳定。

上述三种方法对两段采空区场地稳定性评价结果表明：地表移动变形计算(概率积分法)判定为基本稳定等级，依据《采空区公路设计与施工技术细则》(JTG/T D31-03—2011)表4.2.2，可满足路基变形要求。其他方法判为稳定等级(见表5-28)。

表5-28 采空区建设场地稳定性等级综合评价

序号	起止里程	段长(m)	所属矿区	类型	依据概率积分法	依据闭矿时间评价	依据调查和监测评价	综合评价
1	K29+340～K30+950	1 610	古汉山矿	储煤区	—	—	—	稳定场地
2	K30+950～K31+545	595	古汉山矿	采空区	基本稳定	稳定	稳定	稳定场地
3	K31+545～K31+700	155	古汉山矿	防水煤柱	—	稳定	稳定	稳定场地
4	K31+700～K32+950	1 250	吴村矿	采空区	基本稳定	稳定	稳定	稳定场地

综合分析考虑到地表移动变形计算(概率积分法)准确性在很大程度上取决于计算参数的合理选取，而其选取是借鉴诸多大型煤矿现场观测和分析积累的相应经验参数，并应经实测资料的充分论证，然而在实际工作中往往难以收集到矿方有效、真实可靠的地质条件、矿床赋存、覆岩性质、开采时限、采矿方式及顶板管理方式等重要资料，人们的勘探精度也难以对上述与稳定性评价有关的评价因子做到全面验证。对此认为：概率积分法估算的地表移动变形值不能作为采空区场地稳定性等级评价的唯一标准。对此，综合判定两段采空区场地稳定等级为稳定。

(三)处置设计

基于综合判定K30+950～K31+545和K31+700～K32+950两段采空区场地为稳定等级，依《采空区公路设计与施工技术细则》(JTG/T D31-03—2011)表6.1.4，对该两段路基采空区不必进行处置，可按正式路面结构设计。但考虑到采空区场地稳定性评价的多种因子的复杂性和工程重要性，确定路床换填碎石、天然砂砾、弃方石料，对正式路面结构设计补加土工格栅抗变形措施，并加厚基层厚度，强化路面结构强度。

据通车后跟踪监测结果：该两段采空区路基运营至今状况良好。

二、密州大道采空区处置设计方案实例

(一)概况

新密市密州大道项目(K0+000～K9+745)采用双向四车道一级公路技术标准，设计速度80 km/h，路基宽度24.5 m，K4+700～K9+745段采用双向两车道二级公路建设标准，

路基宽度 24.5 m，路面横断面设置有非机动车道。

该项目地处新密煤田腹地，属丘陵岗地。路线依次通过郑新鑫发（新密）煤业有限责任公司、郑新建欣（新密）煤业有限公司、中国铝业股份有限公司新密市李堂沟西耐火黏土矿、郑新豫能王村（新密）煤业有限责任公司、郑新豫能（新密）煤业有限责任公司、郑新福泰（新密）煤业有限公司、河南省郑州煤电股份有限公司超化煤矿等 7 家矿企井田。煤田属二叠系地层，采空区主要分布在路线 K0+000～K0+700、K1+675～K1+960、K3+600～K4+000、K5+300～K6+455、K6+620～K6+870、K7+400～K9+120 等，总计 4 610 m，占路线总里程的 48%。各段煤层（采空区）厚度（m）、煤层（采空区）底部埋深（m）、深厚比、开采方式、开采情况等有关资料见图 5-7、图 5-8 及表 5-29。

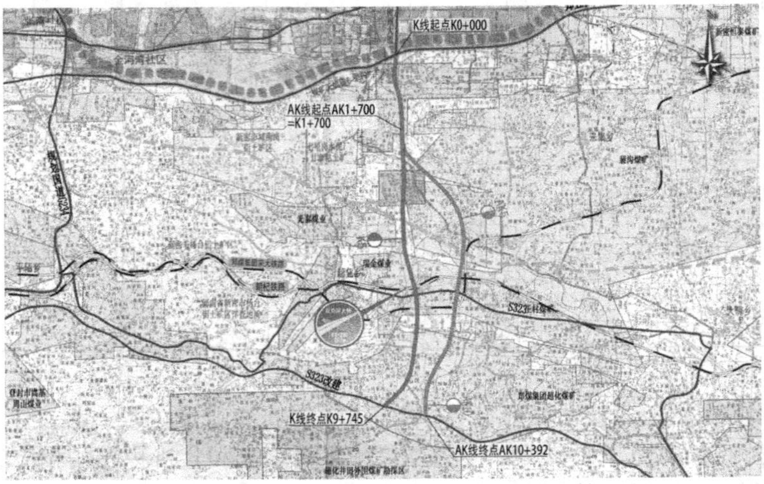

图 5-7　路线走向

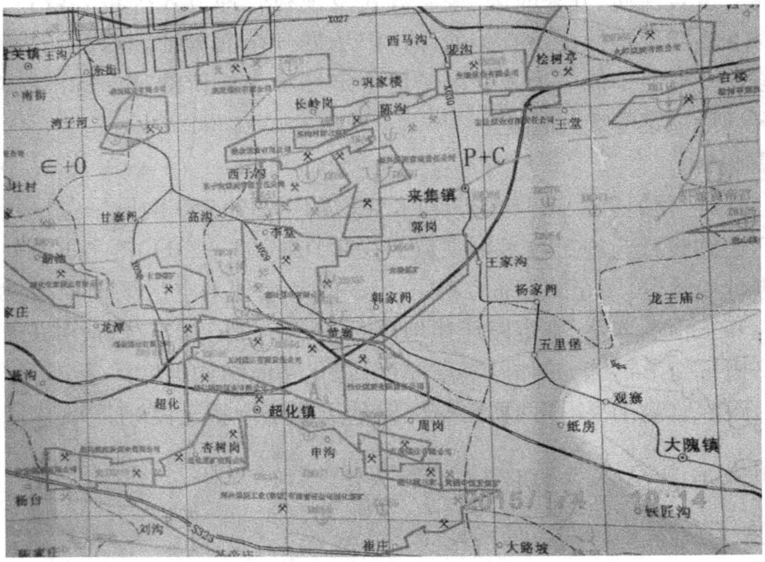

图 5-8　采矿位置

表 5-29 密州大道工程待采及采空区一览表

起止里程	段长(m)	所属矿区	类型	煤层(采空区)厚度(m)	煤层(采空区)底部埋深(m)	倾角(°)	深厚比	开采方式	开采情况
K0+000~K0+700	700	鑫发煤业	老采空区	2.47	50~110	11	20~44	巷采	2005 年以前
K1+675~K1+960	285	建欣煤业	储煤区,已完成准备巷道开拓	6.5	40~60	10	6~9	待采	计划 2015 年 8 月回采
K3+600~K4+000	500	中铝李堂沟西黏土矿	采空区	0.6~1.5	70~90	5~15	46~60	巷采(房柱式)	2010 年以前
K5+300~K6+030	730	郑新豫能王村煤业公司	采空区	5.6~6.8	110~140	7~10	16~21	走向长壁	2006 年前后
K6+030~K6+455	425	郑新豫能煤业公司	采空区	7.04	70	6	10	走向长壁;80%回采率	2014 年及以前
K6+455~K6+520	163	郑新福泰	储煤区	3~5	140	8	28~46	待采	计划 2015 年后半年
K6+740~K6+870	130	(早期小窑;无矿权人)	采空区	6~15	230	4	38~15	巷采	2014 年前半年
K7+400~K9+120	1 720	郑州煤电超化矿	采空区	平均 10	200~630	15	20~63	走向长壁;90%回采率	2015 年及以前
K9+120~K9+300	170		储煤区	8.5	630	15	74	待采	2016 年 7 月

(二)待采及采空区段处理方案讨论

1.K1+675~K1+960 建欣矿区待采段

该段下 50~70 m 深有平均 6.5 m 的厚煤层赋存,矿方已布置有 2015 年 8 月前后计划生产的南北向采掘工作面,煤层开采方式为壁式炮采,一次采全高,顶板自由垮落,采掘后地面预计有显著的非连续变形和较大塌陷。鉴于矿区段路线处于建欣煤矿西边界,煤层埋深较浅,压覆煤炭资源量较小,路线在该段落南北向比较顺直,绕行对路线技术指标和运营成本影响较大,建议建设方跟矿企积极协商,落实 K1+675~K1+960 段落保安煤柱范围内禁采事宜,对于已掘成的开采准巷道,协调矿企利用煤矿的井巷系统,实施地下开采准巷道封堵工程。

2.K3+600~K4+000 中国铝业股份有限公司新密市沟西耐火黏土矿段

K3+600~K4+000 有大范围 20 世纪 90 年代形成的小窑采空区,井下小窑开采遗留煤巷纵横交错,局部采空区空顶范围很大,采空区顶板和废弃巷道多用槐木支撑,因一$_1$煤赋存水平在潜水位以上,采空区相对干燥,木支护腐化轻微,旧巷时有掉块发生。考虑到路线处于该采空区正上方,拟建公路在没有采动影响条件下,或可在坚硬顶板和槐木支撑下维持稳定一定年份，但在道路运营期长期动荷载和水文环境交替影响下，将有突然失稳、坍塌的风险。同时该一$_1$煤层底板为待采的耐火黏土矿体，在进一步回采0.6~1.5 m厚黏土矿层后，70 m埋深的采空区地表可能有局部坍塌与不均匀沉降。对此，提出以下三种处理方案（见表5-30）。

表5-30 中铝沟西黏土矿段落路线方案技术比选

方案	设计对策	优劣分析	说明
方案Ⅰ	划界禁采，砌墩支撑能进入的空顶范围，并对其他采空区范围进行注浆处置	线路顺直，禁采落实协调阻力极大，注浆处置费用高昂	保安煤柱划定对合法矿企打击严重，采空区处置后禁采监管困难，处置投资高昂
方案Ⅱ	签署免责协议，地下挖矿，地上修路，出安全问题互不追责	维持了线路顺直，但建设期和运营期容易出现断行风险	是在工期、建设资金、协调阻力限制条件下决策者最倾向性方案，但技术不可行
方案Ⅲ	向东调线，绕开小窑采空区和矿区主要采掘范围，并划界禁采	线形指标略有降低，协调阻力小，场地处置费用低	推荐方案

方案Ⅰ：路线维持原设计，利用中铝矿企现有的井巷系统进入煤矿小窑采空区及废弃巷道中，对采空区一$_1$煤层坚硬顶板进行砌墩施工，施工完毕后划定道路保安矿柱范围，并据此严格落实禁采。

该方案的技术优点是维持了道路原设计，保持了线形顺直。技术上的风险是小窑采空区准确范围控制技术难度大，通过矿企已有井巷系统能够探察并进行井下处理的仅为小窑采空区的一部分，有大部分小窑采空区及废巷不具备进人施工条件。通过下井调查确定，对该坚硬顶板的小窑采空区如果进行大范围注浆，注浆过程中浆液漫流严重且难以有效控制，同时注浆钻孔或可打碎并浸润坚硬顶板，软化上覆地层，注浆加固工程催动采空区沉陷较早发生，场地稳定性技术指标降低。

利用铝土矿井巷系统进行采空区砌墩井下处理的技术前提是划定禁采范围落实禁采。依据矿企发给新密市人民政府和新密市交通局的《关于中国铝业股份有限公司新密市李堂沟西耐火黏土矿的情况说明》，禁采范围压覆矿企20万~30万t资源，公路规划的绿化带压覆矿企主井绞车房，将导致主井报废，从而进一步引起矿企已投资上亿元预计2015年年底即将投产的整个采矿生产系统趋于报废，严重影响矿企经营，所以该方案划界禁采协调工作难以实施。

方案Ⅱ：考虑到"矿权在前，路权在后"的现实情况，采取"你挖你的，我修我的"的互不干涉策略进行项目建设，并加大道路运营期维护强度，以确保道路畅通。该方案表面上好像绕开了矿企的赔付与艰难协调工作，也利于项目快速推进，河南省境内有在建项目如此操作，但针对本工点特定地质条件，一$_1$煤层底板矿层回采后将直接导致趋于稳定的老采空区上覆地层二次活化，并诱发地表剧烈的不均匀下沉与变形，下井调查测量采空区和废巷已有0.5~2 m的空顶高度，采动后地表局部最大下沉量将高达数米，采矿活动诱发的地表变形幅度过大，是一级公路路基工程所不可接受的，所以该方案对于项目区该路段不具有技术可行性。

方案Ⅲ:依据《采空区公路设计与施工技术细则》(JTG/T D3103—2011)5.2.2 第 4~5 条,研究新密市沟西耐火黏土矿 K3+160~K4+053 局部调线方案。该方案的实施对公路线形指标有所降低,但是公路建设技术风险可控,道路运营安全有保证,也避免对合法矿企生产的重大冲击和巨额赔付,所以结合场地地质条件建议寻求路线控制点 K3+860 东移不小于 110 m 的方案,绕开铝土矿企主要的采掘范围和小窑采空区,并在此基础上划界禁采,进一步开展采空区专项勘察设计工作,建议推荐该方案。

3.K7+400~K9+120 通过郑煤集团超化煤矿段

K7+400~K9+120 有 2015 年 5 月前后形成的采空区。基于已趋于稳定,建议布设水准监测系统,控制采动沉降趋势,预计残余变形量,通过路基预加高加宽设计,补偿建设期与运营期可能发生的高程损失量,维持线形平顺与行车舒适。

4.K9+120~K9+300 储煤待采段

2016 年 7 月前后开采。基于平均煤厚 8.5 m,煤层底板埋深 630 m,深厚比 74,则预测采掘后对路基影响较小。对此,路矿双方可签订免责协议,待采段路基按正常路面结构设计。

5.其他采空区路段

K0+000~K0+700 鑫发煤业采空区、K5+300~K6+030 郑新豫能王村煤业公司采空区、K6+030~K6+455 郑新豫能煤业公司采空区、K6+740~K6+870 早期小窑采空区为多年老采空区路段。据现场调查和监测,地面道路及房屋建筑无变形情况,当前矿企均关停拆除,可判定复采不存在老采空区活化变形问题。对此,上述各矿老采空区路基段,可按正式路面结构设计。

三、郑州至登封快速通道改建工程采空区处置设计方案实例

(一)工程概况

郑州至登封快速通道改建工程路线起点位于郑州市南三环与 S316 线交叉处,终点位于郑登快速通道与 G207 线交叉处,拟建线路总长 73.616 km,按一级公路设计,其中新密市境内 34.217 km。

依初步勘察资料:沿线涉及 12 个具有采矿权的煤矿,均在新密市,为二叠系煤系地层,主要开采二$_1$煤层,采用长壁垮落式开采,沿线有 4 段采空区路基段,见图 5-9。

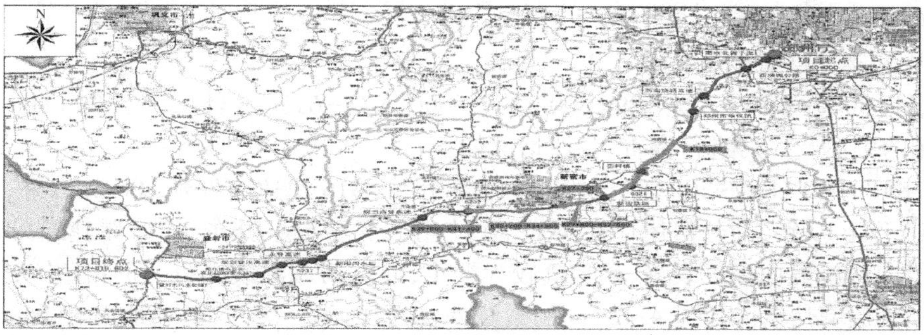

图 5-9　工程及采空区段位置

（二）采空区概况

（1）K18+000～K27+300 段从新密白寨起，经岳村至岳岗南新密地方铁路（已废弃）全长 9.3 km，有新密市杨岗煤矿、岳村煤矿、金旺煤矿、芦沟煤矿、开元煤矿、金门煤矿。地面标高 215 m 左右，煤层厚度 3 m 左右，煤层埋藏深度 200 m，其采深采厚比大于 30，上覆岩层主要为砂质页岩和石英砂岩，岩性较为坚硬。

（2）K29+800～K32+500 段位于新密市老市区西南角，长 2.7 km，有郑新鑫发（新密）煤业有限公司。本处地面标高 230 m 左右，煤层厚度 3.0 m 左右，煤层底板埋深标高 120 m 左右，其采深采厚比大于 30，上覆岩层主要为砂质页岩。

（3）K33+200～K34+300 段位于新密市区城关镇南侧，全长 1.1 km，有郑新中森（新密）煤业有限公司。本处地面标高 230 m 左右 ，煤层厚度 3.0 m 左右，煤层底板埋深标高 120 m 左右，其采深采厚比大于 30，上覆岩层主要为砂质页岩。

（4）K39+800～K41+400 段位于新密市青石河南至 S232，全长 1.6 km，有郑兴翟沟（新密）煤业、郑新鑫兴（新密）煤业。本处地面标高 230 m 左右 ，煤层厚度 2.2～7.1 m，煤层底板埋深标高 172 m 左右，其采深采厚比小于 30，上覆岩层主要为砂质页岩。

（三）采空区路基原设计方案

基于路线无法避绕 4 段采空区，据初步调查，其地表和房屋有变形显示，考虑到一级路面要求高，原计划采用注浆处置，但因采空区路基段长度大，注浆处置费用过高，且处置难度大，则确定采用散体级配碎石基层的常规过渡路面方案。其结构为：4 cm 细粒式改性沥青混凝土（AC-16C）+5 cm 中粒式沥青混凝土（AC-16C）（掺加进口直投型沥青混合料改性剂）+7 cm 粗粒式沥青混凝土（AC-25C）+ 2×18 cm 级配碎石。

（四）路面病害现状

本项目 2015 年 1 月竣工通车后，部分路段左幅先后出现了路面纵、横向裂缝，并逐渐发展为龟裂、块裂。

（五）采空区场地安全性评价

基于该改建工程通车后路面出现上述病害，其社会负面影响较大，则针对采空区路基段补充了地表及房屋变形调查、工程物探、地质钻探及地表变形监测等勘察工作量，以便在有进一步的勘察资料基础上分析路面出现上述病害原因，判定采空区场地稳定性等级，并对路面出现上述病害提出处置设计方案。

1.工程地质勘察概况

1）地表及房屋变形调查概况

对 K18+000～K27+300、K29+800～K32+500、K33+615～K34+225、K39+800～K41+400 两侧的民房及厂房进行调查，各段情况如下：

（1）K18+000～K27+300 段：该段内房屋部分在 S316 快速路外延 200 m 以外，该段内房屋多建于近 10 年，部分房屋已废弃，仍在使用的房屋零星分布，除房屋建筑外多为果木。该段内房屋墙面多见裂缝，且裂缝较为严重，偶有房屋除裂缝外，还伴随有变形的发生。在一处废弃房屋除可见 4～7 cm 的裂缝处，房屋内部一房间，可见地面有 10 cm 左右的下沉，但已无明显发展。走访村民了解到，该段内房屋均出现不同程度的裂缝，裂缝较为严重的房屋多已废弃，村民得到少量的赔付对房屋裂缝进行自行修缮，因受到煤矿开采的影响,该处含水层遭到破坏,水位下降,用水困难。

(2)K29+800~K32+500 段:该段内房屋修建时间长达 10~15 年,东部的房屋多为近六七年修建。该段内房屋多见裂缝,裂缝较宽,对房屋影响较大,有些房屋除裂缝外还伴随有变形及墙体错动,致使房屋无法使用,临近农田可见地面塌陷,塌陷深度在 10~30 cm,近年来基本稳定。走访村民了解到,马沟村搬迁到此六七年时间,该村迁至此处之后,地面下沉累计可达 1.0 m 左右,村内每家每户房屋均有不同程度的裂缝或是下沉,下沉现象近两年内不太明显。

(3)K33+615~K34+225 段:该段内房屋修建时间跨度较大,有年代较为久远的土坯房及老房子,也有近一二十年的多层生宅小区,还有近 10 年内重新修建的房屋。该段内房屋裂缝多出现在年代较为久远的土坯房及老房子上,也有近一二十年的多层住宅小区,近 10 年内修建的房屋也偶有见到。近 10 年内修建的房屋裂缝较细,且多出现在房屋的上部,时间较为久些的房屋多见 1.0 cm 以内的贯穿裂缝,年代较为久远的土坯房及老房子有部分已经废弃,房屋裂缝更为明显,裂缝宽度也相对较大,最宽的裂缝可达 5.0 cm 左右,裂缝出现时间多在 5 年以上,现无明显发展。走访村民了解到,该段内农田多位于采空区上方,田间虽未出现明显地裂缝,但受采空区对含水层遭到破坏影响,农田灌溉渗水比较严重。

(4)K39+800~K41+400 段:该段东部为新建的金河湾社区(原翟沟村搬迁至此),该社区为近 5 年新建,无沉降现象。社区以西房屋建筑时间较为久远,部分房屋已经废弃,这些老房子多见墙面裂缝,裂缝最宽可达到 10.0 cm,裂缝出现时间多在 5 年以上。

调查结果分析认为:里程为 K18+000~K27+300、K29+800~K32+500、K33+615~K34+225、K39+800~K41+400 四段采空区地表及房屋曾经发生过较大变形,出现地面塌陷及房屋裂缝,但在近几年地面未出现明显的变形情况,其变形已趋于稳定。

2)工程物探

本次物探工作采用高密度电法及激电测深进行勘测,高密度电法沿拟建快速路由东向西进行测量,测线布设在路北侧。第一段共完成 17 个断面,总长度 9.5 km;第二段共完成 4 个断面,总长度 2.7 km;第三段共完成 2 个断面,总长度 1.1 km;第四段共完成 2 个断面,总长度 1.6 km。激电测深共布设 30 个点,5 条测线,点距为 100.0 m。据观测数据及断面图,结合实地勘查,圈出 5 个异常较明显处,即为里程号 K23+600、K31+300、K31+500、K40+200、K40+600,并提出实施钻探验证方案。

3)地质钻探

根据物探工作报告,为进一步探明采空区情况,针对里程号 K23+600、K31+300、K31+500、K40+200、K40+600 处异常,实施了钻孔验证并辅以孔内长源距伽马放射性测量,各钻孔情况分述如下:

ZK23+600 号钻孔:在钻进过程中至 13.4 m 开始发现漏浆至终孔,孔内各层岩芯破碎,由于漏浆严重,导致在下部钻进过程中沉渣过多,钻至 100.0 m 时终孔。而后采取孔内长源距伽马放射性测量发现在 34.0~41.9 m、74.6~77.6 m 处井径较大,与钻孔所采取的岩芯比照,可能是因下部采空区塌陷后对上部岩层造成的影响而产生的裂隙。

ZK31+300 号钻孔:在钻进过程中至进入卵石层开始发现漏浆至终孔,孔内各层岩芯破碎，并在 56.6～59.9 m 处发现钻进速度变快，根据钻探岩芯此处为全风化砂岩；下部在 72.4～73.7 m 处揭露为煤层；该孔终孔深度为 78.0 m，孔底岩性为青灰色、中风化灰岩，为煤层底板，由此判定此处二$_1$煤层并未进行开采。该钻孔由于上部土层缩径加上土层与基岩接触面为卵石塌孔的原因未能进行孔内长源距伽马放射性测量。

ZK31+500 号钻孔：在钻进过程中至进入基岩层开始发现漏浆，孔内各层岩芯破碎，但在 48.3～65.0 m 一层泥质粉砂岩岩芯相对较完整，在约 68.5 m 取出一方木，证明该处有采煤活动，孔底岩性为青灰色、中风化灰岩，为煤层底板。钻探过程中，未发现明显掉钻等情况，说明采空区已塌陷。

ZK40+200 号钻孔：本钻孔在钻进过程中上部有较厚一层卵石，钻进过程中见卵石后漏浆严重且塌孔，因此下套管至基岩面。钻至 48.0 m 处漏浆严重。孔内各层岩芯均较破碎，在约 71.0 m 取出一支撑木，证明该处有采煤活动，孔底岩性为青灰色、中风化灰岩，为煤层底板。但在 71.0～79.7 m 处钻进速度较快，且根据钻孔岩芯初步判定 72.5～73.3 m 为开采后的残余煤层，钻探过程中未发现明显掉钻等情况，说明采空区已塌陷。

ZK40+600 号钻孔：本钻孔在钻进过程中上部有较厚一层卵石，因此下套管至基岩面。根据岩芯完整性情况来看，整体上比较完整（除 71.0～72.0 m、76.0～78.5 m 岩芯极为破碎），钻井过程中情况比较正常，未发现严重漏浆或掉钻情况。

根据《煤矿地表移动的基本规律》（刘宝琛），煤矿区地表变形的时间与井下采掘工作面的推进速度、距离密切相关。一般来说，当回采工作面自开切眼开始向前推进的距离相当于（1/4～1/2）H_0（H_0为平均采深）时，开采影响即波及地表，引起地表下沉。工作面开采结束后的 3～10 个月为地表的剧烈变形期，1～2 年为地表缓慢变形期，3～5 年之后则为地表变形的相对稳定期。里程为 K18+000～K27+300、K29+800～K32+500、K33+615～K34+225、K39+800～K41+400 共 4 段地表曾经发生过剧烈变形，造成了地面塌陷及房屋裂缝，在近几年地面未出现明显的变形情况。由此可见，在没有外力扰动的情况下，评价区地面塌陷基本上处于残余沉陷变形阶段。根据沿线走访、调查，该 4 段现状条件下采空区塌陷活动已趋于稳定，地裂缝受耕作等人工活动的影响也难寻踪迹。由于评价区内未进行连续的沉降观测，因此没有准确的沉降数据。

本次对物探报告中里程号 K23+600、K31+300、K31+500、K40+200、K40+600 处的异常点的钻探情况来看，钻探结果与物探报告中的结论基本一致。

4）地表监测

（1）采空区路段过渡路面的观测资料：过渡路面运营至目前为止，根据 2015 年 1 月 9 日～4 月 10 日路面水准测量成果最大下沉值为 17.0 mm。

（2）因道路所涉范围广，在 K18+000～K41+400 段没有详细的沉降观测资料，根据现场走访调查，在近 1 年内未出现较强的地面下沉，下沉量在 5.0～10.0 cm；同时根据 2015 年 6 月 12 日～9 月 1 日近 3 个月 21 个点的沉降观测竖向位移值统计表，沉降量为 4.0～27.0 mm。

2.采空区场地稳定性等级判定

1）按停采时间确定采空区场地稳定性等级

根据调查资料及钻探成果，在 K18+000～K41+400 段煤层采用长壁垮落开采，上覆岩层属于中硬覆岩，停采时间多为大于3年，个别为2年，按《采空区公路设计与施工技术细则》(JTG/T D31-03—2011)规范表4.2.1-1(见表5-31)，对各采空区场地稳定性等级评价见表5-32。

表5-31　按停采时间确定长壁式采空区场地稳定性等级评价标准

稳定等级	场地影响范围内工作面停采时间(a)		
	软弱覆岩	中硬覆岩	坚硬覆岩
稳定	≥2.0	≥3.0	≥4.0
基本稳定	1.0~2.0	2.0~3.0	3.0~4.0
欠稳定	0.5~1.0	1.0~2.0	2.0~3.0
不稳定	≤0.5	≤1.0	≤2.0

表5-32　按停采时间确定长壁式采空区场地稳定性等级

矿业权	顶板岩性	停采年限	道路影响范围内工作面停采时间	稳定性等级
郑新泰达(新密)煤业有限公司(K18+150~K19+280段)	砂质泥岩	2010	>3年	稳定
新密市杨岗煤矿东井(K19+280~K19+530段)	砂质泥岩	2011	>3年	稳定
郑煤集团卢沟煤矿一六井(K22+480~K22+970段)	细粒砂岩	2012	2年	稳定
郑新隆泰(新密)煤业有限公司(K22+280~K22+480段)	砂质泥岩	2012	2年	稳定
郑宏中鑫(新密)煤业有限公司(K22+450~K22+650段)	砂质泥岩	2008	>3年	稳定
郑煤集团卢沟煤矿二六井(K23+050~K23+485段)	细粒砂岩	未生产		稳定
郑新开元(新密)煤业有限公司(K23+505~K23+725段)	砂质泥岩	2009	>3年	稳定
郑新金门(新密)煤业有限公司(K25+540~K27+130段)	砂质泥岩	2009	>3年	稳定
郑新鑫发(新密)煤业有限公司(K29+800~K32+470段)	砂质泥岩	2007	>3年	稳定

续表 5-32

矿业权	顶板岩性	停采年限	道路影响范围内工作面停采时间	稳定性等级
郑新中森(新密)煤业有限公司(K33+615~K34+225 段)	砂质泥岩	2006	>3 年	稳定
郑兴翟沟(新密)煤业有限公司(K39+790~K40+500 段)	砂质泥岩	2007	>3 年	稳定
郑兴鑫兴(新密)煤业有限公司(K40+500~K41+340 段)	砂质泥岩	2007	>3 年	稳定

2)按地表沉降观测确定长壁式采空区场地稳定性等级

依据《采空区公路设计与施工技术细则》(JTG/T D31-03—2011)规范表 4.2.1-3(见表 5-33),按地表沉降观测确定长壁式采空区场地稳定性等级评价标准。

表 5-33　按地表沉降观测确定长壁式采空区场地稳定性等级评价标准

稳定等级	地表下沉量(mm)			
	1 个月	3 个月	6 个月	12 个月
稳定	≤5	≤15	≤30	≤60
基本稳定	5~10	15~30	30~60	60~120
欠稳定	10~30	30~60	60~120	120~240
不稳定	≥30	≥60	≥120	≥240

(1)采空区路段过渡路面的观测资料:过渡路面运营至目前为止,根据 2015 年 1 月 9 日~4 月 10 日路面水准测量成果最大下沉值为 17.0 mm,可判定为基本稳定。

(2)因采空区道路所涉及范围广,在 K18+000~K41+400 段没有详细的沉降观测资料,根据现场走访调查,在近 1 年内未出现较强的地面下沉,下沉量在 5.0~10.0 cm;同时根据 2015 年 6 月 12 日~9 月 1 日近 3 个月 21 个点的沉降观测竖向位移值统计表,沉降量 4.0~27.0 mm,可判定为稳定。

(3)地表及房屋变形调查资料。

通过对地表及房屋变形调查资料的分析,认为四段采空区地表及房屋曾经发生过较大变形,出现地面塌陷及房屋裂缝,但在近几年其变形已趋于稳定,可为稳定等级。

(4)采空区场地稳定性等级判定结论。

基于上述内容,并综合考虑采深采厚比较大,停采时间较长,开采方式、顶板管理方法及采动效应等主要与影响采空区稳定性的相关因素,判定 4 段所涉煤矿采空区场地为稳定等级,无须处置,可采用正式路面结构设计。

3.采空区段路基处置方案

1)病害原因

(1)竣工通车后,在左幅先后出现了路面纵、横向裂缝,并逐渐发展为龟裂、块裂,分析原因是采用了级配碎石底基层过渡路面结构,其强度远低于水泥稳定碎石,承载能力要远低于水泥稳定碎石。

(2)重载车辆多,缩短路面使用寿命:左幅方向交通流主要为运送砂石料、煤矿等超载车辆,根据现场实际观测,4 轴重载、超载货车平均日交通量为 1 297 辆。15 年内一个车道设计累计标准轴载当量轴次 $Ne=4.6\times10^8$,远超正常交通组成的累计当量轴次。轴载偏大造成路面结构内部应力大幅度增加,加速路面结构损坏。

(3)在重载作用下,每辆大货车载重 60~80 t,实际轴载达到 200 kN 以上,远远大于路面结构设计标准轴载 100 kN。根据路面结构力学响应分析,路面结构内部的弯拉应力成倍数增加,超出路面容许拉应力 2~4 倍,导致路面在极短的时间内出现破损现象。

(4)提前开放交通影响了基层强度的后期增长:路面结构承载能力下降,在水泥稳定碎石基层施工过程中,由于路线周边村镇较多,保通工作组织存在一定的难度,各标段水泥稳定碎石基层均存在尚未铺筑沥青面层就有运料车、载货车等重载车辆通行的现象。水泥稳定碎石摊铺后需要进行 7~10 天养生方能具有初期强度,提前开放交通导致水泥稳定碎石上基层在强度尚未完全形成时就承受了较大的荷载作用,根据水泥稳定碎石基层芯样强度测试以及路面弯沉测试结果,路面上基层芯样表面松散、强度较低,路面结构承载能力下降。

(5)采空区高填方及爬坡路段路基压实不易控制,影响路基承载能力:路面病害较多的集中在采空区的高填方和爬坡路段,在施工过程中,高填方及爬坡段路基路面结构压实度不易控制,是目前施工控制中的难点。加之采空区在外来荷载(路堤填方荷载及行车荷载)产生的附加应力作用下,致使引起地基的沉降与变形,影响路基的承载能力。

2)采空区段路基处置方案

(1)采空区重车超载左幅路面结构补强处置。

路面结构+路床总厚度为 133 cm,挖除 113 cm 老路后自上而下依次为:

5 cm 厚细粒式改性沥青混凝土(AC-13C) 上面层、8 cm 厚粗粒式改性沥青混凝土(AC-25C)下面层、20 cm 厚 4.5%水泥稳定碎石上基层、20 cm 厚 4.5%水泥稳定碎石下基层、20 cm 厚 4%水泥稳定碎石底基层、60 cm 厚挖除原老路级配碎石或碎石路床。路面标高抬高 20 cm。

(2)采空区右幅路段。

路面结构加铺厚度为 33 cm,挖除 13 cm 老路面层后自上而下依次为:

5 cm 厚细粒式改性沥青混凝土(AC-13C)、上面层 8 cm 厚粗粒式改性沥青混凝土(AC-25C) 下面层、20 cm 厚 4.5%水泥稳定碎石上基层。原老路抬高 20 cm。

对右幅局部病害段采用挖除新建的处理方案。

(六)结束语

(1)切实做好采空区勘察,判定其稳定等级,是对采空区处置的基本依据。

(2)采深采厚比、回采率、停采时间、开采方式及顶板管理方法及上覆岩性,是影响采空区场地稳定性评价的重要相关资料。

(3)详细调查采空区场地地面、道路及建筑物的变形形态和变形量及其发展趋势;注意新建的建筑物和道路变形情况;地表沉降观测数据,是评价采空区场地稳定性等级的直观可靠的基本资料。

(4)设计单位对重车超载幅侧重强化路面结构设计是必要的,处置设计方案符合实际情况。

参考文献

[1] 中国建筑科学研究院.建筑桩基技术规范:JGJ 94—2008[S].北京:中国建筑工业出版社,2008.

[2] 中华人民共和国交通运输部.公路路基设计规范:JTG D30—2015[S].北京:人民交通出版社股份有限公司,2015.

[3] 中华人民共和国交通运输部.工程地质勘察规范:JTG C20—2011[S].北京:人民交通出版社,2011.

[4] 中华人民共和国交通运输部.采空区公路设计与施工技术细则:JTG/T D31-03—2011[J].北京:人民交通出版社,2011.

[5] 中华人民共和国交通运输部.公路隧道设计细则:JTG/T D70—2010[S].北京:人民交通出版社,2010.

[6] 中华人民共和国交通运输部.公路隧道设计规范:JTG 3370.1—2018 第一册 土建工程[S].北京:人民交通出版社股份有限公司,2018.

[7] 中华人民共和国住房和城乡建设部,国家市场监督管理总局.湿陷性黄土地区建筑标准:GB 50025—2018[S].北京:中国建筑工业出版社,2018.

[8] 中华人民共和国交通运输部.公路滑坡防治设计规范:JTG/T 3344—2019[S].北京:人民交通出版社股份有限公司,2018.

[9] 中华人民共和国住房和城乡建设部,中华人民共和国国家质量监督检验检疫总局.膨胀土地区建筑技术规范:GB 50112—2013[S].北京:中国建筑工业出版社,2012.

[10] 中华人民共和国住房和城乡建设部,中华人民共和国国家质量监督检验检疫总局.建筑边坡工程技术规范:GB 50330—2013[S].北京:中国建筑工业出版社,2012 .

[11] 高德. 叶舞高速公路 K32+350~K32+720 工程滑坡机理分析[J].科技信息,2011(29):360-361.

[12] 杨锋,杜俊旺,阮飞鹏.抗滑明洞在高速公路膨胀土滑坡治理中的应用[J].桥隧机械,2012(9):82-85.

[13] 李彦军.倾倒模型在京珠高速公路信九段高边坡治理工程设计中应用[J].铁路勘察,2004(5):44-47.

[14] 刘强.洛三高速公路吉家家河滑坡治理研究[D].西安:长安大学,2003.

[15] 姬同庚. 洛三高速公路失稳风化安山岩路基边坡加固方案及稳定性分析[J].公路,2004(1):28-32.

[16] 方芳.豫西某高速公路路堑滑坡的稳定性分析与治理方案[J].湖南交通科技,2013(2):56-57.

[17] 王巍,宁鹏,耿旭.具茨山隧道塌方原因分析及处理措施[C].2007 年全国公路隧道学术会议论文集,2008.

[18] 王江飞.具茨山隧道塌方处理方案数值模拟分析[J].交通标准化,2007(7):206-209.

[19] 王宇林,姜志刚,赵忠英.红石岩隧道可燃气地质特征及防灾措施[J].自然灾害学报,2018,17(2):78-82.

[20] 蒋建忠.刘家湾旁山偏压隧道侧滑塌方处治方案[J].科技创新与生产力,2013(1):92-96.

[21] 罗晓锋,王艳艳,崔光辉.大厚度湿陷性黄土路基浸水试验与沉降变形研究[J].兰州大学学报,2014,33(1):124-130.

[22] 郝忙利.湿陷性黄土桩基承载性状的浸水载荷试验研究[J].山西建筑,2011,37(15):62-64.

[23] 蒋宜红. Ⅳ级自重湿陷性黄土场地长桩竖向承载力试验研究[J].建筑监督与造价,2009,2(6):19-21.

[24] 王治军,潘俊义,马闫,等.董志塬大厚度自重湿陷性黄土场地浸水试验研究[J].水文地质工程地质,2016,43(2):75-82.
[25] 刘佳,蒋塞光.预浸水法消除大厚度自重湿陷性黄土地基研究[J].宁夏工程技术,2004,3(2):115-118.
[26] 罗宇生.土(或灰土)垫层处理湿陷性黄土地基的设计与施工[J].陕西建筑,2005(6):12-14.
[27] 刘金良.强夯处理湿陷性地基土应用实例[J].施工技术,2011(40):345-347.
[28] 魏进,李哲,郝忙利,等.自重湿陷性黄土场地的桩基浸水载荷试验[J].长安大学学报,2011,31(5):63-67.
[29] 曹冬,李永斌.湿陷性黄土地区考虑桩侧负摩阻的桩长设计探讨[J].中国水运,2009(2):244-245.
[30] 金继伟,卢淑萍,王春江.灰土挤密桩处理三灵高速公路湿陷性黄土地基及检验效果[J].公路,2001(9):70-72.
[31] 金继伟,卢淑萍.孔内深层超强夯法(SDDC)作用机理及其在公路工程中的应用[J].公路,2000(9):27-31.
[32] 卢淑萍.膨胀土地区公路病害及其工程设计对策[J].公路,2003(6):75-77.
[33] 万战胜,杨锋,李晓.新密市密州大道工程采空区处治技术方案论证[J].西南公路,2015(4):39-42.
[34] 邢小伟,万战胜,黄勇博.武云高速公路采空区稳定性评价[J].西部交通科技,2014(8):24-27.
[35] 胡世权.过膨胀土隧道塌方段施工技术研究与应用[J].山东建筑大学学报,2013,28(1):71-77.
[36] 李晓燕.峡口高地应力软岩隧道施工技术[J].铁道建筑技术,2013(增1):106-109.
[37] 李廷春.毛羽山隧道高地应力软岩大变形施工控制技术[J].现代隧道技术,2011,48(2):59-67.
[38] 郝中海,李文杰.膨胀土隧道施工技术要点[J].公路交通科技,2002(6):102-104.
[39] 张志强,关宝树,翁汉民.岩爆发生条件的基本分析[J].铁道学报,1998,20(4):82-85.
[40] 徐林生,王兰生.岩爆类型划分研究[J].地质灾害与环境保护,2000,11(3):245-247.
[41] 梁强新.高地应力判别和岩爆预测方法[J].西部探矿工程,2006(9):284-286.
[42] 刘金松.川藏铁路高地温隧道施工关键技术研究[J].施工技术,2018,47(1):100-102.
[43] 郭相利.浅谈隧道施工中高压水的预报及注浆处理[J].铁道建筑技术,2004(增刊):72-75.
[44] 郑保才,孟庆明,魏家君,等.富水隧道治理高压股状裂隙水施工技术研究及应用[J].铁道工程学报,2011(1):66-69.
[45] 黄运章,刘春龙,张群,等.某黄土隧道塌方处理措施及原因分析[J].土工基础,2018,26(6):30-33.
[46] 张英才.函谷关隧道下穿新黄土冲沟施工技术[J].铁道工程学报,2010(1):70-73.
[47] 段铮,赵宇,薛伟.隧道岩溶施工处理方案简述[J].山西建筑,2008,34(2):303-304.
[48] 张丹丹,高涛涛.隧道施工过程中岩溶的处理方法[J].施工技术,2016(99):203-204.
[49] 叶兴军.马鞍山隧道岩溶的分布与发育规律[J].四川地质学报,2012,32(3):309-312.